DAS ALLESWISSER BUCH

Mit Beiträgen von Samone Bos, Julie Ferris,
Ian Graham, Susan Kennedy, Darren Naish,
Jim Pipe, Carole Stott, John Woodward

Lektorat Francesca Baines
Gestaltung Smiljka Surla
Bildredaktion Angela Ball, Dave Ball
Redaktion Hazel Beynon, Carron Brown, Jenny Finch,
Clare Hibbert, Phil Hunt, Ashwin Khurana, Fran Jones
Gestaltung und Satz Sheila Collins, Hoa Luc,
Johnny Pau, Stefan Podhorodecki
Cheflektorat Linda Esposito
Chefbildlektorat Jim Green, Diane Thistlethwaite

Fachliche Beratung Philip Parker, Richard Walker
Illustrationen Maltings Partnership
Bildrecherche Nic Dean, Mic Gates

Projektleitung Andrew Macintyre
Programmleitung Laura Buller
Herstellung Andy Hilliard, Angela Graef

Für die deutsche Ausgabe:
Programmleitung Monika Schlitzer
Redaktionsleitung Martina Glöde
Herstellungsleitung Dorothee Whittaker
Herstellung Mareike Hutsky
Umschlaggestaltung Barbara Prasch

Titel der englischen Originalausgabe:
Know it all

Übersetzung Martin Kliche, Manuela Knetsch,
Dietmar Mertens
Lektorat Hans Kaiser

ISBN 978-3-8310-2284-7

Colour reproduction by MDP, UK
Printed and bound in China

Besuchen Sie uns im Internet
www.dorlingkindersley.de

DAS ALLESWISSER BUCH

Fakten, Rekorde, Top10

DK

Inhalt

Weltraum

8 Wie groß ist das Universum?
10 Wozu dienen Teleskope im Weltraum?
12 EXTRA: Fesselnder Weltraum
14 Welcher Stern leuchtet am hellsten?
16 Welche Auswirkungen hat die Weltraumforschung?
18 Wie kommt man ins Weltall?
20 Was ist ein Weltraumspaziergang?
22 Wie lange dauert eine Reise zum Mond?
24 Wer benennt Sterne und Galaxien?
26 Warum ist der Mars rot?
28 EXTRA: Ein Mars-Reiseführer
30 Warum hat der Saturn Ringe?
32 Warum haben Kometen Schweife?
34 Was ist ein Meteorit?
36 Sind wir allein?

Erde

40 Was ist Geologie?
42 Woher stammen Metalle?
44 Warum gibt es so viele Vulkaninseln?
46 EXTRA: Die Galapagos-Inseln
48 Wie entstand der Himalaja?
50 Wie tief ist der Grand Canyon?
52 Was ist das Besondere an der Namibwüste?
54 Wie entstehen Höhlen?
56 Wie formt Wasser die Erde?
58 Wieso entstehen Stürme?

100 Wie kann ein Kaktus in der Wüste überleben?
102 Was sind Algen?
104 Wie groß ist ein Schwarm?
106 Warum sind Kraken so wabbelig?
108 Warum sind Haie so unheimlich?
110 Wo leben eigentlich Parasiten?
112 Warum sind Käfer gepanzert?
114 EXTRA: Alles über Käfer
116 Wie springt ein Frosch?
118 Schwimmt ein Krokodil schnell?
120 Wie groß sind Greifvögel?
122 Welche Tiere sind nachts aktiv?
124 EXTRA: Fledertiervielfalt
126 Warum sind Wale so groß?
128 Brüllen alle großen Katzen?
130 Wie klein sind Mäuse?

Mensch

134 Aus wie vielen Zellen bestehst du?
136 Welches ist das größte Organ des Körpers?
138 Was ist ein Körpersystem?
140 EXTRA: Alles über Körpersysteme
142 Was ist die DNA?
144 Wie arbeitet das Gehirn?
146 Warum muss man schlafen?
148 Warum verursachen manche Gerüche Erinnerungen?
150 Warum putzt man Zähne?
152 Wie verständigen wir uns?

200 Wo kommt heißes Wasser aus der Erde?
202 Wie viele Grachten gibt es in Amsterdam?
204 Welches ist das größte Land der Welt?
206 Welches ist das kleinste Land der Welt?
208 Kann man in Dubai Ski fahren?
210 Wie viele Einwohner hat Indien?
212 EXTRA: Der Ganges
214 Wo wächst der Reis in Asien?
216 Wie viele Bewohner hat Tokio?
218 Was ist das Outback?
220 Wie viele Inseln liegen im Südpazifik?
222 EXTRA: Alles über zehn Inselgruppen im Südpazifik
224 Gibt es Leben in der Arktis?

Gesellschaft und Kultur

228 Wie glauben die Menschen?
230 Was sind Symbole?
232 Was sind Mythen?
234 Was ist Philosophie?
236 Was gibt es Neues?
238 Warum ist Popmusik so beliebt?
240 Weshalb tanzen wir?
242 Wer bestimmt die neue Mode?
244 Welches Land produziert die meisten Filme?
246 EXTRA: Wie man einen Film dreht
248 Weshalb malen wir so gern?
250 Was ist Architektur?

60 EXTRA: Alles über Hurrikane
62 Was ist das Besondere am Nil?
64 Warum ist der Indische Ozean so schön?

Dinosaurier
68 Wann beherrschten die Dinosaurier die Erde?
70 EXTRA: Alles über urzeitliche Landwirbeltiere
72 Wie hielten die Sauropoden ihre Hälse?
74 Welches waren die größten Raubdinos?
76 Welche Dinosaurier trugen Rüstungen?
78 Welche Dinosaurier wurden zu Vögeln?
80 Welche Reptilien beherrschten den Himmel?
82 Welche Reptilien sahen wie Fische aus?
84 Welche Tiere lebten im Pleistozän?
86 Woher stammten die ersten Menschen?
88 Wie entsteht ein Dinosaurier-Modell?
90 EXTRA: Alles über die Geheimnisse der Fossilien

Natur
94 Was ist Evolution?
96 EXTRA: Neun unglaubliche Beispiele für die Evolution
98 Warum duften Blüten oft so intensiv?

154 Warum sind Hände so praktisch?
156 Wie bekämpft der Körper Krankheiten?
158 EXTRA: Galerie der Krankheitserreger

Wissenschaft und Technik
162 Warum sind Zahlen so nützlich?
164 Wozu dienen Einheiten?
166 Was ist so großartig an Rädern?
168 Wie schnell ist ein Auto?
170 Welches ist das schnellste Flugzeug?
172 EXTRA: Ein gelungener Start
174 Wie taucht ein U-Boot?
176 Warum gibt es so viele Materialien?
178 Warum haften Magnete am Kühlschrank?
180 Was ist das Besondere an Lasern?
182 Wie überführt die Wissenschaft den Täter?
184 Wie vergrößern Mikroskope Objekte?
186 EXTRA: Unter dem Mikroskop
188 Warum ist Uran gefährlich?

Länder und Kontinente
192 Wo in Kanada leben die meisten Menschen?
194 Wo liegt die höchste Hauptstadt?
196 Gibt es Pflanzen in der Sahara?
198 Wo gibt es Straußenfarmen?

252 Welche Ballspiele kennst du?
254 EXTRA: Welcher Ball wofür?
256 Welchen Wintersport gibt es?
258 Wann wird aus einem Tier ein Haustier?
260 Seit wann gibt es Eiscreme?

Geschichte
264 Wer errichtete Stonehenge?
266 Wann wurde die Schrift erfunden?
268 Was ist eigentlich eine Mumie?
270 Wer baute die ersten Städte?
272 EXTRA: Griechen gegen Römer
274 Weshalb baute man im Mittelalter Burgen?
276 Was war der Schwarze Tod?
278 Woraus besteht das Schießpulver?
280 Wie veränderte der Handel die Welt?
282 Wann entdeckte Europa die Wissenschaften?
284 EXTRA: Leonardo da Vinci
286 Wie änderte sich das Leben im 19. Jahrhundert?
288 Was ist das deutsche Grundgesetz?
290 Wieso wandern so viele Menschen in die USA aus?
292 Was war der Kalte Krieg?
294 Was war der Marsch auf Washington?
296 Was ist die Globalisierung?

298 Register

Weltraum

Wie groß ist das Universum?

Das Universum ist unermesslich groß. Es ist viel größer als alles andere, was wir kennen. Wir können es bis zu einer Entfernung von 13,7 Milliarden Lichtjahren (Lj) beobachten. Doch hinter dem sichtbaren Teil geht das Universum weiter – nur wissen wir nicht wie weit. Und das Universum dehnt sich ständig weiter aus – schon während du diese Zeilen liest, ist es größer geworden!

Das Universum expandiert

1 Als das Universum in einer Explosion, die man Urknall nennt, vor etwa 13,7 Mrd. Jahren entstand, war es kleiner als der Punkt am Ende dieses Satzes.

2 Innerhalb einer billionstel Sekunde blähte es sich auf die Größe eines Fußballplatzes auf.

3 Das junge Universum war unglaublich heiß und bestand aus winzigen Teilchen. Seitdem dehnt es sich aus, kühlt ab und verändert sich.

4 Im Jahr 1998 entdeckte man, dass sich das Universum nicht wie geglaubt immer langsamer, sondern immer schneller ausdehnt.

5 Doch erst seit 5–6 Mrd. Jahren dehnt sich das Universum immer schneller aus.

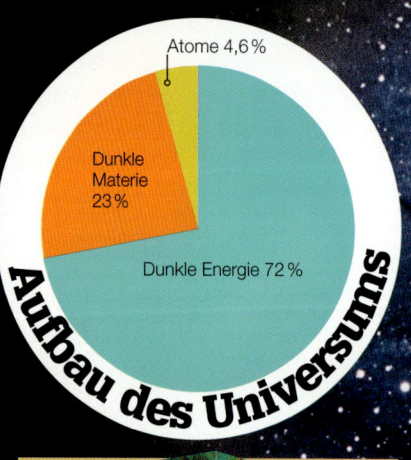

Atome 4,6 %
Dunkle Materie 23 %
Dunkle Energie 72 %

Aufbau des Universums

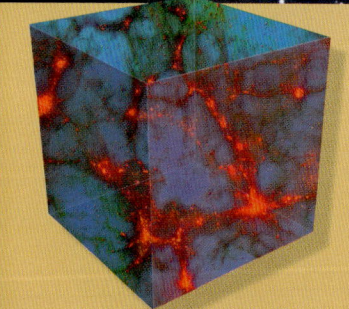

Die Dimensionen erkennen

Die Dimensionen des Universums sind nicht einfach zu erkennen, weil wir uns in ihm befinden.

Computer simulierten ein würfelförmiges Gebiet (oben), das 2 Mrd. Lichtjahre groß ist und etwa 20 Mio. Galaxien enthält.

Superhaufen bestehen aus Galaxienhaufen, die sich aus einzelnen Galaxien zusammensetzen.

Das Universum ist ein gewaltiges Netzwerk aus Ketten und Räumen. Superhaufen bilden die Ketten, die durch Leerräume voneinander getrennt sind.

Übrigens:

Der Andromedanebel ist in 2,5 Mio. Lichtjahre Entfernung eines der entferntesten Objekte, die man mit bloßem Auge sieht. Bei klarem Himmel kann man sogar den Dreiecksnebel sehen, der 3 Mio. Lichtjahre entfernt ist.

Galaxiengalerie

Barnards Galaxie
10 000 Lichtjahre groß

Milchstraße
100 000 Lichtjahre groß

Spannende Geschichte

1781
Wilhelm Herschel entdeckte Uranus. Der Planet ist doppelt so weit von der Sonne entfernt wie Saturn und der entfernteste Planet – die Größe des Sonnensystems hatte sich über Nacht verdoppelt.

1916
Harlow Shapley bestimmte die Größe der Milchstraße und entdeckte, dass sie viel größer war als angenommen.

1924
Edwin Hubble zeigte, dass kleine dunkle Lichtflecken entfernte Galaxien außerhalb der Milchstraße sind und dass das Universum aus mehr besteht als nur unserer Galaxie.

1989
Margaret Geller und John Huchra entdeckten die Große Mauer, den ersten großen Superhaufen.

2003–2004
Das *Hubble*-Weltraumteleskop untersuchte das ultratiefe All und entdeckte Tausende Galaxien – die entferntesten sind bis zu 13 Mrd. Lichtjahre weit weg.

Interessante Masse

✴ Astronomen interessieren sich häufig mehr für die **Masse** eines Objekts als für seine Größe.

✴ Die Masse ist die Menge an **Material**, die ein Objekt besitzt.

✴ Bei Sternen bestimmt die Masse, wie sie leben und wie lange – Sterne mit großer Masse besitzen ein kurzes **Leben**.

✴ Die **massivsten** Sterne besitzen 100 Sonnenmassen, die leichtesten nur ein Zehntel der Sonnenmasse.

Zahlen

Etwa **1,3 Mio. Erden** würden in die Sonne passen.

Die Sonne besitzt einen Durchmesser von etwa **1,4 Mio. km**.

Die Sonne ist etwa **27 000 Lichtjahre** vom Zentrum der Milchstraße entfernt.

Das Universum enthält mindestens **125 Mrd. Galaxien**.

Der Weltraum dehnt sich auf einer Strecke von **3,26 Mio. Lichtjahren** in jeder Sekunde um 72 km aus.

Wusstest du das?

Die Erde befindet sich in der Milchstraße, die zur Lokalen Gruppe gehört – einem der Galaxienhaufen, die den Lokalen Superhaufen bilden. Der Lokale Superhaufen gehört wiederum zu den Superhaufen, welche den Pisces-Cetus-Superhaufen bilden, der ungefähr 1 Mrd. Lichtjahre lang und 150 Mio. Lichtjahre breit ist.

Astronomen haben einen **riesigen Leerraum** entdeckt: ein 3,5 Mrd. Lichtjahre großes Gebiet, in dem keine normale Materie wie Sterne, Galaxien und Dunkle Materie existiert (und noch ist unbekannt, woraus Dunkle Materie besteht).

Die Milchstraße gehört zu einem Haufen aus mehr als 40 Galaxien, den man die Lokale Gruppe nennt und der ungefähr 5–7 Mio. Lichtjahre groß ist. Zu den bekanntesten Mitgliedern der Lokalen Gruppe zählen diese Galaxien.

Dreiecksnebel
50 000 Lichtjahre groß

Große Magellansche Wolke
20 000 Lichtjahre groß

Galaxiengröße

◎ **Galaxien sind gewaltige Ansammlungen aus Sternen, Gas, Staub und Dunkler Materie, die durch Schwerkraft zusammengehalten werden.**

◎ Die größten Galaxien sind etwa 300 000 Lichtjahre groß und enthalten Billionen Sterne.

◎ **Die kleinsten Galaxien, die Zwerggalaxien, sind nur wenige Tausend Lichtjahre groß und bestehen aus ungefähr 10 Mio. Sternen.**

Galaxien haben ihre **Größe**, **Masse** und **Form** verändert, seitdem sie vor Milliarden Jahren entstanden sind.

Wozu dienen Teleskope im Weltraum?

Teleskope sammeln von Sternen und Galaxien Licht und andere Energieformen, die sich wellenförmig ausbreiten. Die Erdatmosphäre verhindert jedoch, dass manche Strahlen die Erdoberfläche erreichen. Weltraumteleskope können dagegen alle Wellenlängen sammeln und ermöglichen so ein vollständigeres Bild vom Weltall. Sie sind rund um die Uhr einsetzbar.

Gammastrahlen

Die kürzesten Wellenlängen, die Objekte im Weltraum abgeben, sind die Gammastrahlen. Weltraumteleskope wie das *Compton*-Gammastrahlenobservatorium, das diese Strahlen seit neun Jahren bestimmt, arbeiten auf eine besondere Weise. Gammastrahlen kann man nicht wie andere Strahlen bündeln, weil sie die meisten Materialien durchdringen. Diese Teleskope besitzen mehrere Detektoren übereinander, die den Weg messen, den die Gammastrahlen hier durchlaufen.

Wusstest du das?

Das *Chandra*-Röntgenobservatorium ist an seinem erdfernsten Punkt 139188 km von der Erde entfernt – das entspricht mehr als einem Drittel der Strecke zum Mond. Damit ist es 200-mal weiter von der Erde weg als das *Hubble*-Weltraumteleskop.

Alles über Energie aus dem Weltraum

Die Wellenlängen der Energie haben eine bestimmte Länge und eigene Bezeichnungen. Kurze Wellenlängen wie Röntgenstrahlen dringen nicht durch die Erdatmosphäre. Radiowellen, die viel länger sind, erreichen dagegen ohne Weiteres die Erdoberfläche.

Chandra: Sammelt Röntgenstrahlen von Objekten.

Galex: Untersucht Galaxien im ultravioletten Licht.

Observatorium: Teleskope auf der Erde sammeln Licht aus dem All.

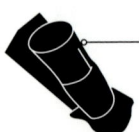

Spitzer: Beobachtet seit 2003 das Universum im infraroten Licht.

Radioteleskope: Radiowellen werden von Radioteleskopen auf der Erde gesammelt.

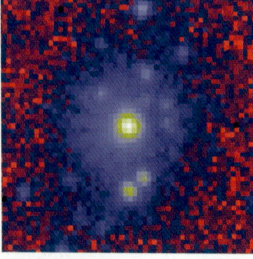

Röntgenstrahlen
Die Spiralgalaxie M81 erscheint hier in Röntgenstrahlen, die von einem etwa 1 Mio. °C heißen Material freigesetzt werden.

Ultraviolette Strahlen
Helle junge, heiße Sterne in M81 geben ultraviolette Energie ab. Die Sterne befinden sich in den Spiralarmen der Galaxie.

Optische Wellenlängen
So sieht das menschliche Auge M81. Die Galaxie besitzt einen hellen Kern und Spiralarme aus Sternen und Staub.

Infrarotstrahlen
Staub, den helle junge Sterne erwärmen, scheint im Infrarotlicht. In den Spiralarmen von M81 entstehen neue Sterne.

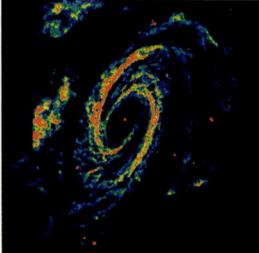

Radiowellen
Die Falschfarbendarstellung zeigt Radiowellen in M81. Starke Strahlung erscheint rot und schwache blau.

Herschel-Weltraum-teleskop

1 Das *Herschel*-Weltraumteleskop ist das leistungsstärkste Infrarotteleskop, das jemals gebaut wurde.

2 Es wurde am 14. Mai 2009 an Bord einer *Ariane 5* von Kourou (Französisch-Guayana) gestartet.

3 Das Teleskop kreist in 1,5 Mio. km Entfernung um die Sonne, von der es abgewandt ist.

4 *Herschel* ist ungefähr 7,5 m hoch und 4 m breit. Sein Hauptspiegel ist 3,5 m groß.

5 Das Teleskop untersucht staubige und kalte Gebiete des Weltraums, um mehr über den Ursprung und die Entwicklung von Sternen und Galaxien zu erfahren.

6 Seine Daten überträgt das Teleskop täglich zu einer Empfangsstation in New Norcia (Australien).

Kühl bleiben

Infrarotteleskope wie das *Herschel*-Weltraumteleskop beobachten die **kältesten** Objekte im All. Das Teleskop selbst muss gekühlt werden, damit seine eigene Wärme die Messungen nicht beeinträchtigt. Flüssiges **Helium** senkt seine Temperatur auf fast −273°C.

Reparaturen

⚒ **Auf seiner Umlaufbahn ist ein Teleskop allein. Wenn ein Bauteil defekt ist, kann man es nicht mehr reparieren.**

⚒ Eine Ausnahme bildet das *Hubble*-Weltraumteleskop. Es wurde so gebaut, dass man es im Weltraum warten und reparieren kann.

⚒ **Astronauten haben** *Hubble* **bei fünf Besuchen zwischen 1993 und 2009 repariert und neue Bauteile eingesetzt.**

Sonnenwächter

✺ Das Solar- und Heliosphärenobservatorium (SOHO) ist ein Weltraumteleskop, das seit 1995 die Sonne erforscht.

✺ SOHO beobachtet unsichtbares und ultraviolettes Licht und entdeckte gewaltige Protuberanzen und Energieausbrüche auf der Sonnenoberfläche.

✺ SOHO besitzt zwölf Instrumente und kreist in einer Entfernung von ungefähr 1,5 Mio. km zur Erde um die Sonne.

Während SOHO die Sonne beobachtet, zeichnet es auch alle Körper auf, die nahe an ihr vorbeifliegen, insbesondere **Kometen**. Bei Durchsicht der Daten haben Astronomen mehr als 1600 neue Kometen entdeckt.

Weltraum-teleskope

✵ Das *Hubble*-Weltraumteleskop kreist 560 km über der Erde. Seit 1990 sammelt es infrarote, optische und ultraviolette Strahlen.

✵ Das **Solar-Dynamics-**Observatorium, das 2010 startete, beobachtet fünf Jahre lang die Sonne.

✵ Das *Fermi*-Gammastrahlen-Weltraumteleskop untersucht seit Juni 2008 Gammastrahlen von Explosionen in weit entfernten Galaxien.

✵ Seit seinem Start 2009 untersucht das *Planck*-Weltraumteleskop die kosmische Hintergrundstrahlung.

ALLES KLAR?

Manche Weltraumteleskope sind nach Astronomen und Forschern benannt. Das *Herschel*-Weltraumteleskop ist nach den Geschwistern Wilhelm und Caroline Herschel benannt, während Edwin Hubble seinen Namen dem *Hubble*-Weltraumteleskop gab.

Spannende Geschichte

1970
Uhuru, das erste Röntgen-Weltraumteleskop startete am 12. Dezember und entdeckte während seines vierjährigen Flugs 270 Röntgenquellen.

1978
Das *IUE* (*International Ultraviolet Explorer*) begann eine 18-jährige Mission und war das erste Teleskop, das Astronomen in Echtzeit bedienten.

1983
Das erste Infrarot-Weltraumteleskop wurde am 25. Januar gestartet – *IRAS* (*Infrared Astronomical Satellite*) untersuchte den gesamten Himmel.

1989
Der Forschungssatellit *COBE* (*Cosmic Background Explorer*) bestimmte zwischen 1989 und 1993 die kosmische Hintergrundstrahlung, die Restwärme des Urknalls.

Fesselnder Weltraum

Weltraumteleskope sammeln täglich Informationen mithilfe verschiedener Wellenlängen. Sie nehmen nicht nur Objekte in ihrer Nähe auf, sondern suchen im All nach außergewöhnlichen Aufnahmen weit entfernter Sterne und Galaxien.

Spitzer: Infrarot

Hubble: nahes Infrarot

Chandra: Röntgenstrahlen

Milchstraße Diese Farbaufnahme unserer eigenen Galaxie besteht aus Aufnahmen von drei Teleskopen: *Spitzer* zeigt Staubwolken, *Chandra* hebt das Zentrum der Galaxie hervor und *Hubble* zeigt warmes Gas.

Pluto Zwei kleine Monde, Nix und Hydra, wurden 2005 in Aufnahmen des *Hubble*-Weltraumteleskops von Pluto (Mitte) entdeckt. Eng um Pluto kreist Charon, sein größter Mond. Rechts befinden sich Nix (oben) und Hydra.

V838 Monocerotis Der rote Überriese leuchtete 2002 plötzlich hell auf. Das Aufleuchten entstand durch Licht, das sich in einer Gas- und Staubwolke um den Stern verteilte. Dadurch wurden zusätzliche Bereiche der Wolke sichtbar.

Arp 194 Diese drei Galaxien bilden Arp 194. Ein Strang neuer Sterne scheint von den oberen Galaxien zur unteren zu verlaufen, doch sie sind nicht miteinander verbunden.

Die Aufnahme von *Chandra* zeigt Tausende Sterne dicht gedrängt im Zentrum der Milchstraße. Dort liegt auch das massive Schwarze Loch Sagittarius A*.

Adlernebel Diese Säule aus Gas und Staub ist mehrere Lichtjahre lang und nur ein kleiner Teil des riesigen Sternentstehungsgebiets. Die Ausbuchtungen sind dichte Gebiete, in denen Sterne ihre Gestalt annehmen.

Helixnebel Diese Falschfarbeninfrarotaufnahme von *Spitzer* zeigt rötliche Überreste eines sonnenähnlichen Sterns. Das blaue Material stieß der Stern vor Jahrtausenden ab.

NGC290 Dieser Sternhaufen liegt in der Kleinen Magellanschen Wolke, einer Nachbargalaxie. Hunderte junger Sterne entstanden in derselben Wolke aus Gas und Staub.

Katzenaugennebel Materialringe umgeben die Überreste eines sterbenden Sterns. Sie entstanden, als der Stern seine äußeren Hüllen abstieß.

Restwärme des Urknalls Der Satellit *COBE (Cosmic Background Explorer)* erstellte die erste Aufnahme dieser Art vom Himmel. Sie zeigt die Restwärme des Urknalls, der den Beginn des Universums darstellt.

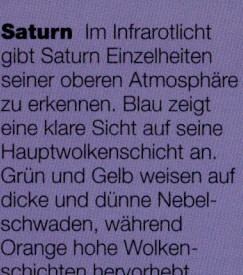

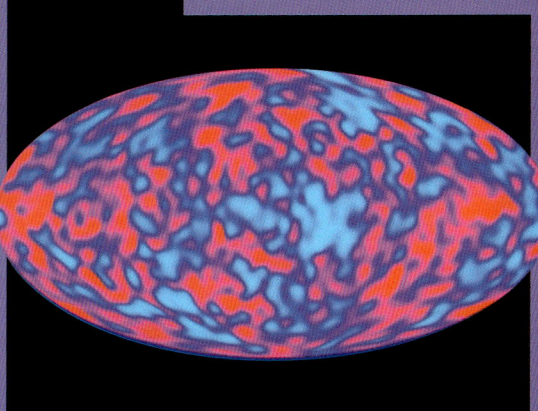

Saturn Im Infrarotlicht gibt Saturn Einzelheiten seiner oberen Atmosphäre zu erkennen. Blau zeigt eine klare Sicht auf seine Hauptwolkenschicht an. Grün und Gelb weisen auf dicke und dünne Nebelschwaden, während Orange hohe Wolkenschichten hervorhebt.

Stephans Quintett Von diesen fünf Galaxien liegen vier dicht zusammen, während sich die weiße Galaxie im Vordergrund befindet.

Welcher **Stern** leuchtet am **hellsten?**

Die Sonne ist der weitaus hellste Stern am Himmel über der Erde. Der zweithellste Stern ist Sirius, der Hundsstern, im Sternbild Canis Maior (Großer Hund). Sirius erscheint 12,5 Mrd. Mal dunkler als die Sonne, weil er sehr weit entfernt ist – tatsächlich ist er doppelt so groß wie die Sonne und leuchtet 25-mal heller.

Bestimmung der Helligkeit

✸ Astronomen messen die Helligkeit eines Sterns auf zwei Skalen.

✸ Die erste Skala, die **scheinbare Helligkeit**, beschreibt die Helligkeit, eines Sterns, wie man sie von der Erde aus sieht.

✸ Die zweite Skala, die **absolute Helligkeit**, gibt die wahre Helligkeit eines Sterns (seine Leuchtkraft) wieder. Sie vergleicht die Sterne so, als wenn alle gleich weit von der Erde entfernt wären.

Wusstest du das ?

Im Inneren der Sonne findet ein heftiges Tauziehen statt. Die Schwerkraft der Sonne zieht Gas an, aber der Druck des Sonnenkerns presst das Gas nach außen. Diese Kräfte heben sich gegenseitig auf, sodass die Sonne kugelförmig bleibt.

Der griechische Astronom **Hipparch**, der vor mehr als 2000 Jahren lebte, unterteilte die Sterne als Erster nach ihrer **Helligkeit**. Die Helligkeitsskalen, die heutzutage benutzt werden, gründen sich auf seine Arbeit.

Top 10 Hellste Sterne

1. Sonne
2. Sirius
3. Canopus
4. Rigil Kentaurus
5. Arktur
6. Wega
7. Capella
8. Rigel
9. Procyon
10. Achernar

Fakten

Die Sonne

1 Die Sonne scheint bereits seit etwa 4,6 Mrd. Jahren und wird noch weitere 5 Mrd. Jahre leuchten.

2 Sie ist eine gewaltige Kugel aus glühendem Gas und besteht etwa aus 75 % Wasserstoff, 25 % Helium und Spuren von etwa 90 anderen Elementen.

3 Im Kern der Sonne herrscht eine Temperatur von 15 Mio. °C , während ihre Oberfläche mit 5500 °C wesentlich kühler ist.

4 Im ultravioletten Licht (rechts) erscheint die Sonne tief orangefarben.

Zusammenleben

✶ Sterne entstehen gleichzeitig in **Haufen** aus derselben Materialwolke.

✶ Über viele Millionen Jahre treiben die Sterne eines Haufens **auseinander**, aber einige bleiben in der Nähe anderer Sterne.

✶ Unter den 100 nächsten **Sternsystemen** gibt es 69 Einzelsterne wie die Sonne, 22 Doppelsterne, sieben Dreifachsterne, einen Vierfachstern und einen Fünffachstern.

Die größten Sternbilder

Die Sternbilder sind unterschiedlich groß. Die fünf größten Sternbilder sind:

★ Hydra (Wasserschlange)

★ Virgo (Jungfrau)

★ Ursa Maior (Großer Bär)

★ Cetus (Walfisch)

★ Herkules

KAUM ZU GLAUBEN!

Sterne bestehen aus Gasen, deren Dichte sich innerhalb des Sterns ändert. Der größte Teil der Gase, vorwiegend **Wasserstoff** und **Helium**, befindet sich im Kern. Dort ist die Dichte der Gase etwa 160-mal höher als die von Wasser.

Sternmuster

✶ Astronomen benutzen die **Sternbilder**, um sich am Nachthimmel zu orientieren.

✶ Ein Sternbild ist ein Abschnitt am Himmel, der ein bestimmtes Muster zeigt. Das Muster entsteht, indem man die **hellsten Sterne** mit gedachten Linien verbindet.

✶ Die **Sternmuster** zeigen Menschen, Tiere oder Gegenstände. Die ersten Sternbilder wurden vor ungefähr 4000 Jahren eingeführt.

✶ Die 88 Sternbilder bedecken wie Teile eines **Puzzles** den gesamten Himmel.

Zahlen

Der mittlere Abstand zwischen den Sternen in der Nähe der Sonne beträgt **8 Lichtjahre**.

Das Licht der Sonne erreicht nach **8,5 Minuten** die Erde.

Genau **28 Gegenstände** werden in den Sternbildern dargestellt. Dazu zählt auch Crux (Kreuz des Südens), das kleinste Sternbild mit nur vier Sternen.

Auf den Durchmesser der Sonne passen **109 Erden**.

Die größten Sterne sind **1000-mal** größer als die Sonne, während die kleinsten nur ungefähr ein Hundertstel ihrer Größe aufweisen.

Der Durchmesser eines Weißen Zwergs beträgt ca. **14 000 km**. Die Sonne erreicht dieses Stadium in etwa 5 Mrd. Jahren.

Alles über Orion, den Jäger

Orion ist eine der zwölf mythischen Figuren und zählt zu den am leichtesten erkennbaren Sternmustern. Es enthält die Überriesen Rigel und Beteigeuze sowie das Sternentstehungsgebiet Orionnebel.

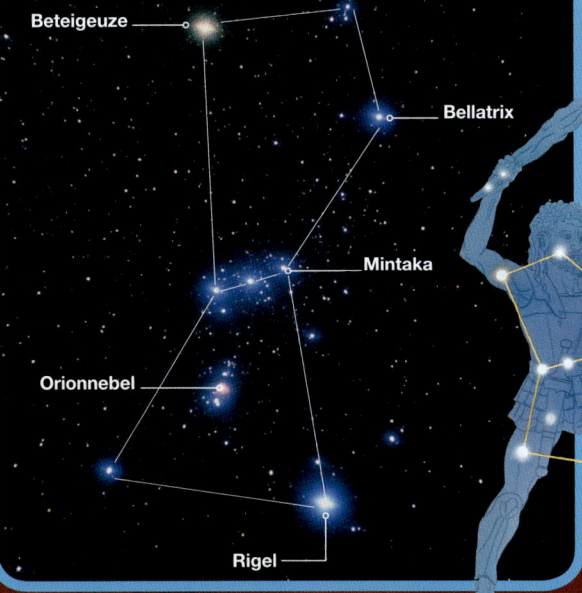

Beteigeuze

Bellatrix

Mintaka

Orionnebel

Rigel

REKORD-HALTER

Die heißesten Sterne sind **blaue Überriesen** wie Eta Carinae, der 180-mal größer als die Sonne ist, 100-mal massiver und eine Oberflächentemperatur von ungefähr 40 000 °C besitzt.

Übrigens:

In klaren Nächten kann man in Städten ungefähr 400 Sterne erkennen. Auf dem Land sieht man dagegen bis zu 1200 Sterne, während von Orten ohne jede Lichtverschmutzung etwa 3500 sichtbar sind.

Welche Auswirkungen hat die **Weltraumforschung?**

Jeden Tag liefern Raumsonden neue Informationen über das erstaunliche Universum. Nicht ganz so weit entfernt kreisen Hunderte Satelliten um die Erde. Sie übermitteln Fernsehbilder oder Telefonate, verbinden uns mit dem Internet und erheben Daten für Wettervorhersagen und vieles mehr. Viele Technologien und Geräte, die man für den Weltraum entwickelte, wurden für das Leben auf der Erde angepasst.

Erdbeobachtungssatellit: Polarbahn

Kommunikationssatellit: niedrige Bahn um den Äquator

Alles über **Satellitenumlaufbahnen**

 **Welche Erdumlaufbahn ein Satellit benutzt, hängt von seiner Aufgabe ab.**

🛰 Satelliten auf geostationären Bahnen kreisen 35 786 km über dem Äquator und stehen scheinbar immer am gleichen Ort.

🛰 **Satelliten auf niedrigen Bahnen kreisen in einer Höhe von nur wenigen Hundert Kilometern Höhe und erfassen den gesamten Planeten.**

🛰 Satelliten auf polaren Bahnen fliegen über die Erdpole. Sie beobachten jeden Ort auf der Erde zweimal täglich.

🛰 **Einige Satelliten folgen einer hohen elliptischen Bahn. Dadurch nähern sie sich den Orten, die sie untersuchen sollen.**

Satellitenarten

Satelliten kreisen aus unterschiedlichen Gründen um die Erde:

🛰 Fernsehen
🛰 Erdbeobachtung
🛰 Navigation
🛰 Wetterbeobachtung
🛰 Spionage
🛰 Kommunikation

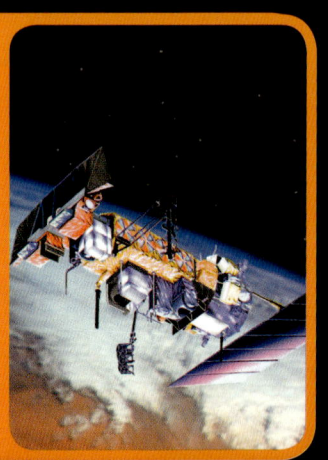

Erdbeobachter

Envisat (von environmental satellite für „Umweltsatellit") ist der größte Satellit, der Land, Wasser, Eis und Atmosphäre beobachtet.

Start: 1. März 2002

Raumfahrtagentur: Europäische Raumfahrtagentur (ESA)

Umlaufbahn: polar

Höhe: 790 km

Umlaufzeit: 101 Minuten

Instrumente: 9

Mikroschwerkraft-Experimente

Astronauten führen auf der Internationalen Raumstation (ISS) verschiedene Experimente in der schwerelosen Umgebung des Weltraums aus.

Pflanzen anbauen
Auf einer Mars-Reise müssten Astronauten ihre Nahrung selbst anbauen, sodass Samen und Pflanzen getestet werden.

Gesund bleiben
Biologische und chemische Substanzen werden auf der ISS mit Laborgeräten untersucht.

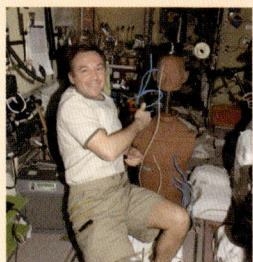

Strahlung untersuchen
Mit einem Dummy wird die Strahlung untersucht, der Astronauten bei einem Außeneinsatz ausgesetzt sind.

Kristalle züchten
Die ISS hat drei Labore. Im Kibo-Labor werden Experimente zur Züchtung von Kristallen überwacht.

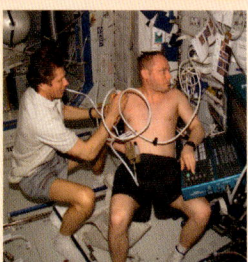

Körperexperimente
Das Leben im Weltraum beeinflusst den Körper. Astronauten überwachen regelmäßig ihre Gesundheit und Fitness.

ALLES KLAR?

Mehr als 9000 Studenten der USA beteiligten sich an einem Wettbewerb, um einem **Rover** einen Namen zu geben, der 2011 zum Mars startete. Ein 12-jähriges Mädchen gewann mit dem Vorschlag *Curiosity*.

Planetenforscher

Die Liste enthält die jüngsten Raumsonden, die Planeten erforscht haben. Uranus und Neptun wurden bisher nur von einer Raumsonde besucht:

Merkur – *Messenger*

Venus – *Magellan*

Mars – *Mars Express*

Jupiter – *Galileo*

Saturn – *Cassini*

Uranus – *Voyager 2*

Neptun – *Voyager 2*

Spannende Geschichte

1959
Luna 1 war die erste Raumsonde auf einer Umlaufbahn.

1962
Telstar übermittelte die ersten Fernsehbilder und Telefonate durch den Weltraum.

1962
Mariner 2 besuchte als erste Raumsonde einen anderen Planeten – die Venus.

1970
Lunochod 1 landete auf dem Mond und fuhr als erster Rover auf einem anderen Planeten.

1970
Venera 7 sendete die ersten Signale von der Oberfläche der Venus.

1971
Saljut 1 war die erste Raumstation auf einer Umlaufbahn.

1971
Mariner 9 flog zum Mars und kreiste als erste Raumsonde um einen anderen Planeten.

1995
Galileo setzte eine Sonde in die Jupiteratmosphäre ab, die als Erste die Atmosphäre eines Gasriesen untersuchte.

Navigationssatellit: niedrige Bahn

Mondforscher

Staaten und Kontinente, die Raumsonden zum Mond schickten:

 USA

RUSSLAND

 EUROPA

 JAPAN

 CHINA

 INDIEN

Zahlen

Das Radiosignal einer Raumsonde, die an Pluto vorbeifliegt, braucht **4,5 Stunden** bis zur Erde.

Die Raumsonde *Galileo* erforschte Jupiter und seine Monde **8 Jahre** lang.

Seit 1957 starteten mehr als **7000 Raumsonden** von der Erde aus.

Eine *Voyager*-Raumsonde besteht aus **65 000 Einzelteilen**.

Die Raumstation *Mir* kreiste während ihrer Lebensdauer (1986–2001) **86 320-mal** um die Erde.

Nebenprodukte

Materialien, Ausrüstung und Techniken für den Weltraum werden auch auf der Erde genutzt.

Die Legierung Nitinol verkürzt sich bei niedrigen Temperaturen und dehnt sich bei höheren wieder aus. Sie wird auch bei Zahnspangen eingesetzt.

Eine Goldfärbetechnik für den Teleskopspiegel einer Raumsonde zum Mars wird auch bei Thermometern angewandt, die im menschlichen Ohr messen.

Ein Spray, das als Beschlagen der Astronautenhelme verhindert, wird für Ski- und Taucherbrillen verwendet.

Atemapparate und Schutzkleidung von Feuerwehrleuten nutzen Technologien, die für Außeneinsätze der Astronauten entwickelt wurden.

Bei den Olympischen Spielen 2008 trugen 94 % der Sieger im Schwimmen nahtlose Anzüge, an deren Entwicklung auch die NASA beteiligt war.

Wie kommt man ins Weltall?

In den Weltraum gelangt man nur an Bord einer Trägerrakete oder einer Raumfähre mit Raketenantrieb wie dem Spaceshuttle. Die Ladung einer Trägerrakete nennt man Nutzlast, die meist aus einem Satelliten, einer interplanetarischen Raumsonde oder einer Raumfähre mit Astronauten besteht. Ungefähr 250 Nutzlasten werden jedes Jahr ins All gebracht.

Fünf Spaceshuttles

Name: *Columbia*
Flüge: 28
Erster Flug: April 1981
Letzter Flug: Januar 2003

Name: *Challenger*
Flüge: 10
Erster Flug: April 1983
Letzter Flug: Januar 1986

Name: *Discovery*
Flüge: 39
Erster Flug: August 1984
Letzter Flug: Sept. 2010

Name: *Atlantis*
Flüge: 32
Erster Flug: Oktober 1985
Letzter Flug: Mai 2010

Name: *Endeavour*
Flüge: 25
Erster Flug: Mai 1992
Letzter Flug: Juli 2010

Sieben Startanlagen

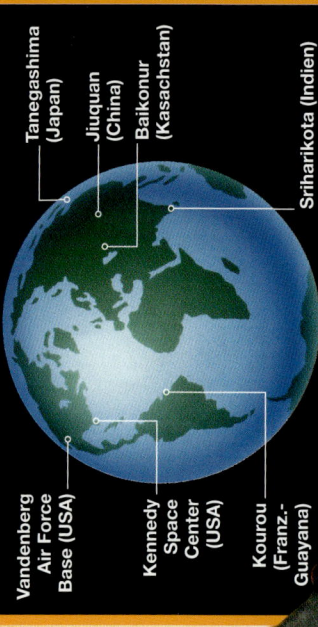

Tanegashima (Japan)
Jiuquan (China)
Baikonur (Kasachstan)
Sriharikota (Indien)
Vandenberg Air Force Base (USA)
Kennedy Space Center (USA)
Kourou (Franz.-Guayana)

Alles über Raketenstufen

Der Satellit wird in den Weltraum freigesetzt.

Stufe 3: Diese Stufe feuert ungefähr zwölf Minuten und bringt den Satelliten in etwa 320 km Höhe.

Stufe 1 fällt ab.

Stufe 2: Während die erste Stufe abgesprengt wird, zündet die zweite Stufe. Die leichtere Rakete steigt höher, bis Stufe 2 ausgebrannt ist und Stufe 3 gezündet wird.

Stufe 1: Die stärkste Stufe treibt die Rakete etwa drei Minuten lang an und bringt sie auf eine Höhe von mehr als 50 km.

Wenige Sekunden nach dem Start ist der Zusatztreibstoff verbraucht.

Viele Raketen bestehen aus bis zu drei Stufen, die mit eigenem Antrieb und Treibstoff ausgerüstet sind. Mit der ersten (untersten) Stufe hebt die Rakete vom Boden ab. Die zweite und dritte Stufe bringen die Nutzlast auf eine Umlaufbahn.

Wer zwischen 27 und 37 Jahren alt ist, eine Größe von 153–190 cm besitzt und eine Naturwissenschaft studiert hat, kann sich als Astronaut bewerben.

SpaceShipOne

■ SpaceShipOne war 2004 das erste private Raumflugzeug, das mehr als einmal in den Weltraum flog.

■ SpaceShipOne wurde von dem Flugzeug White Knight bis auf 15 km Höhe gebracht. Nach der Freisetzung zündete es seinen Antrieb und flog in den Weltraum.

■ Pilot Mike Melvill war der erste privatwirtschaftliche Astronaut, da er mit dem Raumflugzeug mehr als 100 km Höhe erreichte.

Der Weltraum beginnt ungefähr 100 km über der Erde.
99,99997 % der Masse der Erdatmosphäre liegt unterhalb dieser Höhe.

Spannende Geschichte

1926
Robert Goddard startete die erste Rakete mit flüssigem Treibstoff.

1942
Unter der Führung von Wernher von Braun und Walter Dornberger hob die erste deutsche V2-Rakete in Peenemünde ab.

1944
Eine V2-Rakete flog höher als 100 km und wurde das erste von Menschen geschaffene Objekt im Weltraum.

1957
Die UdSSR startete Sputnik 1, den ersten Satelliten.

1961
Der Russe Juri Gagarin war der erste Mensch, der in den Weltraum flog.

1981
Der Spaceshuttle Columbia startete als erste wiederverwendbare Raumfähre.

REKORD-HALTER

Die stärkste Trägerrakete war die **Saturn V**. Mit ihr flogen Astronauten zum Mond. Die dreistufige Rakete war so hoch wie ein 30-stöckiges Gebäude und wog so viel wie 2200 Autos.

Zahlen

Eine Rakete muss eine Geschwindigkeit von **11,3 km** pro Sekunde erreichen, um die Erdanziehungskraft zu überwinden.

In einem Spaceshuttle waren **240 km Kabel** verlegt.

In den letzten 60 Jahren wurden ungefähr **5000 Satelliten** gestartet.

Die USA geben jährlich **257 Mrd. Dollar** für Raumfahrtprojekte aus.

Raketengalerie

Saturn V
Zwischen 1967 und 1973 starteten 13 Saturn V-Trägerraketen.

Ariane 5
Die europäische Trägerrakete bringt Satelliten und Raumsonden in den Weltraum.

Langer Marsch 2F
Chinas erster Astronaut startete 2003 an Bord einer solchen Trägerrakete.

Sojus FG
Die russische Trägerrakete bringt Astronauten zur Internationalen Raumstation.

Atlas V
Seit 2002 bringt die Trägerrakete Atlas V Satelliten und Raumsonden von Startanlagen in den USA ins All.

Was ist ein Weltraumspaziergang?

Wenn ein Astronaut seine Raumfähre verlässt, bezeichnet man das als EVA (engl.: *extra-vehicular activity*) oder Weltraumspaziergang. Der Astronaut läuft dabei nicht, sondern er schwebt im Weltraum. Damit die Astronauten nicht im All verloren gehen, sind sie an ihrer Raumfähre gesichert.

Astronauten sind mit ihrer Raumfähre auf unterschiedliche Weise verbunden. Die ersten Astronauten waren durch einen **kabelartigen Gurt gesichert**, der sie auch mit Sauerstoff versorgte. Heute sind sie mit Leinen gesichert oder mit den Füßen und am Rücken an einem **Roboterarm** befestigt.

REKORD-HALTER

Anatoli Solowjew verbrachte mehr Zeit mit **Weltraum-spaziergängen** als jeder andere. Seine 16 Außeneinsätze dauerten insgesamt 82,22 Stunden. Ihm folgt Michael Lopez-Alegria, der auf 67,4 Stunden bei zehn Einsätzen kam.

KAUM ZU GLAUBEN!

Weil sie im Weltraum keine Waschmaschine haben, tragen Astronauten ihre **Kleidung** so lange sie können. T-Shirts und Hosen werden ungefähr alle zehn Tage und Unterwäsche und Socken jeden zweiten Tag gewechselt.

Spannende Geschichte

1965
Am 18. März unternahm der Russe Alexej Leonow den ersten Weltraumspaziergang und verbrachte etwa zehn Minuten außerhalb der Raumfähre *Woschod 2*.

1972
Ron Evans verließ für 1 Stunde und 6 Minuten *Apollo 17*. Sein Einsatz zählt zu den wenigen Weltraumspaziergängen außerhalb der Erdumlaufbahn.

1984
Bruce McCandless war der erste Astronaut, der einen Weltraumspaziergang ohne Verbindung mit seiner Raumfähre, dem Spaceshuttle *Challenger*, unternahm.

2001
Am 11. März stellten Jim Voss und Susan Helms einen neuen Rekord für den längsten Außeneinsatz auf, als sie 8 Stunden und 56 Minuten außerhalb der ISS verbrachten.

2007
Den 100. Außeneinsatz außerhalb der ISS führten Peggy Whitson und Dan Tani am 18. Dezember durch. Er dauerte 6 Stunden und 56 Minuten.

Tiere im Weltraum

Viele andere Lebewesen als der Mensch waren bereits im Weltraum. In den letzten 50 Jahren waren darunter:

Hunde	Hasen
Affen	Spinnen
Ratten	Quallen
Fische	Schildkröten
Bienen	Molche
Mäuse	Grillen
Fliegen	Meerschweine
Schimpansen	Schmetterlinge

Wusstest du das?

Der Raumanzug wird jedem Astronauten individuell angepasst. Moderne Raumanzüge kann man jedoch leicht auf verschiedene Größen bringen. Auf der ISS werden sie nur bei Bedarf benutzt.

Astronauten auf dem Mond

- Bis heute landeten insgesamt zwölf Menschen bei sechs Apollo-Missionen zwischen 1969 und 1972 auf dem Mond.
- Der erste Mensch war am 21. Juli 1969 Neil Armstrong.
- Am 14. Dezember 1972 verließ Eugene Cernan als bisher letzter Mensch den Mond.
- Die zwölf Astronauten verbrachten 300 Stunden auf der Mondoberfläche, 80 davon außerhalb ihrer Mondfähre.
- Für die Astronauten erwies sich Schreiten oder gelegentliches Hüpfen als beste Methode, um sich auf der Mondoberfläche fortzubewegen.

Verloren im All

Manchmal verliert ein Astronaut bei einem Außeneinsatz Astronaut bei einem Außeneinsatz und dann auf einer eigenen Bahn um die Erde kreist. Im November 2008 reinigte Heide Stefanyshyn-Piper eine Verschmutzung in ihrem Werkzeugkasten, wobei der Kasten und zwei Abschmierpressen ins All **abgetrieben** wurden.

Außeneinsatz

■ **Ungefähr 500 Astronauten waren im All, aber nur etwa 200 auf einem Außeneinsatz.**

■ Vor einem Außeneinsatz verbringen Astronauten Stunden in der Luftschleuse, um sich dem niedrigen Druck und geringeren Sauerstoffgehalt im Raumanzug anzupassen.

■ **Astronauten tragen bei Außeneinsätzen einen besonderen Rucksack, den man SAFER nennt. Er besitzt Düsen, um im Notfall zur Raumfähre zurückkehren zu können.**

■ Beim Außeneinsatz wird die Raumstation repariert und gewartet oder es werden Experimente überwacht.

■ **Bis heute hielten sich Astronauten ungefähr 800 Stunden außerhalb der ISS auf.**

Startausrüstung

Diese Dinge müssen Astronauten beim Start tragen oder in ihren Taschen haben:

Sonnenbrille — Handschuhe
Leuchtsignale — Thermosocken
Armbanduhr — ID-Kette
Spucktüte — Taschentuch
Taschenmesser — Schere
Taschenlampe — Taschenrechner

Tickets ins Weltall

Astronauten aus aller Welt werden von nur drei Ländern ins All gebracht: den USA, von Russland und China. Sieben Weltraumtouristen bezahlten jeweils etwa 25 Mio. US-Dollar, um an Bord einer russischen *Sojus* für eine Woche zur ISS zu fliegen.

Guy Laliberté (2009)

Richard Garrott (2008)

Charles Simonyi (2007 und 2009)

Anousheh Ansari (2006)

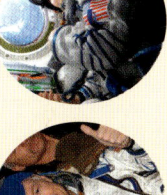
Greg Olsen (2005)

Mark Shuttleworth (2002)

Dennis Tito (2001)

Weltraumkleidung

Rettungsanzug
Diese Spezialanzüge werden beim Start und bei der Rückkehr zur Erde getragen. Mit dem orangefarbenen Gewebe sind Astronauten im Notfall leicht zu erkennen.

Raumanzug
Die weißen Raumanzüge schützen Astronauten vor der Strahlenbelastung im Weltraum und versorgen sie mit Sauerstoff.

Unterwäsche
Unter dem Raumanzug tragen Astronauten einen Anzug, der sie kühlt hält. In ihm fließt Kühlwasser durch ein Röhrensystem von 91,5 m Länge. Darunter tragen sie Windeln!

Helm
Der Hauptteil des Helms ist die durchsichtige Auswölbung, die ein klappbares Visier mit Goldbeschichtung besitzt. Am Helm kann man eine Kamera und Lampen befestigen.

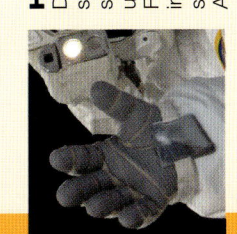

Handschuhe
Daumen und Fingerspitzen der Handschuhe sind aus Silizumgummi und verbessern das Feingefühl. Heizgeräte in den Fingerspitzen schützen die Finger der Astronauten vor Kälte.

Freizeitkleidung
In der Raumstation kann der Astronaut bei der Arbeit, in der Freizeit oder beim Sport auch bequeme Kleidung tragen: Poloshirts, Trikots, Pullover, T-Shirts und Shorts.

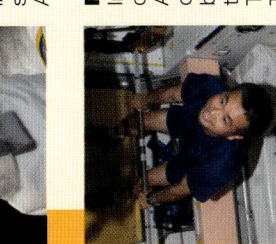

Wie lange dauert eine Reise **zum Mond?**

Der Mond ist ungefähr 384 400 km weit entfernt und man braucht etwas mehr als 60 Stunden, um ihn zu erreichen. Mehr als 60 Raumsonden und neun bemannte Raumfähren flogen zum Mond. Diese Reise unternahmen 24 Menschen – drei besuchten ihn zweimal und zwölf Menschen betraten seine Oberfläche.

Die Ersten auf dem Mond

Mission	Ankunft	Erfolg
Luna 2 (UdSSR)	13. Sep. 1959	Erste Bruchlandung
Luna 9 (UdSSR)	3. Feb. 1966	Erste weiche Landung
Apollo 11 (USA)	21. Juli 1969	Erste Astronauten landeten.
Luna 16 (UdSSR)	20. Sep. 1970	Erste Probennahme
Luna 17 (UdSSR)	17. Nov. 1970	Erster automatischer Rover
Apollo 15 (USA)	30. Juli 1971	Erster bemannter Rover

Menschen auf dem Mond

Zwölf Menschen betraten bisher den Mond und verbrachten dort mehr als 300 Stunden, davon 80 außerhalb ihrer Mondfähre. Sie kamen mit sechs verschiedenen Missionen. Der Erste war Neil Armstrong am 21. Juli 1969. Harrison Schmitt war der Letzte, der den Mond verließ, und Eugene Cernan (oben) der Letzte, der ihn am 14. Dezember 1972 betrat.

1. Neil Armstrong
2. Buzz Aldrin
3. Charles Conrad
4. Alan Bean
5. Alan Shepard
6. Edgar Mitchell
7. David Scott
8. James Irwin
9. John Young
10. Charles Duke
11. Eugene Cernan
12. Harrison Schmitt

Aktionskreis vergrößern

Die Astronauten bewegten sich nicht nur zu Fuß über die Mondoberfläche, sondern benutzten auch Fahrzeuge. Sechs Astronauten der *Apollo*-Missionen *15, 16* und *17* verwendeten **Mondfahrzeuge** oder Rover. Die batteriebetriebenen, vierrädrigen Fahrzeuge waren so groß wie ein Kleinwagen.

Roboterrover

● Der erste Rover, der auf der Mondoberfläche fuhr, war der sowjetische, ferngesteuerte Roboterrover *Lunochod 1*.

● Er landete im November 1970 auf dem Mond und verbrachte zehn Monate in einem Umkreis von 10 km, wo er Bilder aufnahm und den Boden untersuchte.

● Sein Nachfolger, *Lunochod 2*, legte 1973 mehr als 37 km in einem anderen Gebiet zurück.

Robotermissionen

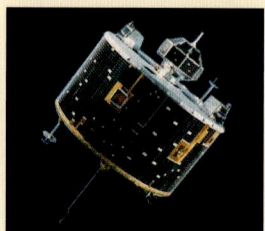

1990 *Hiten*
Japan brachte als drittes Land (nach Russland und den USA) eine Sonde auf eine Mondumlaufbahn.

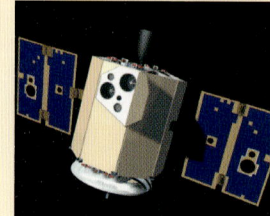

1994 *Clementine*
Diese US-Sonde kartierte den Mond und machte 1,8 Mio. Bilder von seiner Oberfläche.

Der Mond

1 Durchmesser
3476 km

2 Rotationszeit
27,3 Tage

3 Umlaufzeit
27,3 Tage

**4 Oberflächen-
temperatur**
−150 °C bis 120 °C

**5 Schwerkraft
am Äquator**
0,165 (Erde = 1)

**Nimm
dir Zeit**
Man braucht
160 Tage bis zum
Mond, wenn man mit
einem Auto und einer
Geschwindigkeit von
100 km/h fährt.

Ein Rekordjahr

● Der Mondrover ist 17 km/h schnell. Die Astronauten John Young und Charles Duke von *Apollo 16* erreichten diesen Rekord 1972, als sie vom Landemodul (LM) zum Descartes-Krater fuhren.

● Eugene Cernan und Harrison Schmitt von *Apollo 17* entfernten sich 1972 7,6 km weit vom Landemodul und fuhren damit weiter als alle anderen zuvor.

● Die Astronauten durften sich höchstens 9,7 km vom Landemodul entfernen – diese Strecke konnten sie noch zu Fuß zurücklegen, falls ihr Rover versagt hätte.

Der **Mond** kreiste ursprünglich viel näher um die **Erde** als heute. Er entfernt sich jedes Jahr ungefähr um 3,8 cm von ihr.

Alles über
die Rückseite

● **Der Mond dreht sich einmal um seine Achse, während er einmal um die Erde kreist. Daher weist eine Seite immer zur Erde, während die andere stets abgewandt ist.**

● Die ersten Bilder der erdabgewandten Seite des Monds nahm die sowjetische Sonde *Luna 3* im Oktober 1959 auf.

● **James Lovell, William Anders und Frank Borman von *Apollo 8* sahen als erste Menschen die erdabgewandte Seite. Sie flogen im Dezember 1968 zehnmal über sie hinweg.**

● Auf der Rückseite des Monds ist die Gesteinskruste 15 km dicker als auf seiner Vorderseite. Die Krater dort sind nicht wie auf der uns zugewandten Seite mit vulkanischer Lava gefüllt.

Wusstest
du das?

Die Mondanziehungskraft beträgt nur ein Sechstel der Erdanziehungskraft, sodass man schwere Dinge wie z. B. Steine viel leichter aufheben kann. Auch das tragbare Rettungssystem – der Rucksack, der Astronauten mit Sauerstoff versorgt und sie kühlt – wiegt nur noch 14 kg. Auf der Erde ist es 86 kg schwer!

Ungefähr 50 unbemannte Raumsonden flogen zwischen 1959 und 1976 zum Mond. Bis 1990 steuerte dann keine Sonde mehr den Mond an. Seither haben ihn aber wieder ungefähr zehn unbemannte Raumsonden besucht.

2003 *Smart 1*
Die erste europäische Sonde nahm Röntgenaufnahmen und Infrarotbilder des Monds auf.

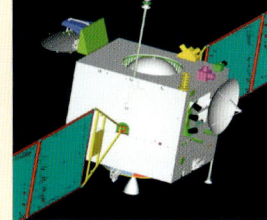

2007 *Chang'e 1*
China benannte die Sonde seiner ersten Mondmission nach der chinesischen Göttin des Monds.

2008 *Chandrayaan-1*
Indien begann seine Mond-expeditionen mit dieser Sonde, die Wasser im Mondboden fand.

2009 *Lunar Reconnaissance Orbiter*
Die Sonde sucht nach Lande-stellen für künftige Missionen.

2009 *LCROSS*
Der Lunar Crater Observation and Sensing Satellite zeichnete Wasserdampf auf dem Mond auf.

Wer benennt Sterne und Galaxien?

Sterne und Galaxien werden nach einer Übereinkunft benannt, die historisch begründet ist. Die Internationale Astronomische Union (IAU) überwacht sie und stellt auch neue Regeln auf. Die Organisation wurde 1919 gegründet und hat ihren Hauptsitz in Paris (Frankreich). Zu ihren Mitgliedern zählen die besten Astronomen der Welt.

Alles über Namen der Himmelskörper

■ Objekte werden mit Namen, Buchstaben und Zahlen oder einer Kombination aus beiden benannt. Manche Objekte besitzen einen Eigennamen.

■ Die hellsten Sterne eines Sternbilds erhalten einen Buchstaben aus dem griechischen Alphabet – Alpha, Beta und so weiter – und den Namen des Sternbilds. Ungefähr 350 Sterne haben wie Sirius einen Eigennamen.

■ Einige Objekte des Sonnensystems wie Gebirgszüge und Krater besitzen auch Namen. Sogar kleine Felsbrocken brauchen einen Namen, z. B. dieser auf dem Mars (unten), der nach der Komikfigur Yogi Bär benannt wurde.

Planetoiden

Planetoiden oder Asteroiden werden in der Reihenfolge ihrer Entdeckung nummeriert und erhalten den Namen, den der Entdecker vorschlägt. Dazu zählen u. a.:

● Barcelona
● Beethoven
● Chicago
● Elvis
● Eros
● Helsinki
● Hitchcock
● James Bond
● Karl Marx
● Kleopatra
● Mark Twain
● Michelangelo
● Rembrandt
● Sinatra
● Tolkien

Ich erkenne die Form!

Black-Eye-Galaxie (engl. für „schwarzes Auge")

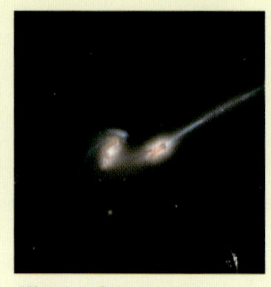

Mice (ein Galaxienpaar) (engl. für „Mäuse")

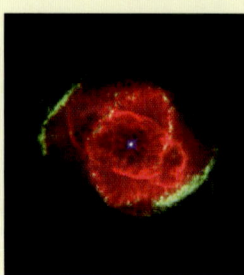

Katzenaugennebel

1604
Der deutsche Astronom Johannes Kepler beobachtete eine Supernova – einen sterbenden Stern, der plötzlich explodiert. Die helle Materialwolke, die der Stern bei der Explosion abstieß, wird Keplers Stern genannt.

1675
Der französisch-italienische Astronom Giovanni Cassini entdeckte eine Lücke in den Saturnringen, die man später Cassinische Teilung nannte. Die Raumsonde, die 1997 startete und den Saturn erforscht, ist nach Cassini benannt.

1836
Der englische Astronom Francis Baily beschrieb ein optisches Phänomen, das bei einer totalen Sonnenfinsternis beobachtet werden kann. Es wurde später als die Bailyschen Perlen bekannt.

1947
Bart Bok vermutete, dass manche Sterne der Milchstraße in kleinen, kalten Wolken aus Gas und Staub entstanden sind. Obwohl seine Annahme erst viele Jahre später bestätigt wurde, nannte man die Wolken Bok-Globulen.

Spannende Geschichte

Übrigens:

Um einem Himmelsobjekt einen Namen zu geben, muss man nur einen neuen Kometen entdecken. Er erhält den Familiennamen des Entdeckers.

Zahlen

Ceres wurde 1801 entdeckt und erhielt als erster Planetoid die **Nummer 1**.

Insgesamt **8 Sternbilder** sind nach Vögeln benannt, z. B. nach dem Pfau (Pavo).

Der Katalog von Charles Messier enthält **110 Objekte**, die von M1 bis M110 nummeriert sind.

Der Jupitermond Io besitzt **173 Vulkane**, die einen Namen tragen.

Der Sternkatalog des *Hubble*-Weltraumteleskops enthält **945 592 683 Sterne**.

Tiefes All

■ Die meisten Himmelsobjekte wie z. B. Galaxien besitzen keinen Namen, sondern erhalten eine Zahl in einem Sternkatalog. Wenn sie in mehr als einem Sternkatalog aufgeführt sind, besitzen sie mehrere Zahlen.

■ Charles Messier erstellte seinen Katalog im späten 18. Jh., als er nach Kometen suchte. Er enthält Sternhaufen, Galaxien und Nebel. Seine Objekte besitzen ein M und eine Zahl.

■ Der *New General Catalogue* mit 7840 Himmelsobjekten entstand 1888. Seine Objekte erhielten eine NGC-Zahl. Der Andromedanebel heißt auch NGC 224 oder M31.

■ Jüngere Kataloge umfassen auch Objekte wie Radiogalaxien. Einträge im *Third Cambrige Catalogue* von 1959 besitzen Bezeichnungen wie 3C 273 (3C verweist dabei auf den dritten Katalog).

Planetennamen

Merkur	Römischer Götterbote
Venus	Römische Göttin der Liebe
Mars	Römischer Kriegsgott
Jupiter	Oberhaupt der römischen Götter
Saturn	Vater Jupiters
Uranus	Gott des Himmels und Vater des Saturn
Neptun	Römischer Meeresgott

Frauenwelt

Bis auf eine Ausnahme sind alle Oberflächenmerkmale der Venus nach Frauen benannt. Die Ausnahme bildet der Gebirgszug **Maxwell Montes**, der nach dem britischen Physiker James Clerk Maxwell benannt wurde.

Wusstest du das?

Einige Uranusmonde sind nach Charakteren aus Dramen des englischen Schriftstellers William Shakespeare benannt. Zwei von ihnen, Oberon und Titania, tragen den Namen des Elfenkönigs und seiner Frau.

Viele Sterne und Galaxien erhielten von Astronomen Eigennamen. Oft spiegeln sie deren Aussehen wieder. Dann kommt es darauf an, was man eigentlich sieht.

Whirlpool-Galaxie

Bumerangnebel

Pferdekopfnebel

Schmuckkästchen

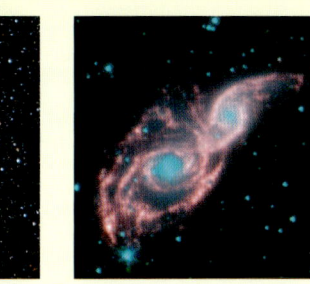
The Mask (ein Galaxienpaar) (engl. für „die Maske")

Warum ist der Mars rot?

Der Mars ist als der Rote Planet bekannt. Die oberste Schicht seines Boden enthält sehr viel Eisen, das sich mit Sauerstoff zu Rost verbindet. Seine Oberfläche ist daher rötlich. Der Himmel erscheint rosafarben, weil Winde feinen Staub verwehen.

Erdartige Welten

Der Mars ist einer von vier erdartigen Planeten des Sonnensystems. Diese terrestrischen Planeten bestehen vorwiegend aus Gestein und Eisen.

 **Merkur** – Der kleinste und sonnennächste Planet. Diese Welt ist wie der Erdmond grau und gesteinsartig.

 **Venus** – Sie dreht sich als einziger Planet im Uhrzeigersinn. Schwefel färbt ihre Wolken gelblich.

 **Erde** – Aus dem All erscheint die Erde dreifarbig: weiße Wolken, blaue Meere und braunes Land.

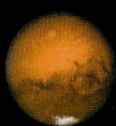 **Mars** – Der entfernteste erdartige Planet. Bis auf die weißen Eiskappen an den Polen erscheint er rot.

REKORD-HALTER

Der höchste Berg des Sonnensystems ist der Vulkan **Olympus Mons** auf dem Mars. Er ist ungefähr 24 km hoch und sein Fuß hat einen Durchmesser von 648 km. Der Mount Everest, der höchste Berg der Erde, ist nur 8848 m hoch.

Planetendaten

Planet	Mittlerer Abstand zur Sonne	Umlaufzeit um die Sonne	Masse relativ zur Erde	Durchmesser (km)	Rotations-zeit
Merkur	57,9 Millionen km	88 Erdtage	0,055	4876	59 Erdtage
Venus	108,2 Millionen km	224,7 Erdtage	0,82	12104	243 Erdtage
Erde	149,6 Millionen km	365,26 Tage	1	12756	23,9 Stunden
Mars	227,9 Millionen km	687 Erdtage	0,11	6792	24,6 Stunden

Wusstest du das?

Im späten 19. Jh. entdeckte der italienische Astronom Giovanni Schiaparelli feine Strukturen auf der Marsoberfläche. Diese natürlichen Vertiefungen hielten später manche für künstliche Bewässerungskanäle von Marsbewohnern.

Spannende Geschichte

1971 Mariner 9 umkreiste als erste Raumsonde den Mars.

1976 Viking 1 und 2 landeten auf dem Mars und entdeckten keine Lebenszeichen.

1997 Mars Pathfinder landete auf dem Planeten und setzte Sojourner ab, den ersten Marsrover.

2004 Mars Express kartierte die Marsoberfläche von seiner Umlaufbahn aus.

2004 Zwei identische Rover, Spirit und Opportunity, landeten auf gegenüberliegenden Seiten des Mars.

2008 Mars Phoenix Lander erreichte das Nordpolargebiet und begann seine Suche nach Wasser.

2012 Mars Science Laboratory (MSL) setzte den Rover Curiosity auf der Oberfläche des Planeten ab.

Heißer Kern!

Radioaktives Material erwärmte den jungen Mars so stark, dass er vollständig schmolz. Schweres Eisen sank nach innen und leichteres Gestein stieg auf. Auch als die Oberfläche abgekühlt war, befand sich immer noch geschmolzenes Gestein unter der Kruste. Die riesigen Vulkane entstanden durch wiederholte Ausbrüche an der gleichen Stelle.

Marsmonde

Den Mars begleiten zwei Monde, Phobos und Deimos, die 1877 entdeckt wurden. Diese kartoffelförmigen Felsbrocken sind mit Einschlagkratern übersät. Sie waren früher Planetoiden, die von der Schwerkraft des Mars auf eine Umlaufbahn angezogen wurden. Beide Monde sind sehr klein. Phobos, der größere Mond, ist 27 km lang.

Als der Mars noch jung war, dehnte sich seine Oberfläche und bildete tiefe Einschnitte wie die **Valles Marineris**. Dieses gewaltige Grabensystem verläuft südlich des Äquators und erstreckt sich über ein Viertel des Marsumfangs.

Kraterwelt

Der Mars besitzt Tausende Krater, die durch Einschläge von Planetoiden entstanden sind. Zu ihnen zählen einfache schüsselartige Krater, die weniger als 1 km groß sind, und riesige Becken mit mehreren Hundert Kilometern Durchmesser.

Name	Durchmesser
Hellas Planitia	2200 km
Argyre Planitia	800 km
Lowell-Krater	203 km
Columbus-Krater	119 km
Thom-Krater	24 km

Wasserwelt

● Vor etwa 3–4 Mrd. Jahren war der Mars wärmer und besaß flüssiges Wasser. Es floss über die Oberfläche, höhlte Täler aus und bildete Seen.

● Der Mars besitzt auch heute noch Wasser, aber es ist gefroren. Seine Südpolarkappe (oben) besteht vorwiegend aus Wassereis, das den Südpol des Mars umgibt.

● Wasser existiert auch unter der Marsoberfläche als Permafrost: Wassereis mischt sich mit dem Boden und gefriert so hart wie festes Gestein.

● Auch die Marsatmosphäre enthält Wasser. Es bildet manchmal Wolken aus Wassereis und setzt sich auch morgens als Reif am Boden ab.

KAUM ZU GLAUBEN!

Die **nördliche und die südliche Hemisphäre** des Mars sind unterschiedlich. Im Norden findet man eine junge Tiefebene, während der Süden alte Hochländer aufweist. Vermutlich schlug ein Planetoid im Norden ein und schleuderte Gestein heraus.

Fünf Schritte zur Marslandung

1 Der Mars könnte der erste Planet sein, den Menschen besuchen werden. Um eine geeignete Raumfähre zu bauen, benötigt man jedoch 375 Mrd. Euro.

2 Freiwillige haben in der Nähe von Moskau bereits eine 105 Tage dauernde Reise in Isolation unternommen, um die Auswirkungen langer Weltraumflüge zu testen. Eine Reise über 520 Tage ist geplant.

3 Die kürzeste Reise zum Mars und zurück dürfte etwa 15 Monate dauern – bei nur drei Wochen Aufenthalt.

4 Die Unterkünfte für die Astronauten bringen Raumsonden zuvor zum Mars.

5 Die Raumfähre für die Astronauten wird so groß sein, dass sie im Orbit zusammengebaut werden müsste.

ALLES KLAR?

Mars ist nach dem **römischen Kriegsgott** benannt. Die Monde Phobos und Deimos tragen die Namen seiner Pferde. Nach dem Heimatberg der **griechischen Götter** ist Olympus Mons, der große Vulkan auf dem Mars, getauft.

Ein Mars-Reiseführer

Mehr als 20 Raumsonden haben bisher den Mars erforscht. Sie flogen am Planeten vorbei, umkreisten ihn, landeten auf ihm und schickten Rover über seine Oberfläche. Die ersten Nahaufnahmen wurden 1965 zur Erde gesandt und heute ist der ganze Planet kartiert.

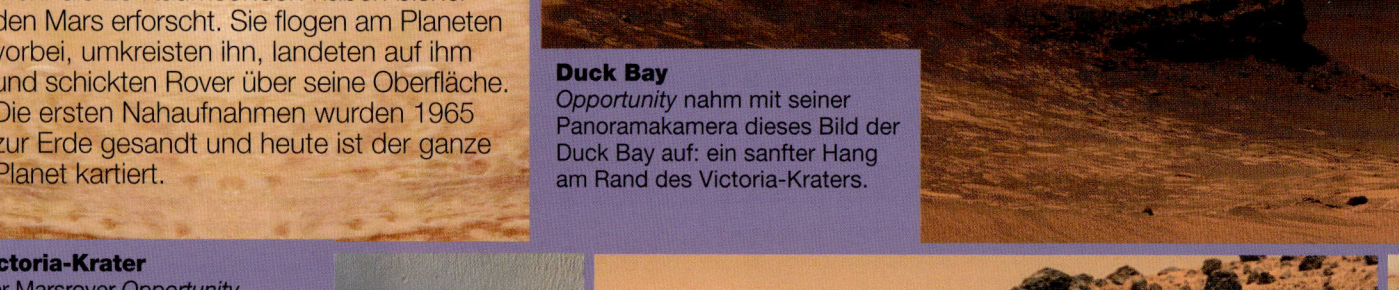

Duck Bay
Opportunity nahm mit seiner Panoramakamera dieses Bild der Duck Bay auf: ein sanfter Hang am Rand des Victoria-Kraters.

Victoria-Krater
Der Marsrover *Opportunity* erreichte 2006 diesen 800 m breiten Einschlagkrater und erforschte ihn nahezu zwei Jahre lang.

Low Ridge
Diese Aufnahme von *Spirit* im April 2006 zeigt dunkles Vulkangestein auf dem roten Boden am Low Ridge innerhalb des Gusev-Kraters.

Endurance-Krater
Diesen 130 m großen Einschlagkrater untesuchte *Opportunity* von Mai bis Dezember 2004.

Olympus Mons
Dieser gewaltige Schildvulkan entstand durch aufeinander-folgende Ausbrüche in den letzten 30 Mio. Jahren.

Ares Vallis
Nach einer siebenmonatigen Reise landete *Mars Pathfinder* 1997 im Ares Vallis. Dieses Gebiet war in der frühen Geschichte des Planeten mit Wasser gefüllt.

Eisoberfläche
In diesem 10 cm breiten Graben entdeckte das Landemodul *Phoenix* 2008 Eis unterhalb der Marsoberfläche.

Echus Chasma
Dieser 100 km lange und etwa 10 km breite Graben entstand durch fließendes Wasser, das das junge Gestein aushöhlte.

Warum hat der **Saturn Ringe?**

Das Material der Saturnringe ist vermutlich ein Rest aus der Entstehungszeit des Saturn, der sich nicht zu einem Mond zusammenballen konnte, weil er von der Schwerkraft des Planeten angezogen wurde. Oder das Material stammt von einem Mond, der Saturn zu nahe kam und zerschellte.

☄ **Jupiter, Saturn, Uranus und Neptun besitzen Ringsysteme.**

☄ Die vier größten Planeten des Sonnensystems nennt man auch Gasriesen.

☄ **Saturn besitzt die größten Ringe. Ihr Material würde für einen Mond mit einem Durchmesser von 200 km reichen.**

☄ Das Ringmaterial der anderen Planeten würde nur einen Mond mit etwa 10 km Durchmesser ergeben.

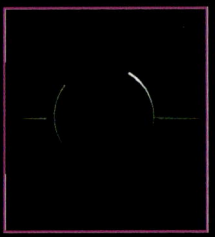

Jupiter hat drei Ringe. Der Hauptring ist hier sichtbar.

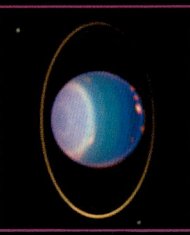

Von den 13 Ringen des Uranus ist nur einer (Epsilon) sichtbar.

Neptun besitzt fünf dünne Ringe und eine unvollständigen Ring.

Saturnringe

Fakten

1 Der Saturn hat sieben Hauptringe und Tausende kleinere Ringe.

2 Sie bestehen aus festen Teilchen und Brocken aus schmutzigem Eis.

3 Die Größe der Stücke reicht von 1 cm bis zu 5 m.

4 Jedes Teilchen des Ringmaterials kreist auf einer eigenen Bahn um den Planeten.

5 Die wichtigsten Ringe wurden mit Buchstaben in der Reihenfolge ihrer Entdeckung benannt.

6 Die Ringe sind weniger als 100 m dick und im Vergleich zum Planeten hauchdünn.

Achte auf die Lücken
Aus der Entfernung erkennt man Lücken in den **Saturnringen**. Aber auch die größte Lücke, die 4800 km breite Cassini-Teilung, enthält noch Ringmaterial.

Encke-Teilung

Saturn

Spannende Geschichte

1610
Galileo Galilei entdeckte die Saturnringe mit dem von ihm verbesserten Teleskop. Er hielt sie für ohrenförmige Henkel auf jeder Seite des Saturns.

1655
Christiaan Huygens erkannte, dass die von Galilei beobachtete Struktur ein Materialring war.

1977
Astronomen entdeckten ein Ringsystem des Uranus. Ein Stern, der in der Nähe des Planeten zeitweilig nicht sichtbar war, hatte sie aufmerksam gemacht.

1979
Die Jupiterringe entdeckte die Raumsonde *Voyager 1*, als sie am Planeten vorbeiflog.

1985
Teile der Ringe des Neptuns wurden von der Erde aus entdeckt. Das vollständige Ringsystem nahm 1989 die Raumsonde *Voyager 2* auf.

Stürmischer Saturn

🌀 Saturn erscheint ruhig, aber in seiner oberen Atmosphäre herrschen **Stürme** mit Geschwindigkeiten von bis zu 1930 km/h.

🌀 Sein Aussehen verdankt er einem dünnen Dunstschleier, der den Planeten umgibt.

🌀 Ein Gebiet auf der Südhalbkugel ist so stürmisch, dass man es als **Sturm-Allee** bezeichnet.

🌀 Ein gewaltiger Wirbelsturm in der Saturnatmosphäre wird **Drachensturm** genannt, weil er wie das Fabeltier aussieht.

Obere Wolkenschichten

Gasriesen wie Saturn besitzen eine Atmosphäre aus Wasserstoff und Helium, in der hohe Wolken sichtbar sind. Deren verschiedene Farben entstehen durch unterschiedliche zusätzliche Elemente und Temperaturunterschiede in der Atmosphäre.

Röntgenplanet

▪ Die Saturnatmosphäre wirkt wie ein Spiegel, der Licht und andere Energieformen wie Röntgenstrahlen von der Sonne reflektiert.

▪ Das *Chandra*-Röntgenobservatorium entdeckte 2004, dass die Saturnringe im Röntgenlicht funkeln.

▪ Eine Röntgenaufnahme von *Chandra* wurde mit einer Aufnahme im optischen Licht zu obigem Bild kombiniert. Die blauen Punkte entstehen durch Röntgenstrahlen der Sonne, die Sauerstoffatome im Wassereis der Ringteilchen anregen.

Erforschung des Saturn

Drei Raumsonden flogen nur an Saturn vorbei. *Cassini* umkreist den Planeten und seine Monde.

Raumsonde	Jahr
Pioneer 11	1979
Voyager 1	1980
Voyager 2	1981
Cassini	Seit 2004

Saturnmonde

Saturn besitzt eine große Mondfamilie. Bis heute sind 62 Monde bekannt. Die kleinsten sind nur wenige Kilometer groß.

Titan
Der größte Mond des Saturn ist der zweitgrößte des Sonnensystems.

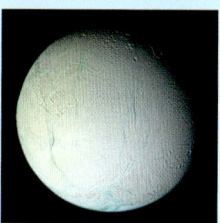

Enceladus
Der Mond kreist innerhalb der Saturnringe. Seine eisige Oberfläche leuchtet hell.

Mimas
Der eisige Brocken kreist ebenfalls innerhalb der Ringe und ist von Kratern übersät.

Phoebe
Phoebe ist einer von 38 Monden, die mit großem Abstand um Saturn kreisen.

Cassini-Teilung

C-Ring   B-Ring   A-Ring

Wusstest du das?

Saturn erscheint wie eine riesige Kugel. Doch der Planet ist nicht gleichmäßig rund. Durch die schnelle Rotation (10,7 Stunden) ist er an den Polen deutlich abgeflacht. Sein Äquatordurchmesser ist beinahe 10 % größer als sein Poldurchmesser.

Übrigens:

Etwa zehn Monate im Jahr kann man Saturn wie einen hellen Stern mit bloßem Auge beobachten. Mit dem Fernglas sieht man die Ringe, aber erst ein Teleskop zeigt alle Details.

Warum haben Kometen Schweife?

Die meiste Zeit seines Lebens fliegt ein Komet als ein Klumpen aus Schnee und Staub durchs All. Doch sobald er sich der Sonne nähert, verdampft die Sonnenwärme den Schnee zu Gas und der Komet verliert Staub. Dadurch entstehen zwei Schweife, sodass man den Kometen von der Erde aus leicht erkennen kann.

Kometen

1 Der Kern der nur wenige Kilometer großen Kometen ist ein unregelmäßiger, sich drehender schmutziger Schneeball.

2 Billionen Kometen kreisen jenseits von Neptun. Nur wenn sie sich dem inneren Sonnensystem nähern, entwickeln sie eine Koma – einen kugelförmigen Kopf aus Gas und Staub mit Gas- und Staubschweifen.

3 Gasmoleküle nehmen Licht auf, leuchten und bilden einen bläulichen Schweif. Staubteilchen reflektieren Licht, sodass ihr Schweif weißlich erscheint.

4 Die Größe der Koma und Schweife hängt vom Abstand zur Sonne ab. Ein Schweif wird bis zu 1 Mrd. km lang.

Wie man auf einem Kometen landet

1. Starte eine Raumsonde zu einem Kometen. Die europäische Raumsonde *Rosetta* fliegt bereits zu dem Kometen Tschurjumow-Gerasimenko.

2. Kreise um den Kern des Kometen. *Rosetta* erreicht ihn 2014, wenn der Komet außerhalb des Planetoidengürtels ist und sich der Sonne nähert.

3. Setze eine Sonde auf der Kometenoberfläche ab. *Rosettas* Sonde *Philae* wird in dem staubigen Schnee ankern.

4. Führe einige Experimente durch. *Philae* wird ein Loch in die Oberfläche des Kometen bohren und seine Zusammensetzung untersuchen.

5. Du erstellst eine genaue Karte des Kerns. Die Instrumente von *Rosetta* kartieren ihn und beobachten, wie der Komet sein Material verliert.

Ursprung

Kometen bestehen aus dem Material, das seit der Geburt des Sonnensystems vor 4,6 Mrd. Jahren unverändert geblieben ist. Sie entstanden in dem Gebiet zwischen Jupiter und Neptun und wurden durch die Schwerkrafteinflüsse dieser Planeten verstreut. Die Anzahl der Kometen, die heute noch existieren, beträgt weniger als ein Tausendstel der ursprünglich vorhandenen.

ALLES KLAR?

Wenn mehrere Personen einen Kometen unabhängig voneinander entdecken, erhält er alle Namen. Der **Komet Hale-Bopp** wurde z. B. 1995 von Alan Hale und Thomas Bopp entdeckt.

Übrigens:

In jedem Jahrzehnt erscheinen etwa vier Kometen, die man mit bloßem Auge sieht. Besonders gut erkennbar waren Hale-Bopp 1997 und McNaught 2007.

REKORD-HALTER

Der schottisch-australische Astronom Robert McNaught, der am Siding Springs Observatorium in New South Wales (Australien) arbeitet, hat **54 Kometen** entdeckt – mehr als jeder andere.

Nur wenige Menschen sahen den **Halleyschen Kometen** zweimal. Dem Schriftsteller Mark Twain gelang es nicht. Er schrieb: „Ich kam mit dem Halleyschen Kometen 1835 zur Welt. Er erscheint nächstes Jahr wieder und ich werde wohl mit ihm gehen." Der Komet erschien 1910, aber Twain sah ihn nicht mehr – er starb einen Monat vorher.

Zahlen

Die durchschnittliche Dicke der Materialschicht, die der Kern des Halleyschen Kometen in Sonnennähe verliert, beträgt **2 m**.

Engagierte Kometenjäger entdecken durchschnittlich alle **100 Stunden** einen neuen Kometen.

230 Kometen kehren innerhalb einer Zeitspanne von weniger als 200 Jahren an den Himmel zurück.

Nach mehr als 200 Jahren erscheinen **3400 Kometen** wieder.

Eine Koma hat meist einen Durchmesser von **100 000 km**.

Die Oortsche Wolke enthält mindestens **1 Billion** Kometen.

Spannende Geschichte

Der Halleysche Komet zählt zu den wenigen Kometen, die nicht nach ihrem Entdecker benannt wurden. Er ist nach dem Astronomen benannt, der seine Wiederkehr vorhersagte – Edmond Halley. Der Komet erscheint alle 76 Jahre.

240 v. Chr.
In China wurde erstmals die Erscheinung des Kometen notiert.

1066
Der Komet erschien während der Schlacht von Hastings, was im Wandteppich von Bayeux festgehalten wurde.

1301
Die Erscheinung des Kometen diente Giotto di Bondone als Anregung für die Gestaltung des Sterns von Bethlehem in seinem Freskenzyklus in der Arenakapelle von Padua (Italien).

1682
Der englische Astronom Edmond Halley beobachtete den Kometen während seiner Flitterwochen in Islington (bei London). Er sagte vorher, dass der Komet 1758 wiederkehrt.

1910
Die erste Aufnahme des Kometen entstand. Die Erde kreuzte den Kometenschweif und viele Menschen sorgten sich, dass sie vergiftet würden.

1986
Die Raumsonde *Giotto* flog in die Koma des Kometen und nahm Bilder seines Kerns auf.

Getroffen!

Im Juli 2005 feuerte die Raumsonde *Deep Impact* ein Projektil auf den Kometen Tempel 1. Die Sonde nahm den Einschlag zwar auf, aber der entstandene Krater wurde durch eine riesige Staubwolke verdeckt. Die Raumsonde *Stardust* erreichte 2011 Tempel 1, um mögliche zwischenzeitliche Veränderungen am Kometen aufzuzeichnen.

Wusstest du das?

Der Kern eines Kometen ist so brüchig, dass man ihn mit bloßen Händen zerreißen könnte. Als der Komet Shoemaker-Levy 9 1992 dem Jupiter zu nahe kam, zog die Schwerkraft des Planeten den Kometen an. Er zerbrach in etwa 20 Stücke, die 1994 in die Atmospäre des Jupiters stürzten.

Kometen zu allen Zeiten

Großer Komet (1577)
Der dänische Astronom Tycho Brahe bewies, dass Kometen viel weiter entfernt sind als der Mond und sie somit nicht Teil der Erdatmosphäre sind.

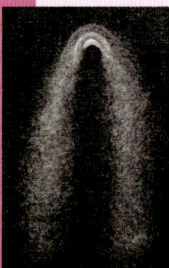

Großer Komet (1680)
Diesen Kometen beobachtete Isaac Newton. Er berechnete seine Umlaufbahn, was zuvor noch nie versucht worden war.

Donati (1858)
Dieses auffällige Exemplar war der erste Komet, der fotografiert wurde. Die Bilder nahm der englische Fotograf William Usherwood auf.

Tempel-Tuttle (1866)
Beobachtungen des Kometen und des Meteorschauers der Leoniden zeigten, dass Kometen zu Meteorschauern zerfallen.

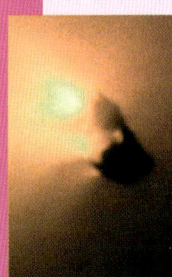

Halley (1986)
Die Raumsonde *Giotto* nahm das erste Bild eines Kometenkerns (Halleyscher Komet) auf.

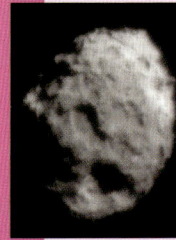

Wild 2 (2004)
Die Raumsonde *Stardust* sammelte Staub der Koma von Wild 2 ein. So holte man erstmals Material von einem Kometen zur Erde.

Was ist ein Meteorit?

Ein Meteorit ist ein Gesteinsbrocken, der die gefährliche Reise durch die Erdatmosphäre überstand und auf dem Boden einschlug. Manche Meteoriten glühen durch die Reibung der Luft so sehr, dass ein heller Schweif aus Gas und Staub entsteht, den man auch Feuerball nennt.

ALLES KLAR?

Meteoriten werden nach dem Ort benannt, an dem sie gefunden werden. Am 21. September 1949 schlug ein kleiner Meteorit durch das Dach des Prince Llewellyn Hotels in Beddgelert (Wales) und wurde danach **Beddgelert** genannt.

Meteoritenarten

Steinmeteoriten
Meteoriten, deren Zusammensetzung der des Erdmantels gleicht, bezeichnet man als Steinmeteoriten.

Eisenmeteoriten
Meteoriten, die dem Eisen-Nickel-Kern der Erde ähneln, nennt man Eisenmeteoriten.

Stein-Eisen-Meteoriten
Manche Meteoriten stellen eine Mischung der beiden oben genannten dar. Sie stammen von Planetoiden.

Mond-Meteoriten
Meteoriten von der Mondoberfläche haben eine ähnliche Zusammensetzung wie die Proben, die die *Apollo*-Astronauten mitbrachten.

Mars-Meteoriten
Gestein vom Mars erkennt man an den winzigen Mengen Gasen in ihnen, die auch in der Marsatmosphäre vorhanden sind.

Woher kommen sie?

Fast alle (99,9 %) Meteoriten kommen aus dem Planetoidengürtel. Dort kreisen zwischen Mars und Jupiter Tausende Gesteinsbrocken, die von der Planetenbildung übrig blieben. Nur wenige Brocken (jeweils etwa 0,05 %) stammen vom Mond und Mars, wo sie einst durch Einschläge herausgebrochen wurden.

Fall und Fund

Meteoriten werden in Fall bzw. Fund unterteilt. Bei einem Fall wird der Sinkflug des leuchtenden Meteoriten beobachtet, seine Landestelle berechnet und der Meteorit geborgen. Bei einem Fund wird ein Meteorit zufällig oder nach einer gezielten Suche entdeckt.

Wusstest du das?

Am 10. August 1972 flog ein Gesteinsbrocken über Nordamerika, der so hell wie der Mond war. Er schlug jedoch nicht auf der Erde ein, sondern drehte ab! Erst wurde er in 76 km Höhe über Utah gesichtet, dann in 58 km Höhe über Montana. Doch danach verließ er die Erdatmosphäre und kreist nun um die Sonne.

Wie man einen Meteoriten findet

1. Beginne deine Suche in einem Gebiet, in dem Steine deutlich sichtbar sind, z. B. im Eis der Antarktis.

2. Wähle einen Suchbereich aus und halte Ausschau nach dunklen Steinen, die sich vom weißen Schnee abheben.

3. Wenn du einen Stein siehst, halte an, fotografiere ihn, notiere den Fundort und packe den Stein in einen Probenbeutel.

Durch die Erdatmosphäre

Steinmeteoriten zerbrechen häufig in der Erdatmosphäre und erzeugen einen Meteoritenschauer.

Gesteinsbrocken, die weniger als 100 kg wiegen, bevor sie in die Erdatmosphäre eindringen, erreichen nicht den Boden.

Steine, die schwerer als 1000 Tonnen sind, schlagen durch die Erdatmosphäre wie eine Gewehrkugel durch Papier.

Zahlen

Bisher wurden nur **34 Meteoriten** gefunden, die vom Mars stammen.

Am 28. Juni **1911** drang ein Meteorit vom Mars durch die Erdatmosphäre und schlug bei Alexandria (Ägypten) ein.

Mehr als **7000 Meteoriten** wurden bisher in der Antarktis entdeckt.

Anfang 2010 hatten **38 272 Meteoriten** einen Namen.

Im Januar 1868 zerbarst ein Meteorit bei Pultusk (Polen) zu einem Meteoritenschauer aus **68 780** Bruchstücken.

Alles über Hoba West

■ **Der Hoba West ist der bisher größte Meteorit, den man fand.**

■ Der Eisenmeteorit wurde 1920 in Namibia (Südafrika) gefunden.

■ **Hoba West wog 66 Tonnen, als man ihn entdeckte, aber seitdem sind 6 Tonnen verrostet.**

■ Der Meteorit liegt noch an seinem Landeort – die namibische Regierung erklärte ihn 1955 zum Nationaldenkmal.

Meteor-Irrtümer

Harvey H. Nininger, der Vater der modernen Meteorkunde, gab Vorlesungen in den gesamten Vereinigten Staaten. Er bat die Zuhörer, ihm Steine mitzubringen, die sie für „Steine aus dem All" hielten. Nur einer von 100 Steinen stammte tatsächlich aus dem All, alle anderen waren von der Erde.

4. Kehre zurück zu deiner Basisstation, um die Zusammensetzung des Steins zu untersuchen und ihn als Meteoriten zu identifizieren.

Steinsucher

Überwachungskameras in den USA, Osteuropa und der Nullarbor-Wüste in Australien suchen den Himmel nach Feuerbällen fallender Meteoriten ab.

Auch in den kargen Eiswüsten der Antarktis wird nach Meteoriten gesucht – dort wurde auch dieser Mars-Meteorit (unten) gefunden. Der blaue Eisgletscher von Allan Hills in der Ost-Antarktis barg Tausende Meteorite.

Auch in Wüsten wie der Sahara in Nordafrika wird nach Meteoriten gesucht. Steine kommen zwar selten vor, ragen dann aber aus dem Sand und sind so leicht zu finden.

Rekordhalter

Ein ägyptischer Papyrus von 2000 v. Chr. beschreibt den ersten Meteoriten.

Der größte in einem Museum befindliche Meteorit ist Ahnighito (Inuit für „Zelt"). Der 34 Tonnen schwere Eisenmeteorit des Museums für Naturgeschichte in New York (USA) wurde 1897 bei Cape York (Grönland) von Robert Peary entdeckt.

Der größte Steinmeteorit ist der Jilin, der in der Mandschurei (China) am 8. März 1976 einschlug. Er wiegt 1,77 Tonnen.

Auch die preiswertesten normalen Meteoritenarten kosten etwa **1,50 €** pro Gramm. Mond- und Marsmeteoriten kosten dagegen ungefähr **1500 €** pro Gramm – sehr viel mehr als Gold.

Sind wir **allein?**

Unser Planet Erde ist belebt. Doch existiert Leben auch woanders im Universum? Niemand weiß es. Die meisten Astronomen glauben an außerirdisches Leben – man hat es nur noch nicht entdeckt. Alle Lebewesen auf der Erde bestehen aus Elementen, die überall im Universum vorkommen. Deshalb könnte sich auch in anderen Bereichen des Alls Leben entwickelt haben.

Bausteine des Lebens

Außerirdisches Leben könnte wie auf der Erde durch biochemische Reaktionen in Wasser bei 20 °C entstanden sein. Dazu sind folgende Elemente erforderlich:

✳ **Kohlenstoff**

✳ **Wasserstoff**

✳ **Sauerstoff**

✳ **Stickstoff**

✳ **Schwefel**

✳ **Phosphor**

✳ **Spuren von etwa 12 anderen Elementen**

ALLES KLAR?

Die organisierte Suche nach Signalen aus dem Weltraum wird mit dem Kürzel **SETI** (Suche nach extraterrestrischer Intelligenz) bezeichnet. Man untersucht Radiowellen auf Signale von Außerirdischen.

Botschaften der Erde

Pioneer 10 startete 1972 und verfolgte als erste Raumsonde einen Kurs, der sie außerhalb des Sonnensystems führte. Eine Plakette an Bord enthält Informationen darüber, woher die Sonde kommt, und erklärt, wie Außerirdische Kontakt mit der Erde aufnehmen können.

Die erste spezielle Radiobotschaft für Außerirdische wurde 1974 ins All gesandt. Das *Arecibo*-Radioteleskop auf Puerto Rico sendete eine dreiminütige Radiobotschaft zum Sternhaufen M13. Sie wird in ungefähr 25 000 Jahren dort ankommen.

Das am weitesten von der Erde entfernte Raumfahrzeug ist die Sonde *Voyager 1*, die 1977 startete. Sie führt eine goldbeschichtete Platte mit Tönen und Bildern vom Leben auf der Erde mit sich. In 40 000 Jahren erreicht sie ein anderes Planetensystem.

Der Zeitplan

Primitives mikrobielles Leben entstand auf der Erde vor 3,8 Mrd. Jahren. Intelligente Lebewesen existieren erst seit wenigen Jahrtausenden auf der Erde. Außerirdische Lebwesen könnten **Mikroorganismen** sein, hoch entwickelte oder intelligente Lebewesen oder etwas dazwischen.

Leben im Sonnensystem

Erde
Sie ist der bisher einzige bekannte Ort, an dem Leben in einer ungeheuren Artenvielfalt existiert.

Mars
Winzige Lebensformen könnte es gegeben haben, als Mars noch jung war. Bis heute wurden jedoch keine Anzeichen von Leben entdeckt.

Europa
Der Jupitermond hat eine eisige Oberfläche. Darunter liegt ein Ozean aus flüssigem Wasser, in dem Leben existieren könnte.

Übrigens:

Seit 1999 kann sich jeder an der SETI-Suche über das Projekt SETI@home beteiligen. Dabei nutzt man einen Bildschirmschoner auf dem eigenen Computer, der nach Botschaften in Radiosignalen forscht.

ab 1800
Im 19. Jh. glaubten die meisten Forscher, dass der Mond, der Mars und die Venus von Lebewesen bewohnt waren.

1802
Der deutsche Physiker Carl Friedrich Gauß schlug vor, mit Kiefern in Sibirien ein pythagoreisches Dreieck zu bilden. Dadurch sollten außerirdische Zivilisationen erkennen, dass wir hier sind.

1835
Die New Yorker Zeitung *The Sun* veröffentlichte Details über menschenartige geflügelte Wesen, die auf dem Mond leben. Erst nach einigen Wochen wurde der Bericht als Scherz erkannt.

1869
Der französische Erfinder Charles Cros versuchte Geld für einen riesigen Spiegel zu sammeln. Damit wollte er Sonnenlicht auf den Mars lenken und Figuren in den Sand brennen.

1900
Den Guzman-Preis sollte derjenige erhalten, der als Erster eine interplanetarische Kommunikation aufbaut – nicht jedoch zum Mars, das erschien zu leicht.

Spannende Geschichte

Außerirdische Gäste

Manche glauben, dass Außerirdische bereits hier waren, obwohl Beweis dafür fehlen.

Kenneth Arnold flog 1947 über das Kaskadengebirge (USA), als er plötzlich von neun Sonden begleitet wurde. Er sagte, dass sie „Untertassen ähnelten, die wie Steine übers Wasser hüpften". Der Begriff „fliegende Untertasse" wird seitdem für außerirdische Raumschiffe benutzt.

Ein UFO ist ein unbekanntes Flugobjekt. Obwohl viele Menschen UFOs für fremde Raumschiffe halten, sind sie in Wirklichkeit oft nur atmosphärische Phänomene, Planeten, Flugzeuge oder Wetterballons.

Wusstest du das ?

Außerirdische können zuerst etwas über das Leben auf der Erde durch unsere Fernsehprogramme lernen. Seit 1932 werden Fernsehprogramme durch Radiosignale übertragen. Die Signale dieser Programme haben sich bereits mehr als 75 Lichtjahre von der Erde ausgebreitet und künden von unserer Anwesenheit.

Exoplaneten

1 Die Suche nach außerirdischem Leben begann im Sonnensystem, sie konzentriert sich aber jetzt auf Planeten um andere Sterne. Der erste Exoplanet wurde 1992 entdeckt.

2 Heutzutage sind mehr als 430 Exoplaneten bekannt. Das *Kepler*-Weltraumteleskop durchsucht unsere Region der Milchstraße nach weiteren.

3 Ein eindeutiges Zeichen für Leben auf einem Planeten ist Sauerstoff in seiner Atmosphäre – danach suchen Wissenschaftler bei Exoplaneten.

Signalsuche

Radiosignale bieten die beste Chance, außerirdische Zivilisationen aufzuspüren. Das Allen-Teleskop-Array am Hat-Creek-Observatorium (USA) sucht nach Signalen von Außerirdischen. Seit 2007 sind 42 Radioschüsseln mit einem Durchmesser von jeweils 6,1 m auf sonnenähnliche Sterne in der Nachbarschaft ausgerichtet. Alle Schüsseln arbeiten zusammen und bilden ein einziges „Riesenohr".

Lebensfragen

Der Astronom Frank Drake stellte 1961 eine Liste von Fragen auf, um die Anzahl intelligenter kommunizierender Zivilisationen in der Milchstraße zu berechnen:

1 Wie viele Sterne enthält unsere Galaxis?

2 Welcher Anteil der Sterne besitzt Planeten?

3 Wie viele feuchte, warme Planeten besitzt jedes Planetensystem?

4 Wenn ein Planet feucht und warm ist, wie groß ist die Chance, dass sich Leben entwickelt?

5 Wie groß ist die Chance, dass Lebewesen intelligent werden?

6 Wie groß ist die Chance, dass diese intelligenten Lebewesen mit anderen kommunizieren?

7 In welchem Abschnitt der Existenz eines Planeten werden intelligente, kommunizierende Lebewesen existieren?

Der Astronom Carl Sagan berechnete 1997, dass in unserer Galaxis 1 Mio. intelligente, kommunizierende Lebensformen existieren und dass die nächste nur 300 Lichtjahre entfernt ist.

Sterne und ihre Exoplaneten

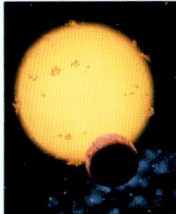

51 Pegasi
Der erste sonnenähnliche Stern, bei dem ein Planet entdeckt wurde

2M1207
Der Exoplanet dieses Sterns wurde als Erster direkt durch optische Aufnahme entdeckt.

55 Cancri
Fünf Gasriesen kreisen um den Stern im Sternbild Cancer (Krebs).

Gliese 581
Einer seiner sechs Planeten besitzt eine Masse, die der der Erde am nächsten ist.

HD 209458
Auf dem Exoplaneten dieses Sterns wurde Wasserdampf entdeckt.

Erde

Was ist Geologie?

Geologie ist die Wissenschaft von der Erde. Sie beschäftigt sich mit dem Aufbau, der Zusammensetzung und der Entwicklungsgeschichte unseres Planeten. Geologen untersuchen die Erdkruste sowie deren Gesteine und Minerale und die Prozesse, die die Erde formten.

Fakten

Gesteinskreislauf

1 Erstarrungsgestein entsteht, wenn geschmolzenes Gestein aus dem Erdinneren aufsteigt und erkaltet.

2 Gesteine verwittern zu winzigen Partikeln, die sich z. B. am Meeresboden ablagern.

3 In Jahrmillionen werden daraus feste Sedimentgesteine.

4 Diese werden durch Erdkrustenbewegungen in die Tiefe verfrachtet und dort geschmolzen.

Geologische Zeit

Die ersten Geologen hatten noch keine Möglichkeit, das Alter von Gesteinen zu bestimmen. Doch der Gehalt an Mineralen und Fossilien sagte ihnen zumindest, welche Gesteine gleich alt waren.

Gesteinsformationen werden oft nach dem Ort ihrer Erforschung oder besonderen Merkmalen benannt. Devonische Gesteine etwa sind nach der britischen Grafschaft Devon, karbonische nach der in ihnen enthaltenen Kohle benannt.

Ältere Gesteinsschichten liegen gewöhnlich unterhalb von jüngeren Schichten. Devonische Gesteine (älter) etwa liegen normalerweise unter, permische Gesteine (jünger) dagegen über den karbonischen Schichten.

Die Namen der Schichten werden auch zur Benennung geologischer Perioden benutzt. Devon, Karbon und Perm sind die drei Perioden, die der Ära der Dinosaurier vorausgingen.

Dank moderner Technik können Geologen heute das Alter von Gesteinen recht genau bestimmen.

ALLES KLAR?

Übersetzt bedeutet Geologie etwa „Gespräch über die Erde" – gemeint ist hier genau genommen die wissenschaftliche Diskussion. Geologie ist also die „Erdwissenschaft".

Wusstest du das?

Geologen können das Alter von Gesteinen (wie etwa Uran) mithilfe radioaktiver Substanzen bestimmen, die in ihnen enthalten sind. Durch Ermittlung der zerfallenen Substanzmenge kann das Gestein relativ genau datiert werden.

Gesteinstypen

Basalt
Ein dichtes Erstarrungsgestein, das aus unterseeischen und oberirdischen Vulkanen als flüssige Lava hervorbricht

Granit
Ein sehr hartes, wetterfestes Erstarrungsgestein, das vor allem aus Quarz und Feldspat besteht

Sandstein
Ein Sedimentgestein aus miteinander verkitteten Sandkörnern, das überwiegend aus Quarz besteht

Kalkstein
Ein Sedimentgestein, das meist durch Ablagerung von Skeletten unzähliger Lebewesen entstanden ist

Schiefer
Ein metamorphes Gestein, das bei hohem Druck und hoher Temperatur aus anderen Gesteinstypen entstanden ist

Alles über **Fossilien und geologische Zeit**

🐚 **Noch bevor die Evolution verstanden war, stellten Geologen fest, dass man Fossilien zur Altersbestimmung von Gesteinen benutzen kann.**

🐚 Sie vermuteten, dass Fossilien gleichen Typs zeitgleich lebten. Daher mussten alle Gesteine, die sie enthielten, gleich alt sein.

🐚 **Sie identifizierten Fossiliengruppen, die typisch für bestimmte Gesteinsschichten waren.**

🐚 Wenn sie diese Gruppen in anderen, weit entfernten Aufschlüssen fanden, zeigte dies, dass das betreffende Gestein gleichen Alters war.

🐚 **Diese Methode wurde von William Smith zu Beginn des 19. Jh. für die Erstellung der ersten geologischen Karte Großbritanniens benutzt.**

Heiße Platten

● Die Erdkruste ist in riesige Platten unterteilt, die auf heißem Gestein treiben.

● Stoßen die Platten zusammen, schiebt sich oft die eine ruckweise unter die andere. **Erdbeben** und **Vulkanausbrüche** sind die Folge.

● Wo die **Kontinente** auseinanderweichen, entstehen neue Ozeane. An Spreizungszonen am Meeresboden lässt aufsteigendes Magma unterseeische Gebirge entstehen.

● Im Lauf von Jahrmillionen verändert die Bewegung der Platten immer wieder die Verteilung von Kontinenten und **Ozeanen** auf der Erdoberfläche.

Gesteinsschichten

Sedimentgesteine
Sie gehen aus abgelagertem, weichem Material wie Sand oder Schlamm hervor, das durch Druck zu festen Gesteinsschichten gepresst wird.

Farbige Schichten
Je nach Art der Sedimente unterscheiden sich die Gesteinsschichten in Farbe, Dicke und Härte, wobei die jüngere Schicht jeweils oben liegt.

Auffaltung
Wenn Gesteinsschichten durch Bewegungen der Erdoberfläche zusammengeschoben werden, geht die horizontale Schichtung verloren.

Verwerfungslinie
Verwerfungen sind Bruchstellen im Gestein, an denen Gesteinsschichten durch starke Kräfte gegeneinander versetzt wurden.

KAUM ZU GLAUBEN!

Geologen erkannten als Erste, dass die Erde **Millionen Jahre** alt ist. Im 17. Jh. glaubten viele Menschen dem irischen Erzbischof James Ussher, der 1650 behauptete, die Erde sei am 23. Oktober 4004 v. Chr. erschaffen worden!

Spannende Geschichte

1075
Der chinesische Gelehrte Shen Kuo fand Muscheln in Gesteinsschichten an Land und schloss daraus, dass diese Schichten aus Sediment bestehen und früher einmal den Meeresboden bedeckt haben müssen.

1830
Der schottische Geologe Charles Lyell vermutete, dass ganz alltägliche geologische Prozesse im Lauf von Jahrmillionen große Veränderungen herbeiführen können.

1915
Der deutsche Meteorologe Alfred Wegener veröffentlichte seine Theorie der Kontinentalverschiebung. Er vermutete, dass die Kontinente einst vereint waren und sich um den Globus bewegen.

1960
Der US-Geologe Harry Hess zeigte, wie Ozeanbodenspreizung und Kontinentalverschiebung zusammenhängen, und schaffte so die Grundlagen für die Theorie der Plattentektonik, die Erdbeben erklärte und die Geologie revolutionierte.

Woher stammen Metalle?

Metalle sind Teil des Gesteins, aus dem unser Planet besteht. Sie finden sich im anstehenden Fels, einzelnen Steinen oder auch im weichen Boden. Meist sehen diese Metalle in der Natur jedoch nicht so aus, wie wir sie kennen, da sie durch chemische Reaktionen mit anderen Elementen verändert sind.

Quecksilber ist ein ungewöhnliches Metall: Es ist bei Zimmertemperatur flüssig und wird erst bei einer Temperatur von −39 °C fest.

Fakten

Metalle und Minerale

1 Alle reinen Metalle sind Elemente, was bedeutet, dass sie nur eine Art von Atomen enthalten. Drei Viertel aller 94 natürlich auf der Erde vorkommenden Elemente sind Metalle.

2 Die meisten Metalle reagieren mit anderen Elementen zu chemischen Verbindungen, die wir Minerale nennen.

3 Die bekannteste ist Eisenoxid, eine Verbindung aus Eisen und Sauerstoff, die wir als Rost kennen.

4 Eisenoxid sieht nicht wie metallisches Eisen aus. Wird es jedoch zusammen mit einem Reduktionsmittel erhitzt, bindet dieses den Sauerstoff und das reine Metall entsteht.

5 Die meisten verbreiteten Metalle werden auf ähnliche Weise aus Oxiden und anderen Metallerzen hergestellt.

Was ist so besonders an Metallen?

■ Fast alle reinen Metalle sind dichte, glänzende Feststoffe. Die meisten sind recht hart, aber einige auch überraschend weich.

◆ Viele Metalle sind extrem fest, können schwere Lasten tragen und hohem Druck widerstehen.

⬟ Metalle können, insbesondere wenn sie heiß sind, leicht bearbeitet und geformt werden, ohne dass sie zerbrechen.

⬣ Die meisten Metalle sind gute elektrische Leiter. Das macht sie für die moderne Technik unentbehrlich.

Alles über Edelmetalle

■ Edelmetalle, wie Gold und Silber, kommen dort aus dem Erdinneren nach oben, wo es Vulkane und heiße Quellen gibt. Das heiße Wasser lagert sie in Felsspalten ab, die man hydrothermale Gänge nennt.

■ **Die meisten Edelmetalle, wie Gold und Platin, gehen mit anderen Elementen nur schwer Verbindungen ein. Man findet sie daher in reiner Form in der Natur.**

■ Edelmetalle oxidieren (reagieren mit Sauerstoff) nicht an der Luft. Daher behält Gold stets seinen Glanz.

Wusstest du das ?

Einige Metalle sind so reaktionsfreudig, dass sie in der Natur nicht in reiner Form existieren. Eisen reagiert mit Sauerstoff zu Rost, Kalium geht sogar in Flammen auf, wenn es mit Sauerstoff in Kontakt kommt.

Metallerze

Eisen
Das wichtigste Eisenerz ist Hämatit, ein Eisenoxid (Rost). Es tritt häufig in Klumpen auf, die sich sehr schwer anfühlen, wenn man sie in die Hand nimmt.

Aluminium
Dieses sehr verbreitete Metall findet sich in mehr als 270 verschiedenen Mineralen. Am leichtesten lässt es sich aus dem Erz Bauxit gewinnen.

Kupfer
Kupfer findet sich manchmal in reiner Form, meist wird es jedoch aus Erzen wie Chalkopyrit, einer Verbindung aus Kupfer, Eisen und Schwefel, gewonnen.

Zinn
Das wichtigste Zinnerz ist Kassiterit, eine Verbindung aus Zinn und Sauerstoff. Es wird häufig dort gefunden, wo geschmolzenes Magma das Gestein erhitzt hat.

9000 v. Chr.
Im Mittleren Osten wurde reines Kupfer, das man in Erzadern fand, zu den ältesten bekannten Metallwerkzeugen verarbeitet. Beginn der sogenannten Kupferzeit.

4000 v. Chr.
Aus reinen Goldnuggets wurde der erste Goldschmuck hergestellt. Wegen seiner Schönheit und Seltenheit wurde Gold rasch zum Symbol für Reichtum.

3000 v. Chr.
Metallarbeiter aus dem Mittleren Osten entdeckten, dass Legierungen aus Zinn und Kupfer sich besser verarbeiten lassen und härter waren als Kupfer. Beginn der Bronzezeit.

1800 v. Chr.
Mit neuen Öfen war es erstmals möglich, genügend Hitze zu erzeugen, um Eisenoxid in reines Eisen zu verwandeln. Beginn der Eisenzeit.

1942
Das radioaktive, metallische Element Uran wurde in Chicago (USA) erstmals zur Energiegewinnung verwendet. Beginn des Nuklearzeitalters.

Spannende Geschichte

Wie man **Gold wäscht**

1. Suche dir einen Fluss mit einem Flussbett aus Sand und Kies und schaufle etwas Bodenmaterial in eine flache Pfanne.

2. Tauche die Pfanne in das fließende Wasser und rühre den Inhalt mit den Fingern um, damit der Schlamm herausgespült wird.

3. Schüttle die Pfanne unter Wasser, damit sich schwerere Partikel (wie Gold) am Boden der Pfanne ablagern können.

4. Kippe die Pfanne etwas und drehe sie unter Wasser, um die leichteren Partikel fortzuspülen. Schüttle und drehe erneut.

5. Am Ende bleiben nur die schwersten Teilchen in der Pfanne übrig – vielleicht ist auch etwas Gold dabei!

REKORD-HALTER

Gold ist von allen Metallen am besten bearbeitbar. 1 g Gold lässt sich auf eine Fläche von 1 m² breit klopfen. Die dabei entstehende Goldfolie ist beinahe durchsichtig!

Kupfer und **Zinn** sind recht weiche Metalle. Mischt man sie jedoch, entsteht **Bronze**, und die ist viel härter als jedes der Ausgangsmetalle!

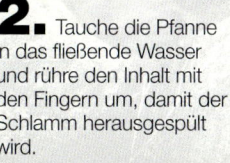

Blei
Das meiste Blei wird aus dem Mineral Galenit gewonnen, einer Verbindung aus Blei und Schwefel. Blei ist giftig und wird zur Herstellung von Batterien verwendet.

Zink
Dieses blassgraue Metall findet sich in Sphalerit, einer Verbindung aus Zink, Eisen und Schwefel. Aus Zink und Kupfer wird Messing hergestellt.

Unsere moderne Welt ist auf Metallprodukte angewiesen. Hier sind Beispiele für ihre Verwendung:

Aluminium
Das leichte Metall wird bei der Herstellung von Getränkedosen, Folien, Leitungen, Autos, Flugzeugen und Computern verwendet.

Titan
Titan ist in Autos, Tennisschlägern, Flugzeugen, Raumfahrzeugen und druckstabilen Tiefsee-Tauchkapseln enthalten.

Kupfer
Wird für Rohrleitungen, Computerkomponenten und Kabel verwendet und mit Zinn zu Bronze sowie mit Zink zu Messing verarbeitet.

Eisen
Zu Stahl verarbeitet wird es zum Bau von Autos, Werkzeugen, Schiffen, Fahrrädern, Hochhäusern und vielem mehr verwendet.

Nickel
Wird zusammen mit Eisen zur Herstellung von rostfreiem Edelstahl verwendet. Aber auch Münzen und Magnete werden aus Nickel hergestellt.

Zink
Wird oft Stahl zugesetzt, um Rost zu verhindern, und findet sich in Ketten, Kabeln oder Wellblechen. Wird auch in Batterien verwendet.

Blei
Wird oft mit Zinn zu Lötzinn vermischt. Dient auch zur Herstellung von Batterien und Kugeln sowie als Schutz vor Röntgenstrahlen.

Zink
Wird mit Blei zu Lötzinn verarbeitet und dient zur Herstellung von Weißblechdosen. Bronze ist eine Zinn-Kupfer-Legierung.

Warum gibt es so viele Vulkaninseln?

Die meisten Inseln in den Weltmeeren sind oder waren Vulkane. Viele davon sind Teil langer Vulkanketten. Eine große Zahl dieser Vulkane ist längst erloschen, aber einige sind nach wie vor sehr aktiv. Wenn Vulkaninseln wieder im Meer versinken, bilden sie oft den Gesteinsuntergrund für Koralleninseln.

Wie man **sich auf einer Vulkaninsel verhält**

1. Achte auf Erschütterungen und kleinere Erdbeben. Wenn du sie plötzlich auf einer Vulkaninsel bemerkst, könnte ein Ausbruch bevorstehen.

2. Horche nach verdächtigem Grollen oder Brummen und beobachte Tiere, die besser hören können als du. Wenn sie sich plötzlich seltsam verhalten, könnte das ein Hinweis sein!

Fakten

Der Pazifische Feuerring

1 Rund um den Pazifik sinkt der Meeresboden an den Erdplattengrenzen ins heiße Erdinnere ab.

2 Das abgesunkene Gestein wird zu Magma geschmolzen, steigt auf und bildet entlang der Plattengrenzen Ketten von Vulkanen.

3 Dort, wo sich eine ozeanische Platte unter eine andere ozeanische Platte schiebt, entstehen Inselbögen wie die Aleuten (oben), die sich über 1750 km von Alaska nach Sibirien erstrecken.

4 Andere pazifische Inselbögen sind die Kurilen, Japan, die Marianen, die Philippinen, die Tongainseln und die Salomon-Inseln.

Drei Typen von Vulkaninseln

▲ **Rift-Vulkane**
Ozeanböden bestehen aus Basaltgestein, das als Magma in den Spreizungszonen der Mittelozeanischen Rücken aufsteigt. In besonders aktiven Bereichen dieser Spreizungsgräben sind Vulkaninseln entstanden.

▲ **Inselbögen**
Die Erdkruste ist immer in Bewegung. Dort, wo zwei ozeanische Platten aufeinandertreffen, entstehen durch aufsteigendes Magma lange Ketten von Vulkaninseln.

▲ **Hotspot-Ketten**
Manche Vulkaninseln entstehen über sogenannten Hotspots – Zonen im Erdmantel, in denen Gestein geschmolzen wird. Wenn sich Erdplatten über einen Hotspot hinwegbewegen, bilden sich über ihm Ketten von Vulkaninseln.

Wusstest du das?

Mont Pelé auf der Insel Martinique ist einer von vielen Vulkanen, die einen Inselbogen in der Karibik bilden. Er brach im Mai 1902 aus und zerstörte die nahe gelegene Stadt Saint-Pierre vollständig. Mehr als 30 000 Menschen starben innerhalb weniger Minuten. Es gab nur drei Überlebende – einer davon saß als Gefangener im Stadtgefängnis!

Inselbögen

■ In Vulkanen, die Inselbögen bilden, entsteht zähflüssige Lava, die oft die Krater verstopft und dadurch vulkanische Gase einschließt.

■ Über Jahrzehnte oder Jahrhunderte steigt dann der Druck im Vulkan, bis er sich schließlich in einer gewaltigen Explosion entlädt.

■ Dabei werden gewaltige Mengen Lava und Gestein hoch in den Himmel geschleudert – so wie 1991 beim Ausbruch des Pinatubo auf den Philippinen (abgebildet).

■ Manchmal sprengt die Explosion große Teile von Vulkaninseln weg – wie 1883 auf der indonesischen Insel Krakatau.

Die lang gestreckte indonesische Insel Java ist durch den Zusammenschluss etlicher kleinerer **Vulkaninseln** entstanden. Auf ihr gibt es 38 Vulkane, von denen mindestens 20 noch aktiv sind.

KAUM ZU GLAUBEN!

Wenn Vulkane unterseeisch ausbrechen, erstarrt die Lava an den Stellen, an denen sie mit Wasser in Berührung kommt, rasch zu kissenartigen Gebilden. Fließt aus dem Inneren weitere Lava nach, können am Ozeanboden mächtige Schichten aus **Kissenlava** entstehen.

Hotspot-Ketten

1 Einige Vulkaninseln verdanken ihre Entstehung nicht den Prozessen an Plattengrenzen, sondern heißen Stellen im Erdmantel.

2 Während sich die Erdplatten bewegen, befinden sich die Hotspots immer am gleichen Ort. Daher entfernen sich die Inseln schließlich vom Hotspot, der sie entstehen ließ.

3 Wenn das passiert, erlischt der Inselvulkan. Derweil entsteht aus dem Teil des Ozeanbodens, der sich nun über dem Hotspot befindet, ein neuer Vulkan.

4 Im Lauf von Jahrmillionen lässt dieser Prozess Inselketten wie Hawaii (oben) entstehen. Nur die jeweils jüngste Insel über dem Hotspot besitzt einen aktiven Vulkan.

5. Glaube nicht, der Vulkan sei erloschen – ruhende Vulkane können manchmal nach Hunderttausenden von Jahren wieder ausbrechen!

4. Prüfe den Geruch der Luft. Riecht es nach Schwefel, könnte das ein Hinweis auf Gase sein, die im Vulkan nach oben steigen und zu einer Explosion führen können.

3. Halte Ausschau nach Dampf oder Rauch, der aus dem Krater aufsteigt, und beobachte, ob sich die Flanken des Vulkans durch inneren Druck vorwölben.

Zahlen

In Indonesien gibt es **76 aktive Vulkane**.

In den tropischen Ozeanen gibt es **260 Korallenatolle**, die einen erloschenen Vulkan umgeben.

Auf Island gibt es **800 vulkanische heiße Quellen**.

Die Höhe des höchsten Vulkans auf Hawaii beträgt **10 205 m** – von seinem Fuß am Boden des Pazifiks aus gemessen. Damit ist er eigentlich der höchste Berg der Erde!

Beim Ausbruch des Tambora auf der indonesischen Insel Sumbawa im Jahr 1815 kamen **90 000 Menschen** ums Leben.

Vulkaninseln aus dem Weltraum betrachtet

Santorin
Auf dieser griechischen Insel gab es etwa im Jahr 1620 v. Chr. einen gewaltigen Vulkanausbruch. Im riesigen Vulkankrater sind neue Vulkaninseln entstanden.

Mount Cleveland
Dies ist einer der vielen aktiven Vulkane auf den Aleuten. Sein Ausbruch im Jahr 2006 wurde von einem Astronauten der Internationalen Raumstation fotografiert.

Java
Auf der indonesischen Insel Java gibt es viele Vulkane. Einige sind hier zu sehen. Der Merapi (links unten) ist Indonesiens aktivster Vulkan.

Anak Krakatau
Der Vulkan „Kind des Krakatau" erhob sich 1927 aus dem Krater des Krakatau. Der sehr aktive Vulkan ist überwiegend von Lavagestein bedeckt.

Was ist so beeindruckend an den **Galapagos-Inseln?**

Die Galapagos-Inseln sind eine ostpazifische Gruppe von Vulkaninseln, die auf Höhe des Äquators westlich von Südamerika liegen. Ihre ältesten Vulkane erhoben sich vor weniger als 10 Mio. Jahren aus dem Meer und schufen Inseln aus nacktem Fels. Diese wurden nach und nach von Pflanzen und Tieren besiedelt, von denen es einige – wie etwa die hier abgebildeten Meerechsen – nirgendwo sonst auf der Erde gibt.

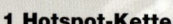

1 Hotspot-Kette
Die Galapagos-Inseln sind über einem Hotspot entstanden, der heute unter der am weitesten westlich gelegenen Insel Fernandina liegt. Alle Inseln bewegen sich zusammen mit ihrer Erdplatte um etwa 3,7 cm pro Jahr ostwärts. Das bedeutet, dass sie in etwa 26 Mio. Jahren mit Südamerika kollidieren!

2 Aktive Vulkane
Die aktiven Vulkane auf Fernandina und der nahe gelegenen Insel Isabela stoßen flüssige Lava aus, die alles verbrennt, was auf ihrem Weg liegt. Sie breitet sich aus, kühlt ab und wird zu Basaltgestein. Pflanzen können dieses blanke Gestein nur langsam besiedeln, für zahlreiche Seevögel ist es aber ein guter Nistplatz.

3 Grüne Inseln
Während die jüngeren westlichen Inseln noch immer vulkanisch aktiv sind, sind die Vulkane der älteren östlichen Inseln, wie etwa San Cristóbal und Española, erloschen. Dort gibt es mittlerweile fruchtbare Böden und eine üppige Vegetation, von der sich zahlreiche Tiere, wie etwa Riesenschildkröten, ernähren.

4 Brütende Seevögel
Die Galapagos-Inseln sind ideale Brutplätze für Meeresvögel, wie etwa Albatrosse, Kormorane, Fregattvögel (oben) oder Blaufußtölpel. All diese Vögel holen sich ihre Nahrung aus dem Meer. Sie fangen entweder selbst Fische oder jagen, wie die Fregattvögel, anderen die Beute ab.

5 Ungewöhnliche Tierwelt

Die Tierwelt der Galapagos-Inseln war so lange isoliert, dass sie sich anders entwickelt hat als ihre Verwandtschaft auf dem Festland. Zur Fauna gehören bis über 250 kg schwere Riesenschildkröten und die Meerechsen, die im kalten Pazifik unter Wasser Algen abweiden.

6 Wiege der Evolutionstheorie

Im Jahr 1835 besuchte Charles Darwin die Galapagos-Inseln und sammelte zahlreiche Tiere. Später erkannte er, dass sich manche Vögel in Anpassung an die Lebensbedingungen auf den verschiedenen Inseln unterschiedlich entwickelt hatten – eine grundlegende Erkenntnis für seine Evolutionstheorie.

7 Artenreiches Meer

Die Galapagos-Inseln liegen zwar am Äquator, sind jedoch von kaltem Wasser umgeben. Es ist sehr nährstoff- und damit auch planktonreich. Vom Plankton leben riesige Fischschwärme und von diesen wiederum Räuber wie Haie oder Seevögel. Die Inseln gehören zum Weltnaturerbe und stehen unter strengem Schutz.

8 Beeindruckend

Vulkanische Landschaften, eine faszinierende Tierwelt und die wissenschaftliche Bedeutung haben die Galapagos-Inseln zu einer Touristenattraktion werden lassen. Doch obwohl jedes Jahr Tausende von Touristen die Inseln besuchen, haben sie sich die Magie einer fremdartigen, unberührten Welt bewahrt.

Wie entstand der Himalaja?

Alles über Auffaltung

▲ Zur Zeit der Dinosaurier war Indien ein Inselkontinent, der sich um bis zu 15 cm pro Jahr nach Norden Richtung Asien bewegte.

▲ **Vor etwa 50 Mio. Jahren prallte Indien mit Asien zusammen. Die Kollision verlangsamte seine Bewegung auf etwas mehr als 5 cm pro Jahr.**

▲ Das Aufeinandertreffen führte zur Auffaltung gigantischer Gesteinsmassen und ließ Gebirge wie den Himalaja, den Karakorum und den Hindukusch entstehen.

▲ **Dieses Gebirgssystem ist das höchste der Erde. In ihm liegen alle sogenannten „Achttausender" – Berge, die mehr als 8000 m hoch sind.**

Die meisten Gebirge entstehen durch Kräfte, die beim Zusammenprall von Erdplatten auftreten. Schiebt sich eine ozeanische Platte unter eine Kontinentalplatte, entstehen an den Rändern des Kontinents durch aufsteigende Gesteinsmassen Gebirge. Der Himalaja ist jedoch durch die Kollision zweier Kontinentalplatten entstanden.

Obwohl sich Indien immer noch weiter in den asiatischen Kontinent hineinschiebt, gab es in der Region seit den 1950er-Jahren keine schweren **Erdbeben**. Forscher befürchten daher, dass in naher Zukunft starke Erdbeben auftreten könnten.

Zahlen

Das Tibetische Hochland nimmt eine Fläche von **2,5 Mio. km²** ein. Es ist damit das größte und höchste Hochland der Welt.

Der Himalaja-Gebirgszug erstreckt sich über eine Länge von **2400 km** – von Afghanistan im Nordwesten bis nach China im Osten.

Seit seiner Kollision mit Asien hat sich Indien **2000 km** weit in den asiatischen Kontinent hineingeschoben.

14 Himalaja-Gipfel sind über 8000 m hoch.

Die Gipfel des Himalaja wachsen pro Jahrzehnt **5 cm** in die Höhe.

Wusstest du das ?

Sedimentgesteine, die sich am Ozeanboden zwischen Indien und Asien gebildet hatten, wurden beim Zusammenprall der Kontinentalplatten nach oben gedrückt. Daher finden sich heute Muschelfossilien in Felsgestein über 5000 m hoch über dem Meeresspiegel.

Eismassen

Im Himalaja gibt es etwa 15 000 **Gletscher**, die zusammen mit dem gefrorenen Untergrund die größten Eismassen außerhalb der Polargebiete bilden.

KAUM ZU GLAUBEN!

Wenn Gebirge durch chemische **Verwitterung** zersetzt werden, wird der Erdatmosphäre CO_2 entzogen. Die Verwitterung des Himalaja könnte daher Auswirkungen auf das Klima der Erde haben.

Top 10 Himalaja-Gipfel

Mount Everest
8848 m

K2
8611 m

Kangchendzönga
8586 m

Lhotse
8516 m

Regenmacher

Im Sommer erwärmt sich das Tibetische Hochland und heizt die Luft über sich auf. Sie steigt nach oben und unten strömt warme, feuchte Luft vom Indischen Ozean nach, die zu den wolkenbruchartigen Regenfällen des Sommermonsuns in Indien führt.

Die feuchte Luft, die nach Norden über Indien hinwegzieht, trifft schließlich auf die Felswände des Himalaja. Die Wolken regnen sich an der Südseite des Gebirges ab und lassen dort üppige Wälder und große Ströme wie Indus, Ganges und Brahmaputra entstehen.

Die Luftmassen, die im Sommer die Nordseite des Gebirges erreichen, haben all ihre Feuchtigkeit verloren und bringen dem Tibetischen Hochland kaum Regen. Da auch im Winter wegen der extremen Kälte wenig Niederschlag fällt, ist das Hochland sehr trocken.

Hochlandtee

In großer Höhe ist die Luft dünn, weil über ihr zu wenig Luft ist, um sie zusammenzudrücken. Der **geringe Luftdruck** führt dazu, dass Wasser bei niedrigerer Temperatur kocht. Die Tibeter trinken ihren Tee daher gewöhnlich kochend. Versuche das bloß nicht zu Hause!

REKORD-HALTER

Reinhold Messner und Peter Habeler bestiegen 1978 den Mount Everest als Erste **ohne** Zuhilfenahme von **Flaschensauerstoff** – eine Leistung die man vorher für unmöglich hielt.

In Bewegung

Der Himalaja wächst nach wie vor **in die Höhe**, weil sich Indien noch immer nach Norden in den asiatischen Kontinent hineinschiebt. Käme der Prozess zum Erliegen, würde das Gebirge nach und nach verwittern und an Höhe verlieren.

Dünne Luft

1 Je höher man klettert, umso dünner wird die Luft. Die Atemzüge liefern immer weniger lebenswichtigen Sauerstoff.

2 Über 7000 m ist der Sauerstoffgehalt der Luft nur noch etwa halb so hoch wie auf Meereshöhe.

3 Selbst auf dem Tibetischen Plateau liegt der Sauerstoffgehalt nur bei 60 %.

4 Dennoch leben fast 3 Mio. Menschen dort. Sie sind an die dünne Luft angepasst. Um mehr Sauerstoff aufnehmen zu können, enthält ihr Blut mehr rote Blutkörperchen.

5 Normalerweise ringen Menschen in dieser Höhe nach Luft und werden ohne Atemgeräte höhenkrank.

Die höchsten Berge des Himalaja sind gleichzeitig die höchsten der Welt. Unter ihnen finden sich so berühmte Gipfel wie der Mount Everest und der K2, aber auch weniger bekannte wie der Dhaulagiri, den man noch Anfang des 19. Jh. für den höchsten Berg der Welt hielt.

Makalu
8485 m

Cho Oyu
8188 m

Dhaulagiri
8167 m

Manaslu
8163 m

Nanga Parbat
8126 m

Annapurna
8091 m

Wie tief ist der **Grand Canyon?**

Der Grand Canyon ist eine gigantische, mehr als 1800 m tiefe Schlucht im Norden Arizonas (USA). Sie wurde durch den Colorado River geschaffen, der sich im Lauf von Jahrmillionen immer tiefer ins Gestein eingegraben hat, während sich gleichzeitig das ihn umgebende Hochplateau infolge von Erdplattenbewegungen immer weiter hob. Der Canyon zählt zu den größten Naturwundern der Erde.

Alles über **Gesteinsschichten**

Die Wände des Grand Canyon bestehen aus Gesteinsschichten, wobei die älteste Schicht unten und die jüngste oben liegt. Die meisten dieser Schichten sind Sedimentgesteine, die am Boden früherer Ozeane entstanden sind.

250 Mio. Jahre alt: Der Canyonrand besteht aus cremefarbenem Kaibab-Kalkstein. Jüngere Schichten darüber wurden abgetragen.

260 Mio. Jahre alt: Der Coconino-Kalkstein besteht aus fest gewordenen Wüsten-Sanddünen.

330 Mio. Jahre alt: Der Redwall-Kalkstein ist recht hart und bildet eine steile Felswand von bis zu 150 m Höhe.

530 Mio. Jahre alt: Das weiche Tongestein des Bright Angel Shale verwittert leicht, rutscht talwärts und bildet schräge Hänge.

540 Mio. Jahre alt: Der dunkelbraune Tapeats-Sandstein bildet Steilwände im unteren Canyonbereich.

1700 Mio. Jahre alt: Ganz unten im Canyon befindet sich der sehr harte Vishnu-Schiefer.

KAUM ZU GLAUBEN!

Als **spanische Entdecker** den Grand Canyon im Jahr 1540 von hoch oben sahen, glaubten sie, dass der Colorado nur 2 m breit wäre. Tatsächlich ist er etwa 100-mal so breit.

Klimawandel und Wasserentnahme für Städte und Landwirtschaft lassen den **Colorado** immer mehr austrocknen. In manchen Jahren führt der Fluss so wenig Wasser, dass er nicht einmal mehr das Meer erreicht.

Entstehung

1 Der Grand Canyon zieht sich durch das Colorado-Plateau, das durch die gleichen Kräfte nach oben gedrückt wurde wie die Rocky Mountains.

2 Der Prozess begann vor etwa 70 Mio. Jahren, als riesige Dinosaurier wie *Tyrannosaurus rex* die Erde bewohnten.

3 Der Grand Canyon liegt in einer trockenen Gegend. Dass der Colorado die Kraft hat, sich ins Gestein zu graben, liegt an den zwar seltenen, aber heftigen Regenfällen, die es in der Region immer wieder gibt.

4 Diese sintflutartigen Regenfälle lassen den Fluss anschwellen und zu einem reißenden Strom werden, der im Lauf von Jahrmillionen den Grand Canyon schuf.

Fakten

Grand Canyon

1 Im Sommer kann die Temperatur im Inneren des Canyons auf über 30 °C ansteigen.

2 Im Winter kann die Temperatur am Nordrand des Canyons (dem höchsten Punkt) auf unter –18 °C fallen. Der Zutritt ist dann wegen großer Schneemassen oft nicht möglich.

3 Die Temperaturunterschiede im Canyon haben zur Folge, dass jeder, der von unten nach oben klettert, ähnlich unterschiedliche Umweltbedingungen vorfindet, als würde er eine Reise vom trocken-heißen Mexiko ins mild-feuchte Kanada machen.

4 Die Bedingungen im Canyon haben unterschiedliche Lebensräume geschaffen – von der Wüste bis zur Grassteppe.

Zahlen

Die Länge des Grand Canyon beträgt **349 km**.

Die geringste Entfernung zwischen den oberen Rändern des Canyons beträgt **6 km**.

An der breitesten Stelle ist der Canyon **30 km breit**.

An manchen Stellen ist der Canyon bis zu **1,83 km tief**.

Es herrschen große Temperaturunterschiede im Canyon: Schwankungen um bis zu **56 °C** von der höchsten Temperatur im Sommer zur niedrigsten im Winter sind normal.

22 bedeutende Gesteinsschichten finden sich in der Canyonwand.

Der Colorado benötigt im Durchschnitt **10 Jahre**, um sich 1 mm tiefer ins Gestein zu graben.

ALLES KLAR?

Der **Rio Colorado** („rot gefärbter Fluss") erhielt seinen Namen, weil sein Wasser durch das abgetragene Gestein rötlich gefärbt war. Heute ist es weniger rot gefärbt, weil viel Sediment an einem stromaufwärts gelegenen Staudamm aufgehalten wird.

Einige Gründe, NICHT zum Grund des Grand Canyons hinabzusteigen

1 Es ist ein langer Weg und man muss die ganze Strecke auch wieder zurückgehen. Es ist kaum möglich, den Abstieg zum Fluss und den Aufstieg an einem Tag zu schaffen.

2 Wegen der hohen Temperaturen am Grund des Canyons besteht die Gefahr eines Hitzschlags oder das Risiko, beim Aufstieg zu dehydrieren.

3 Jedes Jahr muss die Parkverwaltung des Grand Canyons Hunderte Wanderer retten, die ihre Kräfte überschätzt haben und den Aufstieg nicht mehr schaffen.

4 Seit den 1970er-Jahren sind über 280 Menschen im Grand Canyon ums Leben gekommen. Sie stürzten ab, ertranken, wurden von Steinen erschlagen oder starben an Hitzschlägen.

Wusstest du das?

Obwohl die Gesteine am oberen Rand des Grand Canyons bis zu 2450 m hoch über dem Meeresspiegel liegen, enthalten sie Fossilien von Fischen, Korallen und Muscheln, die einst im Ozean lebten.

Sechs Möglichkeiten, den Grand Canyon zu besichtigen

Von oben
Schau dir das Naturwunder von der beeindruckenden Skywalk-Plattform aus an.

Wandern
Nur fitte Leute sollten die Wanderwege vom Canyonrand hinunter zum Fluss benutzen.

Reiten
Mit einem Maultier in die Schlucht zu reiten, ist eine gute Alternative zum Wandern.

Fliegen
Fliege mit einem Flugzeug oder einem Helikopter über den Canyon. Spektakulär!

Rafting
Unternimm eine berauschende Wildwasser-Rafting-Tour auf dem Fluss. Nur für Mutige!

Mit dem Zug
Sieh dir den Canyon von einem klassischen Pullmanwaggon der Grand-Canyon-Bahn aus an.

Was ist das Besondere an der **Namibwüste?**

Die Namibwüste an der Südwestküste Afrikas ist eine einzigartige Landschaft aus Sanddünen, Schotterebenen und blankem Fels. Es regnet fast nie, doch vom Meer her zieht regelmäßig dichter Nebel ins Land und schlägt sich in den frühen Morgenstunden nieder. Er ist die einzige Wasserquelle für die Pflanzen und Tiere der Namib.

Alles über **Nebel in der Wüste**

☁ **Das Wüstenklima der Namib entsteht dadurch, dass sich warme, trockene Luft, die vom Kontinent kommt, über die feucht-kalte Meeresluft schiebt und diese daran hindert, aufzusteigen und Wolken zu bilden.**

☁ Vor der Küste fließt der kalte, aus der Antarktis kommende Benguela-Strom. Er kühlt die Luft über dem Meer ab und lässt die darin enthaltene Feuchtigkeit kondensieren. Dichter Nebel bildet sich.

☁ **In den frühen Morgenstunden schiebt sich der Nebel über die küstennahen Bereiche der Namib. Doch sobald die heiße Tropensonne die Luft über dem Land erwärmt, löst sich der Nebel rasch auf und der Tau am Boden verdunstet.**

Tiere in der **Nam**

Skorpion
Skorpione kommen nachts aus ihren Verstecken und machen mit Greifzangen und Giftstachel Jagd auf Insekten, Spinnen und kleine Echsen.

KAUM ZU GLAUBEN!
Die Namib ist zwar einer der unwirtlichsten Orte der Erde, aber im nahe gelegenen Meer gibt es Unmengen von **Plankton** und riesige Fischschwärme, die die Nahrungsgrundlage für **Seevögel** und **Seebären** bilden.

Die seltsame **Welwitschie** der Namib ist eine der faszinierendsten und langlebigsten Pflanzen der Erde. Sie kann über 2000 Jahre alt werden! Die größten Welwitschien erreichen eine Höhe von etwa 1,5 m.

Käfersaft
Der Nebeltrinker-Käfer sammelt Flüssigkeit, indem er an nebligen Tagen frümmorgens und sein Morgens auf einen Dünenkamm oben in den Wind krabbelt und sein Hinterteil nach oben hält. Der **Nebel kondensiert** an seinem Körper zu kleinen Tröpfchen, die ihm direkt ins Maul fließen. Pro Morgen kann er so fast die Hälfte seines Gewichts an Wasser aufnehmen.

Namibgecko
Diese kleine Echse hat Häute zwischen den Zehen, die verhindern, dass sie bei der nächtlichen Jagd auf Insekten und Spinnen im Sand einsinkt.

Zwergpuffotter
Um sich rasch über den lockeren Sand bewegen zu können, wendet diese kleine Giftschlange sehr erfolgreich das sogenannte Seitenwinden an.

Wüstengoldmull
Wüstengoldmulle sind blind, besitzen ein glänzendes Fell und „schwimmen" bei der Suche nach Nahrung regelrecht durch den Wüstensand.

Spießbock
Spießböcke können lange ohne Wasser auskommen und ihre Körpertemperatur weit über das bei Säugetieren normale Maß ansteigen lassen, ohne Schaden zu nehmen.

Braune Hyäne
Braune Hyänen sind vorwiegend Aasfresser. An der Küste der Namib machen sie jedoch auch Jagd auf junge Südafrikanische Seebären.

Nama-Flughuhn
Nama-Flughühner fliegen oft weit, um Wasser für ihre Jungen zu holen. Dabei transportieren sie die Flüssigkeit in ihrem Brustgefieder.

Wüstendünen

Ein Großteil der südlichen Namibwüste ist ein „Meer aus Sand". Mächtige Sanddünen bedecken eine Fläche von etwa 34 000 km² und erstrecken sich bis zur Ozeanküste.

Die meisten Dünen besitzen lange, parallel von Nordwesten nach Südosten ausgerichtete Kämme. Sie sind bis zu 50 km lang, 1,5–2,5 km voneinander entfernt und durchschnittlich mehr als 150 m hoch.

Die Küstendünen sind jünger und blass gelblichbraun gefärbt. Weiter im Land sind die Dünen braun oder auch ziegelrot. Das liegt daran, dass die älteren Inlanddünen von Eisenoxid bedeckt sind.

Sichelförmige Wanderdünen bewegen sich mit Geschwindigkeiten von bis zu 15 m pro Jahr vorwärts, weil der Wind den Sand über den windzugewandten Seite über den Kamm auf die windabgewandte Seite weht, wo er sich wieder ablagert.

Namibwetter

Fakten

1 Die Namib erhält im Durchschnitt weniger als 12 mm Regen pro Jahr.

2 Dennoch ist die Luft nahe der Küste manchmal gesättigt mit Wasserdampf.

3 Verglichen mit anderen Wüsten ist die Namib recht kühl – das Jahresmittel der Temperatur liegt an der Küste unter 16 °C.

4 Die Höchsttemperaturen erreichen selten mehr als 40 °C.

5 Im Winter kann die Temperatur nachts bis nahe an den Gefrierpunkt fallen.

Zahlen

Die Fläche der Namibwüste beträgt **80 900 km²**.

Die Namib dehnt sich über **1600 km** von Norden nach Süden aus.

An ihrem breitesten Punkt ist die Namib **140 km breit**.

An **160 Tagen** im Jahr ist die Namibküste in Nebel gehüllt.

An **5–15 Tagen** im Jahr fällt in der Namib Regen.

Wusstest du das?

An der Namibküste liegen die reichsten Diamantenvorkommen der Welt. Die Diamanten entstanden in vulkanischem Gestein im Landesinneren, wurden von dem Fluss Oranje zum Ozean transportiert und schließlich durch Strömungen an der Küste verteilt.

Gruselige Küste!

Die Küste der nördlichen Namib wird auch Skelettküste genannt, weil sie von den Knochen gestrandeter Wale und den Überresten gesunkener Schiffe übersät ist. Schiffbrüchige, die das Glück hatten, den Untergang ihres Schiffs zu überleben, fanden schließlich in der Wüste doch noch den Tod.

Wie entstehen Höhlen?

Höhlen sind große, natürliche Hohlräume in Gestein oder Eis. Sie können zwar auf unterschiedliche Weise entstehen, doch meist werden sie vom Wasser erschaffen – oder auch durch Wasser, das voller Geröll ist und den Fels abschleift wie Sandpapier. Manche Höhlen sind einfache Kammern, andere bestehen aus verzweigten Gangsystemen.

Fakten

Kalksteinhöhlen

1 Die spektakulärsten Höhlen gibt es im Kalkstein. Regenwasser löst den Kalk und lässt mit der Zeit Hohlräume entstehen.

2 Wenn das Wasser durch Spalten und Risse im Gestein sickert, vergrößern sie sich mit der Zeit.

3 Es entstehen nach und nach regelrechte Tunnel und manchmal sogar unterirdische Flüsse.

4 Einstürzende Wände oder Decken und tropfendes Kalkwasser lassen oft ungewöhnliche Felsformationen entstehen.

Spannende Geschichte

32 000 Jahre
Die ältesten bekannten Höhlenmalereien sind etwa 32 000 Jahre alt und befinden sich in der Chauvet-Höhle in Südfrankreich. Sie zeigen Tiere wie Löwen, Bären, Nashörner oder Hyänen.

25 000 Jahre
Die spektakulären Malereien von Wollmammuts, Pferden, Rindern, Rentieren und Menschen an den Wänden der Höhle von Pech Merle im Süden Frankreichs sind etwa 25 000 Jahre alt.

15 000 Jahre
Die Malereien in der nordspanischen Altamira-Höhle sind 15 000 Jahre alt. Das dortige Gemälde einer Bisonherde beeindruckte und inspirierte sogar den großen spanischen Künstler Pablo Picasso.

12 000 Jahre
Die Malereien in der spanischen Höhle Las Moneda sind 12 000 Jahre alt (mittels Radiokarbon-Methode berechnet). Sie zeigen Rentiere, die in Spanien am Ende der Eiszeit ausstarben.

1. Gehe niemals allein hinein! Du brauchst die Unterstützung erfahrener Höhlenexperten.

2. Beobachte das Wetter. Manche Höhlen können bei starkem Regen bis zur Decke geflutet und zur tödlichen Falle werden.

Besondere Höhlengebilde

Das Wasser in Tropfsteinhöhlen enthält gelösten Kalk, der sich an den Wänden, an der Decke oder am Boden der Höhlen ablagert, wenn das Wasser verdunstet. Dabei entstehen oft eindrucksvolle Gesteinsgebilde.

Stroh-Stalaktiten
Wenn kalkhaltiges Wasser von der Höhlendecke tropft, lagert sich der Kalk zuweilen als strohhalmähnlicher Stalaktit ab.

Stalaktiten
Wenn mehr Wasser von der Decke tropft, entstehen größere, oft kegelförmige Tropfsteine an der Höhlendecke.

Stalagmiten
Dort wo das Kalkwasser auf den Höhlenboden tropft, lagert sich auch Kalk ab und es bilden sich emporwachsende Stalagmiten.

Sintervorhänge
Wenn kalkhaltiges Wasser über Felsblöcke rinnt, entstehen aus dem sich ablagernden Kalk Gebilde, die wie Vorhänge aussehen.

Höhlenperlen
Tropft Kalkwasser in kleine Pfützen am Boden, lagert sich oft Kalk um Gesteinspartikel herum ab und bildet perlenartige Kugeln.

Übrigens:

Es gibt auch heute noch in zahlreichen Ländern Menschen, die in Wohnhöhlen leben. Mancherorts bestehen ganze Dörfer oder Stadtteile aus Höhlenhäusern.

Zahlen

Die tiefste bekannte Höhle der Erde ist die Woronja-Höhle in Georgien: Sie ist **2191 m tief.**

Der längste Höhlengang, der je entdeckt wurde, ist **4,6 km lang** und liegt in der Son-Doong-Höhle in Vietnam.

Der größte bekannte unterirdische Hohlraum ist die Sarawak-Kammer in den Gunung-Mulu-Höhlen auf Borneo. Die Kammer ist **700 m lang**, über 300 m breit und 100 m hoch.

Der höchste Stalagmit der Welt ist **67 m lang** und befindet sich in der Höhle San Martin Inferno auf Kuba.

Der größte bekannte Unterwasser-Stalaktit ist **12 m lang** und befindet sich in der Cenote Chac Mol in Mexiko.

Wie man eine Kalksteinhöhle erforscht

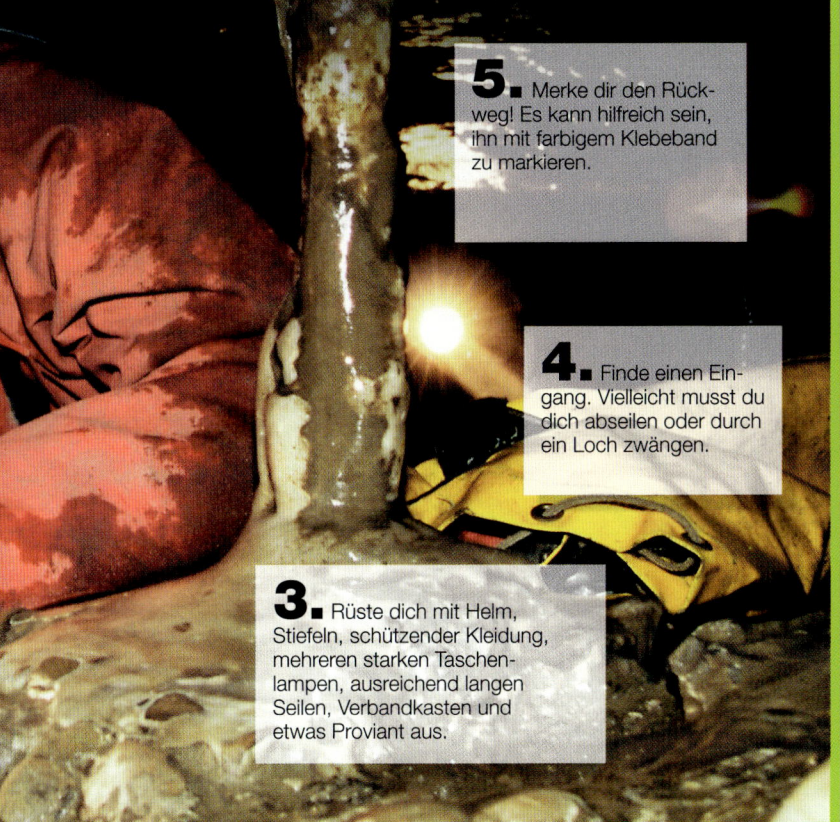

5. Merke dir den Rückweg! Es kann hilfreich sein, ihn mit farbigem Klebeband zu markieren.

4. Finde einen Eingang. Vielleicht musst du dich abseilen oder durch ein Loch zwängen.

3. Rüste dich mit Helm, Stiefeln, schützender Kleidung, mehreren starken Taschenlampen, ausreichend langen Seilen, Verbandkasten und etwas Proviant aus.

KAUM ZU GLAUBEN!

Einige wenige Höhlen, wie etwa die Casteret-Höhle in Spanien, sind so kalt, dass Wasser in ihnen gefriert und faszinierende glitzernde **Eisgebilde** entstehen.

Wusstest du das?

Höhlen sind ideale Verstecke für Fledermäuse. Die Bracken-Höhle in Texas beherbergt im Sommer 20 Mio. Mexikanische Bulldoggfledermäuse, die jede Nacht in riesigen Schwärmen die Höhle verlassen, um auf die Jagd nach Insekten zu gehen.

Küstenhöhlen

Die Kraft des Meeres vermag selbst in hartem Küstengestein Höhlen zu erschaffen. Diese sind viel leichter und sicherer zu erforschen als Kalksteinhöhlen.

Die **kältesten Höhlen** der Welt entstehen in Gletschern, wenn durch Schmelzwasser, das durch Gletscherspalten und kleine Tunnel im Eis rinnt, größere Hohlräume geschaffen werden.

Painted Cave
Die vor Kalifornien auf der Insel Santa Cruz gelegene Höhle ist mit 370 m Länge die größte Brandungshöhle der Welt.

Blaue Grotte
Diese Höhle auf der italienischen Insel Capri erhielt ihren Namen, weil das Wasser im Sonnenlicht blau schimmert.

Fingal's Cave
Diese auf der schottischen Insel Staffa gelegene Höhle ist von zahlreichen sechseckigen Basaltsäulen umgeben.

Wie formt Wasser die Erde?

Wasser ist das bestimmende Merkmal unseres Planeten. Es mag auch anderswo in unserem Sonnensystem Wasserdampf oder Eis geben, aber nur die Erde besitzt Flüsse, Seen und Ozeane aus flüssigem Wasser, das zwei Drittel der Erdoberfläche bedeckt. Das andere Drittel sind Landflächen, aber auch sie verdanken ihr Erscheinungsbild zum großen Teil dem Wasser – und das Leben verdankt dem Wasser sogar seine Existenz.

H₂O

1 Wasser ist eine chemische Verbindung aus Wasserstoff und Sauerstoff. Zwei Atome Wasserstoff und ein Atom Sauerstoff bilden je ein Molekül Wasser: H_2O.

2 Die Atome werden durch elektromagnetische Kräfte zusammengehalten, die Wassermolekülen eine gewinkelte Form verleihen.

3 Jedes Molekül besitzt eine negative Teilladung beim Sauerstoff und positive Teilladungen beim Wasserstoff.

4 Dadurch ziehen sich benachbarte Moleküle an und gehen eine lockere Verbindung ein. Flüssiges Wasser entsteht. Wird es erhitzt, trennt die zugeführte Energie die Moleküle wieder und es bildet sich gasförmiger Wasserdampf.

5 Wird Wasser dagegen auf unter 0 °C abgekühlt, lagern sich die Moleküle zu festem, kristallinem Eis zusammen.

Vor langer Zeit, als diese Gebiete noch feuchter waren, haben sich in einigen Regionen der Erde, die heute Wüsten sind, **unterirdische Wasserreservoire** gebildet. Eines dieser Reservoire liegt unter der Ostsahara und enthält etwa 150 000 km³ Wasser!

Eigenschaften von Wasser

Wasser ist ein ungewöhnlicher Stoff. Es ist z. B. schwer, obwohl es aus zwei Gasen besteht – und eines dieser beiden Gase, nämlich Wasserstoff, ist sogar das leichteste Element im Universum!

Merkwürdigerweise dehnt sich Wasser aus, wenn es gefriert. Eis besitzt somit eine geringere Dichte als flüssiges Wasser und treibt daher auf der Wasseroberfläche. Größere Gewässer gefrieren gewöhnlich nur an der Oberfläche.

Wegen des Zusammenhalts der Wassermoleküle entsteht an der Wasseroberfläche die sogenannte Oberflächenspannung, die es manchen Insekten ermöglicht, übers Wasser zu laufen.

Die Kräfte, die Wassermoleküle zusammenhalten, sorgen auch dafür, dass sich im Wasser mehr Stoffe lösen als in irgendeiner anderen Flüssigkeit. Die Bausteine der Stoffe werden voneinander getrennt und von Wassermolekülen umgeben.

KAUM ZU GLAUBEN!

Wasser muss nicht kochen, um zu **Wasserdampf** zu werden. Dazu reichen bereits Temperaturen nahe dem **Gefrierpunkt** – was bedeutet, dass Eis, flüssiges Wasser und Wasserdampf zur gleichen Zeit am gleichen Ort existieren können!

Alles über den Wasserkreislauf

Das Leben an Land ist auf den Wasserkreislauf angewiesen. Er bringt Ozeanwasser zu den Kontinenten und wieder zurück.

1 Die Wärme der Sonne verwandelt das Wasser der Ozeane in aufsteigenden Wasserdampf.

2 Er kühlt ab und kondensiert zu winzigen Tröpfchen, die Wolken bilden.

Wusstest du das?

Ein Großteil des Wassers auf der Erde stammt wohl aus dem Erdinneren. Es gelangte in der Frühzeit der Erde durch Vulkanismus als Wasserdampf in die Atmosphäre. Als die Erde abkühlte, kondensierte der Dampf. Es regnete lange Zeit und die Ozeane entstanden.

Flüsse, Seen und Feuchtgebiete

Das Wasser, das als Regen zur Erde fällt, lässt Ströme und Flüsse, Seen und Tümpel und die verschiedensten Feuchtgebiete entstehen.

Flüsse
Das Regenwasser sammelt sich in Bächen, die schließlich zu Flüssen zusammenfließen. Die meisten davon münden ins Meer.

Seen
Vielerorts sammelt sich das Wasser auch in Vertiefungen im Boden und lässt Tümpel oder auch ausgedehnte Seen entstehen.

Sümpfe
An feuchten Rändern von Seen und Flüssen entstehen oft Sümpfe, in denen Schilf und andere Sumpfpflanzen gedeihen.

Moore
In regenreichen Regionen lassen Torfmoose oft Moore entstehen, in denen nicht zersetztes Pflanzenmaterial zu Torf wird.

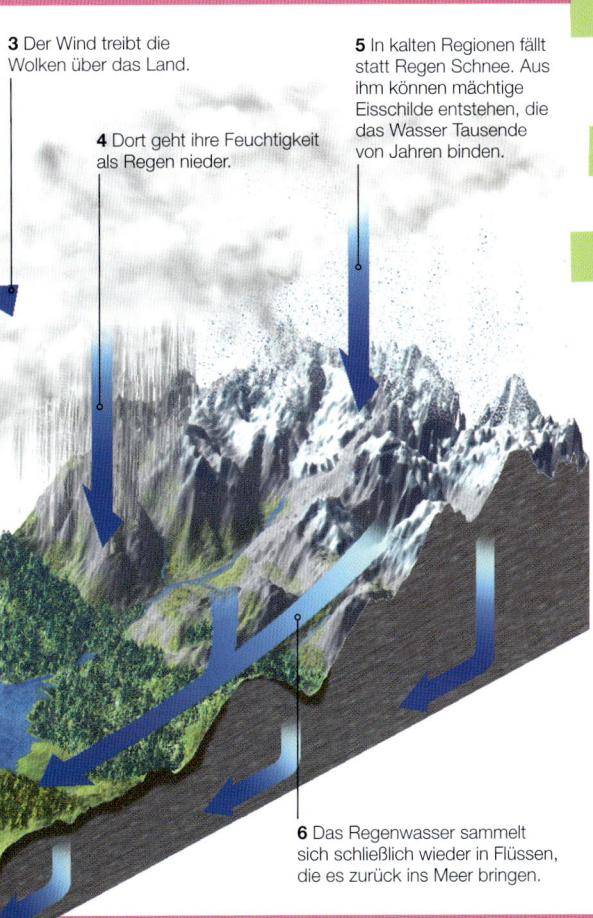

3 Der Wind treibt die Wolken über das Land.

4 Dort geht ihre Feuchtigkeit als Regen nieder.

5 In kalten Regionen fällt statt Regen Schnee. Aus ihm können mächtige Eisschilde entstehen, die das Wasser Tausende von Jahren binden.

6 Das Regenwasser sammelt sich schließlich wieder in Flüssen, die es zurück ins Meer bringen.

In einigen Regionen der Erde regnet oder schneit es fast nie. In Teilen der **Atacamawüste** in Südamerika ist möglicherweise seit Jahrhunderten kein einziger Tropfen Regen gefallen!

Grundwasser

● Regen, der zu Boden fällt, versickert gewöhnlich und wird zu Grundwasser.

● Das Wasser sickert so lange tiefer, bis es auf eine wasserundurchlässige Gesteinsschicht trifft.

● Die obere Begrenzung der wasserführenden Gesteinsschichten heißt Grundwasseroberfläche.

● Wenn man ein Loch bis in diese Tiefe gräbt, füllt es sich am Boden mit Wasser.

Eiszeiten

❄ In der Erdgeschichte gab es etliche Kaltphasen, die wohl vor allem durch Änderungen der Erdumlaufbahn um die Sonne entstanden.

❄ Während der Kaltphasen schmilzt der Schnee in vielen Regionen nicht, sondern bildet immer dicker werdende Schichten, die zu Eis gepresst werden.

❄ Perioden der Erdgeschichte, in denen mindestens ein Pol der Erde vergletschert ist, werden Eiszeiten genannt.

❄ Die jüngste Eiszeit begann vor über 2 Mio. Jahren und dauert noch immer an. Wir leben gerade in einer Warmzeit innerhalb der Eiszeit!

❄ Auf dem Höhepunkt der letzten Kaltzeit, vor rund 20 000 Jahren, war so viel Wasser im Eis gebunden, dass der Meeresspiegel um 100 m sank.

97 % des Wassers auf der Erde entfällt auf die Ozeane.

Nur **3 %** des Wassers auf der Erde ist Süßwasser.

69 % des Süßwassers existiert nur in Form von Inlandeis.

30 % des Süßwassers existiert in Form von Grundwasser.

Nur **1 %** des Süßwassers findet sich in Seen, Flüssen, Feuchtgebieten und Lebewesen.

Zahlen

Wieso entstehen Stürme?

Stürme entstehen, wenn Luftmassen über von der Sonne aufgeheizten Flächen rasch aufsteigen und unten rasant Luft aus der Umgebung nachströmt. Da sich Winde über dem Meer viel besser entfalten können, gibt es dort viel häufiger Stürme. In den Tropen entstehen oft Wirbelstürme mit sintflutartigen Regenfällen, schweren Gewittern und extremen Windstärken.

Fakten

Sturmtief

1 Durch die Sonne erwärmte Land- oder Wasserflächen heizen die Luft über sich auf. Die warme Luft dehnt sich aus und steigt nach oben.

2 Das Aufsteigen der Luft lässt den Luftdruck in tieferen Schichten sinken.

3 Um die aufgestiegene Luft zu ersetzen, strömen aus der Umgebung Luftmassen höheren Drucks in das Tiefdruckgebiet.

4 Je größer der Druckunterschied ist, umso schneller strömt die Luft und umso stärker sind die entstehenden Winde.

5 Die aufsteigende Luft enthält unsichtbaren Wasserdampf, der von Wasseroberflächen oder aus der Vegetation stammt.

6 Wenn der Wasserdampf aufsteigt, kühlt er ab und kondensiert zu Tröpfchen, die schließlich Wolken bilden.

So entstehen Gewitterwolken

Wasserdampf ist energiereicher als Wasser. Wenn er über den Ozeanen verdunstet, entzieht er dem Meerwasser Energie und nimmt sie mit in die Höhe.

Wenn der Wasserdampf zu Wolkentröpfchen kondensiert, wird diese Energie frei und erwärmt die umgebende Luft, die sich dann ausdehnt und aufsteigt.

Ist nur wenig Wasserdampf in der Luft, stoppt der Prozess früh und es entstehen nur recht kleine Schönwetterwolken.

Ist jedoch infolge starker Verdunstung sehr viel Wasserdampf vorhanden, dauert der Prozess an und es entstehen mächtige, wasserreiche Gewitterwolken.

Die Wolkentröpfchen vereinen sich nach und nach zu dicken Regentropfen, die als sintflutartiger Regen niedergehen.

Alles über Hagelkörner und Tornados

■ Wenn Wasserdampf in einer Sturmwolke zu Tröpfchen kondensiert, wird Wärme frei. Diese lässt kräftige Aufwinde im Inneren der Wolke entstehen, die Geschwindigkeiten von mehr als 160 km/h erreichen können!

■ Diese Aufwinde sorgen dafür, dass aus winzigen Eiskristallen schließlich dicke Hagelkörner werden, indem sie die aufgrund ihres Gewichts herabfallenden Eispartikel immer wieder nach oben befördern, sodass sich weiteres Eis anlagern kann.

■ Die starken Aufwinde im Inneren von Gewitterwolken können so viel Luft nach oben saugen, dass wirbelnde Tornados entstehen, die stark genug sind, um Autos wie Spielzeuge durch die Luft zu schleudern.

Wusstest du das?

Normale Wolken sind oft einige Hundert Meter hoch, Sturmwolken können jedoch eine Gesamthöhe von 10 km und mehr erreichen!

REKORD-HALTER

Das größte bekannte **Hagelkorn** wurde im Jahr 2010 im US-Bundesstaat South Dakota gefunden. Es hatte einen Durchmesser von 20,32 cm!

Aufgeladene Wolken

In Gewitterwolken werden umhergeschleuderte und kollidierende Eiskristalle elektrisch aufgeladen.

Dieser Prozess lädt schließlich die ganze Wolke auf und macht sie zu einer Art riesige Batterie, mit dem Pluspol oben und dem Minuspol unten. Auch der Boden unter der Wolke wird positiv aufgeladen.

In einer 10 km hohen Gewitterwolke kann sich zwischen den Polen eine Spannung von bis zu 100 Mio. Volt aufbauen!

Schließlich überwindet die Spannung den elektrischen Widerstand der Luft und entlädt sich als Blitz innerhalb der Wolken oder in Richtung Boden.

KAUM ZU GLAUBEN!

Bei Gewitter treten manchmal sonderbare Effekte wie etwa **Kugelblitze** auf. Das sind schwebende, oft kugelförmige Leuchterscheinungen, die sich meist in Bodennähe bewegen und mit bis zu 30 s viel länger leuchten als normale Blitze!

Eine richtig große **Gewitterwolke** kann bis zu 100 Mio. Tonnen Wasser enthalten – mehr als viele Seen!

Wie man die Entfernung eines Gewitters einschätzt

1. Starte eine Stoppuhr, sofern du eine hast, oder zähle einfach „tausendundeins, tausendundzwei, tausendunddrei ...", sobald du einen Blitz siehst.

2. Teile die Zahl der Sekunden, die bis zum Donner vergehen, durch drei, um die Entfernung in Kilometern zu erhalten. 15 Sekunden entsprechen einer Distanz von 5 km.

3. Wenn du überhaupt keinen Donner hörst, war der Blitz möglicherweise mehr als 16 km entfernt. Vorsicht, wenn du gar keine Zeit hast, um zu zählen!

Zahlen

Jedes Jahr entstehen weltweit **16 Mio. Gewitter**.

Pro Sekunde entstehen dabei weltweit **100 Blitze**.

Das Risiko, im Lauf des Lebens von einem Blitz getroffen zu werden, beträgt **1:3000**.

In den USA gibt es pro Jahr **1200 Tornados**.

Der schlimmste Tornado in der Geschichte durchquerte am 18. März 1925 Teile von Missouri, Illinois und Indiana (USA) und hatte **695 Todesopfer** zur Folge.

Blitze

Einer Blitzentladung gehen schwächere Vorentladungen voraus, die sich zickzackförmig in Richtung Boden bewegen.

Wenn sie Bodenkontakt haben, bildet sich zwischen Gewitterwolke und Erdboden ein Blitzkanal, durch den dann die sehr helle Hauptentladung erfolgt.

Innerhalb von Sekundenbruchteilen heizt die gewaltige Energie des Blitzes die Luft im Blitzkanal auf enorm hohe Temperaturen auf.

Die extrem heiße Luft dehnt sich explosionsartig aus und es entsteht eine Druckwelle, die wir als Donnern wahrnehmen.

Glühend heiße Blitze

Die Luft im Blitzkanal kann bis auf etwa **30 000 °C** aufgeheizt werden – fast sechsmal heißer als die Oberflächentemperatur der Sonne!

Extreme Winde

Im Auge eines Hurrikans ist es merkwürdig ruhig, aber um das Auge herum toben Winde mit atemberaubenden Geschwindigkeiten von bis zu 300 km/h. Eine Wand aus mächtigen Gewitterwolken erzeugt gewaltige Aufwinde, die die Luft wie ein gigantischer Staubsauger rasant nach oben saugen und neue Luftmassen aus der Umgebung nachströmen lassen.

Sintflutartiger Regen

Die zerstörerischen Winde gehen mit unvorstellbar heftigen Wolkenbrüchen einher. Als Hurrikan Mitch im Jahr 1998 über Mittelamerika hinwegfegte, fielen innerhalb weniger Stunden 127 cm Niederschlag pro Quadratmeter – die Hälfte der durchschnittlichen Jahresregenmenge! Reißende Sturzfluten und gefährliche Schlammlawinen waren die Folge.

Sturmfluten

Die starken Winde tropischer Wirbelstürme türmen hohe Wellen auf und schieben gewaltige Wassermassen vor sich her. Treffen diese auf die Küste, kann der Wasserstand 10 m und mehr über den normalen Pegelstand ansteigen. Dann werden oft weite Landstriche überschwemmt. Im Jahr 2005 wurde New Orleans in den USA von Hurrikan Katrina überflutet.

Alles über **Hurrikane**

Die größten und stärksten Stürme der Erde sind die gewaltigen Wirbelstürme, die über tropischen Ozeanen entstehen. Sie können 800 km Durchmesser erreichen und werden je nach Entstehungsregion Hurrikane, Zyklone oder Taifune genannt. Durch die intensive Verdunstung warmen Oberflächenwassers entstehen mächtige Gewitterwolken, die spiralförmig um ein zentrales „Auge" rotieren. Tropische Wirbelstürme zerstören an Land beinahe alles, was auf ihrem Weg liegt.

Zerstörerische Kraft

Das Zusammenwirken von starken Winden, Sturzfluten, Schlammlawinen und Überschwemmungen kann enorme Verwüstungen zur Folge haben. Große Schiffe werden an Land gespült, Häuser weggeschwemmt und ganze Städte unter tiefem Schlamm begraben. Besonders regenreiche Wirbelstürme könnten sogar Erdbeben entfesseln, vermuten Forscher.

Zerstörte Leben

Wirbelstürme töten mehr Menschen als Tornados, Vulkane und Erdbeben zusammen. Das liegt unter anderem daran, dass sie so häufig sind – 2005 gab es allein im tropischen Nordatlantik 13 Hurrikane. Schlammlawinen und Überschwemmungen fordern die meisten Opfer. Als Zyklon Nargis 2008 Teile Myanmars überflutete, starben mehr als 80 000 Menschen.

Sturmjäger

Moderne Satellitentechnik ermöglicht es uns, die Entstehung und den Weg der Wirbelstürme zu verfolgen. Speziell ausgerüstete Flugzeuge können sogar mitten im Sturm Daten sammeln! Nichts kann jedoch einen Hurrikan aufhalten. Alles, was wir tun können, ist, möglichst rechtzeitig zu warnen und, falls notwendig, gefährdete Regionen zu evakuieren.

Hurrikan Katrina

Eine Satellitenaufnahme von Hurrikan Katrina, aufgenommen am Morgen des 28. August 2005, als der Sturm der Kategorie 5 sich über dem Golf von Mexiko befand und Windgeschwindigkeiten von bis zu 280 km/h erreichte. Am folgenden Tag traf Katrina auf die Küste der USA und richtete verheerende Schäden an.

Der Nil

1 Der Nil besitzt zwei Quellflüsse, die bei der sudanesischen Stadt Khartum zusammenfließen.

2 Der Weiße Nil entspringt in den regenreichen Hochländern der ostafrikanischen Staaten Ruanda und Burundi und speist den Victoriasee.

3 Der Blaue Nil entspringt im niederschlagsreichen Hochland von Äthiopien. Er schwillt in der Regenzeit zu einem reißenden Strom an und führt dann große Schlammmassen mit sich.

4 Nördlich von Khartum gibt es einen weiteren großen Nilzufluss, den Atbara. Er fließt jedoch nur während der Regenzeit.

ALLES KLAR?

Der **Weiße Nil** verdankt seinen Namen dem hellen Lehm, den er mit sich führt. Der **Blaue Nil** ist eigentlich fast schwarz – aber in der Landessprache ist das Wort für „schwarz" auch das Wort für „blau"!

Spannende Geschichte

48 v. Chr.
Nach seiner Ankunft in Ägypten erklärte Julius Cäsar, dass die Quelle des Nils das größte ungelöste Rätsel der Welt sei.

66
Der römische Kaiser Nero schickte zwei Offiziere auf die Suche nach der Quelle des Nils. Ihre Expedition stromaufwärts endete an den riesigen Sumpfflächen des Sudd.

1618
Der spanische Jesuitenmissionar Pedro Páez war der erste Europäer an einer der Quellen des Blauen Nils.

1858
Der britische Afrikaforscher John Hanning Speke entdeckte den riesigen Victoriasee, den er fälschlicherweise für die Quelle des Weißen Nils hielt.

2004
Einem Team von Abenteurern unter der Leitung des Südafrikaners Hendri Coetzee gelang es erstmals, den Weißen Nil von der Quelle bis zur Mündung mit einem Boot zu befahren. Die gefahrvolle Reise dauerte 4,5 Monate.

Was ist das Besondere am **Nil?**

Der Nil ist der längste Fluss der Erde. Er entspringt am Äquator und mündet ins Mittelmeer. Der Strom durchfließt zum großen Teil unwirtliche Regionen, einschließlich der Sahara. Wo er strömt, lässt er einen grünen, fruchtbaren Landstreifen mitten in der Wüste entstehen.

Nillandschaften

Tisissat-Wasserfälle
In der Nähe des Tanasees stürzt der Blaue Nil über 40 m in die Tiefe und bildet die zweitgrößten Wasserfälle Afrikas.

Der Sudd
Im Südsudan lässt der Weiße Nil ein riesiges, etwa 30 000 km² großes Sumpf- und Überschwemmungsgebiet entstehen.

Alles über
Nilschwemmen

■ Der Blaue Nil führt in der Regenzeit im Sommer so viel Wasser, dass der Nil in Ägypten früher regelmäßig über die Ufer trat.

■ Dabei lagerte sich viel von dem Schlamm, den der Fluss mitführte, im Uferbereich ab und machte die Uferzonen zu fruchtbarem Ackerland.

■ Die Überflutungen waren somit zwar von Nutzen, richteten aber oft auch schwere Schäden an. Um sie zu verhindern, staute man den Nil bei Assuan auf.

■ Heute tritt der Nil nicht mehr über die Ufer, flussabwärts des Assuan-Staudamms fehlt der Landwirtschaft jedoch der Nilschlamm.

An den Ufern des Nils wird Baumwolle angebaut.

Wusstest du das ?

Mindestens die Hälfte des Wassers, das in die Sümpfe des Sudd strömt, fließt nie wieder heraus, sondern verdunstet. Das bedeutet, dass der Nil nur mehr halb so viel Wasser führt, wenn er den Sudd verlässt.

Ägyptische Wüste
Im Nordsudan und in Ägypten fließt der Nil durch Wüstenlandschaften. Die Uferzonen des Flusses bilden dort ein grünes Band.

Nildelta
Bevor der Nil ins Mittelmeer mündet, fächert er sich nördlich von Kairo zu einem riesigen Delta auf.

Zahlen

Die Länge des Nils von der Quelle bis zur Mündung im Mittelmeer beträgt **6850 km**.

Die altägyptische Hochkultur, deren Entwicklung erst durch den Nil möglich wurde, währte **3000 Jahre** lang.

Pro Jahr transportiert der Nil durchschnittlich **80 km³ Wasser**.

10 % der Landfläche Afrikas machen das Einzugsgebiet des Nils aus.

Der Nil durchströmt bis zur Mündung im Mittelmeer **7 Staaten**.

3 % der Landfläche Ägyptens sind – dank des Nils – fruchtbar genug, um darauf Landwirtschaft zu betreiben.

REKORD-HALTER

Der vom Weißen Nil gespeiste Victoriasee ist mit einer Fläche von 68 800 km² der **größte tropische See** und nach dem Kaspischen Meer in Asien und dem Oberen See in Nordamerika der drittgrößte See der Welt.

Assuan-Staudamm

1 Die Wassermassen des Nils werden durch den Assuan-Staudamm kontrolliert. Gleichzeitig wird die Energie des Wassers zur Stromerzeugung genutzt.

2 Der 111 m hohe Staudamm wurde 1970 fertiggestellt und ersetzte einen viel kleineren Damm aus dem Jahr 1902.

3 Oberhalb des Staudamms wird der Nil zum riesigen Nassersee aufgestaut. Er ist über 500 km lang und enthält mehr als 100 km³ Wasser.

4 Das Wasser des Nassersees schützte Ägypten vor den verheerenden Dürren und Hungersnöten, die den Sudan und Äthiopien in den 1980er-Jahren heimsuchten.

Monumente am Nil

Pyramiden
Die alten Ägypter errichteten über 100 Pyramiden als Grabstätten für ihre Könige an den Westufern des Nils.

Tempel
In den Städten am Nil gab es prunkvolle Tempel, wie etwa den Karnak-Tempel (oben) oder den Tempel von Edfu.

Statuen
Die Tempel und Paläste der alten Ägypter waren mit Götter- und Königsstatuen geschmückt.

Grabstätten
In unterirdischen Grabstätten sind lebhaft bunte Gemälde, wie etwa diese Jagdszene, erhalten geblieben.

Warum ist der Indische Ozean **so schön?**

Der Indische Ozean ist der einzige Ozean der Erde, der überwiegend in den Tropen liegt. Sein Wasser ist herrlich klar und er ist voller märchenhafter Korallenriffe, traumhafter Inseln und faszinierender Bewohner. Doch der Ozean ist auch ein Ort voller Gefahren, der immer wieder von schweren Stürmen, Tsunamis und katastrophalen Vulkanausbrüchen heimgesucht wird.

Klares Wasser

Im tropischen Indischen Ozean erzeugt die Wärme der Sonne eine Schicht warmen Oberflächenwassers, die über kälteren Wasserschichten liegt.

Da sich die Schichten gewöhnlich nicht mischen, gelangen die Nährstoffe aus dem tieferen, kühleren Wasser nicht an die Oberfläche.

Das Oberflächenwasser ist daher nährstoff- und folglich auch planktonarm. Wegen des wenigen Planktons ist das Wasser kristallklar.

Wenig Plankton bedeutet wenig Nahrung für Meerestiere. Sie leben daher vor allem in Ozeanbereichen, in denen nährstoffreiches Tiefenwasser aufsteigen kann.

Viele Meerestiere bewohnen die von Korallen geschaffenen Korallenriffe. Sie liefern Nahrung und Versteckplätze.

Erdplatten in Bewegung

Fakten

1 Im Lauf der letzten 120 Mio. Jahre entfernten sich Indien und Australien von Afrika und der Indische Ozean entstand.

2 Der Indische Ozean wächst am sogenannten Zentralindischen Rücken, einer Erhebung am Grund des Ozeans, an der neuer Ozeanboden entsteht.

3 Durch die Bewegungen der Erdplatten schiebt sich der Ozeanboden des Ostindiks im Bereich von Indonesien unter die Eurasische Platte.

4 Die Indische Platte schiebt sich immer weiter in den asiatischen Kontinent – ein Prozess, der den Himalaja entstehen ließ.

5 Durch Erdplattenbewegungen und vulkanische Aktivität entstanden im Indischen Ozean zahlreiche Vulkaninseln.

Alles über **Mangroven**

In der Gezeitenzone des Indischen Ozeans wird der Schlick von Bäumen und Sträuchern – sogenannten Mangroven – besiedelt.

Ohne spezielle Anpassungen, wie etwa Salzfiltration oder Atemwurzeln, könnten Mangroven im salzigen Schlick nicht überleben.

In Mangrovensümpfen wimmelt es von Tieren wie Winkerkrabben oder Schlammspringern (sonderbare Fische, die die meiste Zeit an Land leben).

Bei Flut bietet das dichte Wurzelwerk der Mangroven Jungfischen Schutz – das Leben vieler großer Meeresfische beginnt hier.

Im 16. und 17. Jh. wurden die im Ostindik gelegenen **Molukken** auch „Gewürzinseln" genannt, da sie die einzige bekannte Bezugsquelle für Gewürznelken und Muskat waren. Die Gewürze waren so selten und begehrt, dass sie zeitweise wertvoller als Gold waren!

Ozeangiganten

Das warme Wasser und die Inseln des Indischen Ozeans sind die Heimat einiger der größten und beeindruckendsten Fische und Reptilien, die es auf der Erde gibt.

Weißer Hai
Der Weiße Hai ist der gefürchtetste Meeresfisch. Er taucht häufig vor der Südküste Afrikas auf, um dort Seebären zu jagen.

Riesenschildkröte
Auf dem Aldabra-Atoll nördlich von Madagaskar lebt die weltweit größte Population von Riesenschildkröten – über 150 000 Tiere.

Riesenmanta
Der Riesenmanta ist ein riesiger Rochen, der Plankton aus dem Wasser filtert, während er durch den Ozean „fliegt".

Komodowaran
Mit bis zu 3 m Länge ist der Komodowaran die größte Echse der Welt. Er lebt auf den Kleinen Sunda-Inseln in Indonesien.

Walhai
Der Walhai ist mit einer Länge von bis zu 14 m der größte Fisch der Welt. Er ernährt sich von Plankton und ist völlig harmlos.

Leistenkrokodil
Dieses große Krokodil bewohnt gern Mangroven, schwimmt aber auch weit aufs Meer hinaus. Es ist auch für Menschen gefährlich!

Feuer speiendes Indonesien

■ Der Boden des Indiks schiebt sich im Bereich von Indonesien unter eine andere Erdplatte und lässt eine bogenförmige Tiefseerinne entstehen, den sogenannten Sundagraben.

■ Aufsteigendes geschmolzenes Gestein ließ entlang der Plattengrenze eine Reihe von Vulkaninseln, wie Sumatra und Java, entstehen.

■ Zu den Vulkaninseln gehört auch Krakatau. Als der zwischen Sumatra und Java gelegene Vulkan 1883 ausbrach, entstanden riesige Flutwellen und etwa 36 000 Menschen kamen ums Leben!

■ Die Region ist auch ein Erdbebengebiet – der verheerende Tsunami von 2004 wurde durch ein mächtiges Erdbeben im Sundagraben ausgelöst.

Wusstest du das?

Wenn vor der Südostküste Südafrikas nach Osten wandernde Sturmwellen auf entgegenkommende Meeresströmungen treffen, können bis über 20 m hohe „Monsterwellen" entstehen! Sie haben schon manches Schiff spurlos verschwinden lassen.

REKORD-HALTER

Mit bis zu 25 kg Gewicht ist der Samen der **Seychellenpalme** der größte der Welt. Die bis zu etwa 24 m hohe Palme gilt heute als bedroht und kommt nur noch auf zwei Seychellen-Inseln vor.

Zahlen

Die Fläche des Indischen Ozeans beträgt **73,6 Mio. km²**.

Die durchschnittliche Tiefe des Indischen Ozeans beträgt **3890 m**.

Die tiefste Stelle im Indischen Ozean, das Diamantinatief, liegt **8047 m** unter der Oberfläche.

Die Mindesttemperatur des Oberflächenwassers im tropischen Indischen Ozean beträgt **22 °C**.

Seit dem Jahr 2000 gab es im tropischen Indischen Ozean pro Jahr durchschnittlich **9 Wirbelstürme**.

Sonneninseln

Malediven
Die Malediven sind eine Kette flacher Koralleninseln, die durch Klimawandel und Meeresspiegelanstieg bedroht sind.

Seychellen
Die Inselgruppe wurde vor etwa 65 Mio. Jahren durch Erdplattenbewegungen vom Indischen Kontinent getrennt.

Aldabra
Aldabra ist ein großes Korallenatoll – also ein Korallenriff, das um einen im Meer versinkenden Vulkan nach oben gewachsen ist.

Réunion
Réunion liegt über einem Hotspot und besitzt mit dem 2631 m hohen Piton de la Fournaise einen der aktivsten Vulkane der Welt.

Dinosaurier

Wann beherrschten die **Dinosaurier** die Erde?

Die Dinosaurier beherrschten die Erde im Mesozoikum (Erdmittelalter), das vor 251 Mio. Jahren begann und vor 65 Mio. Jahren endete. Es unterteilt sich in Trias, Jura und Kreide. Nach einem Massensterben am Ende des Erdaltertums entstanden im Mesozoikum viele neue Tier- und Pflanzenarten.

Wie man **zu einem** *Eoraptor* wird

1. Lange Beine und eine geringe Größe (wie ein Truthahn) sind praktisch, um vor riesigen Reptilien fliehen zu können.

2. Gut sind auch unspezialisierte Zähne. Am besten ist es, flexibel zu sein und alles zu fressen, was man erwischt.

3. Aufrecht gehen ist besser als auf allen vieren – denn die bekrallten Hände braucht man zum Beutefang.

4. Als Warmblüter kommt man in kaltem und warmem Klima zurecht.

Namensgeschichte

Mesozoikum bedeutet etwa „Mittleres Zeitalter tierischen Lebens". Die Tierwelt dieser Periode existierte zwischen der des Paläozoikums und der des Känozoikums.

Die **Trias** erhielt ihren Namen 1834 wegen der Dreiteilung ihrer Gesteinsschichten in Keuper, Kalk und Buntsandstein.

Der **Jura** erhielt seinen Namen im Jahr 1795 von Alexander von Humboldt, der im schweizerischen Juragebirge Gesteine untersuchte.

Die **Kreide** erhielt ihren Namen, weil in ihren Gesteinsschichten zahlreiche kalkhaltige Fossilien von Tieren wie Korallen, Muscheln, Schnecken oder Einzellern zu finden sind.

12 Tiergruppen, die im **Mesozoikum** entstanden

Steinkorallen
Die Erbauer von Korallenriffen entstanden in der Trias – vermutlich aus Vorfahren, die Seeanemonen ähnelten.

Krabben
Krabben erschienen im Jura. Sie gehören zu den Krebsen. Ihr Hinterleib liegt umgeklappt unter dem Vorderleib.

Soziale Insekten
Wespen, Bienen und Ameisen entstanden in der Kreide, erste Insektenstaaten wohl vor etwa 100 Mio. Jahren.

Echte Knochenfische
Echte Knochenfische erschienen in der Trias. Zu den Knochenfischen gehören z. B. Aale, Heringe, Karpfen und Lachse.

Echte Frösche
Erste Echte Frösche tauchten im Jura auf. Frösche sind schwanzlose Amphibien mit oft kräftigen Sprungbeinen.

Säugetiere
Säugetierähnliche Tiere erschienen erstmals in der Trias. Säugetiere waren im Mesozoikum erfolgreich, aber meist sehr klein.

vor 251 Mio. Jahren
Beginn der Trias

vor 199 Mio. Jahren
Ende der Trias und Beginn des Jura

vor 145 Mio. Jahren
Ende des Jura und Beginn der Kreide

vor 100 Mio. Jahren
Ende der Ober- und Beginn der Unterkreide

vor 65 Mio. Jahren
Die Kreide endete mit einem Massenaussterben.

1840
Der englische Geologe John Phillips prägte den Begriff Mesozoikum.

Spannende Geschichte

Pflanzen des Mesozoikums

Zu den bereits vorhandenen Pflanzenarten gesellten sich zahlreiche neue:

Paläozoikum	Mesozoikum
Farne	Bennettitales (ausgestorben)
Schachtelhalme	Blütenpflanzen
Palmfarne	Palmen
Nadelhölzer	Seegräser
Ginkgos	Gräser

Mesozoische Welt

Fakten

1 Die mesozoische Atmosphäre unterschied sich von der heutigen. Es gab weniger Sauerstoff und mehr Kohlendioxid (CO_2).

2 Die mesozoische Erde war wie ein Treibhaus. Es gab kaum oder gar kein Eis an den Polen.

3 Wegen des fehlenden Eises war der Meeresspiegel hoch. Tief liegende Regionen waren oft von Flachmeeren bedeckt.

4 Zu Beginn der Trias war es trocken und Wüsten breiteten sich aus.

5 Im Jura wurde es feuchter auf der Erde. Tropische Wälder und Feuchtgebiete entstanden.

Alles über Kontinentaldrift

Die Landmassen der Erde sind ständig in Bewegung. Das lässt Ozeane entstehen und wieder verschwinden.

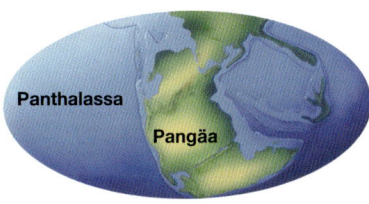
Zu Beginn der Trias gab es einen riesigen Superkontinent (Pangäa) und einen riesigen Ozean (Panthalassa).
Panthalassa — Pangäa

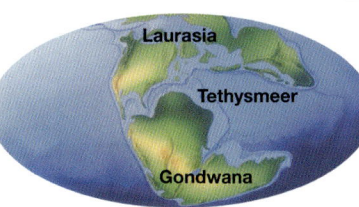
Laurasia — Tethysmeer — Gondwana
Im frühen Jura zerfiel Pangäa. Laurasia, Gondwana und das Tethysmeer entstanden.

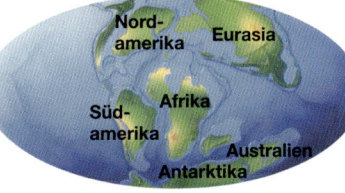
Nordamerika, Eurasia, Südamerika, Afrika, Australien, Antarktika
In der Kreide zerfielen die Landmassen weiter und die Kontinente näherten sich ihrer heutigen Position.

Das Innere des Superkontinents Pangäa wurde nicht durch Seewinde gekühlt. Die Temperaturen erreichten dort **50°C** im Schatten.

Welche dieser Tiere erschienen im Mesozoikum?
(Antwort unten auf der Seite)

 a) Schwämme
 b) Meeresquallen
 c) Libellen
 d) Haie

Schildkröten
Die ältesten Schildkröten-Fossilien stammen aus der Trias. Bei ihnen war nur der Bauchpanzer voll entwickelt.

Pterosaurier
Erste kleine und primitive Flugsaurier erschienen bereits in der Trias. Die Pterosaurier überlebten bis zum Ende der Kreide.

Dinosaurier
Genau wie Pterosaurier sind auch Dinosaurier Reptilien. Sie entstanden in der Trias aus kleinen zweibeinigen Vorfahren.

Vögel
Die Vögel entwickelten sich im Jura aus kleinen Dinosauriern. Manche Forscher sehen Vögel als gefiederte Dinosaurier an.

Plesiosaurier
Plesiosaurier sind Meeresreptilien mit langen Hälsen und paddelartigen Flossen. Sie traten erstmals in der Trias auf.

Schlangen
Die ältesten Schlangen-Fossilien stammen aus der Kreide. Schlangen entwickelten sich wohl aus bodenbewohnenden Echsen.

ANTWORT: Keine! Diese Tiergruppen entstanden alle bereits vor Beginn des Mesozoikums: Schwämme und Meeresquallen vor über 500 Mio. Jahren, die ersten haiähnlichen Fische vor 400 Mio. Jahren und die ersten Libellen vor über 300 Mio. Jahren.

1 Proterogyrinus
(Karbon)
Im Karbon (vor 350–300 Mio. Jahren) entstanden viele räuberische, amphibisch lebende Tetrapoden, wie der etwa 1 m lange *Proterogyrinus*.

Alles über
urzeitliche Landwirbeltiere

Zahllose unterschiedliche Tiergruppen kamen und gingen, bevor die Dinosaurier vor etwa 230 Mio. Jahren erschienen. Tiere, die über vier Füße verfügen, nennt man Tetrapoden (Landwirbeltiere). Sie entwickelten sich vor etwa 375 Mio. Jahren aus Fischen und haben im Lauf von Jahrmillionen eine erstaunliche Artenvielfalt hervorgebracht.

2 Phlegethontia
(Spätes Karbon)
Gewöhnlich kann man Tetrapoden daran erkennen, dass sie Beine haben. Doch diese sind mehrfach im Verlauf der Tetrapoden-Evolution wieder verloren gegangen. Schlangenlurche wie *Phlegethontia* waren z. B. beinlos.

3 Amphibamus
(Spätes Karbon)
Amphibamus ähnelte einem Salamander und war etwa 20 cm lang. Erwachsene *Amphibamus* lebten möglicherweise an Land und jagten Insekten. Die Larven waren dagegen vermutlich kiementragende Wasserbewohner.

4 Spinoaequalis
(Spätes Karbon)
Die meisten frühen Reptilien waren Landbewohner, doch einige wenige lebten auch zeitweise im Wasser. Eines davon war *Spinoaequalis* – ein kleines Reptil, das vor etwa 300 Mio. Jahren lebte. Es schwamm vermutlich mithilfe seines seitlich abgeplatteten Schwanzes.

5 Moschops

(Oberperm)

Moschops gehört zur Gruppe
der sogenannten Synapsiden,
die im Perm (vor 299–251 Mio.
Jahren) zu den dominierenden
Landtieren zählten. *Moschops*
war ein großer, pflanzenfressender Synapside mit dickem
Schädel, mit dem sich die
Männchen möglicherweise
bei Rangkämpfen Kopfstöße
verpassten.

6 Varanops

(Perm)

Aus den Synapsiden gingen zwar später die
Säugetiere hervor, doch die ersten Synapsiden
sahen eher aus wie Echsen. *Varanops* war ein
waranähnlicher früher Synapside, der etwa 1 m
lang war und sich vermutlich von Insekten und
anderen Kleintieren ernährte. Er hatte zahlreiche
spitze Zähne im Maul und war wahrscheinlich
ein schneller Räuber.

8 Postosuchus

(Obertrias)

Postosuchus war ein großer, bis zu 5 m
langer Räuber mit Furcht einflößenden
Zähnen. Obwohl *Postosuchus* an einen
fleischfressenden Dinosaurier erinnert,
ist er nicht näher mit den Dinosauriern
verwandt. Er gehört wie die Krokodile zur
Archosauriergruppe der Crurotarsi.

7 Metoposaurus

(Trias)

Metoposaurus ist entfernt mit *Amphibamus*
verwandt, aber mit bis zu 3 m Länge etwa zehnmal so groß. *Metoposaurus* war wasserlebend
und besaß wahrscheinlich ein Seitenlinienorgan,
mit dem er Wasserbewegungen wahrnehmen
konnte. Die Tiere lebten räuberisch und lauerten
vermutlich unter Wasser vorbeischwimmenden
Fischen auf.

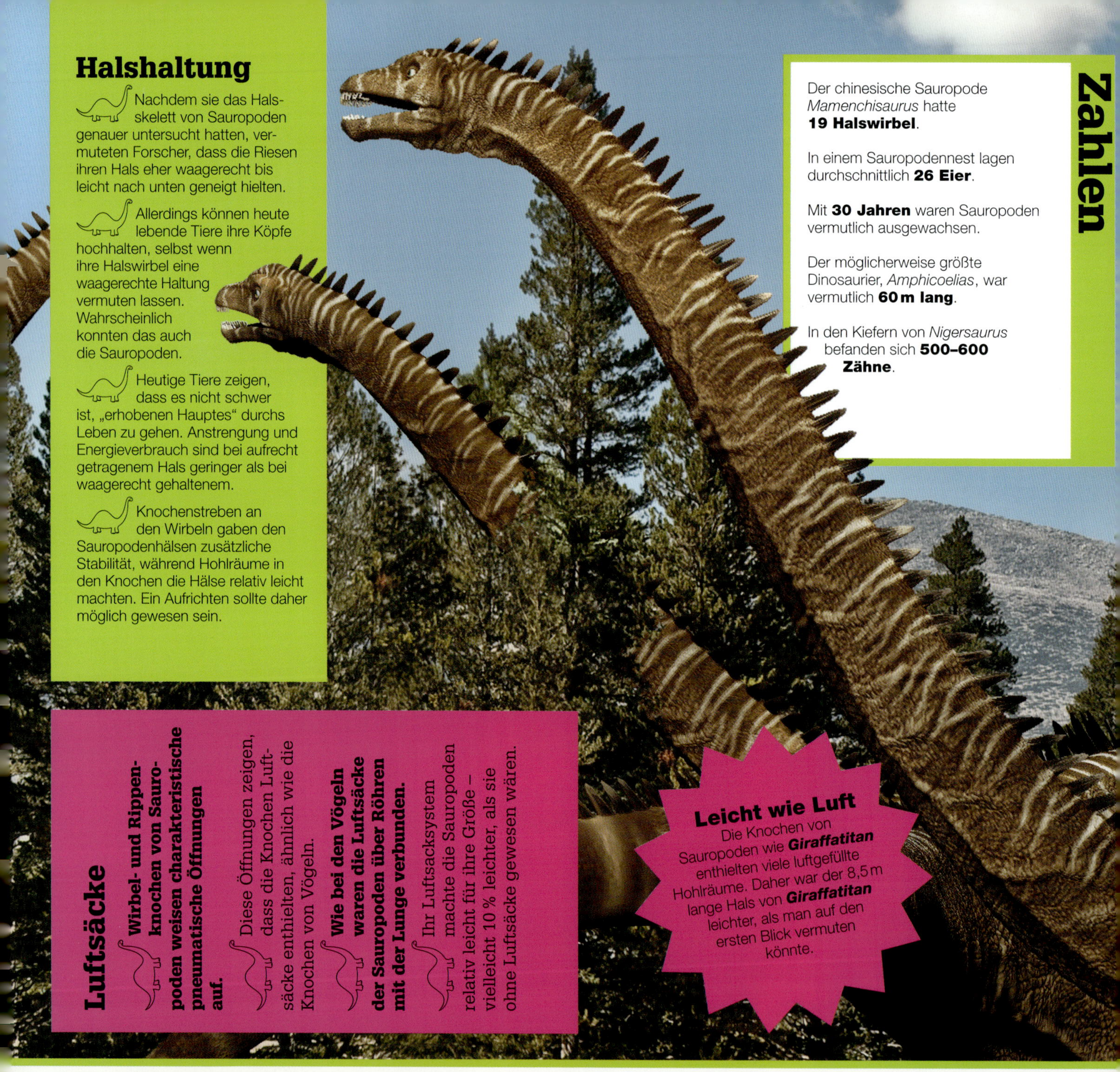

Halshaltung

Nachdem sie das Halsskelett von Sauropoden genauer untersucht hatten, vermuteten Forscher, dass die Riesen ihren Hals eher waagerecht bis leicht nach unten geneigt hielten.

Allerdings können heute lebende Tiere ihre Köpfe hochhalten, selbst wenn ihre Halswirbel eine waagerechte Haltung vermuten lassen. Wahrscheinlich konnten das auch die Sauropoden.

Heutige Tiere zeigen, dass es nicht schwer ist, „erhobenen Hauptes" durchs Leben zu gehen. Anstrengung und Energieverbrauch sind bei aufrecht getragenem Hals geringer als bei waagerecht gehaltenem.

Knochenstreben an den Wirbeln gaben den Sauropodenhälsen zusätzliche Stabilität, während Hohlräume in den Knochen die Hälse relativ leicht machten. Ein Aufrichten sollte daher möglich gewesen sein.

Zahlen

Der chinesische Sauropode *Mamenchisaurus* hatte **19 Halswirbel**.

In einem Sauropodennest lagen durchschnittlich **26 Eier**.

Mit **30 Jahren** waren Sauropoden vermutlich ausgewachsen.

Der möglicherweise größte Dinosaurier, *Amphicoelias*, war vermutlich **60 m lang**.

In den Kiefern von *Nigersaurus* befanden sich **500–600 Zähne**.

Luftsäcke

Wirbel- und Rippenknochen von Sauropoden weisen charakteristische pneumatische Öffnungen auf.

Diese Öffnungen zeigen, dass die Knochen Luftsäcke enthielten, ähnlich wie die Knochen von Vögeln.

Wie bei den Vögeln waren die Luftsäcke der Sauropoden über Röhren mit der Lunge verbunden.

Ihr Luftsacksystem machte die Sauropoden relativ leicht für ihre Größe – vielleicht 10 % leichter, als sie ohne Luftsäcke gewesen wären.

Leicht wie Luft

Die Knochen von Sauropoden wie ***Giraffatitan*** enthielten viele luftgefüllte Hohlräume. Daher war der 8,5 m lange Hals von ***Giraffatitan*** leichter, als man auf den ersten Blick vermuten könnte.

Alles über **Sauropodenhälse**

REKORDHALTER

Bislang gibt es kein vollständiges Halsskelett von ***Supersaurus***, doch Experten schätzen, dass sein Hals über **16 m** lang war. Der Hals des mysteriösen ***Amphicoelias*** könnte sogar über **20 m** lang gewesen sein.

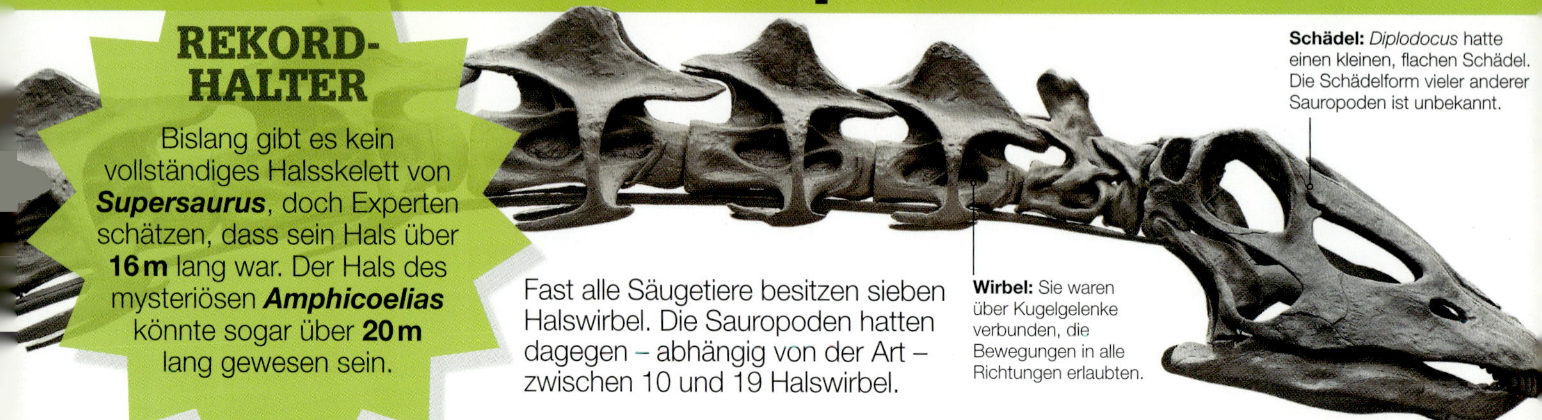

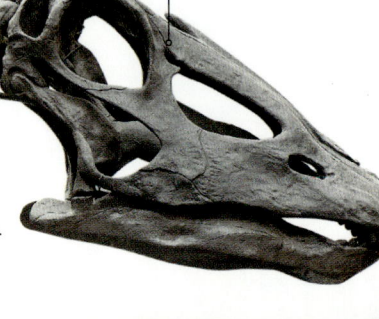

Schädel: *Diplodocus* hatte einen kleinen, flachen Schädel. Die Schädelform vieler anderer Sauropoden ist unbekannt.

Wirbel: Sie waren über Kugelgelenke verbunden, die Bewegungen in alle Richtungen erlaubten.

Fast alle Säugetiere besitzen sieben Halswirbel. Die Sauropoden hatten dagegen – abhängig von der Art – zwischen 10 und 19 Halswirbel.

Wie hielten die Sauropoden ihre Hälse?

Die pflanzenfressenden Sauropoden sind berühmt für ihre unglaublich langen Hälse. Experten diskutieren seit Jahrzehnten darüber, wie diese Dinosaurier sie beim Laufen hielten und wozu sie sie einsetzten. Da die Hälse für ihre Größe bemerkenswert leicht sind, konnten sie möglicherweise weit nach oben gestreckt werden.

Einige Sauropoden hatten mehr als **15 m** lange Hälse. Verglichen mit den längsten Sauropodenhälsen ist selbst der Hals einer Giraffe (2,4 m lang) sehr kurz.

Wahre Giganten
Sauropoden bewohnten die Erde weit über **100 Mio. Jahre** lang. Fast alle Sauropoden waren riesig und hatten sehr lange Hälse. Es gab jedoch auch kurzhalsigere sowie kleinere, nur etwa pferdegroße Arten.

Alles über die Aufrichtung

Diplodocus und seine Verwandten konnten sich möglicherweise auf den Hinterbeinen aufrichten. Auf diese Weise wären sie auch an Nahrung in größerer Höhe herangekommen.

Wirbel: Sie waren groß und sorgten durch ihren besonderen Bau für die nötige Stabilität beim Aufrichten des Körpers.

Körper: Er war eher kurz und gedrungen, was es den Tieren erleichterte, in eine aufrechte Position zu gelangen.

Schwanz: Er besaß eine kräftige, muskulöse Basis und diente als Gegengewicht zu Körper und Hals.

Vorderbeine: Sie waren relativ kurz und leicht, was das Gewicht des Vorderkörpers verringerte.

Oberschenkelknochen: Sie waren stark genug, um das Körpergewicht zu tragen.

Vorteile eines langen Halses

1 Er erlaubt es, höher in den Bäumen nach Nahrung zu suchen und so Nahrungskonkurrenz zu vermeiden.

2 Man muss sich beim Fressen nicht viel bewegen. Das spart Energie.

3 Ein großer Hals kann ein Signal an Artgenossen sein und z. B. auf Geschlechtspartner anziehend wirken.

4 Er kann auch als Waffe gegen Feinde oder Rivalen eingesetzt werden.

5 Aus großer Höhe kann man Gefahren oft viel früher erkennen.

6 Mit einer langen Luftröhre kann man sehr laute, weithin hörbare Laute erzeugen.

Nachteile eines langen Halses

1 Da über lange Hälse viel Wärme verloren geht, taugen sie nur für wärmeres Klima.

2 Eine lange Luftröhre verlangt nach besonderen Anpassungen. Sauropoden hatten daher ein Luftsacksystem.

3 Um Blut in den Kopf zu pumpen, sind starke Blutgefäße, ein großes Herz und ein hoher Blutdruck nötig.

4 Eine lange Luftröhre ist anfälliger für Infektionen.

5 Das Wachstum der größeren Menge an Haut, Muskeln und Knochen verbraucht viel Energie.

Welches waren die größten Raubdinos?

Die großen Megalosauroiden und Allosauroiden gehörten zu den erfolgreichsten Räubern des Jura und der Kreide. Einige waren wohl noch größer als *T. rex*! Ihre mächtigen Kiefer ließen Opfern keine Chance. Die Spinosauriden waren langschnauzige Fischfresser.

T. rex gehörte zu einer anderen Gruppe der **Theropoda** (zweibeinige Raubsaurier), den sogenannten Coelurosauria.

Alles über **den Körperbau von *Allosaurus***

Kräftiger Hals: *Allosaurus* setzte seinen Hals wirkungsvoll beim Zerreißen der Beute ein.

Enorme Größe: Mit bis zu 12 m Länge konnte *Allosaurus* auch große Beutetiere überwältigen.

Schädel: Er besaß große Öffnungen und war daher für seine Größe recht leicht.

Kräftige Arme: Die Arme waren kurz, aber sehr kräftig.

Gewaltige Muskeln: Oberschenkel und Waden waren muskelbepackt.

Bewegliche Finger: Sie waren krallenbewehrt und zum Festhalten von Beute geeignet.

Zahlen

Baryonyx hatte **7 Sägezähnchen** pro Millimeter an den Schneidekanten der Zähne (2 pro Millimeter sind für Raubsaurier eher typisch).

Der Schädel von *Giganotosaurus* war vermutlich **1,8 m lang**.

Baryonyx hatte **64 Zähne** im Unterkiefer (die meisten großen Raubsaurier hatten nur halb so viele).

Die sichelförmige Fingerkralle von *Megaraptor* war **37 cm** lang. Man hielt sie zunächst für eine Zehenkralle.

Der Theropode *Allosaurus* hatte **50 Schwanzwirbel**.

Große Biester!

Spinosaurus war möglicherweise über 10 Tonnen schwer und etwa 13–18 m lang.

Der Megalosauride *Torvosaurus* war vermutlich ähnlich groß wie *T. rex*.

Saurophaganax war einer der größten Allosauroiden und schätzungsweise 3–4 Tonnen schwer.

Der Allosauroide *Giganotosaurus* war einer der größten bekannten Raubsaurier und schätzungsweise 13 m lang und 7–10 Tonnen schwer.

Hartes Leben

Fossile Belege für Verletzungen:

Der Stachel eines *Stegosaurus* bohrte ein Loch in den Schwanzwirbel eines *Allosaurus*.

Der Schädel eines *Sinraptor* zeigt Bissspuren, die wohl von einem Artgenossen stammen.

Verheilte Rippen eines *Neovenator* könnten von einem schweren Sturz oder einem Kampf stammen.

Muskulöser Schwanz: Er balancierte den Körper beim Laufen aus.

ALLES KLAR?

Der Name *Torvosaurus* bedeutet „Wilde Echse". Er leitet sich vom Lateinischen *torvus* (wild) und vom Altgriechischen *sauros* (Echse) ab.

Hinterbeine: Sie machten den Dinosaurier zu einem guten Läufer.

Höcker, Hörner und Kämme

Viele Raubsaurier besaßen seltsame Schädelauswüchse. Sie dienten wohl der Zurschaustellung oder als Waffe.

Spinosaurus hatte einen Knochenkamm vor den Augen.

Baryonyx und *Suchomimus* besaßen Kämme mitten auf der Schnauze.

Ceratosaurus trug ein markantes Horn mitten auf der Schnauze und ein Paar Höcker über den Augen.

Monolophosaurus (unten) besaß einen Kamm auf der Schnauze und über den Augen.

Allosaurus hatte zwei Höcker über den Augen und zwei Knochenleisten auf der Schnauze.

Raubsaurier

1 Die meisten Theropoden hatten große Schädel mit langen, eher schmalen Schnauzen.

2 Obwohl die Augen bei *Carcharodontosaurus* und *Allosaurus* eher seitlich am Kopf lagen, konnten sie vermutlich räumlich sehen und daher Entfernungen gut einschätzen.

3 Theropoden hatten einen sehr guten Geruchssinn.

4 Wie die Vögel besaßen auch die Theropoden ein v-förmiges Gabelbein in der Brust.

5 Die Arme waren kräftig und muskulös.

6 Die meisten Theropoden hatten drei krallenbewehrte Finger an jeder Hand.

7 Die meisten Theropoden besaßen vier Zehen, wobei die erste Zehe nur kurz war und den Boden nicht berührte.

8 Der Schwanz war muskulös und wichtig für das Gleichgewicht.

Herber Verlust

Die ersten Knochen von *Spinosaurus* wurden 1912 von Ernst Stromer in Ägypten entdeckt. Sie fielen im **Zweiten Weltkrieg** einem Bombenangriff auf München zum Opfer. Die wenigen später gefundenen *Spinosaurus*-Überreste waren alle noch unvollständiger als Stromers Fund.

Ungewöhnliche Schädel

Anders als die meisten Megalosauroiden besaßen Spinosauriden lange, krokodilähnliche Schnauzen.

Die Kieferränder waren nicht gerade, sondern teilweise s-förmig gebogen.

Manche Zähne wuchsen daher nach oben, andere schräg nach vorn oder auch schräg nach hinten.

Die Zähne der Spinosauriden waren kegelförmig und im Querschnitt eher rund als seitlich abgeplattet.

Die Nasenöffnungen lagen bei Spinosauriden deutlich hinter der Schnauzenspitze.

Nasenöffnungen: Diese lagen weit hinten.

„Krokodilkiefer": Er war mit zahlreichen konischen Zähnen besetzt.

Fundorte von Raubdinosauriern

■ **Solnhofen (Deutschland):** *Compsognathus*

■ **Calvados (Frankreich):** *Poekilopleuron, Dubreuillosaurus*

■ **Surrey (Großbritannien):** *Baryonyx*

■ **Bahariyya (Ägypten):** *Spinosaurus, Carcharodontosaurus*

■ **Agadez (Niger):** *Suchomimus*

■ **Colorado (USA):** *Allosaurus, Torvosaurus*

■ **Oklahoma (USA):** *Acrocanthosaurus*

■ **Ceará (Brasilien):** *Irritator*

■ **Prov. Mendoza (Argentinien):** *Aerosteon*

■ **Patagonien (Argentinien):** *Mapusaurus, Giganotosaurus, Megaraptor*

■ **Sichuan (China):** *Sinraptor, Yangchuanosaurus*

Welche Dinosaurier trugen **Rüstungen?**

Im Jura und in der Kreide lebten die sogenannten Thyreophora, eine Gruppe pflanzenfressender Dinosaurier, deren Vertreter fast ausschließlich auf allen vieren liefen. Charakteristisch für die Thyreophora waren Knochenplatten, die sie im Nacken sowie auf Rücken und Schwanz trugen und die bei vielen Arten einen Schutzpanzer bildeten.

Scutellosaurus
Scutellosaurus war ein früher, kleiner Vertreter der Thyreophora. Er konnte wohl auf zwei Beinen laufen und sein Körper war von kleinen Hornschuppen bedeckt.

Scelidosaurus
Scelidosaurus war deutlich größer, schwerer und besser gepanzert als *Scutellosaurus*. Er bewegte sich vermutlich meist auf allen vieren fort.

Stegosaurier
Sie sind berühmt für ihre Schwanzstacheln und ihre gekrümmten Rücken. *Kentrosaurus* besaß auch Stacheln auf dem Rücken.

Ankylosaurier
Ankylosaurier wie *Edmontonia* waren meist oberseits schwer gepanzerte, oft sehr stämmige Dinosaurier, mit kurzen, kräftigen Beinen und massiven Schädeln.

Fakten

Schädel der Thyreophora

1 Bei etlichen Thyreophora war die Schnauzenspitze schnabelartig ausgebildet.

2 Die Thyreophora besaßen vermutlich Wangen.

3 Die langen, schmalen Schädel der Stegosaurier lassen vermuten, dass die Tiere beim Fressen wählerisch waren.

4 Ankylosaurier hatten breite Mäuler und waren vermutlich weniger wählerisch.

5 Die Schädel der Ankylosaurier waren oft dick gepanzert und trugen Knochenwülste.

6 Die Zähne der Thyreophora waren klein und dreieckig oder blattförmig.

Zahlen

Der längste Stachel von *Loricatosaurus*, einem Stegosaurier, ist **1,1 m lang**.

Die größte Schwanzkeule eines Ankylosauriers, die man je gefunden hat, war **60 cm breit**.

Stegosaurus hatte **17 Platten** auf der Körperoberseite.

In Tendaguru (Tansania) fand man **900 *Kentrosaurus*-Knochen**.

Ein Schlag der Schwanzkeule eines großen Ankylosauriers übte beim Aufprall vermutlich einen Druck von ca. **718 Megapascal** aus.

Im Magen eines *Tyrannosaurus*-Fossils fand man Knochenplatten von Ankylosauriern mit Bissspuren darauf – vor einem *T. rex* schützten wohl auch sie nicht!

Wusstest du das **?**

Bis *Miragaia* im Jahr 2009 entdeckt wurde, glaubte man, dass Stegosaurier kurzhalsige Weidetiere waren. *Miragaia* hatte 17 Halswirbel – mehr als viele Sauropoden – und konnte mit dem langen Hals möglicherweise auch Nahrung in größeren Höhen erreichen.

Alles über *Stegosaurus*

🦕 Der kleine Schädel von *Stegosaurus* bot nur Platz für ein kleines Gehirn.

🦕 **Die Platten waren möglicherweise bunt und dienten dazu, Rivalen oder Weibchen zu beeindrucken.**

🦕 Die Platten scheinen weder als Schutzpanzer noch zur Regulierung der Temperatur geeignet gewesen zu sein.

🦕 **Die Kehle war von knopfartigen Knöchelchen (Ossikel) bedeckt.**

🦕 Starke Schultermuskeln erlaubten *Stegosaurus* sich rasch zu drehen, wenn er Schwanzschläge austeilte.

🦕 ***Stegosaurus* besaß zur Verteidigung zwei Paar Schwanzstacheln.**

Heranwachsen

🦕 Wie alle Dinosaurier schlüpften auch die Thyreophora wahrscheinlich aus Eiern. Bislang hat allerdings noch niemand ein Nest der Thyreophora gefunden.

🦕 Der Fund eng beieinander liegender Ankylosaurier-Babys lässt vermuten, dass sie als Jungtiere zusammenlebten.

🦕 Die Jungen der Thyreophora waren zunächst nur schwach gepanzert, wie Fossilfunde zeigen.

🦕 Im Jahr 2007 wurden Fußabdrücke von *Stegosaurus*-Jungen entdeckt. Dass keine Abdrücke erwachsener Tiere in der Nähe gefunden wurden, lässt vermuten, dass die Jungen möglicherweise allein zurechtkommen mussten.

ALLES KLAR?

Der Ankylosaurier *Minmi* wurde nach seiner Fundstätte in Australien benannt und trug über 20 Jahre lang den **kürzesten Dinosaurier-Namen** – seit 2004 ist *Mei* der kürzeste.

Panzerung der Ankylosaurier

🦕 Einige Ankylosaurier, wie etwa *Gargoyleosaurus*, hatten kurze „Hörner" im Bereich des Hinterkopfs.

🦕 ***Ankylosaurus* und *Euoplocephalus* hatten Knochenplättchen auf den Augenlidern.**

🦕 Einige Ankylosaurier hatten Platten auf den Wangen.

🦕 **Auf dem Schädel war die Panzerung vielfältig.**

🦕 Kragenähnliche Plattenringe bedeckten den oberen Nacken.

🦕 **Einige Ankylosaurier hatten lange Stacheln im Nacken und auf den Schultern.**

🦕 Manche Ankylosaurier hatten auch an Vorder- und Hinterbeinen Schilde.

🦕 **Der Ankylosaurier *Edmontonia* besaß sogar gegabelte Stacheln.**

🦕 Der chinesische Ankylosaurier *Liaoningosaurus* hatte große Platten auf dem Bauch.

🦕 ***Polacanthus* hatte einen großflächig zusammengewachsenen Schutzschild über seinem Becken.**

🦕 Einige Ankylosaurier trugen große, dreieckige Schilde an den Seiten ihrer Schwänze.

Wichtige Fossilienfundorte
Colorado (USA)
Alberta (Kanada)
Sichuan (China)
Wüste Gobi (Mongolei)
Lourinhã (Portugal)
Dorset (Großbritannien)

Welche **Dinosaurier** wurden zu **Vögeln?**

Vögel entstanden im Jura aus kleinen, gefiederten Dinosauriern aus der Gruppe der Maniraptora. Manche dieser Dinosaurier waren bereits recht vogelähnlich. Sie besaßen unterschiedliche Federn, waren möglicherweise auffallend gefärbt und galten als intelligente Räuber.

Die Geschichte der gefiederten Dinosaurier

- Die Maniroptera entstanden im Mittleren Jura (vor etwa 170 Mio. Jahren).

- Frühe Vögel und frühe Dromaeosauriden waren kleine, gefiederte Räuber mit langen Federn an den Armen. Ihr gemeinsamer Vorfahr wird vermutlich ähnlich ausgesehen haben.

- Dromaeosauriden und Troodontiden gehören zur Gruppe der Deinonychosauria.

- Frühe Oviraptoriden, Dromaeosauriden und Troodontiden waren recht klein. Später entwickelten diese Gruppen auch Riesenformen.

- Die kleinsten vogelähnlichen Dinosaurier waren die Scansoriopterygiden. *Epidendrosaurus* war wohl kaum größer als ein Spatz!

- Bislang ist unklar, ob die Scansoriopterygiden Vögeln oder Dinosauriern näherstanden.

REKORD-HALTER

Vom kreidezeitlichen Vogel *Confuciusornis* existieren über **1000 Fossilien**. Von vielen Maniraptora gibt es nur ein einziges Fossil.

Wie man aussieht wie *Caudipteryx*

1. Man braucht einen Fächer bunter Federn am Schwanzende, um Artgenossen zu beeindrucken.

2. Außerdem braucht man eine hübsche Federkrone mitten auf dem Kopf. Auch sie dient der Zurschaustellung.

3. Man trägt längere Federn an den Händen. Aus ihnen entstehen irgendwann vielleicht die ersten Flügel.

4. Am Körper trägt man Daunen, die auch bei kühlem Wetter warm halten.

5. Man sollte sicherstellen, dass Füße und Unterschenkel federlos sind (anders als bei vielen Verwandten).

Maniraptora

Fakten

1. Die Maniraptora besaßen relativ große Gehirne, die sie zur Verarbeitung von Sinneseindrücken benutzten, nicht zum Denken!

2. Sie hatten große Augen und konnten vermutlich sehr gut sehen.

3. Die Maniraptora hatten dreifingerige Hände. Ein Finger war häufig verkürzt.

4. Die Maniraptora hatten meist schlanke, lange Körper.

5. Oviraptoriden und Vögel entwickelten verkürzte Schwänze.

6. Die erste der vier Zehen war verkürzt und erreichte nicht den Boden.

7. Bei Vögeln ist die erste Zehe oft länger und sorgt für einen festen Griff.

Fangen und Töten

Die Hände der Maniraptora trugen scharfe Krallen und wurden mit den Handflächen nach innen gehalten. Kleinere konnten durch „Klatschen" gepackt werden.

Dromaeosauriden und Troodontiden hatten große, sichelförmige Klauen zum Töten von Beutetieren.

Schnäbel und Zähne von *Caudipteryx* und anderen Oviraptorosauriern lassen vermuten, dass die Tiere Allesfresser waren.

Dromaeosauriden und Troodontiden hatten Zähne, die sich gut dafür eigneten, Fleisch zu zerschneiden.

Kleine Maniraptora ernährten sich wohl oft von Insekten und anderen Kleintieren. Die größeren Arten machten Jagd auf größere Beute wie pflanzenfressende Dinosaurier.

Früher Vogel

Archaeopteryx, 1861 in Deutschland entdeckt, gilt noch immer als **ältester bekannter Vogel**. Er lebte vor 150 Mio. Jahren im Jura. Mit seinen klauenbewehrten Händen und seinen Zähnen erinnerte er stark an kleine Dromaeosauriden.

Fünf Theorien zur Entstehung des Fliegens

1 Vielleicht wurden aus kleinen, baumlebenden Maniraptora zunächst Gleiter und später richtige Flieger.

2 Vielleicht benutzten die Maniraptora ihre befiederten Arme, um beim Rennen ein höheres Tempo zu erreichen.

3 Möglicherweise entstand der Flügelschlag, weil mit den befiederten Armen nach Insekten geschlagen wurde.

4 Eine andere, wenig wahrscheinliche Theorie besagte, dass die Vogelvorfahren zunächst unter Wasser „flogen" und dies auf die Luft übertrugen.

5 Manche Vogelküken rudern beim Laufen heftig mit den Armen. Vielleicht taten das auch die Maniraptora und daraus entwickelte sich der Flügelschlag.

Sieben aufregende Funde

1 *Caudipteryx* (China, 1998) – ein früher Oviraptorosaurier

2 *Bambiraptor* (USA, 2000) – ein langbeiniger Dromaeosauride

3 *Mei* (China, 2004) – ein Troodontide, den man in schlafender Position fand

4 *Buitreraptor* (Argentinien, 2005) – ein langschnauziger Dromaeosauride

5 *Mahakala* (Mongolei, 2007) – ein primitiver Dromaeosauride aus der Wüste Gobi

6 *Shanag* (Mongolei, 2007) – ein krähengroßer Dromaeosauride, von dem man nur Schädelteile kennt

7 *Hesperonychus* (Kanada, 2009) – ein sehr kleiner, *Microraptor* verwandter Dromaeosauride

Alles über **die Anatomie** von *Epidexipteryx*

Epidexipteryx wurde in China entdeckt und gehört zur Gruppe der winzigen Sansoriopterygiden. Diese waren möglicherweise baumbewohnende Insektenfresser.

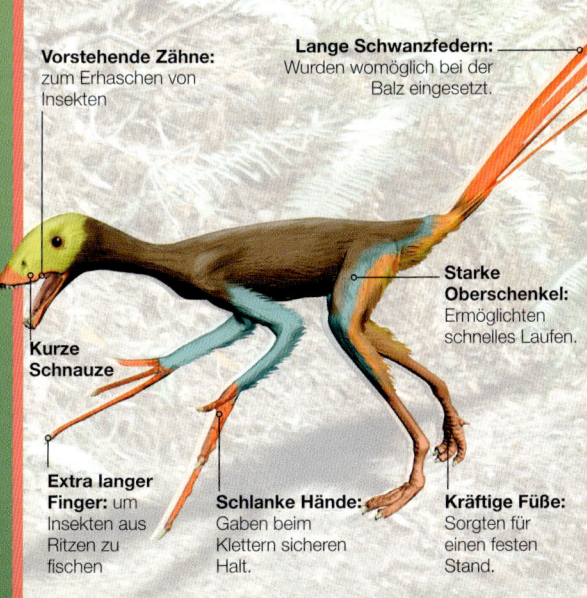

Vorstehende Zähne: zum Erhaschen von Insekten

Lange Schwanzfedern: Wurden womöglich bei der Balz eingesetzt.

Kurze Schnauze

Starke Oberschenkel: Ermöglichten schnelles Laufen.

Extra langer Finger: um Insekten aus Ritzen zu fischen

Schlanke Hände: Gaben beim Klettern sicheren Halt.

Kräftige Füße: Sorgten für einen festen Stand.

Manche Maniraptora sahen mit ihren vorstehenden Zähnen und flügelartigen Beinen sehr sonderbar aus, wie spektakuläre **Fossilien aus China** zeigen.

Wichtige Maniraptora-Gruppen

Dromaeosauriden
Langarmige, zweibeinige Räuber mit sichelförmiger Kralle an der zweiten Zehe

Oviraptoriden
Kurzschnauzige Maniraptora mit vorstehenden Zähnen oder zahnlosem Schnabel

Troodontiden
Räuberisch lebende Dinosaurier mit gesägten Zähnen, langen Beinen und großem Gehirn

Vögel
Die ersten Vögel waren kleine, langarmige, bezahnte Insekten- und Kleintierfresser.

Pterosaurier-Flügel

1 Ein einzigartiger Knochen (Pteroid) half beim Aufspannen der Flughaut.

2 Über die Flügel konnte Wärme aufgenommen oder abgegeben werden.

3 Die Flügel wurden im Sitzen zusammengeklappt.

4 Stabförmige Fasern verstärkten die Flughaut.

5 Spezielle Flugmuskeln bewegten und kontrollierten die Schwingen.

6 Die Flügelknochen waren meist hohl, dünnwandig und leicht.

7 Die Hinterbeine waren mit der Flughaut verbunden und halfen bei ihrer Kontrolle.

Welche **Reptilien** beherrschten **den Himmel?**

Pterosaurier waren keine Dinosaurier, aber recht nahe mit diesen verwandt. Sie beherrschten den Luftraum, als die Dinosaurier das Land dominierten. Jüngste Entdeckungen brachten neue Erkenntnisse über das Leben dieser bemerkenswerten Reptilien.

Wie man ein Flugsaurier wird

1. Um ein wirklich großer Pterosaurier zu sein, sollte man zur Gruppe der Azhdarchiden gehören, zu der auch dieser *Quetzalcoatlus* gehörte.

2. Unbedingt aufrecht stehen! So erreicht man eine Schulterhöhe von etwa 2,5 m.

3. Möglichst leicht sein, sonst hebt man nicht vom Boden ab. Luftsäcke in den Knochen sorgen dafür, dass das Körpergewicht bei nur etwa 250 kg liegt.

4. Flügel ausbreiten, um auf eine Spannweite von etwa 11 m zu kommen – mehr als ein Kleinflugzeug!

5. Ausreichend fressen! Erspähe die Beute aus der Luft, gehe runter und schnappe sie dir.

Der **Flocculus** ist ein Bereich im Kleinhirn, der die Augenbewegungen und das Gleichgewicht kontrolliert. Er war bei Pterosauriern größer als bei Vögeln. Flugsaurier besaßen daher wohl einen guten Gleichgewichtssinn und konnten Ziele gut fixieren.

Wichtige Fundorte

Der Plattenkalk bei Solnhofen (Deutschland) enthält Flugsaurier aus dem Jura, wie *Rhamphorhynchus*.

In Karatau (Kasachstan) fand man kleine Arten von Flugsauriern wie *Sordes* und *Batrachognathus*.

In Brasilien wurden Flugsaurier-Fossilien aus der Kreide entdeckt, die sogar die Flughäute erkennen ließen.

Auch die Provinz Liaoning in China ist ein wichtiger Flugsaurier-Fundort.

Alles über **den Atemapparat der Pterosaurier**

- ■ **Wie Vögel hatten auch Flugsaurier ein gekieltes Brustbein, das als Ansatz für die Flugmuskeln diente.**

- ■ Brustbein und Rippen waren über kleine Knochen (Sternalrippen) verbunden.

- ■ **Beim Einatmen zogen Muskeln die Sternalrippen und damit auch das Brustbein nach unten.**

- ■ Durch die Erweiterung des Brustkorbes füllten sich Luftsäcke und Lunge mit Luft.

- ■ **Wenn sich die Rippenmuskeln beim Ausatmen entspannten, ging das Brustbein wieder nach oben.**

- ■ Dadurch wurde die Luft wieder aus Luftsäcken und Lunge herausgedrückt.

Warum hatten viele Flugsaurier einen Kopfkamm?

a) Als Gegengewicht zu den Kiefern.

b) Er glich beim Biss auf etwas Hartes Spannungen im Schädel aus.

c) Er diente als Steuerruder.

d) Er diente den Pterosauriern als Segel und half so beim Fliegen.

e) Er half, den Kopf hochzuhalten.

f) Er diente den Flugsauriern dazu, überschüssige Wärme abzugeben.

g) Er absorbierte Sonnenwärme, um die Flugsaurier aufzuwärmen.

h) Er war ein Zeichen für Gesundheit und Geschlechtsreife.

(Antwort unten auf der Seite)

Flugsaurierzähne

Dimorphodon hatte zum Beutefang große, spitze Fangzähne an der Schnauzenspitze.

Dsungaripterus hatte stumpfe Zähne zum Zermalmen der Beute.

Pteranodon besaß einen langen, zahnlosen Schnabel.

Ctenochasma hatte Hunderte nadelartige Zähne, mit denen er möglicherweise Beute aus dem Wasser filterte.

Der Schnabel von *Quetzalcoatlus* war zahnlos und storchähnlich.

Ornithocheirus hatte zahlreiche gleichartige Zähne und war möglicherweise ein Fischjäger.

Offener Ozean
Etliche Pterosaurier gingen wohl im Meer auf Nahrungssuche. *Pteranodon* lebte möglicherweise ähnlich wie heutige Albatrosse.

Meeresküsten
Um rasch zu den Jagdgründen zu gelangen, nisteten viele Kurzschwanzflugsaurier vermutlich wie heutige Seevögel an Meeresküsten.

Waldgebiete
Anurognathus und seine Verwandten lebten möglicherweise in Wäldern und jagten dort ähnlich wie Fledermäuse Insekten im Flug.

Farnwiesen
Azhdarchiden wie *Quetzalcoatlus* gingen wohl in offenen Landschaften wie Farnwiesen auf die Jagd nach Bodenbewohnern.

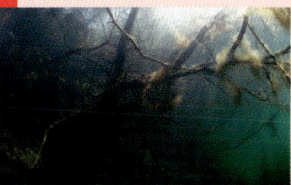

Süßwasserseen
Etliche Flugsaurier der Kreide, wie etwa *Dsungaripterus* oder *Ctenochasma*, jagten wohl in Süßwasserseen.

Wie man **fliegt wie ein Pterosaurier**

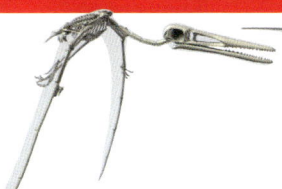
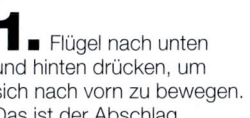

1. Flügel nach unten und hinten drücken, um sich nach vorn zu bewegen. Das ist der Abschlag.

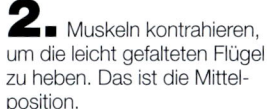

2. Muskeln kontrahieren, um die leicht gefalteten Flügel zu heben. Das ist die Mittelposition.

3. Wenn die Flügel beim Aufschlag den höchsten Punkt erreicht haben, bereit für den Abschlag sein.

ANTWORT: All diese Ideen wurden irgendwann von Experten vorgeschlagen, doch h) war die einzige wahrscheinliche Aufgabe der Kämme; b), f) und g) wären ebenfalls denkbar; a), c), d) und e) sind schlicht unsinnig!

Pterosaurier 80|81

Welche Reptilien sahen
wie Fische aus?

Ichthyosaurier waren Meeresreptilien mit stromlinienförmigen Körpern, paddelförmigen Gliedmaßen, spitzen Schnauzen und Schwanzflosse. Manche erinnerten an Schwertfische und einige waren wahre Giganten der Ozeane. Die Ichthyosaurier waren über viele Millionen Jahre erfolgreich, starben aber zu Beginn der Oberkreide aus – lange vor den Dinosauriern.

Ichthyosaurier

Fakten

1 Ichthyosaurier entstanden in der Trias.

2 Die ersten Fischsaurier waren klein, nicht einmal 1 m lang.

3 Ichthyosaurier waren weltweit verbreitet.

4 Ichthyosaurier hatten eine schuppenlose, feste Haut.

5 Ichthyosaurier kamen nicht zur Eiablage an Land. Sie waren lebendgebärend.

6 Ichthyosaurier besaßen kein Echoortungssystem, sahen und rochen aber gut.

7 Ichthyosaurier waren womöglich Warmblüter.

Alles über **die Anatomie der Ichthyosaurier**

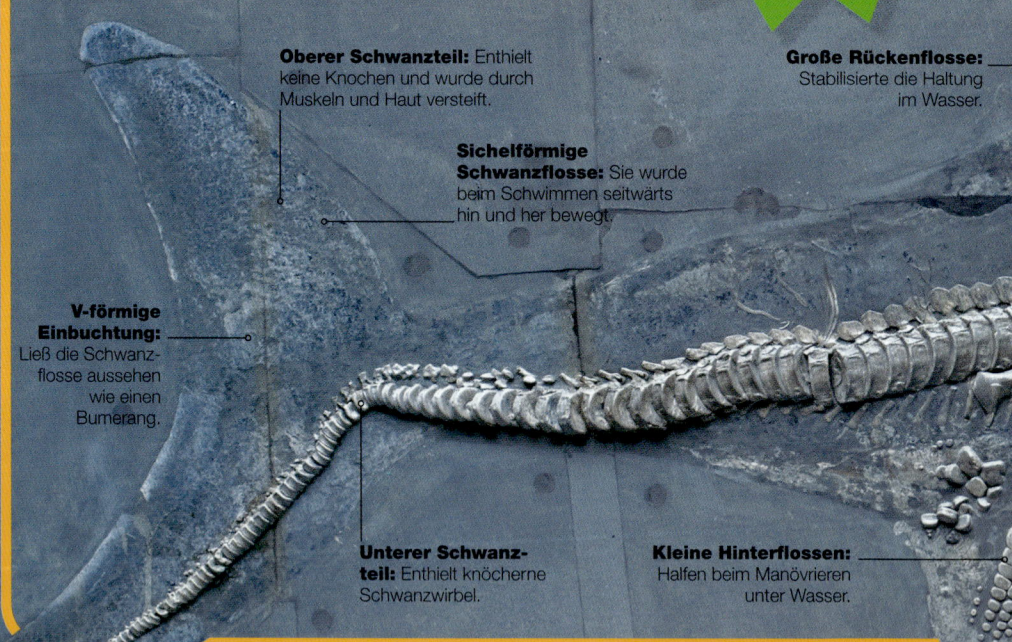

Oberer Schwanzteil: Enthielt keine Knochen und wurde durch Muskeln und Haut versteift.

Sichelförmige Schwanzflosse: Sie wurde beim Schwimmen seitwärts hin und her bewegt.

Große Rückenflosse: Stabilisierte die Haltung im Wasser.

V-förmige Einbuchtung: Ließ die Schwanzflosse aussehen wie einen Bumerang.

Unterer Schwanzteil: Enthielt knöcherne Schwanzwirbel.

Kleine Hinterflossen: Halfen beim Manövrieren unter Wasser.

Wusstest du das?

Bei manchen Ichthyosauriern vermehrte sich die Zahl der Finger und der Fingerknochen, um die Flossen breiter und länger zu machen. *Platypterygius* hatte zehn Finger je Flosse und der längste Finger besaß 30 Fingerknochen!

Zahlen

In versteinerten trächtigen Ichthyosaurier-Weibchen fand man üblicherweise **1 oder 2 Junge.**

In einem versteinerten Ichthyosaurier-Weibchen fand man die ungewöhnlich hohe Anzahl von **11 Jungen.**

Die durchschnittliche Schwimmgeschwindigkeit von *Stenopterygius* betrug **6,8 km/h.**

Ein Auge von *Temnodontosaurus*, einem großen Ichthyosaurier, war **26 cm groß.**

Ophthalmosaurus konnte womöglich bis zu **600 m tief** tauchen.

Einige lang gestreckte Ichthyosaurier hatten **120 Wirbel.**

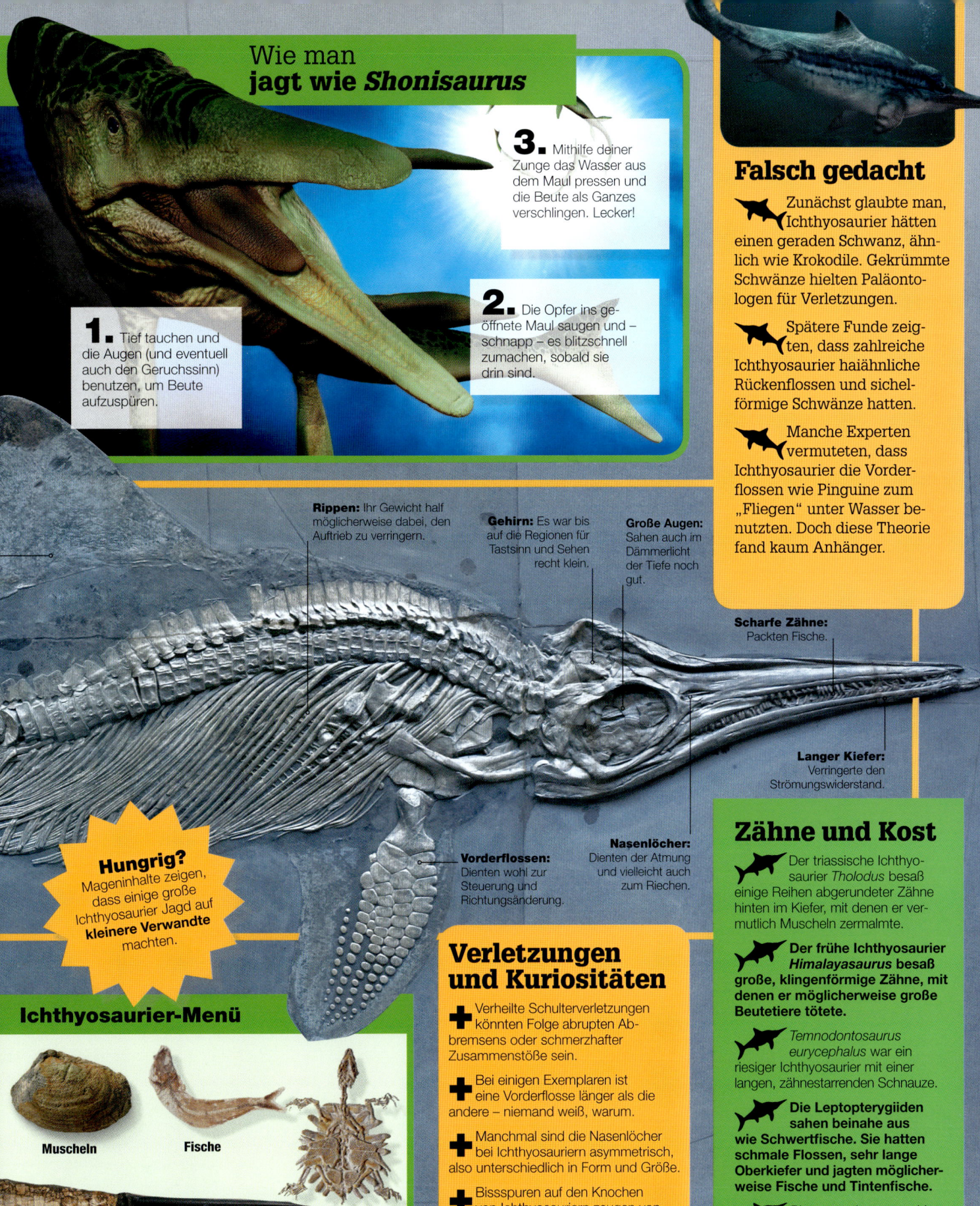

Wie man jagt wie *Shonisaurus*

3. Mithilfe deiner Zunge das Wasser aus dem Maul pressen und die Beute als Ganzes verschlingen. Lecker!

2. Die Opfer ins geöffnete Maul saugen – schnapp – es blitzschnell zumachen, sobald sie drin sind.

1. Tief tauchen und die Augen (und eventuell auch den Geruchssinn) benutzen, um Beute aufzuspüren.

Falsch gedacht

Zunächst glaubte man, Ichthyosaurier hätten einen geraden Schwanz, ähnlich wie Krokodile. Gekrümmte Schwänze hielten Paläontologen für Verletzungen.

Spätere Funde zeigten, dass zahlreiche Ichthyosaurier haiähnliche Rückenflossen und sichelförmige Schwänze hatten.

Manche Experten vermuteten, dass Ichthyosaurier die Vorderflossen wie Pinguine zum „Fliegen" unter Wasser benutzten. Doch diese Theorie fand kaum Anhänger.

Rippen: Ihr Gewicht half möglicherweise dabei, den Auftrieb zu verringern.

Gehirn: Es war bis auf die Regionen für Tastsinn und Sehen recht klein,

Große Augen: Sahen auch im Dämmerlicht der Tiefe noch gut.

Scharfe Zähne: Packten Fische.

Langer Kiefer: Verringerte den Strömungswiderstand.

Nasenlöcher: Dienten der Atmung und vielleicht auch zum Riechen.

Vorderflossen: Dienten wohl zur Steuerung und Richtungsänderung.

Hungrig? Mageninhalte zeigen, dass einige große Ichthyosaurier Jagd auf **kleinere Verwandte** machten.

Ichthyosaurier-Menü

Muscheln

Fische

Belemniten (ausgestorbene Tintenfische)

Schildkröten

Seevögel

Verletzungen und Kuriositäten

+ Verheilte Schulterverletzungen könnten Folge abrupten Abbremsens oder schmerzhafter Zusammenstöße sein.

+ Bei einigen Exemplaren ist eine Vorderflosse länger als die andere – niemand weiß, warum.

+ Manchmal sind die Nasenlöcher bei Ichthyosauriern asymmetrisch, also unterschiedlich in Form und Größe.

+ Bissspuren auf den Knochen von Ichthyosauriern zeugen von Angriffen anderer Meeresreptilien.

+ Gebrochene Rippen könnten durch Rammstöße von Artgenossen oder Feinden entstanden sein.

Zähne und Kost

Der triassische Ichthyosaurier *Tholodus* besaß einige Reihen abgerundeter Zähne hinten im Kiefer, mit denen er vermutlich Muscheln zermalmte.

Der frühe Ichthyosaurier *Himalayasaurus* besaß große, klingenförmige Zähne, mit denen er möglicherweise große Beutetiere tötete.

Temnodontosaurus eurycephalus war ein riesiger Ichthyosaurier mit einer langen, zähnestarrenden Schnauze.

Die Leptopterygiiden sahen beinahe aus wie Schwertfische. Sie hatten schmale Flossen, sehr lange Oberkiefer und jagten möglicherweise Fische und Tintenfische.

Platypterygius war wohl nicht wählerisch beim Fressen. Versteinerte Mageninhalte enthielten Fische, Belemniten, Vögel und junge Meeresschildkröten.

Welche Tiere lebten im Pleistozän?

Im Pleistozän (vor 2,5 Mio.–10 000 Jahren) gab es mehrere Kaltzeiten, in denen Teile Europas, Asiens und Nordamerikas von Eis bedeckt waren. In Anpassung an die Kälte besaßen viele Landtiere ein dickes Fell. Andere wurden in wärmere Regionen zurückgedrängt.

Die Welt im Pleistozän

- Weil so viel Meerwasser zu Eis gefroren war, lag der Meeresspiegel zeitweise über 100 m niedriger als heute.
- **In Kaltzeiten verband eine Landbrücke Nordamerika und Asien, sodass Landtiere den Kontinent wechseln konnten.**
- Die zentralamerikanische Landbrücke entstand schon vor dem Pleistozän. Über sie gelangten etwa Faultiere und Wasserschweine nach Norden sowie Katzen und Pferde nach Süden.
- **Australien und Neuguinea waren im Pleistozän verbunden. Auf beiden Landmassen gab es Beutelwölfe und Kängurus.**
- Im Pleistozän waren Afrika und Arabien schon lange mit Asien verbunden. Afrikanische Tiere wanderten nach Eurasien und umgekehrt.

Es gab beinahe **ein Dutzend Mammutarten**. Sie waren in Afrika, Eurasien und Nordamerika verbreitet.

Wiederauferstehung

Auf der russischen Jamal-Halbinsel wurde 2007 ein sehr gut erhaltenes, tiefgefrorenes Mammutbaby entdeckt. Forscher wollen nun aus seiner DNA einen Klon erschaffen und das Mammut wiederauferstehen lassen!

REKORDHALTER

Mit einer Schulterhöhe von bis zu 4,5 m war das **Steppenmammut** das größte Mammut.

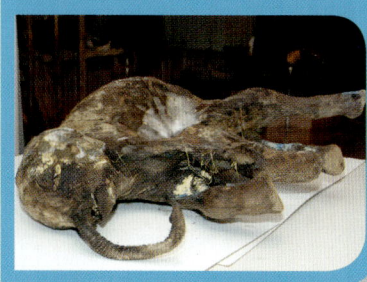

Wie man zum Wollhaarmammut wird

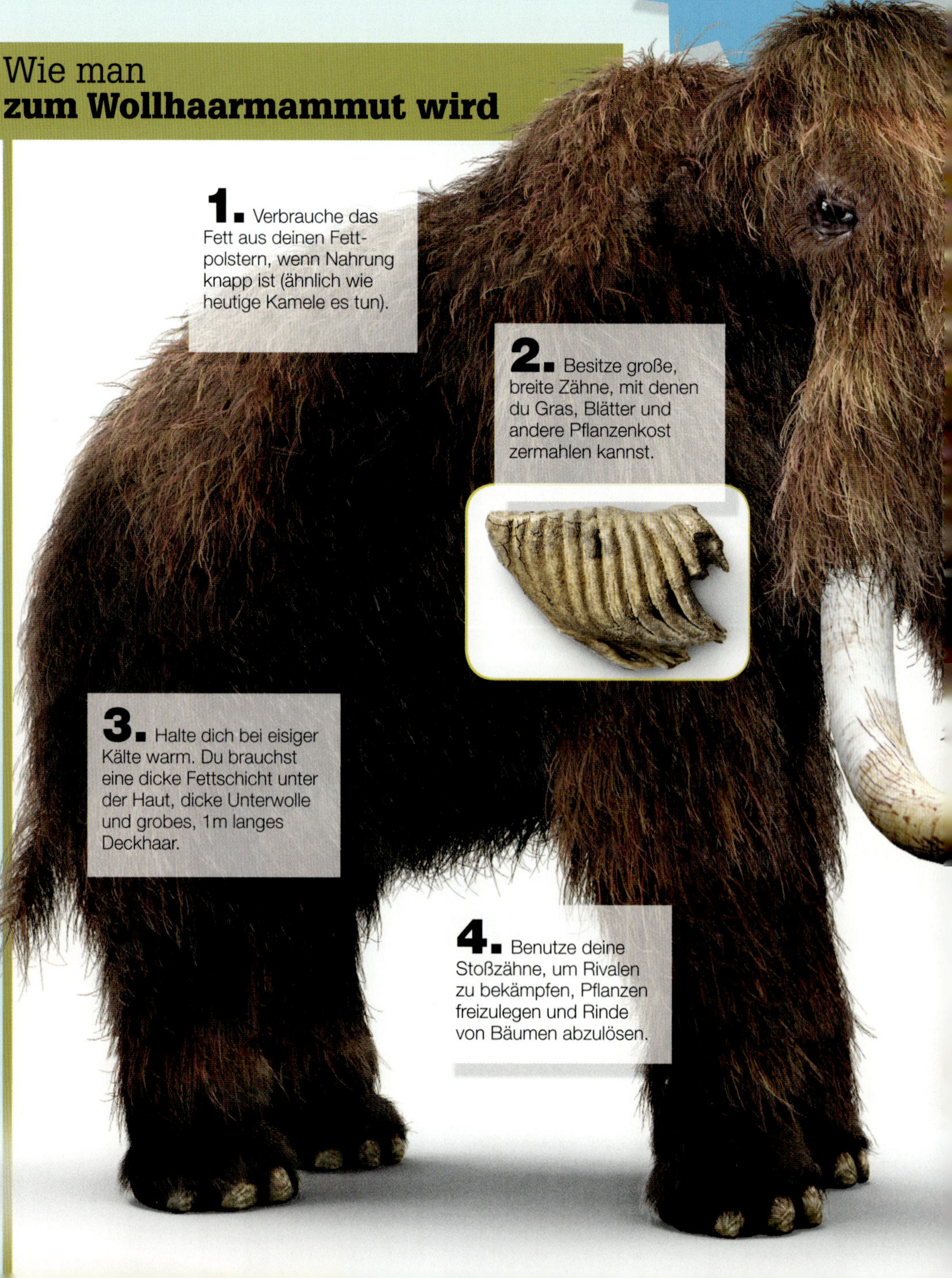

1. Verbrauche das Fett aus deinen Fettpolstern, wenn Nahrung knapp ist (ähnlich wie heutige Kamele es tun).

2. Besitze große, breite Zähne, mit denen du Gras, Blätter und andere Pflanzenkost zermahlen kannst.

3. Halte dich bei eisiger Kälte warm. Du brauchst eine dicke Fettschicht unter der Haut, dicke Unterwolle und grobes, 1 m langes Deckhaar.

4. Benutze deine Stoßzähne, um Rivalen zu bekämpfen, Pflanzen freizulegen und Rinde von Bäumen abzulösen.

Höhlenkunst

Die Kunstwerke früher Menschen erzählen uns eine Menge über ausgestorbene und noch lebende Tiere.

Die Steppenbisons des Pleistozäns hatten längere Hörner als heutige Bisons.

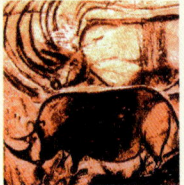
Höhlengemälde zeigen, dass die Körpermitte bei Wollnashörnern dunkel gefärbt war.

Die Geweihe dieser Hirsche wurden vielleicht übertrieben groß dargestellt.

Der Ur war ein großes Wildrind mit einer Schulterhöhe bis zu 1,85 m.

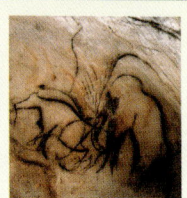
Hier überdeckt ein Mammut einen Ur. So nahe kamen sie sich real sicher nicht!

Top-Fundorte pleistozäner Säugetier-Fossilien

👍 Das Innere alter Kalksteinhöhlen

👍 Die gefrorene Tundra Sibiriens oder Alaskas

👍 Torfmoore in Irland, Dänemark und Deutschland

👍 Der Boden der Nordsee (war im Pleistozän zeitweise Festland)

👍 Die Sümpfe Floridas

👍 Alte Ablagerungen an den Ufern von Flüssen weltweit

👍 Sedimente von Seen, wie etwa dem Turkanasee in Kenia

👍 Die Teergruben Kaliforniens und Perus

Pleistozäne Räuber

🐾 Der in Australien heimische Waran *Megalania* konnte möglicherweise bis zu 7 m lang werden.

🐾 In Europa und Asien lebten riesige Geparden – sie waren 50 % größer als heutige Geparden.

🐾 Löwen kamen in Europa, Asien, Afrika sowie in Nord- und Südamerika vor.

🐾 Die Säbelzahnkatzen der Gattung *Smilodon* lebten in Amerika.

🐾 In Afrika, Europa und Asien lebten andere Säbelzahnkatzen.

🐾 In Amerika und Europa lebten große, wolfähnliche Hunde.

Riesenhirsch

Megaloceros hatte eine Schulterhöhe von etwa 2 m und sein **Geweih** erreichte eine Spannweite von 3,6 m.

5. Rupfe mit den beiden Rüsselfingern an deinem langen, beweglichen Rüssel Gräser, Knospen und Blüten ab.

Fünf pleistozäne Pflanzenfresser

Der Riesenbiber *Castoroides* war etwa 2,5 m lang und bis zu etwa 100 kg schwer. Er lebte in Nordamerika.

Das am Boden lebende, riesige Faultier *Megatherium* brachte schätzungsweise 3–4 Tonnen auf die Waage.

Die Riesengürteltiere der Gattung *Glyptodon* lebten in Südamerika. Sie hatten etwa die Größe eines VW Käfer.

Das Wollnashorn *Coelodonta* lebte in Eurasien und war etwa so groß wie ein heutiges Breitmaulnashorn.

Macrauchenia erinnerte an ein Lama, war etwa kamelgroß und hatte wohl einen kurzen, tapirähnlichen Rüssel.

Woher stammten die **ersten Menschen?**

Menschen gehören zur Familie der Hominiden, die sich in Afrika entwickelt hat und zu der auch Schimpansen, Gorillas und andere Menschenaffen gehören. Vor etwa 6–7 Mio. Jahren trennten sich die Vormenschen von den Affen. Unsere Art, *Homo sapiens,* ist etwa 200 000 Jahre alt.

Werkzeuggebrauch

Wir Menschen sind nicht die einzigen, die Werkzeuge gebrauchen. Andere lebende Hominiden tun dies auch. Dieser Schimpanse benutzt einen Stock, um damit Termiten zu fangen.

Übrigens:

Heute ist *Homo sapiens* die einzige Art der Hominini (Menschen und ihre Vorfahren), doch insgesamt wurden bislang über 20 hominine Arten beschrieben. Manche davon waren uns ähnlich.

Alles über **den Hominini-Stammbaum**

Die ersten Vormenschen entstanden vor etwa 6–7 Mio. Jahren. Wie unsere Stammesgeschichte dann weiterging, ist schwerer zu enträtseln, als man zunächst annahm.

Aufrechter Gang

Fossile Spuren in Tansania zeigen, dass etliche Australopithecinen (ausgestorbene Vormenschen) **aufrecht gehen** konnten. Ihre Füße und Zehen waren zwar beweglicher als unsere, aber sie besaßen bereits ein Fußgewölbe.

Vor 4,4 Mio. Jahren

Ardipithecus ramidus (Ardi)
Daumenartige große Zehen

Vor 4,1–2,8 Mio. Jahren

Australopithecus afarensis
Schimpansengroß; aufrechter Gang

Vor 2,4 Mio. Jahren

Homo rudolfensis
Großer, runder Schädel

Vor 1,8–1 Mio. Jahren

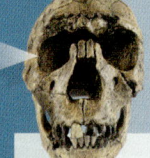

Homo ergaster
Groß, langbeinig; guter Läufer

Vor 3,3–2 Mio. Jahren

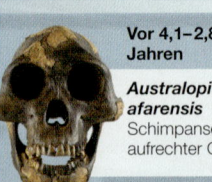

Australopithecus africanus
Langarmig; starke Backenzähne

Vor 2,2–1,6 Mio. Jahren

Homo habilis
Erste Werkzeuge?

Vor 2,5–1,2 Mio. Jahren

Paranthropus boisei
Massive Zähne und starke Kiefer

Die Pfeile deuten mögliche (teilweise umstrittene) Abstammungslinien zwischen den Arten der Hominini an.

Wo liegt der Unterschied?

Menschenaffen
- vorspringendes Gesicht
- lange obere Eckzähne
- kleines Gehirn (etwa 350–500 cm³)
- lange Arme
- fähig zum Knöchelgang
- daumenartige Großzehe

Vormenschen
- vorstehendes Gesicht
- lange obere Eckzähne
- kleines Gehirn (etwa 400–550 cm³)
- kürzere Arme
- unfähig zum Knöchelgang
- daumenartige Großzehe

Moderner Mensch
- abgeflachtes Gesicht
- kurze obere Eckzähne
- großes Gehirn (etwa 1400 cm³)
- kürzere Arme
- unfähig zum Knöchelgang
- Großzehe zeigt nach vorn

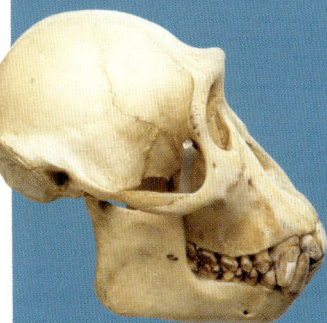

Schädel: Schimpanse

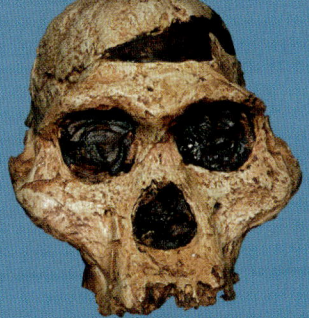

Schädel: Australopithecus

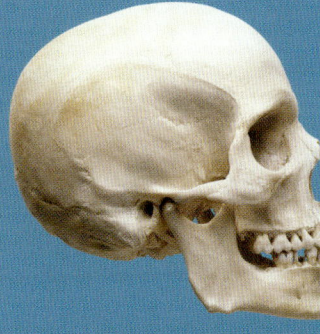

Schädel: Moderner Mensch

Menschliche Wanderungen

1 Hominiden und Homininen entstanden in Afrika.

2 Vor etwa 1,8 Mio. Jahren erschien *Homo erectus* in Asien.

3 *Homo erectus* besiedelte im Lauf der Jahrtausende Asien und weite Teile Europas.

4 Frühe Verwandte des Neandertalers haben den afrikanischen Kontinent möglicherweise vor etwa 1 Mio. Jahren verlassen.

5 Afrika gilt als Wiege der Menschheit. Es gab mehrere unabhängige Ausbreitungswellen von Homininen aus Afrika.

6 *Homo sapiens* entwickelte sich vor etwa 200 000 Jahren in Afrika und besiedelte Europa und Asien vor etwa 45 000 Jahren.

Fünf Feuerfakten

■ Experten sind uneins darüber, welche Hominini als Erste das Feuer nutzten.

■ *Homo ergaster* und *Homo erectus* könnten vor über 1 Mio. Jahren mit Feuer gekocht haben.

■ Menschen nutzten das Feuer, lange bevor sie es selbst entzünden konnten. Wenn sie auf ein Feuer stießen, versuchten sie es am Brennen zu halten.

■ Die Nutzung von Feuer ermöglichte die Eroberung kälterer Klimazonen. Die Menschen besiedelten Nordeuropa vor mehr als 600 000 Jahren.

■ Vor etwa 50 000 Jahren nutzten Neandertaler und *Homo sapiens* regelmäßig das Feuer, um sich zu wärmen und um zu kochen. Möglicherweise entzündeten sie es mithilfe von Feuersteinen.

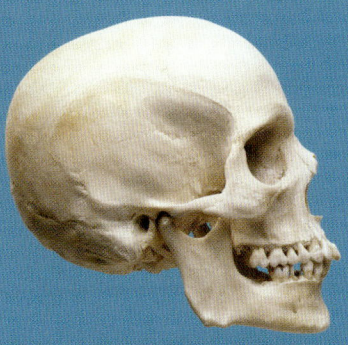

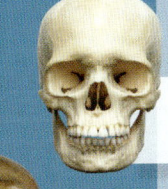

Vor 1,8 Mio.–? Jahren

Homo erectus
Langlebig; kräftige Kiefer; Augenwülste

Vor 600 000–250 000 Jahren

Homo heidelbergensis
Kräftige Beine; großes Gehirn; massiver Schädel

Vor 200 000 Jahren–heute

Homo sapiens Flaches Gesicht; vorstehendes Kinn; kaum Augenwülste

Vor 200 000–30 000 Jahren

Homo neanderthalensis
Stämmig; großes Gehirn

Wusstest du das ?

Im Jahr 2004 wurde auf der indonesischen Insel Flores ein neuer Hominine entdeckt. Da *Homo floresiensis* nur etwa 1 m groß war, bekam er in Anlehnung an die kleinen Wesen in Tolkiens Büchern den Spitznamen „Hobbit".

Geschickter Kletterer

Australopithecus afarensis ist einer der **frühesten Homininen**. Lange Arme und gebogene Fingerknochen lassen vermuten, dass er sehr gut klettern konnte.

Fünf besondere Fossilfunde

1 ***Australopithecus bahrelghazali*** (beschrieben 1996) Der Fund im Tschad belegt, dass die Australopithecinen ein deutlich größeres Verbreitungsgebiet hatten als ursprünglich angenommen.

2 ***Homo antecessor*** (beschrieben 1997) Manche Forscher vermuten, dass sich die in Spanien entdeckte Art aus *Homo ergaster* entwickelt hat.

3 ***Kenyanthropus platyops*** (beschrieben 2001) Eine sonderbare Homininen-Art mit einem sehr flachen Gesicht.

4 ***Ororin tugenensis*** (beschrieben 2001) Ob diese Art in die Ahnenreihe der Gattung *Homo* gestellt werden kann, ist umstritten.

5 ***Sahelanthropus tchadensis*** (beschrieben 2002) Ob diese Art ein früher Ahn des Menschen oder der heutigen Menschenaffen ist, das ist umstritten.

Wie entsteht ein Dinosaurier-Modell?

Wie man *Edmontosaurus* rekonstruiert

Um möglichst lebensechte Abbildungen und Modelle ausgestorbener Tiere zu erhalten, arbeiten Wissenschaftler und spezialisierte Künstler (Paläokünstler) zusammen. Da stets viele Informationen fehlen, ist die Rekonstruktion kein einfacher Prozess. Oft sind sich die Experten über das Aussehen der Tiere nicht einig.

1. Man fügt die Knochen zu einem Skelett zusammen. Es vermittelt eine Vorstellung von der Körperform.

2. Man untersucht den Schädel nach Auswüchsen. Sie waren vielleicht von Keratin (Substanz, aus der auch unsere Nägel bestehen) überzogen.

3. Man studiert lebende Verwandte wie etwa Krokodile oder Vögel. Ihre Muskulatur lässt Rückschlüsse auf die von *Edmontosaurus* zu.

4. Man sieht sich fossile Dino-Fußspuren an. Sie geben Hinweise darauf, wie Dinosaurier liefen.

5. Man sieht sich fossile Hautabdrücke an, um die Beschaffenheit der Haut zu studieren (falls es keine gibt, ist man auf Vermutungen angewiesen).

ALLES KLAR?

Die Rekonstruktion ausgestorbener Tiere wird als **Paläokunst** bezeichnet – ein Begriff, der auch für urzeitliche Höhlenmalerei verwendet wird. Das kann zu Verwechslungen führen.

Wichtige Werkzeuge zum Reinigen von Fossilien

Hammer und Meißel:
Sie werden benutzt, um gröberes Gestein zu entfernen.

Säge:
Mit der Säge werden kleine Gesteinsreste dicht am Fossil entfernt.

Zahnbohrer:
Er wird für die Feinarbeiten beim Freilegen der Details verwendet.

1 Auf der Basis von Fossilien fertigen Künstler zunächst oft Skizzen der Rekonstruktionen an.

2 Häufig studieren sie auch montierte Skelette – die jedoch manchmal falsch zusammengesetzt sind.

3 Oder sie fertigen selbst Skelettmodelle an, mit deren Hilfe sie die Körperform rekonstruieren.

4 Heutzutage werden spektakuläre 3-D-Modelle häufig auch am Computer erstellt.

Besondere Einblicke

Je besser ein Fossil erhalten ist, umso mehr kann es uns erzählen:

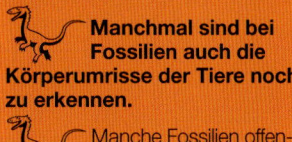 Manchmal sind bei Fossilien auch die **Körperumrisse der Tiere noch zu erkennen.**

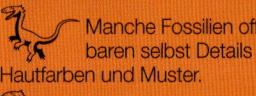 Manche Fossilien offenbaren selbst Details wie Hautfarben und Muster.

Vulkanasche konnte tote Tiere rasch begraben und konservieren. So blieben manchmal sogar Federn und Haare erhalten.

Im Dauerfrostboden konservierte Körper besitzen zuweilen noch Haut, Muskeln und Organe.

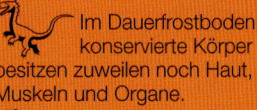 **Höhlenmalereien urzeitlicher Menschen zeigen uns, wie pleistozäne Tiere ausgesehen haben, und helfen bei der Rekonstruktion.**

Durch den Vergleich mit lebenden Tieren versuchen Experten, Rückschlüsse auf die Farben und Muster ausgestorbener Tiere zu ziehen.

Elefant
Sehr große Tiere haben oft schlichte Farben. Sie beeindrucken bereits durch ihre Größe.

Arabische Oryxantilope
Große Wüstentiere sind häufig blass gefärbt. Dunkle Farben würden sie zu sehr aufheizen.

Kaffernbüffel
Eine dunkle Färbung lässt Herdentiere wie eine einzige große Masse aussehen, was Feinde abschreckt.

Okapi
Waldtiere haben zuweilen Streifen, die das Wechselspiel von Licht und Schatten imitieren.

Tragopan
Hautauswüchse wie Lappen und Kämme, die der Zurschaustellung dienen, sind häufig auffallend gefärbt.

Pfau
Federkronen und Schwänze, die der Zurschaustellung dienen, sind häufig bunt gefärbt.

6. Man speichert alle Daten, die man gesammelt hat, im Computer und erstellt damit ein 3-D-Modell von *Edmontosaurus*.

Dinos im Kino

Die verlorene Welt (1925) war einer der ersten Filme, der in Stop-Motion animierte Dinosaurier und andere prähistorische Tiere zeigte. Aus heutiger Sicht wirken die Effekte ziemlich stümperhaft.
Jurassic Park (1993) wollte naturgetreue, computergenerierte Dinosaurier auf die Kinoleinwand bringen. Die Tyrannosaurier sahen gelungen aus, aber die „Raptoren" waren fehlerhaft, denn sie trugen keine Federn.
In *Dinosaurier – Im Reich der Giganten* (1999) wurden einige Tiere – wie etwa *Tyrannosaurus* – recht ungenau, andere – wie etwa *Iguanodon* oder manche Meeresreptilien – dagegen sehr zutreffend dargestellt.

Nutzen der Paläokunst

1 Rekonstruktionen vermitteln eine Vorstellung vom Aussehen ausgestorbener Tiere.

2 Viele Wissenschaftler wurden in jungen Jahren durch Paläokunstwerke inspiriert.

3 Manche Details ausgestorbener Tiere werden erst im Zuge der Rekonstruktion deutlich.

Berühmte Paläokünstler

■ **Charles Knight:** Ein US-amerikanischer Künstler, der von den 1890er-Jahren bis in die 1950er-Jahre zahlreiche Darstellungen urzeitlicher Tiere anfertigte und auf die Vorstellung von prähistorischen Lebewesen maßgeblichen Einfluss hatte.

■ **Zdeněk Burian:** Ein tschechischer Künstler, der von den 1930er-Jahren bis in die 1970er-Jahre Tausende von Illustrationen anfertigte.

■ **Greg Paul:** Ein US-amerikanischer Künstler und Pionier der wissenschaftlich korrekten Dinosaurier-Rekonstruktion.

Alles über die Geheimnisse der Fossilien

Fossilien können Paläontologen einiges über das Leben ausgestorbener Tiere erzählen. Doch das Bild, das sie uns vermitteln, ist sehr lückenhaft und einem steten Wandel durch neue Funde und Erkenntnisse unterworfen. Ein Beispiel hierfür sind die Oviraptoriden, die man ursprünglich für Nesträuber hielt (Oviraptor bedeutet „Eierdieb"), weil das erste Skelett eines Oviraptor auf einem Nest mit Eiern gefunden wurde, das man fälschlich dem Horndinosaurier Protoceratops zuordnete. Erst als man später Exemplare des Oviraptoriden Citipati in Bruthaltung auf ihren Nestern fand, wurde klar, dass die vogelähnlichen Tiere nicht die Eier anderer Dinosaurier stehlen, sondern ihre eigenen bebrüten.

Citipati

Fossilien liefern Paläontologen die Informationen, anhand derer sie sich ein Bild vom Leben der Dinosaurier machen. Citipati war einer von etlichen vogelähnlichen Dinosauriern der Oberkreide. Da Fossilien verwandter Arten eine Befiederung an Körper, Schwanz und Armen dokumentieren, ist es wahrscheinlich, dass auch Citipati gefiedert war. Ähnlich wie andere Oviraptoriden trug auch Citipati einen knöchernen Kamm auf dem Kopf, dessen Funktion allerdings bislang unklar ist.

Schutzposition: Ähnlich wie heutige Vögel hielt auch Citipati seine gefiederten Arme wohl schützend über die Eier.

Nasenöffnungen: Sie waren groß und lagen unterhalb des Schädelkamms.

Kräftiger Schnabel: Die zahnlosen Kieferknochen waren wahrscheinlich von einem papageienähnlichen Hornschnabel umgeben.

Große Augenhöhle: Sie deutet darauf hin, dass Citipati große Augen hatte und gut sehen konnte.

Beweglicher Hals: Bau und Zahl der Halswirbel zeigen, dass Citipati einen langen, beweglichen Hals hatte.

Obere Skelettteile: Sie wurden zum großen Teil vom Wind weggeweht (Arme und Beine waren dem Wind nicht ausgesetzt gewesen).

Langer Arm: Er gab dem Dinosaurier eine große Reichweite, was sicher hilfreich bei der Nahrungssuche war.

Lange Federn: Sie bedeckten wahrscheinlich die Arme von Citipati und halfen, die Eier im Nest beim Brüten warmzuhalten.

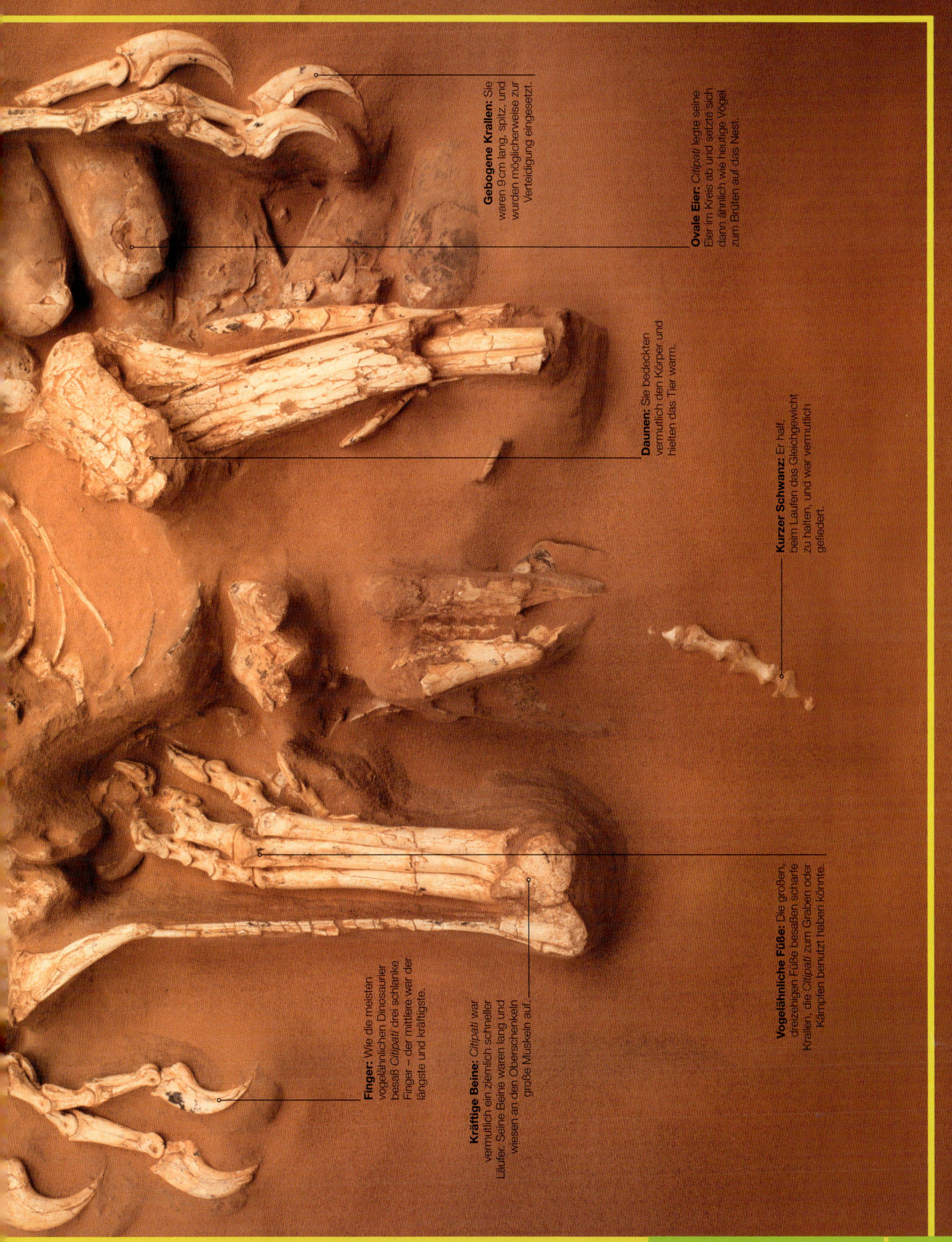

Gebogene Krallen: Sie waren 9 cm lang, spitz, und wurden möglicherweise zur Verteidigung eingesetzt.

Ovale Eier: *Citipati* legte seine Eier im Kreis ab und setzte sich dann ähnlich wie heutige Vögel zum Brüten auf das Nest.

Daunen: Sie bedeckten vermutlich den Körper und hielten das Tier warm.

Kurzer Schwanz: Er half beim Laufen das Gleichgewicht zu halten, und war vermutlich gefiedert.

Finger: Wie die meisten vogelähnlichen Dinosaurier besaß *Citipati* drei schlanke Finger – der mittlere war der längste und kräftigste.

Kräftige Beine: *Citipati* war vermutlich ein ziemlich schneller Läufer. Seine Beine waren lang und wiesen an den Oberschenkeln große Muskeln auf.

Vogelähnliche Füße: Die großen, dreizehigen Füße besaßen scharfe Krallen, die *Citipati* zum Graben oder Kämpfen benutzt haben könnte.

Natur

Spannende Geschichte

vor 3,5 Mrd. Jahren
Erste Lebensformen – Bakterien

vor 3,4 Mrd. Jahren
Erste Stromatolithen

vor 565 Mio. Jahren
Ediacara-Fauna – erste Tiere

vor 545 Mio. Jahren
Weichtiere entwickelten Schalen.

vor 540 Mio. Jahren
Das Leben in den Ozeanen
explodierte – viele neue Tierarten
entstanden.

vor 500 Mio. Jahren
Erste Wirbeltiere – Kieferlose

vor 460 Mio. Jahren
Erste Landpflanzen

vor 428 Mio. Jahren
Erste Landtiere – Gliederfüßer

vor 420 Mio. Jahren
Erste Fische mit Kiefern

vor 405 Mio. Jahren
Erste Insekten

vor 380 Mio. Jahren
Tiktaalik markierte den Übergang
von Fischen zu Landwirbeltieren.

vor 360 Mio. Jahren
Erste Landwirbeltiere

vor 315 Mio. Jahren
Erste Reptilien wie *Hylonomus*

vor 295 Mio. Jahren
Reptilien mit Rückensegel wie
Dimetrodon

vor 245 Mio. Jahren
Meeresreptilien wie Nothosaurier
und Ichthyosaurier

vor 228 Mio. Jahren
Erste Dinosaurier wie *Eoraptor*

vor 200 Mio. Jahren
Erste spitzmausartige Säugetiere

vor 151 Mio. Jahren
Erste Vögel

vor 150 Mio. Jahren
Erste Blütenpflanzen

vor 122 Mio. Jahren
Erste gefiederte Dinosaurier wie
Microraptor

vor 65 Mio. Jahren
Massenaussterben vieler Tier-
gruppen einschließlich der
Dinosaurier

vor 62 Mio. Jahren
Explosion der Säugetierarten

vor 60 Mio. Jahren
Erste Gräser

vor 7 Mio. Jahren
Erste Hominini wie *Sahelanthropus*

vor 1,8 Mio. Jahren
Homo habilis, ein möglicher Ahn
des modernen Menschen, erschien.

Was ist Evolution?

Evolution ist die allmähliche Veränderung von Lebewesen über Generationen hinweg, die schließlich zur Entstehung neuer Arten führt. Seit es Leben auf der Erde gibt, gibt es Organismen, die aufgrund von vererbbaren Merkmalen größere Chancen haben, zu überleben und sich fortzupflanzen. Diese natürliche Selektion ist der Motor der Evolution.

Fantastische Fossilbelege

● Die Ammoniten waren Kopffüßer mit spiraligen Schalen.
Sie stammen von Vorfahren mit
geraden und gebogenen Schalen
ab.

● Die eierlegenden Cynodontia
waren die ersten Reptilien,
die möglicherweise Säugetier-
merkmale wie Haare oder warmblütige Körper besaßen.

● Charles Darwin fand die Überreste des ausgestorbenen
Säugetiers *Glyptodon* und stellte
fest, dass es ein Verwandter der
heutigen Gürteltiere war.

● „Toumai" ist der Name eines
Schädels der affenähnlichen
Hominen-Art *Sahelanthropus*.
Sie lebte vor etwa 6–7 Mio.
Jahren – zu einer Zeit, als sich
aus einem gemeinsamen Ahnen
Schimpansen und Vormenschen
entwickelten.

● Stromatolithen sind von
Bakterien gebildete Sedimentgesteine und gelten als die ältesten Fossilien. Sie entstehen auch
heute noch im warmen Flachwasser von Salzseen und
manchen Meeresküsten.

Wie man sich über Generationen entwickelt

1. Man steigert seine
Laufgeschwindigkeit,
weil man schneller sein
muss als Räuber, die
ein Kaninchen als Beute
ansehen.

2. Man entwickelt
etwas längere Beine –
das macht schneller.
Bestimmte Gene im
Körper ermöglichen
dies.

Artbildung

Asiatische und Amerikanische
Schwarzbären stammen von einem
gemeinsamen Ahnen ab. Wegen ihrer
ähnlichen Lebensweise sehen sie sich
noch immer sehr ähnlich.

Der **Eisbär** entwickelte sich vor
langer Zeit aus dem **Braunbären**.
Wegen der unterschiedlichen
Lebensbedingungen sehen die Arten
heute sehr unterschiedlich aus.

Übrigens:

Die menschliche Evolution geht weiter. So haben etwa die meisten Europäer innerhalb der letzten 10 000 Jahre die Fähigkeit entwickelt, auch als Erwachsene Milchzucker verdauen zu können.

Pfau
Prächtige Schwanzfedern bei männlichen Pfauen signalisieren den Weibchen, dass ihr Besitzer gesund und fit ist.

Berühmte Forscher

Jean-Baptiste Lamarck (1744–1829) glaubte fälschlicherweise, dass im Lauf des Lebens erworbene Eigenschaften vererbt werden.

Charles Darwin (1809–1882) erkannte, dass natürliche Selektion der Motor der Evolution ist.

Gregor Mendel (1822–1884) gilt als „Vater der Vererbungslehre".

James Watson (geb. 1928), **Francis Crick** (1916–2004) und **Rosalind Franklin** (1920–1958) entdeckten die Struktur der DNA, welche die Erbinformation trägt.

Richard Dawkins (geb. 1941) glaubt, dass Organismen nur dem Überleben von „egoistischen Genen" dienen.

5. Im Verlauf etlicher Generationen werden immer mehr Artgenossen längere Beine besitzen, bis schließlich alle zu langbeinigen Kaninchen geworden sind.

4. Vorzüge weitergeben! Der langbeinige Nachwuchs wird eine größere Überlebenschance haben.

3. Man produziert viel Nachwuchs. Erfolgreiche Fortpflanzung ist entscheidend für die Weitergabe der Gene.

See-Elefant
Männliche See-Elefanten sind mehr als doppelt so groß wie weibliche. Größe und Stärke sind wichtig beim Kampf um Weibchen.

Rothirsch
Rothirsche kämpfen um den Besitz von Weibchen, indem sie mit ineinander verhakten Geweihen testen, wer der Stärkere ist.

REKORD-HALTER

2001 überlebten nur wenige immune Männchen des Tagfalters **Hypolimnas bolina** eine Infektion, doch schon nach wenigen Jahren gab es wieder so viele wie zuvor.

Aliens?

In den 1970er-Jahren wurden an heißen Quellen in der Tiefsee Bakterien, Muscheln, Krebse und andere Organismen entdeckt. Wenn dort Leben existieren kann, warum dann nicht auch irgendwo im Weltraum?

Wenn Tierpopulationen getrennt werden, können neue Arten entstehen, weil sich die einzelnen Gruppen in Anpassung an unterschiedliche Lebensbedingungen unterschiedlich weiterentwickeln.

Die **Galapagos-Inseln** im Pazifik sind die Heimat zahlreicher Tierarten, die es nirgendwo sonst auf der Erde gibt – dazu zählt etwa die Meerechse.

Madagaskar wurde bereits vor etwa 160 Mio. Jahren von Afrika getrennt. Seine Tierwelt ist deshalb einzigartig. Lemuren kommen beispielsweise nur auf Madagaskar vor.

Wusstest du das?

Menschen und ihre nächsten Verwandten, die Schimpansen, besitzen etwa 3 Mrd. Basenpaare in ihrer DNA, von denen nur etwa 1,4 % unterschiedlich sind.

Neun unglaubliche Beispiele für die Evolution ... und ein lebendes Fossil!

1 Auf den Galapagos-Inseln entstanden aus einer gemeinsamen Ahnenform 13 Finkenarten.

Großer Grundfink:
Er ist oft auf dem Boden und pickt dort mit seinem kräftigen Schnabel harte Samen auf.

Vegetarierfink:
Er lebt in Bäumen und besitzt einen leicht gebogenen Schnabel, mit dem er Früchte und Knospen frisst.

Spechtfink:
Mit seinem spitzen Schnabel und kleinen Zweigen stochert er im Holz nach Insektenlarven.

Mittlerer Baumfink:
Er lebt in Bäumen und ernährt sich von Insekten, Knospen und Früchten.

Mittlerer Grundfink:
Studien zeigten, dass sein Schnabel in wenigen Generationen um 10 % größer wurde, weil er gezwungen war, härtere Samen zu fressen.

Kaktusfink:
Er lebt vorwiegend auf Kakteen und frisst Samen, Früchte, Blüten und Insekten.

2 Im Lauf ihrer Entwicklung verloren manche Skinke ihre Beine. Sie „schwimmen" im lockeren Sand oder schlängeln sich durch dichte Vegetation und dabei wären Beine nur hinderlich.

3 Aga-Kröten wurden 1935 nach Australien eingeführt und entwickelten dort etwas längere Beine. Dadurch können sie sich noch schneller ausbreiten.

4 Wale stammen wohl von landlebenden Paarhufern ab. Als Bindeglied gilt *Indohyus*, ein Tier, das vor etwa 47 Mio. Jahren lebte.

7 Weil Trophäenjäger bevorzugt große Männchen mit imposanten Hörnern schießen, sind Dickhornschafe in den letzten Jahrzehnten kleiner geworden.

6 *Tiktaalik* war ein Knochenfisch, der vor etwa 380 Mio. Jahren lebte. Er besaß sowohl Merkmale von Fischen als auch von Amphibien.

5 Muränen besitzen einen zusätzlichen Kiefer im Schlund. Er hilft dabei, größere Beutetiere in den Magen zu befördern, indem er sie aus dem Maul nach hinten zieht.

9 Darwin sagte voraus, dass ein Falter mit einem extrem langen Rüssel an dieser Orchidee Nektar saugt. 40 Jahre später wurde er entdeckt.

8 Wenn Stichlinge in Gewässern leben, in denen keine Feinde vorkommen, bilden sich ihre Stacheln zurück.

Noch immer erfolgreich ...
Der Quastenflosser galt lange als ausgestorben, doch 1938 wurde einer dieser Fische gefangen – und er sah fast genauso aus wie seine Ahnen vor 400 Mio. Jahren!

Warum duften Blüten oft **so intensiv?**

Blütenpflanzen

1 Blütenpflanzen gibt es in fast allen Lebensräumen der Erde.

2 Seegräser sind die einzigen Blütenpflanzen im Meer.

3 Es gibt zwei große Blütenpflanzengruppen: Monokotyledonen und Eudikotyledonen.

4 Monokotyledonen haben meist parallel verlaufende Blattadern und dreizählige Blüten.

5 Eudikotyledonen haben netzartige Blattadern und meist vier- oder fünfzählige Blüten.

6 Manche Blüten sind nur tagsüber geöffnet.

7 Viele Blütenpflanzen dienen Haustieren und Menschen als Nahrung.

8 Blütenpflanzen produzieren Früchte, Gemüse, Körner, Nüsse, Öle, Zucker und Gewürze.

Pflanzen bringen auffallende, stark riechende Blüten hervor, um damit Insekten, Fledermäuse und Vögel anzulocken. Die Tiere helfen den Pflanzen bei der Fortpflanzung, indem sie beim Nektarsaugen Pollen von einer Blüte zur nächsten transportieren.

Die *Puya raimondii* ist eine seltene Pflanze der südamerikanischen Anden. Sie blüht oft erst **nach über 100 Jahren** zum ersten und einzigen Mal und stirbt danach ab. Ihr Blütenstand kann bis zu 8 m hoch werden.

Wie man **einen Kolibri anlockt**

1. Wähle die Blütenform sorgfältig aus. Eine Röhre passt gut zum Schnabel eines Kolibris.

2. Mache dir über den Duft keine Gedanken. Kolibris verlassen sich mehr auf ihre Augen als auf den Geruchssinn.

3. Benutze auffallende Farben, um auf dich aufmerksam zu machen. Die Farbe Rot zieht Kolibris besonders an.

4. Verstecke den Nektar tief in der Blüte, damit sich die Besucher ordentlich mit Pollen bepudern.

Einige Familien der **Blütenpflanzen**

Seerosengewächse
Süßwasserbewohner, die mit Rhizomen im Boden verankert sind. Die Blätter schwimmen oft auf der Oberfläche.

Gräser
Reis, Weizen, Mais und Bambus sind Gräser. Gräser besitzen kleine Blüten ohne Kronblätter.

Orchideen
Mit über 20 000 Arten zählen sie zu den größten Pflanzenfamilien. Viele besitzen faszinierende Blüten.

Palmen
Palmen sind wärmeliebende, immergrüne Blütenpflanzen mit meist unverzweigtem Stamm.

Liliengewächse
Lilien besitzen oft stark duftende Blüten. Zu den Liliengewächsen gehören beispielsweise die Tulpen.

Lorbeergewächse
In dieser Familie finden sich fast nur Bäume und Sträucher wie etwa Zimtbaum oder Avocado.

Was gehört nicht dazu?

(Antwort unten auf der Seite)

a) Tomate

b) Aubergine

c) Himbeere

d) Apfel

e) Kürbis

f) Steckrübe

Iss niemals Blüten, von denen du nicht weißt, dass sie essbar sind. Sie könnten **tödlich** sein!

Fünf essbare Blüten

Blütenrezepte gab es bereits im alten Rom:

✿ Nelkenblüten wurden früher in Wein getränkt oder zur Dekoration von Kuchen verwendet.

✿ Die Blüten von Brunnenkresse und Kornblume haben einen süßlich-würzigen Geschmack.

✿ Ringelblumenblüten können würzig, bitter oder herb schmecken.

✿ Junge Löwenzahnblüten schmecken süß, alte dagegen bitter.

✿ In China werden Tees aus Pfingstrosenblüten zubereitet.

Zahlen

Die größte Blüte der Welt (*Rafflesia*) hat einen **Durchmesser** von 90 cm.

Die Gänseraute benötigt **6 Wochen** für ihren Lebenszyklus.

Auf einen Stecknadelkopf passen **12 Blüten** der Zwergwasserlinse.

Der Riesen-Eukalyptus, der als höchste Blütenpflanze der Welt gilt, erreicht eine Höhe von **100 m**.

Weltweit gibt es schätzungsweise **258 000 Blütenpflanzenarten**.

Acht tödliche Blütenpflanzen

Adonisröschen
Adonis

Seidelbast
Daphne

Maiglöckchen
Convallaria majalis

Tollkirsche
Atropa belladonna

Schierling
Conium maculatum

Engelstrompete
Brugmansia

Oleander
Nerium oleander

Lass dich nicht von hübschen Blüten oder saftig aussehenden Beeren täuschen. Diese Pflanzen sind hochgiftig. Daher gilt: **Nicht anfassen und auf keinen Fall probieren!**

Spannende Geschichte

vor 150 Mio. Jahren
Erste Blütenpflanzen erschienen.

vor 90 Mio. Jahren
Blütenpflanzen setzten sich vielerorts gegen Baumfarne und Nadelhölzer durch.

vor 70 Mio. Jahren
Blütenpflanzenwälder ersetzten oft die Nadelwälder.

vor 55 Mio. Jahren
Gräser waren weit verbreitet.

vor 10 000 Jahren
Der Mensch baute erstmals Getreide wie etwa Weizen an.

16. Jh.
Tomate, Mais, Kartoffel und Ananas gelangten aus der Neuen Welt nach Europa und Asien.

1983
Forschern gelang die Züchtung der ersten gentechnisch veränderten Pflanze (Tabak).

Magnoliengewächse
Diese Bäume oder Sträucher gehören zu den ältesten Blütenpflanzen und besitzen oft prächtige Blüten.

Doldenblütler
Sie besitzen meist einen hohlen Stängel und einen schirmartigen Blütenstand mit vielen kleinen Blüten.

Hülsenfrüchtler
Hierher gehören zahlreiche Nutzpflanzen wie Sojabohnen, Bohnen, Erbsen, Linsen und Erdnüsse.

Korbblütler
Eine Familie mit über 20 000 Arten, zu der etwa Gänseblümchen, Löwenzahn und Sonnenblume gehören.

ANTWORT: Die Steckrübe gehört nicht dazu, denn sie ist keine Frucht, sondern eine verdickte Wurzel. Früchte entstehen aus Blüten.

Wie kann ein Kaktus in der Wüste überleben?

Kakteen sind auf vielfältige Weise an das Leben in trockenen Lebensräumen angepasst. Sie können viel Wasser speichern und schützen sich durch eine Wachsschicht auf dem Körper und durch zu Dornen umgewandelte Blätter wirkungsvoll vor Wasserverlusten und Wasserdieben.

ALLES KLAR?

Der Name „Kaktus" leitet sich vom griechischen *kaktos* ab. So nannten die alten Griechen vor mehr als 2000 Jahren eine **stachlige** Mittelmeerpflanze.

Alles über Kakteen

- Kakteen sind Blütenpflanzen, die wie Säulen, Nadelkissen oder Kronleuchter aussehen.
- **Nicht alle Kakteen leben in Trockengebieten, manche sind auch in Regenwäldern heimisch. Dort sind sie oft stachellos und wachsen auf Bäumen.**
- Kakteen gehören zu den wasserspeichernden Pflanzen (Sukkulenten).
- **Bis auf die Art *Rhipsalis baccifera* kommen Kakteen natürlicherweise nur auf dem amerikanischen Kontinent vor.**
- Zu viel Wasser oder Kälte können einen Kaktus umbringen.
- **Kakteen wachsen oft langsam, können aber über 200 Jahre alt werden.**
- Die meisten Kakteen sind klein, aber manche werden über 10m hoch.

Wie man **einen Kaktus pflegt**

1. Pflanze den Kaktus in einen Topf, der ein wenig größer ist als der Kaktus.

2. Stelle den Topf an einen hellen Ort, aber nicht direkt in die Sonne.

3. Gieße den Kaktus einmal im Monat und im Winter gar nicht.

4. Dünge den Kaktus zwei- bis dreimal im Jahr mit Kakteendünger.

5. Das war's! Kein Wunder, dass Kakteen so beliebte Zimmerpflanzen sind!

Manche Kakteen sind winzig und sehen wie **Kieselsteine** aus. Wenn sie nicht gerade blühen, sind sie kaum zu entdecken.

Kakteennamen

Angelhakenkakteen
Die Kakteen erhielten ihren Namen, weil viele Arten hakenförmige Dornen besitzen.

Igelkakteen
Manche dieser Kakteen erinnern in ihrem Aussehen an einen zusammengerollten Igel.

Melonenkakteen
Es ist leicht zu erkennen, woher diese gedrungenen, rundlichen Kakteen ihren Namen haben.

Greisenhaupt
Die langen Haare, die den großen Kaktus bedecken, erinnern an die weißen Bärte alter Männer.

Bischofsmütze
Die einzelnen Rippen besitzen die Form einer Mitra (Kopfbedeckung eines Bischofs).

Vier kuriose **Kakteen**

Escobaria vivipara
Dieser Kaktus kommt auch im Süden Kanadas vor und kann in Eis und Schnee überleben.

Rosenkaktus
Dieser strauchförmige, beblätterte Kaktus erinnert mehr an einen Orangenbaum als an seine Vettern in der Wüste.

Weihnachtskaktus
Dieser Kaktus stammt aus den atlantischen Regenwäldern Brasiliens und blüht bei uns häufig zu Weihnachten.

„Königin der Nacht"
Die großen, duftenden Blüten dieses Kaktus öffnen sich nur nachts und nur für wenige Stunden.

Vier weitere Trockenpflanzen

Hauswurzen können sich auch durch Ableger vermehren und bilden am Boden Rosetten-Polster. Ihre dicken, „fleischigen" Blätter können Wasser speichern.

Yuccas gehören zu den Agavengewächsen. Sie können Wasser speichern und kommen vor allem in den Trockengebieten im Südwesten Nordamerikas vor.

Die Körper der sogenannten „Lebenden Steine" befinden sich zum großen Teil unter der Erde, was den Wasserverlust verringert. Die kleinen Pflanzen wachsen nur langsam.

Die in der Namibwüste heimische Welwitschie kann 2000 Jahre alt werden. Sie besitzt nur zwei Blätter und tief reichende Wurzeln, über die sie Wasser aufnimmt.

Wusstest du das **?**

Die Ranger im Saguaro-Nationalpark in Arizona (USA) statten große Saguaro-Kakteen, die am Straßenrand wachsen, mit Mikrochips aus. Das soll **Diebe abschrecken**, die mit diesen Kakteen Geschäfte machen wollen.

Zahlen

Ein ausgewachsener Saguaro-Kaktus wird etwa **15 m** groß – so hoch wie ein fünfstöckiges Haus.

Die Wurzeln eines großen Saguaro-Kaktus können maximal **750 l Wasser** aufnehmen, wenn es regnet.

Ein Saguaro produziert im Lauf seines Lebens **40 Mio. Samen**.

Weltweit sind **1800 Kakteenarten** bekannt.

Nützlicher Saguaro

Über Jahrhunderte hinweg haben die Menschen Saguaro-Kakteen auf vielfältige Weise genutzt:

- Die hölzernen Rippen wurden zum Bau von Speeren, Pfeilen, Zäunen und Spielzeugen benutzt.
- Manche Inhaltsstoffe eignen sich zum Gerben, oder um Kleidung und Zelte wasserdicht zu machen.
- Die Früchte können roh und gekocht gegessen oder zu Marmelade und Sirup verarbeitet werden.
- Sie können außerdem zu Saguaro-Wein vergoren werden.
- Die Menschen der Hohokam-Kultur verzierten Muschelschalen mit Saguaro-Säften.
- Saguaro-Fruchtsäfte werden manchmal in der traditionellen Medizin verwendet.
- Aus Saguaro-Samen lässt sich Öl und Mehl gewinnen. Sie eignen sich aber auch als Hühnerfutter.
- Die Dornen finden als Näh- und Tätowiernadeln Verwendung.
- Die Blüte des Saguaro ist die Staatsblume von Arizona
- Der Saguaro spielte auch in zahllosen Western eine Rolle.

Sechs Gefahren für den Saguaro

- Tiere fressen seine Samen und Sämlinge.
- **Rinder und andere Haustiere können Sämlinge zertreten.**
- Strenge Fröste können viele Pflanzen töten.
- **Blitzschläge können Saguaro-Kakteen schwer verletzen.**
- Schwere Dürren schwächen und töten Kakteen.
- **Buschbrände können ganze Saguaro-Bestände vernichten.**

KAUM ZU GLAUBEN!

Der sogenannte „Jumping Cholla" lässt seine stachligen Triebe schon bei der kleinsten Berührung **fallen**. Vorsicht!

Was sind Algen?

Algen sind weder Tiere noch Pflanzen. Dennoch sind sie eindeutig lebendig. Zur großen Gruppe der Algen gehören mikroskopisch kleine Einzeller, aber auch riesige Seetange. Genau wie Pflanzen stellen auch Algen mithilfe von Sonnenlicht aus Kohlendioxid und Wasser Kohlenhydrate her. Dabei erzeugen sie mehr Sauerstoff als alle Pflanzen der Welt zusammen!

Wichtige Algengruppen

Grünalgen
Zu ihnen gehören Meeresbewohner wie dieser Meersalat, aber auch Süßwasserbewohner wie Volvox.

Rotalgen
Zu ihnen gehören violette, rote und braune Seetange, aber auch korallenähnliche Arten wie diese.

Braunalgen
Zu diesen oft braungrün gefärbten Algen gehören sehr große Arten wie der Riesentang.

Goldalgen
Winzige Algen, die meist im Süßwasser vorkommen. Manche Arten fressen Bakterien.

Kieselalgen
Diese einzelligen Algen besitzen hauchdünne Schalen und machen einen Großteil des Planktons aus.

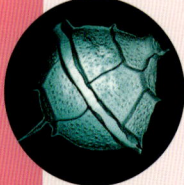

Dinoflagellaten
Dinoflagellaten sind winzige Planktonalgen, die Geißeln tragen. Einige Arten können leuchten.

Drei „dicke Freunde"

1 Flechten sind Doppelorganismen aus Pilzen und Algen. Die Pilze bieten den Algen Schutz und Lebensraum und erhalten im Gegenzug Nährstoffe.

2 Riffbildende Korallen sind auf symbiotische Algen angewiesen, die ihnen Nährstoffe liefern. Ohne sie sterben die Korallen ab.

3 Manche Grünalgen leben – geschützt vor Feinden – im Inneren von Schwämmen und versorgen sie dafür regelmäßig mit Nährstoffen.

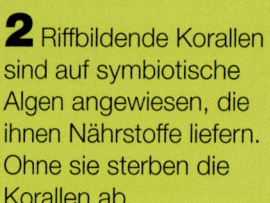

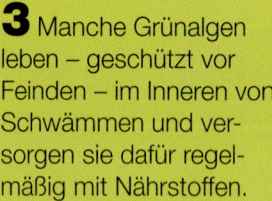

Zähe Wesen

❄ Etliche Diatomeenarten leben im Polareis und gedeihen selbst bei frostigen Temperaturen.

❄ **Schneealgen machen ihrem Namen alle Ehre.** Man findet sie auf Schnee- und Eisflächen in Hochgebirgen und Polarregionen.

❄ Wissenschaftler vermuten, dass sie im Eis der beiden Jupitermonde Europa und Ganymed Algen finden könnten.

❄ **Manche Algen leben in heißen Quellen. Die hohen Temperaturen und der giftige Schwefel machen ihnen nichts aus.**

❄ Im Jahr 2005 setzten Wissenschaftler Flechten für zwei Wochen den extrem lebensfeindlichen Bedingungen des Weltraums aus. Sie überlebten!

Wie man **Algen in Biosprit verwandelt**

1. Züchte ölhaltige Algen in Teichen. Sorge für ausreichend Sonnenlicht und Kohlendioxid.

2. Kontrolliere die Algen regelmäßig und versorge sie mit Nährstoffen.

3. Entziehe den Algen das Öl in einer Presse. Füge Chemikalien hinzu, die das Öl abtrennen.

Nützliche Algen

- Seetang wird seit Jahrhunderten als Dünger verwendet.
- Seetang enthält Pflanzenhormone. Sie helfen, beschädigten Fußballrasen rasch nachwachsen zu lassen.
- Seetang gelten als gesunde Nahrungsmittel. Sie enthalten viel Eiweiß, nur wenig Fett und sind reich an Mineralstoffen.
- Das in manchen Rotalgen enthaltene Carrageen wird als Gelier- und Verdickungsmittel z. B. in Eiscreme verwendet.
- Manche Rotalgen enthalten auch Agar, das ebenfalls als Geliermittel in Kosmetika und Lebensmitteln verwendet wird.
- Labors benutzen Agar als Nährboden für Mikroorganismen.
- Nori wird aus Rotalgen hergestellt und z. B. für Sushi-Rollen benutzt.
- Aus Seetang werden auch Haarfärbemittel hergestellt.
- Manche Wissenschaftler beschäftigen sich mit der Frage, ob eine Seetang-Diät den Ausstoß von Methan (ein Treibhausgas) bei pupsenden Kühen reduzieren kann.

Wusstest du das?

Die einzelligen Algen des Planktons sind so winzig, dass 1000 von ihnen auf einen Stecknadelkopf passen würden. Manchmal vermehren sie sich massenhaft und es kommt zu sogenannten **Algenblüten**, die das Wasser verfärben und mitunter sogar aus dem Weltraum zu sehen sind.

Biosprit in der Petrischale

Energie aus Algenschlamm

1 Forscher hoffen, in wenigen Jahren Biodiesel aus Algenöl wirtschaftlich herstellen zu können.

2 Das ist nicht allzu verwunderlich – immerhin entstand auch Erdöl zum großen Teil aus abgestorbenen Algen.

3 Für das Wachstum von 1 kg Algen werden 2,2 kg CO_2 benötigt – der Prozess ist also auch hilfreich im Kampf gegen den Klimawandel.

4 Algen können auf der Fläche einer Doppelgarage mehr Öl produzieren als ein Fußballfeld voller Sojabohnen.

4. Verwandle dein Algenöl in Biodiesel, einen erneuerbaren, „grünen" Kraftstoff.

5. Fülle damit den Tank deines Autos – und los geht's!

Vier Gründe, Algen zu lieben

1 Algen stehen an der Basis der Nahrungsnetze in Flüssen, Seen und Meeren.

2 Algen binden Kohlendioxid – ein Treibhausgas, das bei der Verbrennung fossiler Energieträger entsteht.

3 Vor über 3 Mrd. Jahren „erfanden" die Vorfahren der Algen, sogenannte Cyanobakterien, die Fotosynthese.

4 Atme tief ein … und danke den Algen dafür, dass sie so viel freien Sauerstoff produzieren.

KAUM ZU GLAUBEN!

Wissenschaftler hoffen, die **Parkinson-Krankheit** mithilfe von Algen behandeln zu können. In Nervenzellen eingeschleuste Algengene sollen die erkrankten Gehirne wieder normal arbeiten lassen. Klingt abenteuerlich, hat aber bei Mäusen schon funktioniert!

Natürliche **Kunstwerke**

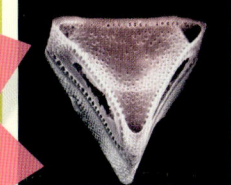

Diatomeen
Unter dem Mikroskop erinnern Kieselalgen eher an Kunstwerke als an lebende Organismen.

Lappentang
Die breiten Lappen dieser Rotalge erinnern an Bandnudeln. Sie ist mancherorts ein beliebtes Nahrungsmittel.

Riesentang
Diese riesige Braunalge lässt im Flachwasser beeindruckende „Unterwasserwälder" entstehen.

Schneealgen
Schneealgen lassen zuweilen farbige Kunstwerke auf Schnee- und Gletscherflächen entstehen.

Wie groß ist ein Schwarm?

Ein riesiges Wesen scheint auf dich zuzukommen … Doch als es näher kommt, stellst du erstaunt fest, dass es in Wirklichkeit Tausende kleiner Wesen sind. Es ist ein Schwarm! Große Krillschwärme können kilometerlang sein, Heuschreckenschwärme können die Sonne verdunkeln und Millionen Zikaden können den Waldboden in einen wogenden Teppich verwandeln

Fünf Gründe, sich zusammenzurotten

Partnersuche
In der Abenddämmerung finden sich in den Mangrovensümpfen Thailands Tausende von partnersuchenden Leuchtkäfern zu funkelnden Schwärmen zusammen.

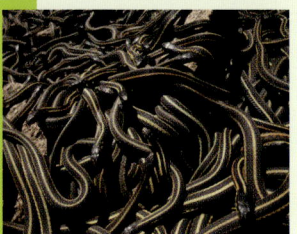

Überwinterung
Weil die Zahl geeigneter Überwinterungsplätze begrenzt ist, überwintern in Kanada oft Hunderte von Strumpfbandnattern gemeinsam in Erdlöchern.

Wohnungssuche
Wenn es im Bienenstock zu voll wird, bildet ein Teil des Staats einen Schwarm und verlässt das alte Zuhause, um einen neuen Nistplatz zu suchen.

Energie sparen
Etliche Vögel, wie beispielsweise Gänse, bilden auf ihren Wanderungen Schwärme. In V-Formation zu fliegen verringert den Luftwiderstand und spart Energie.

Sicherheit
Einzelgänger sind häufig die Ersten, die Räubern zum Opfer fallen. Daher schwimmen viele Fische in Schulen oder Schwärmen.

Wie man es vermeidet, von Piranhas gebissen zu werden

1. Piranhas gibt es nur in den tropischen Regionen Südamerikas. Gehe dort einfach nicht schwimmen!

2. Wenn du ins Wasser musst, versuche ruhig zu bleiben. Wildes Geplansche könnte Piranhas anlocken.

3. Piranhas werden sehr unruhig, wenn sie Blut wittern. Gehe also nicht mit einer frischen Wunde ins Wasser!

4. Gehe nicht während der Trockenzeit schwimmen, denn dann scheint die Gefahr eines Angriffs höher zu sein.

Zahlen

Schätzungsweise **300 Mio. Monarchfalter** wandern jedes Jahr aus den USA und Kanada in die Winterquartiere in Mexiko.

1954 fielen in Kenia etwa **50 Mrd. Wanderheuschrecken** in 50 Schwärmen ein und bedeckten zusammen eine Fläche von 1000 km².

Ein Treiberameisenvolk transportiert pro Tag ca. **100 000 Beutetiere** zum Nest.

Ca. **1 Billion periodischer Zikaden** fliegen in einem Schwarm – sie schwärmen allerdings nur alle 13 oder 17 Jahre.

Verkehrsstaus vermeiden

Auf dem Boden der Regenwälder Südamerikas wimmelt es oft nur so von Treiberameisen. Doch der Ameisenverkehr ist gut organisiert. Genau wie wir versuchen auch die Ameisen, Verkehrsstaus zu vermeiden. Sie sind gewöhnlich auf Ameisenstraßen unterwegs, auf denen manche Spuren von heimkehrenden Ameisen benutzt werden, andere von ausschwärmenden.

Reisetipps
(für Weihnachtsinsel-Krabben)

1 Schließe dich 50 Mio. anderen Roten Krabben an und wandere mit deinen Artgenossen vom Wald zur Küste.

2 Wer braucht schon eine Karte? Benutze einfach den gleichen Weg wie im letzten Jahr. Überquere Straßen und Schienen und lass dich von keinem Hindernis aufhalten.

3 Nach einem kurzen Bad im Indischen Ozean wird es Zeit für die Fortpflanzung. Als Männchen solltest du im Küstenwald eine Paarungshöhle graben und Weibchen anlocken.

4 Nimm noch einmal Meerwasser auf, bevor du dich auf den Rückweg machst. Gehe früh morgens oder spät nachmittags und versuche, die heiße Mittagssonne zu meiden.

Klein, aber oho!
Gelbe Spinnerameisen sind die **Hauptfeinde** der Weihnachtsinsel-Krabben. Sie haben bereits Millionen dieser Krebse auf dem Gewissen. Um die Krabben zu überwältigen, setzen die winzigen Insekten ätzende Ameisensäure ein.

Biblische Plagen
Die Bibel erwähnt riesige Schwärme von Stechmücken, die über die alten Ägypter herfielen. Ihnen folgten gewaltige Schwärme von **Wanderheuschrecken**, die alles kahl fraßen. Historiker vermuten, dass dies wirklich passiert sein könnte.

Vier unheimliche Schwärme

„Killerbienen"
Komme einem Stock mit Afrikanisierten Honigbienen nie zu nahe! Sie greifen dich in Scharen an, verfolgen dich und stechen rasch zu.

Rabenvögel
Schwärme von Rabenvögeln wirken zwar oft irgendwie düster und bedrohlich, stellen für Menschen jedoch keine Gefahr dar.

Quallen
Quallenschwärme können nicht nur Badenden gefährlich werden, sie sind mancherorts auch ein großes Problem für die Fischereiindustrie.

Treiberameisen
Diese kleinen Räuber gehen in großen Schwärmen auf Beutefang und machen dabei Jagd auf alle Kleintiere, die ihnen vor die Kiefer kommen.

Top 10 Schwarmfilme

Arachnophobia (1990) – Spinnen

Die Vögel (1963) – Möwen und andere Vögel

Frogs (1972) – Frösche, Vögel

Indiana Jones und das Königreich des Kristallschädels (2008) – Treiberameisen

Die Mumie (1999) – fleischfressende Käfer

Piranhas (1978) – Piranhas

Squirm (1976) – Killerwürmer

Starship Troopers (1997) – Rieseninsekten

Der tödliche Schwarm (1974) – Killerbienen

Formicula (1954) – Riesenameisen

KAUM ZU GLAUBEN!
Unzählige **Samoa-Palolowürmer** schnüren bei der Fortpflanzung gleichzeitig ihre mit Eiern und Samen angefüllten Hinterleiber ab. Diese schwimmen zur Oberfläche und lassen das Meer wie Spaghettisuppe aussehen!

Glücklose Lemminge

■ Lemminge sind kleine Nager der arktischen Tundra.

■ Wenn bei Berglemmingen Überbevölkerung herrscht, macht sich ein Teil der Tiere auf die Suche nach neuen Lebensräumen.

■ Unterwegs kommen zwar viele Lemminge beim Überqueren breiter Flüsse ums Leben, doch entgegen allen Gerüchten begehen Berglemminge auf ihren Wanderungen keinen „Massenselbstmord".

■ Der Mythos vom „Selbstmord" wurde unter anderem durch einen US-amerikanischen Dokumentarfilm aus dem Jahr 1958 genährt.

Wusstest du das?
Wenn die Nahrung für Mormonengrillen knapp wird, gehen die Insekten in bis zu 8 km langen Schwärmen im Westen Nordamerikas auf Wanderschaft und richten dabei in der Landwirtschaft große Schäden an.

1869 fielen im Süden Englands urplötzlich riesige **Marienkäferschwärme** ein. Um die Städte von den Massen toter Käfer zu befreien, wurde ein neuer Beruf erfunden: „Marienkäferschaufler".

Warum sind Kraken so wabbelig?

Kraken gehören zu den Weichtieren. Sie besitzen weder eine Wirbelsäule noch Knochen oder Schalen. Kraken sind ziemlich intelligent und beherrschen teilweise verblüffende Überlebenstricks. Daher kommen sie auch ohne Skelett oder die schützende Außenschale anderer Weichtiere gut zurecht.

ALLES KLAR?
Kraken, Kalmare, Sepien und Perlboote gehören zu den **Cephalopoda** (Kopffüßer). Ein Teil des für Weichtiere typischen Fußes wurde bei ihnen zu Fangarmen am Kopf.

Alles über den Krakenkörper

Chromatophoren: Hautzellen, die Farbstoffe enthalten und die Veränderung von Hautfarbe und Hautmustern ermöglichen

Reflektierende Zellen: Passen die Grundfärbung des Kraken dem Umgebungslicht an.

Saugnäpfe: Können unabhängig voneinander arbeiten und dienen zum Festhalten.

Sinneszellen: Liefern Informationen zum festgehaltenen Objekt.

Fakten

Verstecke

1 Kraken sind Einzelgänger und verbringen viel Zeit in ihren Verstecken.

2 Unterwasserhöhlen oder Spalten in Korallenriffen dienen oft als Unterschlupf.

3 Auch Schiffswracks, leere Schneckengehäuse und sogar Dosen oder Flaschen dienen Kraken als Rückzugsorte.

4 Krakenweibchen bleiben häufig wochenlang bei ihren Eiern im Versteck.

5 Manche Kraken bauen sich aus den Schalenhälften von Kokosnüssen ihr eigenes Zuhause.

6 Die Verstecke von Kraken sind oft an den herumliegenden Überresten ihrer Beute zu erkennen.

Sehr schlau

Kraken haben immer wieder eindrucksvoll bewiesen, wie intelligent sie sind:

Falls nötig, verlassen sie ihr Aquarium, um an Nahrung zu gelangen.

Sie finden den Weg auch durch komplizierte Unterwasserlabyrinthe.

Sie können mit ihren Armen den Deckel eines Glases abschrauben, um an einen Leckerbissen zu gelangen.

Sie „spielen", indem sie kleine Gegenstände hochwerfen und wieder fangen.

Sie besitzen unterschiedliche Persönlichkeiten. Manche mögen es, gestreichelt zu werden, andere nicht.

Kopffüßergruppen

Kraken
Über 200 Arten
Intelligente, achtarmige Kopffüßer, die häufig im flachen Wasser in Korallenriffen leben. Riesenkraken können über 40 kg schwer werden.

Kalmare
Über 250 Arten
Zehnarmige, schnell schwimmende Kopffüßer, deren Körper durch einen inneren Chitinstab, den sogenannten Gladius, in Form gehalten wird.

Sepien
Über 100 Arten
Zehnarmige Kopffüßer, die meist beeindruckend ihre Farbe wechseln können. Sie besitzen eine innere Schale, den Schulp, und können mehr als 50 cm lang werden.

Perlboote
6 Arten
Kopffüßer mit äußerer Schale und bis zu 90 Tentakeln, die keine Saugnäpfe tragen. Perlboote besitzen keine Linsenaugen, sondern einfache Lochaugen.

Seefahrerlegenden erzählen von **Riesenkalmaren**, die Schiffe in die Tiefe gerissen haben sollen – das ist sicher Seemannsgarn. Doch vor Humboldtkalmaren sollte man sich tatsächlich besser in Acht nehmen, auch wenn sie nur etwa 2 m lang sind.

Wie man schwimmt wie ein Kalmar

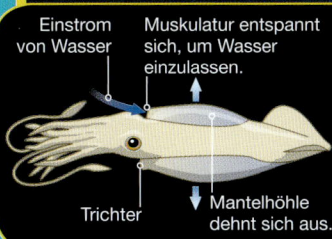

Einstrom von Wasser

Muskulatur entspannt sich, um Wasser einzulassen.

Trichter

Mantelhöhle dehnt sich aus.

1. Sauge Wasser in die Mantelhöhle – das ist der Hohlraum, in dem sich die Kiemen befinden.

Muskulatur verhindert Wasseraustritt.

Mantelhöhle zieht sich zusammen.

Wasser schießt heraus.

2. Presse das Wasser mit hohem Druck durch den Trichter nach außen. Der entstehende Rückstoß treibt dich voran.

3. Verändere die Position deines Trichters, um die Richtung zu wechseln. Lass die Fangarme locker hängen und gleite davon.

Große Augen: Sind sowohl bei Tag als auch im Dämmerlicht sehr leistungsfähig.

Pupille (spaltförmig): Wird unabhängig von der Körperhaltung des Kraken immer in einer horizontalen Position gehalten.

Dünne Muskelschicht: Ermöglicht dem Kraken Veränderungen der Hautstruktur.

Arme: Dienen auch zum Kriechen am Meeresboden.

Die meisten Kopffüßer **sind kurzlebig**. Oft werden die Tiere nur ein oder zwei Jahre alt. Perlboote sind eine Ausnahme. Sie können etwa 20 Jahre alt werden.

Seltsame Tiefsee-Tintenfische

Der sogenannte „Dumbo-Krake" besitzt zwei Flossen, die an die großen Ohren von Walt Disneys berühmtem fliegenden Elefanten „Dumbo" erinnern.

Helicocranchia pfefferi sieht kurios aus und hat etwa die Größe einer kleinen Avocado. Er besitzt ein schweinerüsselartiges Kopfende.

Kalmare der Gattung Leachia tragen ihre Fangarme wie Kronen auf dem Kopf.

Der Vampirtintenfisch besitzt Leuchtorgane. Er erhielt seinen Namen wegen der Häute zwischen seinen Fangarmen, die an den Umhang eines Vampirs erinnern.

Der Krake *Opisthoteuthis californiana* erinnert an einen Pfannkuchen, wenn er seine Fangarme ausbreitet.

Gallertkalmare haben durchsichtige Körper und sind daher für Feinde fast unsichtbar.

Unheimliche Kolosse
Die riesigen Koloss-Kalmare sind wahre Tiefseemonster und können eine Gesamtlänge von weit über 10 m erreichen. Sie besitzen kräftige, schnabelartige Kiefer und ihre mehr als tellergroßen Augen gelten als die größten im Tierreich.

Überlebenstricks

1 **„Fliegen":** Manche Kalmare schießen aus dem Wasser heraus, um Feinden schnell zu entkommen.

2 **Leuchten:** Etliche Kopffüßer besitzen Körperteile, die leuchten – möglicherweise um Beute anzulocken.

3 **Giftig sein:** Blaugeringelte Kraken sind zwar kaum größer als ein Golfball, besitzen aber ein auch für Menschen tödliches Nervengift.

4 **Unsichtbar machen:** Kraken können mithilfe besonderer Zellen und Muskeln die Farbe und sogar die Struktur ihrer Haut verändern und dadurch mit ihrer Umgebung verschmelzen.

5 **Nachahmen:** Um Feinde abzuschrecken, ahmt der Mimikrykrake verschiedene giftige Meerestiere nach.

6 **Opfer bringen:** Manche Kraken können ihre Arme abwerfen, wenn Feinde sie daran gepackt haben.

7 **Tinte ausstoßen:** Viele Kopffüßer stoßen bei Gefahr dunkle Tintenwolken aus – wahrscheinlich, um Angreifer zu verwirren und ihnen die Sicht zu nehmen.

8 **Waffen benutzen:** Löcherkraken reißen der Portugiesischen Galeere ihre giftigen Tentakel aus und verwenden sie zur Verteidigung.

Warum sind **Haie** so unheimlich?

Es gibt einen Alarmruf, den man am Strand niemals hören möchte: „Hai!" Doch die Angst ist größer als die tatsächliche Gefahr, denn Haiangriffe auf Menschen sind sehr selten. Haie sind perfekte Unterwasserjäger und sie beherrschen seit vielen Millionen Jahren die Ozeane.

Geheimnisse ihres Erfolges

1 **Vielfalt:** Es gibt etwa 500 Haiarten.

2 **Geschwindigkeit:** Viele Haie sind schnelle Schwimmer und erreichen 35 km/h oder mehr.

3 **Größe:** Größere Haiarten haben kaum natürliche Feinde.

4 **Spezialhaut:** Der geringe Strömungswiderstand der Haihaut spart Energie.

5 **Supersinne:** Mit speziellen Organen können Haie auch kleinste Wasserbewegungen und elektrische Felder wahrnehmen.

6 **Zähne:** Haie besitzen scharfe Zähne, die lebenslang nachwachsen und perfekt an die jeweilige Nahrung angepasst sind.

7 **Kiefer:** Haikiefer sind sehr beweglich und lassen sich weit öffnen.

Wie man **angreift wie ein Weißer Hai**

1. Greife deine Beute rasant von unten an. Macht nichts, wenn ihr dabei beide aus dem Wasser fliegt!

2. Ist die Beute sicher in deinen Kiefern, kannst du den Tötungsbiss auch mitten in der Luft anbringen.

REKORD-HALTER

Kurzflossen-Makos sind die Geparden unter den Haien. Sie erreichen Geschwindigkeiten von bis zu 50 km/h und können sogar die schnellen Thunfische erbeuten.

Komische **Käuze**

Der **Riesenmaulhai** kann über 5 m lang werden. Er kommt selten vor und ernährt sich von Kleinlebewesen, die er aus dem Wasser filtert.

Hammerhaie besitzen einen seltsam verbreiterten Kopf, dessen Funktion bisher nicht eindeutig geklärt ist.

Der bis zu 2 m lange **Kragenhai** hat einen lang gestreckten, aalartigen Körper. Er gilt als der urtümlichste aller heute lebenden Haie.

Der **Langnasen-Sägehai** macht seinem Namen alle Ehre! Er benutzt seine lange „Säge" zur Jagd auf bodenbewohnende Meerestiere.

Gute Zähne

Haie besitzen ein aus mehreren Zahnreihen bestehendes Revolvergebiss. Verloren gegangene Zähne werden rasch durch neue aus der dahinterliegenden Reihe ersetzt.

Fünf **Jagdtechniken**

Fuchshaie
Sie schlagen hart mit ihren langen Schwanzflossen in Fischschwärme hinein und fressen dann die betäubten oder getöteten Fische.

Makohaie
Makohaie beißen manchmal Opfern die Schwanzflosse ab. Das macht die Beute langsamer und schwächt sie.

Riesenhaie
Sie schwimmen langsam mit weit geöffnetem Maul durchs Meer und filtern dabei mit den Kiemenreusen Kleintiere aus dem Wasser.

Sandtigerhaie
Diese Haie halten sich tagsüber oft in Höhlen auf und gehen nachts auf die Jagd nach Fischen, Tintenfischen und Krebsen.

Fransenteppichhaie
Sie liegen perfekt getarnt auf dem Meeresboden und warten geduldig auf Beute. Ist das Opfer nahe genug, schnappen sie zu.

4. Schnappe dir die Beute wieder, wenn sie tot ist. Tauche mit ihr ab und lass sie dir schmecken.

3. Lass die Beute wieder los und warte, bis sie an den Folgen deines Tötungsbisses verendet.

Zehn Objekte aus Haimagen

Besonders Tigerhaie sind wahre „Müllschlucker" und verschlingen fast alles, was in ihr Maul passt:

Autokennzeichen

Tennisbälle

Autoreifen

Konservendosen

Ein komplettes Rentier (ohne Geweih!)

Eine Kanonenkugel

Eine lebende Meeresschildkröte

Eine Zeitung

Nägel

Ein tätowierter Arm (von einem Mordopfer)

Tipps zum Vermeiden von Haiangriffen

1 Gehe niemals allein schwimmen.

2 Meide haiverseuchte Gewässer – besonders, wenn du blutest.

3 Gehe nicht nachts ins Wasser, denn viele Haie jagen in der Nacht.

4 Wenn du einen Hai entdeckst, schwimme zügig, aber ruhig zurück zum Strand.

5 Lass alles, was glitzert, am Strand zurück (es erinnert an Fischschuppen).

Beißkraft

Vergleich der Beißkraft des Weißen Hais mit der von anderen Räubern:

Weißer Hai: 1800 kg

Löwe: 560 kg

Hyäne: 700 kg

Alligator: 1300 kg

T. rex: 3000 kg

Zahlen

Das geschätzte Höchstalter von Walhaien beträgt **100 Jahre.**

Ein Weißer Hai frisst schätzungsweise **9 Tonnen Fleisch** im Jahr.

Der Haimagen macht **¼ des Gesamtgewichts** eines Hais aus.

Der Walhai wird bis zu **14 m lang.** Er ist damit der größte Hai und der größte Fisch.

Ein Walhai hat ein Gewicht von ca. **20 Tonnen.**

Der Zwerg-Laternenhai wird bis zu **15 cm lang** – und ist damit der kleinste Hai.

Wo leben eigentlich Parasiten?

Parasiten leben auf Kosten anderer, meist deutlich größerer Lebewesen, ohne ihren sogenannten Wirten dafür etwas zurückzugeben. Manche Parasiten, wie etwa Zecken, Flöhe oder Läuse, leben auf der Haut. Andere, wie etwa Spulwürmer, Leberegel oder Bandwürmer, leben im Inneren ihrer Wirte.

Sechs Schritte zum langsamen Tod

1 Einige parasitäre Brackwespen suchen gezielt nach den Raupen des Eulenfalters *Hypena scabra*, die ihnen als Wirt dienen.

2 Sobald die Raupen eine Wespe entdecken, lassen sie sich – durch einen Seidenfaden gesichert – vom Blattrand fallen, um zu entkommen.

3 Der Trick hilft oft, aber nicht immer. Die Weibchen einer Wespenart folgen den Raupen, indem sie am Faden hinabrutschen.

4 Dann legen sie ihre Eier in den Raupen ab.

5 Ohne von ihrer tödlichen Fracht zu ahnen, klettern die Raupen anschließend wieder am Faden zurück auf ihre Futterpflanzen.

6 Während die Wespenlarven in den Raupenkörpern heranwachsen, fressen sie ihre Wirte langsam von innen auf.

Vier Fakten zu Parasiten

Praktisch alle Lebewesen haben mit Parasiten zu kämpfen. Viele – auch der Mensch – werden von zahlreichen Parasiten befallen.

Die Mehrzahl der Lebewesen auf der Erde lebt zumindest zeitweise auf Kosten anderer Organismen, parasitiert also.

Manche Parasiten haben selbst Parasiten, von denen einige wiederum selbst Parasiten haben!

Unter den Parasiten finden sich viele Insekten, aber auch Plattwürmer, Fische, Krebse oder Vögel.

Wie man **Blut saugt wie eine Grasmilbe**

1. Schlüpfe als winzige, sechsbeinige Larve aus einem Ei, das deine Mutter im Gras abgelegt hat.

2. Klettere auf einen Grashalm und warte, bis ein Wirt vorbeikommt. Säugetiere, Vögel und Menschen sind okay.

Alles über **die Sinne von Stechmücken**

Stechmücken summen seit fast 100 Mio. Jahren auf der Erde herum und besitzen hochempfindliche Sinnesorgane:

Geruchssinn: Nimmt Kohlendioxid und Schweißgerüche wahr – schwitzende Menschen sind leichte Ziele.

Wärmesensoren: Nehmen aus geringer Distanz die Körperwärme von potenziellen Opfern wahr.

Augen: Reagieren auf Bewegungen und sind weniger leistungsfähig als der Geruchssinn.

Stechrüssel: Dringt durch die Haut ein und saugt Blut.

Winzige Krallen am Fuß: Geben Halt beim Laufen auf der Haut oder auf glatten Wänden.

Nächtliche Sauger

Bettwanzen besitzen sehr flache Körper und halten sich tagsüber in engen Ritzen versteckt. Nachts kommen sie zum Blutsaugen aus ihren Verstecken hervor. Ihre Opfer finden sie anhand der Körperwärme und des ausgeatmeten CO_2.

3. Du bist bei einem Menschen gelandet? Dann suche dir ein sicheres, behagliches Plätzchen – unter der Unterhose wäre perfekt!

4. Bohre dich in die Haut und verwandle mit deinem Speichelsekret etwas Haut in eine Art Suppe. Mjam! Mache dir wegen eines Hautausschlags bei deinem Wirt keine Sorgen.

5. Fertig mit essen? Dann lass dich zu Boden fallen und verwandle dich in eine erwachsene Milbe.

Harnröhrenwelse sind kleine, schlanke Fische, die durch Urin angelockt werden. Sie verirren sich daher manchmal in die Harnröhren badender Menschen.

Parasitennamen

Bandwurm
Erhielt seinen Namen wegen des langen, flachen Körpers, der einem Maßband ähnelt.

Hakenwurm
Besitzt Mundhaken, mit denen er sich in der Darmschleimhaut seines Wirtes festhakt.

Peitschenwurm
Mit seinem dünnen Vorderkörper und dem dickeren Ende ähnelt er einer Peitsche.

Schamlaus
Erhielt ihren Namen, weil sie vor allem in der Schambehaarung des Menschen vorkommt.

Gemeiner Holzbock
Hat den lateinischen Namen *Ixodes ricinus* wegen der Ähnlichkeit mit Rizinussamen.

Rekordverdächtige Schmarotzer

1 Der bis zu 46 cm lange Riesenegel *Haementeria ghilianii* kann das Vierfache seines Gewichts an Blut aufnehmen!

2 Manche Flöhe können über 30 cm hoch springen. Ein Mensch müsste für eine vergleichbare Leistung einen Wolkenkratzer überspringen.

3 Zecken sind wahre Hungerkünstler und können über ein Jahr lang ohne Nahrung überleben.

Massenmörder

Die Weibchen mancher Stechmückenarten können beim Blutsaugen Malaria übertragen. An dieser Infektionskrankheit sterben weltweit jährlich etwa 1 Mio. Menschen, schätzungsweise 300–500 Mio. sind daran erkrankt.

Tsetsefliegen können beim Stich die Erreger der Schlafkrankheit übertragen. Die einzelligen Parasiten lösen Fieberanfälle und schwere Nervenstörungen aus. Die unbehandelt tödliche Krankheit fordert pro Jahr vermutlich 150 000 Opfer.

Rattenflöhe können durch ihren Stich die Pest übertragen. Eine große Pestepidemie, der sogenannte „Schwarze Tod", raffte in Europa zwischen 1347 und 1353 etwa 25 Mio. Menschen dahin.

Gnitzen
Gnitzen sind winzige, oft blutsaugende Mücken, die mit bloßem Auge nur schwer zu erkennen sind.

Flöhe
Diese flinken Parasiten besitzen kräftige Hinterbeine, mit denen sie weite Sprünge ausführen können.

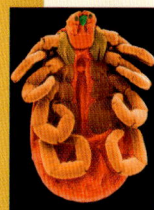

Läuse
Menschenläuse sind Blutsauger und klammern sich mit ihren Beinen in den Haaren ihrer Wirte fest.

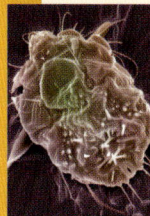

Zecken
Bevorzugte Einstichstellen beim Menschen sind Kniebeugen, Leistengegend und Achselhöhlen.

Krätzmilben
Die Weibchen bohren sich durch die Oberhaut und verursachen die sogenannte Krätze, eine Hautkrankheit.

Zahlen

Manche Bandwürmer haben etwa **1000 Körperglieder**.

Einige Bandwürmer können eine Länge von bis zu **8 m** erreichen.

Eine Zecke kann nach dem Blutsaugen bis zu **200-mal** schwerer sein als vorher.

Spulwürmer können pro Tag bis zu **200 000 Eier** legen.

Im Gefieder einer mexikanischen Papageienart leben **30 Milbenarten** – die Vögel sind wandelnde Zoos!

Warum sind **Käfer** gepanzert?

Anders als bei anderen Insekten besteht die schützende „Rüstung" bei Käfern nicht nur aus Chitinplatten, sondern zusätzlich noch aus harten, verdickten Vorderflügeln. Dank ihres besonderen Körperbaus und ihrer Anpassungsfähigkeit konnten die Käfer fast alle Lebensräume der Erde erobern.

Schutzstrategien

Tarnung: Ein afrikanischer Käfer ähnelt totem Moos und hat Antennen (Fühler), die an trockene Zweige erinnern.

Abwehrbisse: Etliche Käferarten setzen sich durch Bisse mit ihren kräftigen Mandibeln (Kiefern) zur Wehr.

Mimikry: Manche harmlosen Käfer ahmen Wespen und andere Gifttiere nach und versuchen so, Angreifer abzuschrecken.

Übler Geruch: Der Pinacate-Käfer besprüht angreifende Feinde mit einem stinkenden Sekret.

Gift: Ölkäfer sind oft auffällig gefärbt und warnen so vor ihrer Giftigkeit.

Tot stellen: Viele Rüsselkäfer lassen sich bei Gefahr zu Boden fallen und bleiben reglos liegen. Dadurch entgehen sie oft ihren Feinden.

Flüchten: Schwarzkäfer rennen davon, Sandlaufkäfer fliegen davon und Flohkäfer springen davon, wenn sie sich bedroht fühlen.

Wie man **als Hirschkäfer Rivalen besiegt**

1. Patrouilliere im Wald und halte Ausschau nach möglichen Rivalen.

2. Ein Konkurrent! Halte dich bereit zum Kampf.

3. Angriff! Packe ihn mit deinen geweihartigen Mandibeln.

4. Suche dir einen festen Stand, hebe deinen Gegner hoch und wirf ihn zu Boden.

5. Du bist der Sieger! Der Rivale gibt sich geschlagen und macht sich davon.

Was gibt's zu essen?

Käfer ernähren sich auf vielfältige Weise: Es gibt z. B. Fleischfresser, Pflanzenfresser und Aasfresser. Die Mundwerkzeuge der Käferarten sind in Anpassung an die jeweilige Nahrung unterschiedlich gestaltet.

Die starken Kiefer von **Sandlaufkäfern** sind perfekt zum Erbeuten kleiner Insekten.

Rüsselkäfer sind Pflanzenfresser und haben die Kiefer an der „Rüsselspitze".

Manche **Ölkäfer** sind Nektarfresser und haben verlängerte Mundwerkzeuge.

Manche **Laufkäfer** können mit ihren kräftigen Kiefern Schneckenhäuser knacken.

Der **Tabakkäfer** ernährt sich vor allem von Zigarren und anderen Tabakprodukten.

Viele **Marienkäfer** ernähren sich meist von Blattläusen und Schildläusen.

Zuckerkäfer und ihre Larven ernähren sich vom morschen Holz alter Baumstämme.

Welches Tier ist ein Käfer? (Antwort unten auf der Seite)

a) Sichelwanze

b) Kakerlake

c) Stinkwanze

d) Schaumzikade

Wusstest du das?

Wenn Bombardierkäfer von einem Feind bedroht werden, mixen sie in ihrem Hinterleib zwei chemische Substanzen und bringen sie zur Explosion. Dadurch schießt heißes, giftiges Abwehrsekret mit einem Knall in Richtung Angreifer. Bombardierkäfer können mehrmals hintereinander „feuern".

Heiliger Käfer

Der Pillendreher war den **alten Ägyptern** heilig. Die Art, wie er seine Dungkugel rollt, erinnerte sie an ihren Sonnengott, der die Sonne jeden Morgen über den Horizont schob.

Zahlen

Die beiden größten Käferarten – Herkuleskäfer und Riesenbockkäfer – werden bis zu **17 cm** groß.

Ein Sandlaufkäfer würde, wenn er so groß wie ein Mensch wäre, eine Geschwindigkeit von **770 km/h** erreichen.

Bisher sind **370 000 Käferarten** bekannt. Jedes Jahr kommen Hunderte neue Arten hinzu.

Sechs nützliche Käfer

Die alten Römer glaubten, dass ein in zwei Hälften geteilter Pillendreher Fieber senken könnte.

Sandlaufkäfer werden mancherorts zur Bekämpfung schädlicher Maulwurfsgrillen eingesetzt.

Das Sekret von Ölkäfern wird zur Entfernung von Warzen verwendet.

Speckkäfer sind Aasfresser. Sie werden von Tierpräparatoren und Museen eingesetzt, um Tierskelette von Weichteilen zu reinigen.

Aaskäfer und Kurzflügelkäfer helfen manchmal dabei, Verbrechen aufzuklären. Sie geben Wissenschaftlern Hinweise zum Todeszeitpunkt einer Leiche.

Die alten Chinesen benutzten manchmal in Gläsern gehaltene Leuchtkäfer als Lampen.

Fakten

Leuchtkäfer

1 Bei vielen Leuchtkäfern sind die Weibchen flugunfähig und locken zur Paarungszeit die flugfähigen Männchen mit ihrem Leuchten an.

2 Das Leuchten entsteht durch eine chemische Reaktion, die Energie in Form von Licht freisetzt.

3 Wenn viele Weibchen in einem Baum sitzen und in der Abenddämmerung nach und nach ihr Licht einschalten, strahlt manchmal schließlich der ganze Baum!

4 Das Leuchten mancher Larven soll wohl Feinden signalisieren, dass sie nicht schmecken.

5 Das Licht der Leuchtkäfer ist meist grünlich, gelblich oder bläulich gefärbt. Manche Arten der nahe verwandten Federleuchtkäfer leuchten am Kopf sogar rot.

Beine geeignet zum …

Festhalten: Käfer haben kleine Krallen zum Festhalten an den Füßen.

Krabbeln: Sandlaufkäfer huschen mit ihren langen Beinen über den Boden.

Graben: Viele Dungkäfer haben zum Graben breite, gezackte Vorderbeine.

Schwimmen: Die Hinterbeine der Schwimmkäfer sind paddelartig geformt.

Hüpfen: Flohkäfer besitzen extralange Hinterbeine zum Springen.

Paaren: Käfermännchen halten sich bei der Paarung mit den Beinen fest.

ANTWORT: Keines dieser Tiere ist ein Käfer. a), c) und d) sind stechend-saugende Mundwerkzeuge; b) ist eine Schabe (anders als Käfer machen Schaben keine Verwandlung über ein Puppenstadium durch).

Alles über **Käfer**

Im Lauf ihrer weit über 200 Mio. Jahre während Evolution haben Käfer eine unglaubliche Vielfalt hervorgebracht. Die Spanne reicht von winzigen, mit bloßem Auge kaum sichtbaren Zwergkäfern bis zu riesigen Herkuleskäfern, die mit ihren „Hörnern" um Weibchen kämpfen.

Taumelkäfer
Taumelkäfer leben auf der Oberfläche von Gewässern und schwimmen dort oft gesellig im Kreis herum. Ihre Augen sind zweigeteilt – die obere Hälfte eignet sich zum Sehen über Wasser, die untere zum Sehen unter Wasser. Dadurch können sie beim Schwimmen gleichzeitig Gewässer und Luftraum nach Beute oder Feinden absuchen.

Kartoffelkäfer
Die ursprüngliche Heimat dieses Käfers ist der Südwesten der USA. Heute ist er jedoch weltweit verbreitet und gehört zu den wichtigsten landwirtschaftlichen Schädlingen. Er ernährt sich bevorzugt von Kartoffelpflanzen und wird zunehmend resistent gegen Insektizide.

Rosenkäfer
Die metallisch glänzenden Körper dieser Käfer schillern im Sonnenlicht häufig in sämtlichen Regenbogenfarben. Im Gegensatz zu anderen Käfern müssen Rosenkäfer ihre schützenden Deckflügel beim Fliegen nicht ausklappen.

Riesenkäfer
Wenn die Weibchen der Riesenkäfer in Paarungsstimmung sind, geben sie Duftstoffe ab, die Männchen anlocken. Finden sich mehrere Männchen ein, kämpfen diese miteinander. Der Sieger darf sich schließlich mit dem jeweiligen Weibchen paaren

Sandlaufkäfer
Räuberisch lebende Käfer mit großen, hervorstehenden Augen und langen, schlanken Beinen, mit denen sie sehr schnell rennen können. Ist der Untergrund sehr heiß, benutzen die Käfer ihre langen Beine auch, um ihre Körper so hoch wie möglich über dem Boden zu halten.

Mehlkäfer
Mehlkäfer sind Kulturfolger und Vorratsschädlinge, die sich bevorzugt von Mehl, Getreide und Backwaren ernähren. Ihre wurmartigen Larven, die sogenannten Mehlwürmer, werden als Futter für Terrarientiere und Vögel oder auch als Angelköder verwendet.

Brotkäfer
Auch diese winzigen, nur etwa 3 mm großen Käfer sind Kulturfolger und leben vor allem in Gebäuden. Sie sind arge Vorratsschädlinge und fressen die unterschiedlichsten Dinge, wie etwa Brot, Kekse, Gewürze, Tee, Schokolade, Bücher, Leder und sogar Medikamente.

Goliathkäfer
Goliathkäfer bewohnen die Tropenwälder West- und Zentralafrikas. Sie gehören zu den größten Insekten der Welt. Die Käfer können bis zu 11 cm lang und die Käferlarven bis zu 100 g schwer werden.

Weihnachtskäfer
Diese Käfer erscheinen insbesondere um Weihnachten herum, wenn in ihrer australischen Heimat Sommer ist. Sie besitzen unterschiedlich lange Vorderbeine – vermutlich eine Anpassung zum Festhalten an Eukalyptusblättern.

Ölkäfer
Ölkäfer können bei Pferden und anderen Weidetieren zu schweren Vergiftungen führen, wenn diese sie mit der Nahrung aufnehmen. In den USA stellt der Gestreifte Ölkäfer eine Gefahr dar, da er gerne an Luzerne frisst und diese ein beliebtes Pferdefutter ist.

Pochkäfer
Pochkäfer erhielten ihren Namen, weil die Männchen während der Paarungszeit versuchen, Weibchen anzulocken, indem sie ihre Köpfe gegen Holz schlagen und so ein klopfendes Geräusch erzeugen.

Pillendreher
Diese Käfer formen Kugeln aus Dung, vergraben sie an geeigneten Stellen und legen dann ihre Eier in den „Kotpillen" ab. Der Dung dient den Larven nach dem Schlupf als Nahrung.

Totengräber
Diese Käfer graben die Kadaver kleiner Wirbeltiere ein und verwenden sie als Nahrung für ihre Larven. Sie können Aasgeruch aus großer Entfernung wahrnehmen.

Borkenkäfer
Borkenkäfer sind arge Forstschädlinge. Manche Arten verbreiten einen Pilz, der Ulmen befällt und in Europa und Nordamerika das sogenannte Ulmensterben verursachte.

Wie springt ein Frosch?

Die meisten Frösche haben lange, muskulöse Hinterbeine, mit denen sie sich kräftig vom Boden abdrücken können. Zudem dehnen sie sich vor einem Sprung besondere Sehnen in den Beinen. Beim Absprung löst sich die Spannung und lässt die Frösche oft um das 10- bis 20-Fache ihrer Körperlänge nach vorn schnellen.

Rufkonzert

Froschmännchen quaken, um Weibchen anzulocken. Oft entsteht dabei ein lautes Froschkonzert.

Um ihre Rufe lauter zu machen, haben viele Frösche aufblasbare Schallblasen am Boden der Mundhöhle.

Das laute, tiefe Quaken Amerikanischer Ochsenfrösche klingt wie dumpfes, kurzes Röhren.

Der winzige, nur 2–3,5 cm lange Marmorierte Riedfrosch kann erstaunlich laut quaken. Seine pfeifenden Rufe sind über 1 km weit zu hören.

Der Pfeiffrosch *Leptodactylus albilabris* klopft mit seinem Kehlsack beim Rufen auf den Boden.

Wie man **springt wie ein Frosch**

1. Auf den Absprung vorbereiten und in die Richtung sehen, in die man springen möchte.

2. Die Beinmuskeln anspannen und die Füße fest gegen den Untergrund drücken.

3. Abheben! Die Hinterbeine kraftvoll strecken und schräg nach oben schnellen.

4. Den Körper mit ausgestreckten Beinen einfach durch die Luft gleiten lassen.

5. Vor der Landung die Arme ausstrecken und den Aufprall damit abfangen.

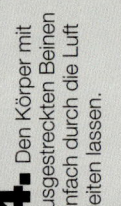

REKORD-HALTER

Der Australische Laubfrosch *Litoria nasuta* kann über 2 m weit springen – etwa das 50-Fache seiner Körperlänge!

Wusstest du das?

Frösche schließen beim Verschlingen von Beute die Augen und versenken sie im Kopf. Das hat nichts mit Genuss zu tun, sondern dient dazu, Beutetiere in den Rachen zu befördern. Frösche drücken sie nicht mit der Zunge, sondern mit den Augen dorthin.

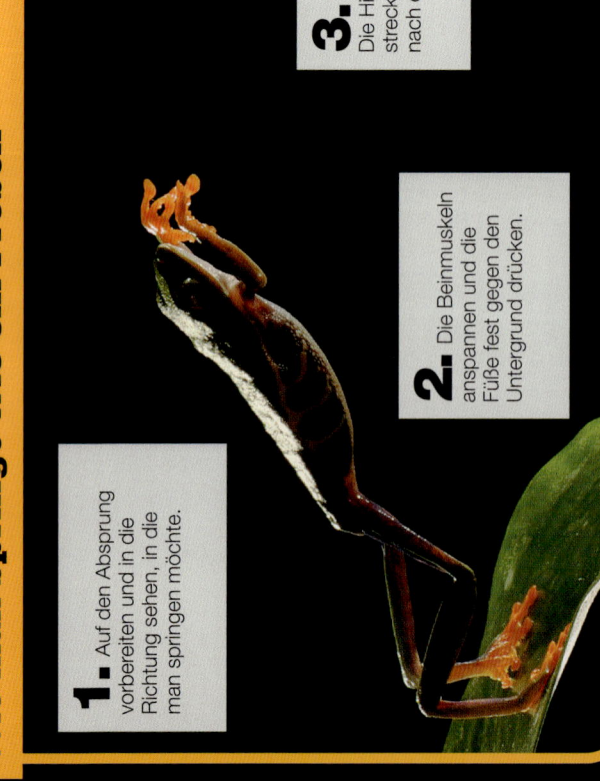

Eier, Kaulquappen und Fröschchen

Beim **Fidschi-Baumfrosch** entwickeln sich die Eier direkt zu kleinen Fröschchen.

Beim ausgestorbenen **Magenbrüterfrosch** entwickelten sich die Larven im Magen des Weibchens.

Manche **Pfeilgiftfrösche** bringen ihre Kaulquappen nach dem Schlüpfen huckepack zum Wasser.

Bei der **Wabenkröte** entwickeln sich die Eier auf dem Rücken des Weibchens zu kleinen Kröten.

Bei dem Frosch **Assa darlingtoni** entwickeln sich die Kaulquappen in Hauttaschen des Männchens.

Kaulquappen von **Pseudis paradoxa** werden bis zu 25 cm lang, erwachsene Frösche aber nur 7 cm.

Übrigens:

Wenn du einen Frosch in die Hand nimmst, dann darfst du dich nicht wundern, wenn er dich bepinkelt. Das ist nicht schlimm und er tut es, weil er aufgeregt ist. Lass ihn am besten rasch wieder davonhüpfen.

Zahlen

$^3/_{20}$ **Sekunden** braucht ein Frosch, um seine Zunge aus dem Maul zu schleudern.

In einem großen Laichballen schaffen es schätzungsweise **5 Embryos** bis zum erwachsenen Frosch.

Der Goliathfrosch wird bis zu **30 cm** groß – und ist damit der größte Frosch.

Der älteste bekannte Frosch wurde **37 Jahre** alt.

In Frankreich werden jedes Jahr die Beine von **60 Mio. Fröschen** verspeist.

Fakten

Kaulquappenfutter

1 Viele Frösche sind Kannibalen und fressen auch den eigenen Nachwuchs.

2 Kaulquappen fressen oft andere Kaulquappen, verschonen aber meist eigene Geschwister.

3 Manchmal fressen Kaulquappen sogar Artgenossen die neuen Stummelbeine weg.

4 Manche Frösche füttern ihre Kaulquappen mit speziellen Nähreiern.

Manche Frösche legen sich auf den Rücken und stellen sich tot, wenn sie sich bedroht fühlen.

Überleben in Hitze und Kälte

Der Wasserreservoirfrosch übersteht die Trockenzeiten in Australien, indem er sich mit Wasser vollgepumpt im Boden eingräbt und dann monatelang auf Regen wartet.

Der Waldfrosch lebt im kalten Norden Nordamerikas und kann Temperaturen von bis zu – 6 °C überstehen. Er wird auch „Eisfrosch" genannt, denn sein Körper kann teilweise einfrieren, ohne Schaden zu nehmen.

Sechs bemerkenswerte Frösche

Färberfrosch
Wie andere Pfeilgiftfrösche ist auch der Färberfrosch auffällig gefärbt – ein Signal für Ungenießbarkeit. Das Gift mancher Pfeilgiftfrösche wird von einigen Indianern Südamerikas als Pfeilgift verwendet.

Eupemphix nattereri
Der Frosch hat zwei große Flecke hinten auf seinem Rücken, die an die Augen eines viel größeren Tiers erinnern und Feinde abschrecken sollen. Außerdem schützt er sich durch übel riechende Sekrete.

Glasfrosch
Es gibt über 100 Arten von Glasfröschen. Sie bewohnen das Blätterwerk tropischer Regenwälder in Mittel- und Südamerika. Ihre Haut ist teilweise durchsichtig und lässt innere Organe erkennen.

Moosfrosch
Die warzige, grünliche Haut dieses vietnamesischen Froschs erinnert an Moose oder Flechten. Wenn er sich bedroht fühlt, rollt sich der Moosfrosch zusammen und stellt sich tot.

Schmuck-Hornfrosch
Der Schmuck-Hornfrosch lauert bestens getarnt am Urwaldboden auf vorbeikommende Beute. Dabei ist er nicht wählerisch, sondern frisst beinahe jedes Tier, das in sein großes Maul passt.

Titicaca-Riesenfrosch
Der Titicaca-Riesenfrosch lebt nur im Titicacasee, hoch in den südamerikanischen Anden. Er atmet unter Wasser durch seine faltige Haut und muss nicht zum Luftholen an die Oberfläche kommen.

Schwimmt ein **Krokodil** schnell?

Krokodile schwimmen mit Geschwindigkeiten von bis zu etwa 30 km/h – bei der Jagd oder auf der Flucht kurzzeitig manchmal sogar noch schneller. Sie sind hervorragende Schwimmer, die mit angelegten Beinen scheinbar mühelos durchs Wasser gleiten. Ihre muskulösen Schwänze dienen als Antrieb und ihre Füße als Steuerpaddel.

Krokodilgruppen

Krokodile sind Wirbeltiere und gehören zu den Reptilien. Sie jagen im Wasser, legen aber ihre Eier an Land ab.

Echte Krokodile
Echte Krokodile leben in Afrika, Asien, Australien, Ozeanien sowie in Mittel- und Südamerika und in der Karibik.

Echte Alligatoren
Zu ihnen gehören der China- und der Mississippi-Alligator. Alligatoren vertragen Kälte viel besser als Echte Krokodile.

Kaimane
Kaimane kommen nur in Süd- und Mittelamerika vor und sind noch recht häufig.

Gaviale
Der auf dem indischen Subkontinent heimische Gangesgavial ist der einzige lebende Vertreter dieser Gruppe.

Sehen und fühlen
Krokodile können sowohl unter Wasser als auch nachts gut sehen. Bei völliger Dunkelheit helfen ihnen empfindliche Drucksinnesorgane im Unterkiefer bei der Jagd, die kleinste Bewegungen der Wasseroberfläche wahrnehmen können.

Wusstest du das?

„Krokodilstränen vergießen" bedeutet, Trauer und Schmerz lediglich vorzutäuschen. Der Ursprung der Redewendung liegt darin, dass viele Krokodile beim Fressen ihrer Opfer Tränensekrete absondern, was als Heuchelei gedeutet wurde. Das ist natürlich Unsinn. Krokodile „weinen" vermutlich beim Fressen, weil durch die Kaubewegungen Druck auf die Tränendrüsen ausgeübt wird.

Tödliche Kiefer

1 Krokodile besitzen zahlreiche Zähne in ihren Kiefern, die regelmäßig ausgewechselt werden.

2 Da sich ihre Zähne nicht zum Abbeißen oder Kauen eignen, verschlingen Krokodile ihre Opfer entweder komplett oder sie kurbeln mit der sogenannten „Todesrolle" maulgerechte Fleischbrocken heraus.

3 Bereits der griechische Autor Herodot berichtete von Vögeln, die Fleischreste aus dem Maul von Krokodilen pickten.

4 Krokodile fressen bei einer Mahlzeit oft riesige Mengen und können dann problemlos monatelang hungern.

5 Krokodilkiefer können zwar gewaltig zubeißen, aber die Muskeln zum Öffnen des Mauls sind recht schwach. Man muss nicht sehr stark sein, um Krokodilen die Schnauze zuzuhalten.

Weltweit sind **23 Krokodilarten** bekannt.

Vor **230 Mio. Jahren** erschienen die ersten Krokodile auf der Erde (etwa zeitgleich mit den Dinosauriern).

Das älteste in Gefangenschaft gehaltene Krokodil wurde etwa **134 Jahre** alt.

Krokodile haben ungefähr **60–100 Zähne** im Maul.

Purussaurus, ein Riesenkrokodil, das vor etwa 8 Mio. Jahren ausstarb, wurde etwa **15 m lang**.

Im Jahr 1957 wurde im Norden von Queensland (Australien) ein riesiges Leistenkrokodil erlegt. Es soll eine Länge von **8,6 m** und ein Gewicht von **1352 kg** gehabt haben.

Krokodil oder Alligator?

Echte Krokodile und Alligatoren sind nahe verwandt und sehen daher sehr ähnlich aus. Doch es gibt einige Merkmale an ihren Köpfen, an denen man sie unterscheiden kann:

Krokodil: Zähne aus Ober- und Unterkiefer sind sichtbar.

Zähne: Bei geschlossenem Maul sind bei Echten Krokodilen auch einige Zähne des Unterkiefers sichtbar, während bei Alligatoren die Unterkieferzähne durch den Oberkiefer verdeckt werden.

Alligator: breite, u-förmige Schnauze

Schnauze: Echte Krokodile haben meist recht lange, schmale Schnauzen, die an ein „V" erinnern. Alligatoren haben breitere, kürzere Schnauzen, die eher wie ein „U" aussehen.

KAUM ZU GLAUBEN!

Bei Krokodilen wird das **Geschlecht** des Nachwuchses durch die Temperatur im Nest bestimmt. Aus Alligatoreiern etwa schlüpfen bei Temperaturen von 32–34 °C nur Männchen und bei 28–30 °C nur Weibchen.

1. Lege 10–80 Eier in einen Haufen aus verrottenden Pflanzen oder ein Erdloch und decke sie zu.

2. Kontrolliere dein Nest regelmäßig, bewache es etwa drei Monate lang und halte Nesträuber fern.

3. Hilf deinen Jungen beim Schlüpfen, indem du ihre Eierschalen vorsichtig mit deinen Zähnen öffnest.

4. Trage den Nachwuchs in deinem Maul ins Wasser und kümmere dich danach noch monatelang um ihn.

Wie man **als Krokodil den Nachwuchs umsorgt**

Wie groß sind Greifvögel?

Greifvögel sind Beutegreifer, die mit ihren krallenbewehrten Fängen und ihrem Hakenschnabel andere Tiere erbeuten. Unter ihnen finden sich Riesen wie der Andenkondor, dessen Spannweite über 3 m betragen kann, aber auch Zwerge wie das Finkenfälkchen, das kaum größer ist als ein Spatz.

Verhaltensratgeber für Geier

◎ Nutze Aufwinde, um aufzusteigen und am Himmel zu kreisen.

◎ Warum Jagd auf lebende Beute machen? Aas wehrt sich nicht!

◎ Bespritze deine Beine regelmäßig mit Kot – das sorgt für Kühlung.

◎ Überfriss dich besser nicht – du könntest sonst Probleme beim Abheben bekommen.

◎ Verdaue die Nahrung in deinem Magen vor, bevor du sie an deine Küken verfütterst (die meisten Greifvögel füttern die Jungen mit rohem Fleisch).

Wie man Fische fängt wie ein Fischadler

1. Fliege in etwa 20–30 m Höhe über einem See. Wenn du einen Fisch entdeckst, rüttle kurz über ihm.

2. Stoße mit vorgestreckten Füßen zielgenau auf die Beute hinab.

3. Packe den Fisch mit den Fängen und fliege hoch. Halte die Beute möglichst stromlinienförmig mit dem Kopf nach vorn.

4. Fliege zurück zum Nest und füttere deine Jungen – oder suche dir ein ruhiges Plätzchen und lass dir den Fisch schmecken.

Wusstest du das?

Zentralasiatische Völker richten seit Jahrtausenden Steinadler für die Beizjagd ab. Sie verwenden sie, um in den weiten Steppen ihrer Heimat Hasen und Füchse zu jagen. Besonders große Weibchen werden sogar zur Wolfsjagd eingesetzt.

Vielfalt der Greifvögel

Adler
Große, kräftige Vögel mit breiten Schwingen, befiederten Beinen und starken Fängen und Schnäbeln

Falken
Kleine bis mittelgroße Greifvögel. Schnittige, schnelle Flieger mit schlanken, spitzen Flügeln

Turmfalke
Der häufigste Falke Europas. Rüttelt im Suchflug oft über Erfolg versprechenden Stellen am Boden.

Habichte und Sperber
Besitzen recht kurze, breite Flügel und einen langen Steuerschwanz zur Jagd in Wäldern und Gebüschen.

Alles über **Steinadler**

Kräftiger Körper:
Wird bis zu 7 kg schwer.

Scharfe Augen: Können ein Kaninchen aus über 1 km Entfernung erkennen.

Hakenschnabel:
Zum Herausreißen von Fleischbrocken

Spitze Krallen:
Packen und töten Beute

Mächtige Schwingen:
Spannweite bis über 2 m

Zahlen

Präriebussarde verbringen jedes Jahr **4 Monate** auf dem Zug.

Der größte bekannte Horst war **6 m hoch**. Er wurde von Weißkopfseeadlern gebaut und hatte einen Durchmesser von **3 m**.

Fischadler müssen auf dem Zug zu ihren Winterquartieren Entfernungen zwischen **4000** und **10 000 km** zurücklegen.

Ein Weißkopfseeadler besitzt schätzungsweise **7200 Federn**.

Acht Fluggeräte mit Namen von Greifvögeln

BAE Hawk – berühmt durch das Kunstflugteam „Red Arrows"

F-15 Eagle – schnelles, zweistrahliges US-Jagdflugzeug

Fw 200 Condor – deutsches Flugzeug aus dem 2. Weltkrieg

Harrier Jump Jet – Kampfjet, der senkrecht starten kann

Millennium Falke – Han Solos Raumschiff in *Star Wars*

SH-60 Seahawk – ein Spezialhubschrauber der US-Marine

V-22 Osprey – ein Flugzeug mit Kipprotoren, die ihm erlauben, wie ein Hubschrauber zu starten

The Vulture – ein geplantes, unbemanntes Spionageflugzeug

REKORD-HALTER

Der **Wanderfalke** gilt als das schnellste Tier der Welt und kann im Sturzflug mit angelegten Flügeln Geschwindigkeiten von über 300 km/h erreichen.

Was gibt's zu essen?

Harpyien jagen mit ihren kräftigen Fängen Faultiere und Affen.

Schlangenweihen fressen bevorzugt Schlangen. Ihre Beine sind durch harte Schuppen vor Bissen geschützt.

Milane sind bei der Nahrungssuche nicht wählerisch. Sie ernähren sich von Kleintieren, Aas und menschlichen Nahrungsabfällen.

Turmfalken ernähren sich bevorzugt von Mäusen, aber auch von Insekten, Regenwürmern oder Eidechsen.

Der Karibik-Karakara ernährt sich vor allem von Aas, aber auch von Jungvögeln und anderen Kleintieren.

Weißkopfseeadler versuchen oft, anderen Greifvögeln die Beute abzujagen.

Bussarde
Mittelgroße Greifvögel, die an kleine Adler erinnern. Ernähren sich von den verschiedensten Kleintieren.

Weihen
Schlanke Greifvögel mit langen Flügeln und Beinen. Fliegen im schaukelnden Suchflug dicht über dem Boden.

Milane
Elegante Segler mit langen Flügeln und mehr oder weniger tief gegabelten Schwänzen. Fressen oft Aas.

Schmutzgeier
Der einzige Greifvogel, der ein Werkzeug gebraucht. Er öffnet Straußeneier mithilfe von Steinen.

Andenkondor
Riesiger Greifvogel, der die Andenregionen Südamerikas bewohnt. Er gehört zu den Neuweltgeiern.

Sekretär
Langbeiniger Greifvogel, der die Savannen Afrikas bewohnt und seine Beute mit kräftigen Tritten tötet.

Fischadler
Mittelgroßer, schlanker Greifvogel mit langen Flügeln, der sich fast ausschließlich von Fischen ernährt.

Sieben **Supersinne**

Riesenohren
Die sehr großen Ohren des Wüstenfuchses nehmen selbst feinste Geräusche wahr.

Große Augen
Mit seinen großen Augen kann das Fingertier auch bei Dämmerlicht noch gut sehen.

Supernase
Federschwanz-Spitzhörnchen haben einen ausgezeichneten Geruchssinn.

Vibrationssinn
Mit ihrem Vibrationssinn können Vogelspinnen feinste Schwingungen wahrnehmen.

Schnurrhaare
Wie alle Katzen besitzen auch Tiger diese empfindlichen Tastsinnesorgane.

Nächtliche Geräusche

★ Koboldmakis sind winzige, nur etwa faustgroße Primaten. Manche ihrer Rufe klingen vogelähnlich, andere hören sich an wie das Zirpen von Grillen.

★ Wenn junge Opossums auf nächtlichen Ausflügen ihre Mutter verlieren, rufen sie mit niesenden Geräuschen um Hilfe.

★ Igel schnaufen, brummen und grunzen, wenn sie nachts unterwegs sind. Bei Aufregung können sie auch schreien.

★ Tüpfelhyänen geben Grunz-, Wein- und sogar Kicherlaute von sich. Sie werden daher auch „lachende Hyänen" genannt.

★ Viele Eulen geben heulende Rufe von sich, aber manche, wie etwa Kreischeulen oder Schleiereulen, können auch laut kreischen oder schreien.

★ Füchse lassen vor allem in der Ranzzeit öfter ein heiseres Bellen hören. Sie können aber auch schreien oder fiepen.

★ Männliche Grillen zirpen nachts, um Weibchen anzulocken und um ihre Reviere gegen andere Männchen abzugrenzen.

Wie man **heult wie ein Wolf**

1. Suche dir einen guten Standort, damit dein Heulen etliche Kilometer weit zu hören ist.

2. Rede Klartext! Kürzeres Heulen holt die Rudelmitglieder zusammen. Längeres Heulen warnt andere Rudel, nicht zu nahe zu kommen.

3. Blicke beim Heulen nach oben, damit deine Stimme weiter zu hören ist. Vergiss sämtliche Mythen – Wölfe heulen nicht den Mond an.

4. Heule mit anderen Wölfen im Chor. Wenn ihr es richtig macht, wird es sich anhören, als wärt ihr viel mehr, als ihr wirklich seid.

Welche Tiere sind **nachts aktiv?**

Bei Sonnenuntergang ziehen sich viele Tiere in ihren Unterschlupf zurück, aber manche werden dann erst richtig munter. Unter diesen Nachtschwärmern finden sich die unterschiedlichsten Tiere, wie etwa Insekten, Spinnen, Skorpione, Amphibien, Vögel oder auch etliche Säugetiere.

Zahlen

Die Flügelspannweite des Goldkronen-Flughunds – eines der größten Fledertiere – beträgt **1,7 m**.

Das Gewicht des mausähnlichen Pilbara-Ningauis – eines der kleinsten Beuteltiere der Welt – beträgt **5–10 g**. Damit ist es leichter als eine CD.

Die Zunge eines Erdferkels ist **25–30 cm lang** – perfekt zum Auflecken von Termiten und Ameisen!

1 Mio. Mexikanische Bulldoggfledermäuse fressen pro Nacht schätzungsweise **5–10 Tonnen** Insekten.

Lichtstarke Augen sind nicht die einzigen Sinnesorgane, die nachtaktiven Tieren in der Dunkelheit helfen, zurechtzukommen.

Wärmesinn
Manche Schlangen haben Grubenorgane, mit denen sie Wärme wahrnehmen können.

Echoortung
Zur Orientierung senden Fledermäuse Schallwellen aus und werten dann das Echo aus.

Alles über die Merkmale von Eulen

Kopf: Lässt sich um bis zu 270° drehen, was das Gesichtsfeld erheblich erweitert.

Große Augen: Sind extrem lichtempfindlich.

Hakenschnabel: Zum Töten und Zerteilen von Beute

Weiche Federn: Ermöglichen einen geräuscharmen Flug.

Fänge: Packen die Beute.

Nachtaktive Beuteltiere

Beuteltiere sind Säugetiere, bei denen die Jungen meist im Beutel ihrer Mutter heranwachsen. Viele Beuteltiere sind nachtaktiv.

☽ **Vieraugenbeutelratten gehen nachts auf die Suche nach Nahrung. Ihren Namen verdanken sie zwei weißen Flecken über den Augen, die „Zusatzaugen" aussehen.**

☽ Viele Kängurus können gewaltige Sprünge machen. Sie meiden häufig die Tageshitze und sind dämmerungs- oder nachtaktiv.

☽ **Koalas sind eher träge und hängen oft faul in den Astgabeln von Eukalyptusbäumen herum. Sie schlafen bis zu 20 Stunden am Tag und sind meist nachts aktiv.**

☽ Wombats sind in der Dämmerung und nachts aktiv. Tagsüber ruhen sie in selbst gegrabenen Bauen.

☽ **Beutelteufel haben etwa die Größe eines kleinen Hundes. Sie gehen nachts auf die Suche nach Aas, können aber auch Tiere bis zur Größe eines Wombats überwältigen.**

Wusstest du das?

Schnabeltiere sind nächtliche Unterwasserjäger. Sie schließen beim Tauchen die Augen und finden ihre Beute mithilfe hochempfindlicher Sinnesorgane an ihrem Schnabel, mit denen sie die schwachen elektrischen Felder ihrer Beutetiere wahrnehmen können.

KAUM ZU GLAUBEN!

Wenn sich **Virginia-Opossums** bedroht fühlen, können sie sich tot stellen – manchmal stundenlang. Sie liegen dann mit geöffnetem Maul auf der Seite, lassen die Zunge heraushängen und sondern aus dem After eine übel riechende Flüssigkeit ab.

Sieben Jäger der Nacht

1 Leoparden warten oft stundenlang geduldig auf ihre Chance zum Angriff. Gelegentlich fallen ihnen auch Menschen zum Opfer.

2 Tiger schleichen sich auf leisen Sohlen an ihre Beute heran ... und schlagen dann blitzschnell zu.

3 Füchse sind clevere Jäger der Nacht und sie mögen Geflügel. Bei Geflügelfarmern sind sie daher sehr unbeliebt.

4 Um gefährlichen Bissen zu entgehen, müssen **Weißschwanzmangusten** beim Angriff auf Giftschlangen blitzschnell sein.

5 Kojoten gehen sowohl allein als auch im Rudel auf Nahrungssuche. Sie fressen Aas, jagen aber auch oft Mäuse oder Hasen.

6 Die bis über 5 m langen **Mohrenkaimane** jagen meist nachts. Sie schnappen sich oft schwimmende Wasserschweine und ertränken sie.

7 Weißspitzen-Riffhaie jagen nachts in Gruppen und ruhen tagsüber meist in Riffhöhlen und anderen Verstecken.

Leben in dunklen Höhlen

● Der kleine, blinde Fisch *Cryptotora thamicola* lebt nur in den Wasserfällen mancher Höhlen in Thailand. Er hängt an Felsen und weidet den Aufwuchs ab.

● In der texanischen Bracken-Höhle suchen Skunks und Waschbären den Boden nach heruntergefallenen Fledermausbabys ab.

● In stockdunklen Höhlen ist Nahrung häufig knapp. Für den Texanischen Brunnenmolch kein Problem: Er kann jahrelang hungern.

Fledertiervielfalt

Die meisten Fledertiere sind nachtaktiv – sie ziehen es vor, tagaktiven Räubern und der Konkurrenz durch Vögel aus dem Weg zu gehen. Viele Fledermäuse und manche Flughunde orientieren sich in der Dunkelheit mithilfe von Echoortungssystemen.

3 Die **Australische Gespenstfledermaus** (unten) macht Jagd auf kleine Säugetiere, Vögel, Echsen, Frösche und Insekten. Sie tötet ihre Opfer durch Bisse und fliegt anschließend zu einem geeigneten Platz, um sie in Ruhe zu verzehren. Die Art schläft in Höhlen, Felsspalten oder alten Minen.

4 **Große Hasenmäuler** (oben) leben in Mittel- und Südamerika und zählen zu den wenigen Fledermäusen, die sich auch von Fischen ernähren. Sie orten mit ihrem Biosonar kleine Fische (bis etwa 8 cm Länge), wenn diese aus dem Wasser springen, und fangen sie dann mit den Füßen.

1 **Langohrfledermäuse** können mit ihren riesigen Ohren selbst feinste Geräusche ihrer Beutetiere wahrnehmen. Die Flugakrobaten ernähren sich von Insekten, die sie sowohl im Flug fangen als auch von Blättern absammeln.

2 **Fransenlippenfledermäuse** jagen häufig Frösche und orientieren sich dabei an deren Quaken. Haben sie einen ausgemacht, stoßen sie hinab und packen zu. Sie können am Quaken sogar giftige und ungiftige Frösche unterscheiden.

5 Die nur auf Neuseeland und einigen vorgelagerten Inseln heimische **Kleine Neuseelandfledermaus** sucht ihre Nahrung oft auf dem Waldboden. Die Tiere krabbeln auf der Suche nach Insekten und Früchten umher und nutzen dabei ihre zusammengelegten Flügel als Vorderbeine.

6 **Vampirfledermäuse** leben von Vogel- und Säugetierblut. Sie landen unweit ihrer schlafenden Opfer, laufen zu ihnen hin, beißen ein Loch in die Haut und lecken das ausfließende Blut auf.

7 Flughunde schlafen oft zu Tausenden in Bäumen und Büschen. Der **Nilflughund** bevorzugt jedoch – genau wie viele Fledermäuse – Höhlen als Schlafplätze. Manchmal bewohnt er auch Felsspalten und Ruinen. In Ägypten lebt der Nilflughund sogar in Pyramiden.

8 **Langzungenflughunde** besitzen sehr lange, schlanke Zungen, mit denen sie Nektar und Pollen aus Blüten lecken können. Die Tiere spielen eine wichtige Rolle bei der Bestäubung mancher Pflanzenarten.

9 Flughunde verdanken ihren Namen ihrer hundeartigen Schnauze. Der **Große Moschus-Flughund** ernährt sich von Feigen und anderen Früchten, die er mithilfe seiner Augen und seines Geruchssinns findet.

10 Fledertiere wie dieser **Flughund** besitzen keine Hände, mit denen sie sich festhalten können. Deshalb hängen sie meist kopfüber an Decken und Bäumen und halten sich mit ihren bekrallten Füßen fest.

Warum sind **Wale** **so groß?**

Der Blauwal ist das größte bekannte Tier aller Zeiten. Er kann bis zu 33 m lang und so schwer wie 30 Elefantenbullen werden. An Land würde ein so riesiges Tier von seinem eigenen Gewicht erdrückt, doch im Wasser ist der massige Körper kein Problem. Die enorme Größe etlicher Wale schützt vor Feinden und verringert zudem den Wärmeverlust in kalten Gewässern.

Wale

1 Wale (zu denen auch die Delfine gehören) sind im Wasser lebende Säugetiere.

2 Wie andere Säugetiere ernähren sie ihre Jungen mit Milch, sind gleichwarm und brauchen Luft zum Atmen.

3 Zu den Zahnwalen gehören z. B. Schweinswale, Schnabelwale, Delfine und Pottwale.

4 Schweinswale sind kleine Wale mit rundem Kopf und stumpfer Schnauze.

5 Bartenwale filtern mit Hornplatten im Oberkiefer kleine Meerestiere aus dem Wasser. Zu ihnen gehören z. B. Glattwale, Blauwal und Buckelwal.

6 Wale besitzen zum Schutz vor Kälte eine dicke Fettschicht (Blubber) unter der Haut.

Wie man **taucht wie ein Pottwal**

1. Hebe deine gewaltige Schwanzflosse (Fluke) aus dem Wasser hoch in die Luft.

2. Tauche fast senkrecht nach unten in die Tiefe. Nach etwa 15 Minuten solltest du 1000 m tief sein. Reduziere die Zahl deiner Herzschläge auf die Hälfte.

4. Die Zeit ist um! Den restlichen Sauerstoff brauchst du für den langen Rückweg.

5. Blase nach dem Auftauchen die feuchte, verbrauchte Atemluft durch das Blasloch nach draußen und fülle deine Lungen mit frischer, sauerstoffreicher Luft.

Spektakuläre Sprünge

Delfine springen beim Schwimmen oft aus dem Wasser – vermutlich, um schneller voranzukommen.

Ostpazifische Delfine drehen sich beim Springen rasant um die eigene Achse.

Selbst große Wale, wie etwa **Glattwale**, springen manchmal sogar komplett aus dem Wasser.

Buckelwale springen gern und oft. Vor dem Abtauchen machen diese Wale einen Buckel.

Wusstest du das?

Buckelwale wandern jedes Jahr im Herbst Tausende von Kilometern von ihren Nahrungsgründen in den Polarmeeren zu ihren Winterquartieren in wärmeren Gewässern, um sich fortzupflanzen. Im Frühjahr wandern sie zum Fressen zurück in ihre Sommerquartiere.

Ungewöhnliche Wale

Der extrem seltene **Gangesdelfin** hat winzige Augen und eine superlange, schlanke Schnauze.

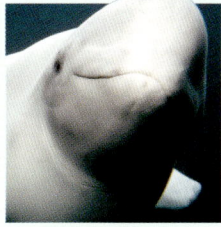

Der **Beluga** lebt in arktischen Gewässern. Seine weiße Färbung ist im Eiswasser eine gute Tarnung.

Der Stoßzahn männlicher **Narwale** erinnert an das Horn eines Einhorns. Er ist ein verlängerter Eckzahn.

Manche **Indopazifischen Buckeldelfine** sind als Erwachsene weißlich oder rosa gefärbt.

Blainville-Schnabelwale haben nur zwei große Zähne, die im nach oben gewölbten Unterkiefer sitzen.

Viele **Rundkopfdelfine** sind mit Narben übersät. Sie stammen von Artgenossen und Tintenfischen.

3. Gehe auf Beutejagd. Bedenke, dass du dafür nur etwa 30 Minuten Zeit hast. Jagst du zu lange, könnte dir der Sauerstoff ausgehen.

Alles über den Delfinkörper

Rückenflosse: Dient auch zur Abgabe überschüssiger Körperwärme.

Blasloch: Dient zum Aus- und Einatmen an der Wasseroberfläche.

Blubber: Er schützt vor Unterkühlung und dient zudem als Energiereserve.

Gehirn: Beim Schlafen wechseln sich die Gehirnhälften ab.

Stromlinienform: Verringert den Wasserwiderstand.

Brustflossen: Werden zum Manövrieren im Wasser eingesetzt.

Kiefer: Können bei manchen Arten weit über 100 Zähne tragen.

Schwanzflosse: Treibt das Tier im Wasser voran.

Haut: Eine Gelschicht verhindert das Festsetzen von Seepocken.

KAUM ZU GLAUBEN!

Flussdelfine schwimmen oft auf einer Seite oder auf dem Rücken liegend – vermutlich, um Beute auf dem Flussboden zu orten.

Klicks, Pfiffe und Gesänge

Die meisten Wale sind gesellig und leben in Gruppen. Sie kommunizieren über Laute miteinander.

In den 1940er-Jahren wurden Wallaute erstmals mit Mikrofonen aufgezeichnet.

Große Tümmler erkennen andere Gruppenmitglieder an deren individuellen Pfeiftönen.

Große Wale nutzen Infraschall (für uns nicht hörbar), der im Ozean Hunderte von Kilometern weit trägt.

Wale gehören zu den lautesten Tieren der Welt.

Wie Fledermäuse senden auch Zahnwale bei der Jagd Schallwellen aus und erkennen ihre Beute am Echo.

Clevere Strategien

Schlag mit der Fluke: Manche Wale betäuben so ihre Beute.

Netze aus Luftblasen: Buckelwale erzeugen Vorhänge aus aufsteigenden Luftblasen, um damit Beutetiere zu fangen.

Strandung: Manche Schwertwale stranden, um junge Robben zu fangen.

Rammen: Große Tümmler können mit Rammstößen sogar Haie töten.

Ausschau halten: Schwertwale strecken ihren Vorderkörper oft senkrecht aus dem Wasser, um die Oberfläche zu erkunden.

Zahlen

Die typische Reisegeschwindigkeit von Finnwalen beträgt **5–8 Knoten** (Schwimmer erreichen 4,5 Knoten).

Der Schalldruckpegel von Pottwal-Klicklauten beträgt **170 Dezibel** (Presslufthammer in 1 m Entfernung: 125 Dezibel).

Grönlandwale können ein Alter von **200 Jahren** erreichen.

Das Herz eines ausgewachsenen Blauwals ist **700 kg** schwer.

Der Stoßzahn eines männlichen Narwals kann bis zu **3 m lang** werden.

Brüllen alle großen **Katzen?**

Heute gibt es mindestens 37 Katzenarten auf der Erde, die aufgrund ihrer beweglichen Körper und superschnellen Reflexe alle geborene Jäger sind. Zu den Großkatzen zählen: Tiger, Löwe, Jaguar, Leopard, Schneeleopard, Nebelparder und Sunda-Nebelparder. Brüllen können nur die vier Erstgenannten.

Alles über **den Tigerkörper**

Tarnfarbe: Macht den Tiger in der Vegetation beinahe unsichtbar.

Biegsame Wirbelsäule: Sorgt für große Beweglichkeit bei der Jagd.

Kiefer: Ermöglichen einen kräftigen Tötungsbiss.

Langer Schwanz: Hilft beim Laufen und Springen das Gleichgewicht zu halten.

Tödliche Zähne: Dolchartige Eckzähne dienen zum Packen und Töten, scherenartige Reißzähne zum Abbeißen.

Weiche Pfoten: Helfen beim leisen Anschleichen.

Großer Brustkorb: Bietet den Lungen reichlich Platz.

Einziehbare Krallen: Werden bei Nichtgebrauch in Hauttaschen vor Abnutzung geschützt.

Fakten

Supersinne

1 Katzen besitzen ein gutes räumliches Sehvermögen und sehen auch nachts ausgezeichnet.

2 Die Ohren sind sehr beweglich und hören hervorragend.

3 Das Jacobson-Organ im Gaumen ist ein empfindliches Geruchsorgan und nimmt Duftbotschaften anderer Katzen wahr.

4 Die Schnurrhaare sind empfindliche Tastorgane und helfen Katzen, sich im Dunkeln zurechtzufinden.

5 Fallende Katzen reagieren blitzschnell und landen fast immer auf ihren Füßen.

Katzenarten

Tiger
Tiger kommen nur in Asien vor und sind stark bedroht. Der Sibirische Tiger ist die größte Unterart und die größte lebende Katze.

Löwe
Löwen sind typische Bewohner der afrikanischen Savanne. Anders als andere Katzen leben sie in Rudeln von bis zu etwa 30 Tieren.

Leopard
Typisch für Leoparden ist ihr geflecktes Fell, doch es gibt auch Schwärzlinge unter ihnen, die sogenannten Schwarzen Panther.

Jaguar
Der Jaguar bewohnt die Regenwälder Mittel- und Südamerikas. Er ähnelt dem Leoparden, ist aber etwas größer und kräftiger.

Gepard
Geparde besitzen lange Beine und erreichen Geschwindigkeiten von gut 110 km/h. Damit sind sie die schnellsten Läufer der Welt.

Schneeleopard
Der Schneeleopard bewohnt zentralasiatische Gebirge und besitzt in Anpassung an die Kälte in seiner Heimat ein dichtes Fell.

Sechs **Jagdtechniken**

Hetzen: Geparde sind tagaktive Hetzjäger und setzen bei der Jagd auf ihre enorme Schnelligkeit.

Anschleichen: Wie die meisten Katzen schleichen sich auch Tiger oft leise an die Beute heran.

Herausfischen: Jaguare fischen mit ihren Pfoten Fische und kleine Kaimane aus dem Wasser.

Lauern: Leoparden sind gute Kletterer und lauern oft stundenlang geduldig in Bäumen auf Beute.

Springen: Schneeleoparden springen oft von erhöhten Felsen auf ihre ahnungslosen Opfer hinab.

Zusammenarbeiten: Gemeinsam können Löwen auch Kaffernbüffel und sogar Flusspferde erlegen.

Wie man **es vermeidet, von Löwen gefressen zu werden**

1. Meide hohes Gras, denn Löwen verstecken sich gern darin. Zünde nachts im Freien stets ein Feuer an.

2. Meide alte oder verletzte Löwen und Löwenmütter. Sie greifen am ehesten an.

3. Versuche ruhig zu bleiben, wenn dich ein wütender Löwe bedroht, und renne nicht in Panik vor ihm davon.

4. Weiche ganz langsam zurück und behalte den Löwen dabei immer im Auge (das erfordert viel Mut!)

Löwentagebuch

Tag 1:
Löwenjunge werden blind und hilflos geboren.
3 Wochen:
Erste wacklige Schritte
7–8 Monate:
Die Jungen werden von der Muttermilch entwöhnt.
11 Monate:
Die Jungen nehmen aktiv an der Jagd teil.
2 Jahre:
80 % der Löwenjungen werden nicht mal so alt. Sie sterben vorher durch Hunger oder Räuber.
3 Jahre:
Junge Männchen verlassen das Rudel und ziehen umher, bis sie stark genug sind, um ein eigenes Rudel zu übernehmen.
8–10 Jahre:
Viele männliche Löwen sterben in diesem Alter.

Zahlen

In den letzten 70 Jahren sind **3 Unterarten** des Tigers ausgerottet worden.

Bis zu **8 km** weit kann man das Brüllen eines Löwen hören.

Ein Tiger kann **40 kg Fleisch** auf einmal fressen.

Ein schnell rennender Gepard macht pro Minute **150 Atemzüge**.

Großkatzen-Menü

Wenn sie hungrig sind, fressen Großkatzen beinahe jedes Tier, das sie erwischen können.

An der Küste Namibias wurden Löwen dabei beobachtet, wie sie Seebären, Kormorane und einen gestrandeten Wal fraßen.

Trotz ihrer Stacheln gehören Stachelschweine zum Beutespektrum von Tigern. Manchmal fressen die Großkatzen sogar Früchte.

Leoparden jagen unter anderem Wildhunde und Paviane.

Zu den Beutetieren von Jaguaren gehören auch junge Mohrenkaimane.

Nebelparder
Der scheue Nebelparder ist die kleinste der sieben Großkatzenarten. Er lebt im Südosten Asiens und macht gern Jagd auf Affen.

Verzerrtes Gesicht
Männliche Löwen verziehen manchmal das Gesicht, um mit ihrem Jacobson-Organ den Duft von Weibchen aufzunehmen.

Wusstest du das?

Um so rasch wie möglich für eigene Nachkommen sorgen zu können, töten neue Rudelführer nach der Übernahme eines Löwenrudels oft alle Jungen ihrer Vorgänger.

Wie klein sind Mäuse?

Mäuse und Bilche sind sehr kleine Säugetiere. Manche Mäusearten messen ohne Schwanz nur 5 cm und sind nur etwa 5 g schwer. Mäuse und Bilche können ihre winzigen, beweglichen Körper durch sehr enge Löcher zwängen. Wenn der Kopf durchpasst, passt auch der Körper durch. Mäuse und Bilche gehören wie Ratten, Eichhörnchen oder Biber zur großen Gruppe der Nagetiere, die weltweit verbreitet ist.

Mögen Mäuse Käse?

Forscher fanden heraus, dass Mäuse zwar den Geruch von Käse interessant finden, aber – anders als oft vermutet wird – nicht gern Käse fressen. Was sie wirklich mögen sind Körner, Nüsse, Früchte und vor allem Süßigkeiten.

Wie man **überwintert wie ein**

1. Fange an zu fressen. Du musst dein Gewicht vor der Überwinterung verdoppeln.

2. Suche dir ein frostsicheres Versteck und baue dir darin ein gemütliches Nest.

3. Rolle dich im Nest zu einer Kugel zusammen und schlafe ein, sobald es kalt wird.

Alles über **die Hausmaus**

Die Hausmaus ist ein Kulturfolger und heute weltweit verbreitet. Sie ist ohne Schwanz 7–11 cm lang und stellt sich beim Fressen oft auf die Hinterbeine.

Augen: Sehen nicht sehr scharf und sind farbschwach.

Ohren: Sind recht groß und hören sehr gut.

Fell: Ist grau oder braungrau.

Schnurrhaare: Tasten Oberflächen ab und nehmen Luftbewegungen wahr.

Nagezähne: Wachsen ein Leben lang weiter.

Krallen: Geben Halt beim Klettern.

Schwanz: Ist so lang wie der Körper und mit kleinen Schuppen bedeckt.

Mäusenester

○ Mäuse bauen sich Nester zum Schlafen, zum Überwintern und zur Aufzucht ihrer Jungen.

■ Mäuse nisten manchmal in großen Kolonien und können dann lange Tunnelsysteme anlegen.

○ Manchmal nutzen Mäuse auch verlassene Nester anderer Tiere als Nistplätze.

■ Zwergmäuse bauen komplizierte Kugelnester aus Grashalmen.

○ Hausmäuse leben häufig mit Menschen unter einem Dach. Sie nutzen dann oft kleine Hohlräume in Wänden und Fußböden als Nistplätze.

Fakten

Fortpflanzung

1 Bei Hausmäusen sind acht Würfe im Jahr möglich.

2 Die Tragzeit beträgt etwa 20 Tage.

3 Ein Wurf besteht meist aus drei bis neun Jungen.

4 Hausmausbabys kommen nackt zur Welt.

5 Mäuseweibchen können kurz nach der Geburt wieder schwanger werden.

6 Hausmäuse sind mit sechs Wochen geschlechtsreif.

Bilch

4. Verringere deine Körpertemperatur und die Zahl deiner Herzschläge für etwa sechs Monate.

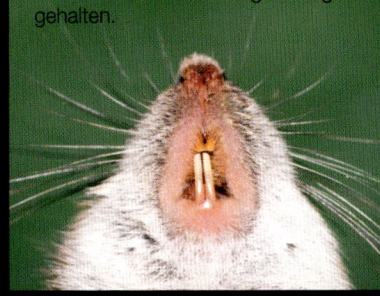

5. Aufwachen! Du bist ausgehungert. Suche dir rasch etwas zu fressen.

Zahnfakten

Erwachsene Mäuse haben meist 16 Zähne: vier Schneidezähne und 12 Backenzähne.

Die vier langen, meißelförmigen Schneidezähne vorn im Mäusemaul werden als Nagezähne bezeichnet.

Die Backenzähne der Mäuse (Molaren) dienen dazu, die oftmals harte Nahrung fein zu zermahlen.

Beim Nagen verhindern Mäuse mit ihren Lippen, dass ungenießbare Bestandteile der Nahrung ins Maul gelangen.

Die Nagezähne werden durch Benagen harter Gegenstände und Reiben an den gegenüberliegenden Zähnen geschärft und auf der richtigen Länge gehalten.

KAUM ZU GLAUBEN!

Etliche Nagetiere fressen regelmäßig ihren **eigenen Kot**. Sie tun das, um Nährstoffe und Vitamine aufzunehmen, die Bakterien in ihrem Darm erzeugt haben.

Wusstest du das?

Springmäuse brauchen nicht zu trinken. Sie decken ihren ganzen Wasserbedarf über die Nahrung, die aus Samen, Früchten, Blättern und Insekten besteht.

ALLES KLAR?

Das Wort „Maus" leitet sich von dem Wort für „Dieb" in der alten indischen Sprache Sanskrit ab.

Fünf Vertreter der Nagetiere

Zur großen Gruppe der Nagetiere gehören z. B. auch Zwergmäuse, Wühlmäuse, Lemminge, Hamster und Rennmäuse. Sie alle besitzen lebenslang wachsende Nagezähne im Ober- und Unterkiefer.

Zwergmaus
Diese winzige, in Europa und Asien heimische Maus besitzt einen langen Greifschwanz, den sie geschickt beim Klettern einsetzt. Sie lebt gern in Getreidefeldern.

Rötelmaus
Diese kleine Wühlmaus bewohnt Wälder und Gebüsche in weiten Teilen Europas und Nordasiens. Sie frisst sowohl Insekten als auch Blätter, Samen und Früchte.

Lemming
Lemminge bewohnen die arktische Tundra und besitzen ein dickes Fell, das sie vor der Kälte ihrer Heimat schützt. Sie halten keinen Winterschlaf.

Goldhamster
Der aus Syrien stammende Goldhamster ist ein beliebtes Heimtier. In Gefangenschaft meist nachtaktiv, ist er im Freiland oft auch tagsüber unterwegs.

Dünen-Zwergrennmaus
Rennmäuse sind an ein Leben in Trockengebieten angepasst. Die Dünen-Zwergrennmaus bewohnt Küstendünen in der Namibwüste im Südwesten Afrikas.

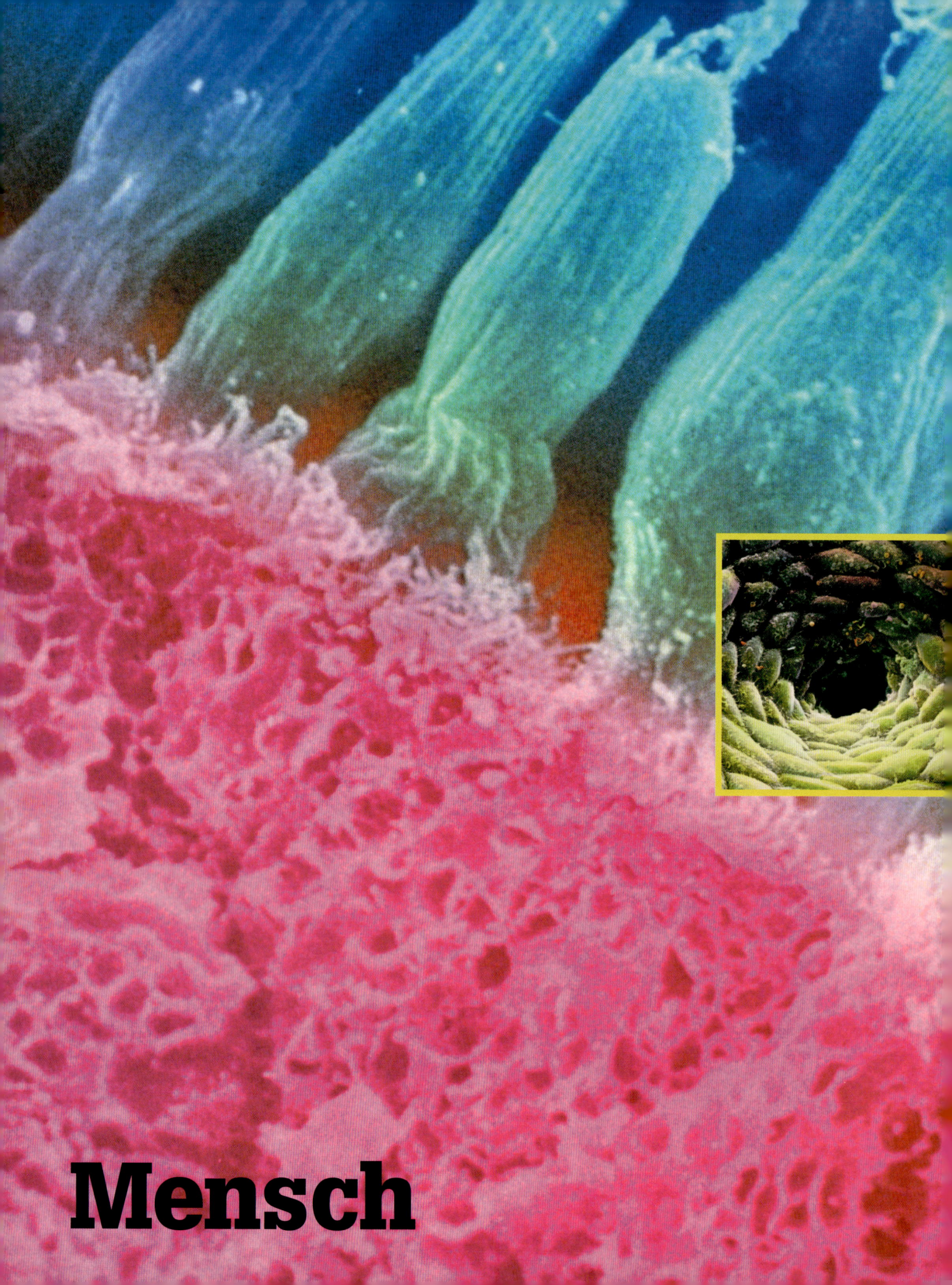

Mensch

Aus wie vielen **Zellen** bestehst du?

Jeder Körperteil von der Haut bis zum Darm besteht aus winzig kleinen Zellen. Ein menschlicher Körper enthält wahrscheinlich ungefähr 100 Billionen Zellen, doch so genau weiß das niemand. Ihre Anzahl hängt von der Größe eines Menschen ab und ändert sich ständig, weil alte Zellen absterben und neue gebildet werden.

2 Mio. rote Blutkörperchen werden pro Sekunde im Knochenmark gebildet, während eine ähnlich große Zahl alter Blutkörperchen gleichzeitig von Nieren und Leber abgebaut wird.

Alles über **den Aufbau einer Zelle**

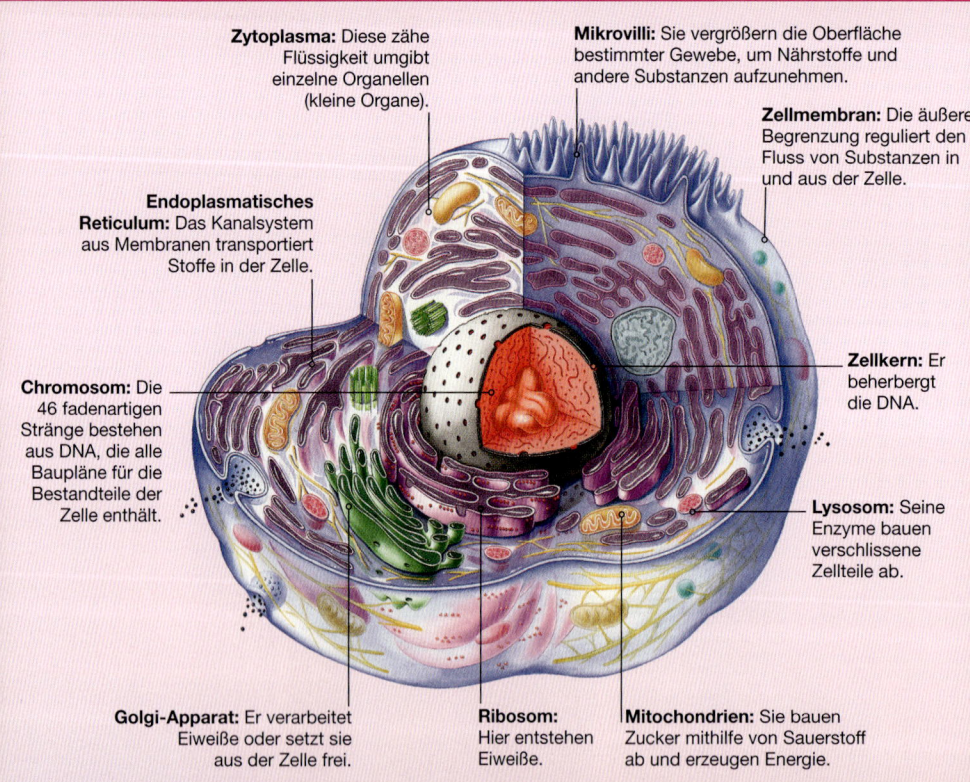

Zytoplasma: Diese zähe Flüssigkeit umgibt einzelne Organellen (kleine Organe).

Mikrovilli: Sie vergrößern die Oberfläche bestimmter Gewebe, um Nährstoffe und andere Substanzen aufzunehmen.

Endoplasmatisches Reticulum: Das Kanalsystem aus Membranen transportiert Stoffe in der Zelle.

Zellmembran: Die äußere Begrenzung reguliert den Fluss von Substanzen in und aus der Zelle.

Chromosom: Die 46 fadenartigen Stränge bestehen aus DNA, die alle Baupläne für die Bestandteile der Zelle enthält.

Zellkern: Er beherbergt die DNA.

Lysosom: Seine Enzyme bauen verschlissene Zellteile ab.

Golgi-Apparat: Er verarbeitet Eiweiße oder setzt sie aus der Zelle frei.

Ribosom: Hier entstehen Eiweiße.

Mitochondrien: Sie bauen Zucker mithilfe von Sauerstoff ab und erzeugen Energie.

Wie man **eine Zelle teilt**

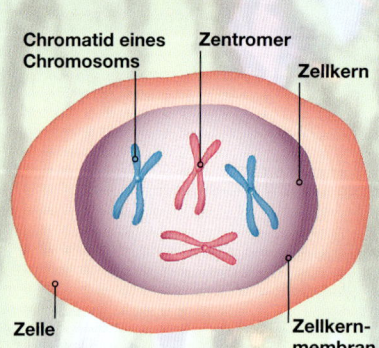

Chromatid eines Chromosoms · **Zentromer** · **Zellkern** · **Zelle** · **Zellkernmembran**

1. Zuerst verdoppelst du die Chromosomen im Zellkern, sodass zwei identische Stränge (Chromatiden) entstehen, die ein Zentromer zu einem „X" verbindet.

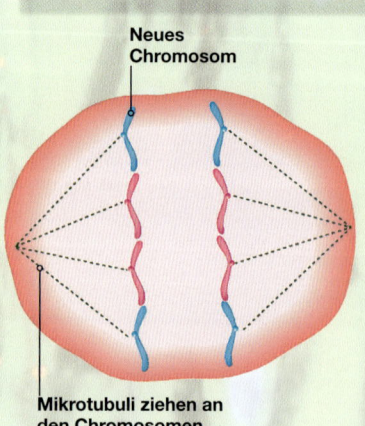

Neues Chromosom

Mikrotubuli ziehen an den Chromosomen.

3. Mithilfe der Mikrotubuli ziehst du die Chromosomen auseinander, sodass jeder Chromatid an einen anderen Zellpol wandert.

Jedes Leben entsteht aus einer **einzigen Zelle** – der befruchteten Eizelle. Innerhalb von 24 Stunden nach der Befruchtung teilt sich die Eizelle in zwei identische Zellen, die sich auf ihrem Weg in die Gebärmutter weiter teilen.

Zahlen

Lebensdauer einiger Zellen:

Weiße Blutkörperchen leben **13 Tage**.

Hautzellen fallen nach **14 Tagen** als Schuppen ab.

Rote Blutkörperchen bleiben **120 Tage** aktiv.

Leberzellen arbeiten **18 Monate** lang.

Knochenzellen werden nach **10 Jahren** erneuert.

Nervenzellen bleiben **lebenslang** erhalten.

Zellarten

Zellen besitzen unterschiedliche Formen und Größen und erfüllen viele verschiedene Aufgaben. Ein Körper besteht aus mehr als 200 verschiedenen Zellarten.

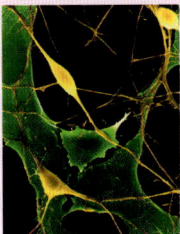

Nervenzellen (Neuronen)
Sie senden und empfangen Signale von anderen Zellen durch winzige elektrische Impulse.

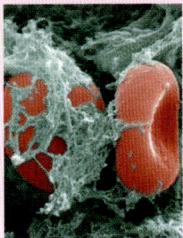

Rote Blutkörperchen
Sie nehmen in den Lungen Sauerstoff auf und bringen ihn zu anderen Zellen. Sie geben dem Blut auch seine rote Farbe.

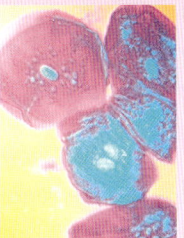

Epithelzellen
Diese Zellen bedecken und schützen alle äußeren und inneren Körperoberflächen wie Haut, Lunge und Magen.

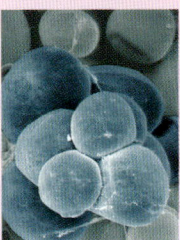

Fettzellen
In Schichten unter der Haut speichern diese Zellen Fett als Energiereserve und Schutz des Körpers vor Kälte.

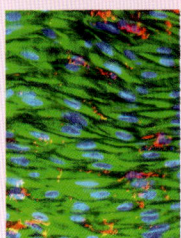

Muskelzellen
Sie enthalten lange Stränge aus Eiweißen. Sie ziehen Muskeln zusammen, wenn ein Nervensignal eine Aktion ausgelöst hat.

Leberzellen
Sie speichern und verarbeiten Nährstoffe, bauen Giftstoffe ab und steuern die chemische Zusammensetzung des Bluts.

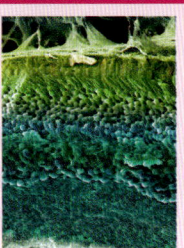

Fotorezeptorzellen
Die lichtempfindlichen Zellen der Augen wandeln Licht in Nervenimpulse um und senden sie als Signale an das Gehirn.

Körpergrundlagen

Zelle (der Grundbaustein aller Lebewesen)

⬇

Gewebe (Verband aus Zellen mit ähnlichen Funktionen)

⬇

Organ (Körperteil aus mehreren Geweben, der eine Aufgabe erfüllt)

⬇

System (Verband aus Organen und Geweben, der eine wichtige Aufgabe erfüllt)

Chromosomen im Zentrum / Mikrotubulus

2. Entferne die Membran um den Zellkern, baue ein Netzwerk aus Mikrotubuli in der Zelle auf und reihe die verdoppelten Chromosomen in der Zellmitte auf.

Neue Zellkernmembran / Das Zytoplasma teilt sich.

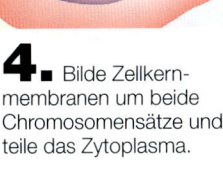

4. Bilde Zellkernmembranen um beide Chromosomensätze und teile das Zytoplasma.

Verdoppelte Zelle / Zellkern / Chromosom

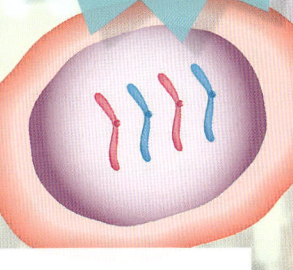

5. Gratulation! Du hast erfolgreich eine Mitose oder Zellteilung durchgeführt. Um alte Zellen zu ersetzen, wiederholst du den Vorgang.

KNOCHEN-REPARATUR

Auch Knochen sind lebende Organe, die Zellen enthalten. Nach einem Knochenbruch bauen bestimmte Zellen, die **Osteoblasten**, neuen Knochen auf.

KAUM ZU GLAUBEN!

Die **größte Zelle**, die weibliche Eizelle oder das Ovum, hat einen Durchmesser von etwa 0,1 mm und ist noch für unser Auge sichtbar.

Die Macht der Proteine

1 Eiweiße oder Proteine bilden die größte Substanzvielfalt im Körper.

2 Zu ihren Aufgaben zählen Zellaufbau und Zellfunktionen sowie die Verteidigung gegen Erreger.

3 Proteine bestehen aus Ketten einzelner Bausteine, den Aminosäuren.

4 Die DNA im Zellkern enthält die Bauanweisung für die Zusammensetzung der Aminosäuren in der richtigen Reihenfolge für jedes Eiweiß.

5 Jedes Protein besitzt eine einzigartige Funktion. Das Hämoglobin der roten Blutkörperchen nimmt z. B. Sauerstoff auf und gibt es dort ab, wo es gebraucht wird.

Wichtige Organe

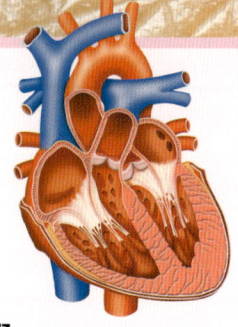

Herz
Dieser Muskel pumpt sauerstoffreiches Blut über den Kreislauf in den Körper, um alle Körperzellen zu versorgen. Das Herz schlägt ein Leben lang, ohne zu ermüden.

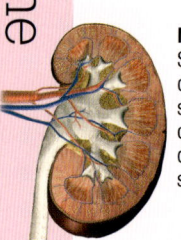

Nieren
Sie filtern Abfallprodukte der Zellen und überschüssiges Wasser aus dem Blut. Diesen Rest, den Urin oder Harn, leiten sie in die Harnblase.

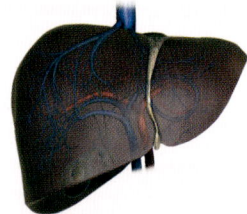

Leber
Das Organ verarbeitet und speichert Nährstoffe und entfernt giftige Substanzen aus dem Blut. Es baut auch alte rote Blutkörperchen ab.

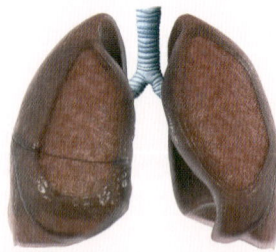

Lunge
In der Lunge findet ein Gasaustausch statt. Sauerstoff geht beim Einatmen in das Blut über, während Kohlendioxid aus dem Blut ausgeatmet wird.

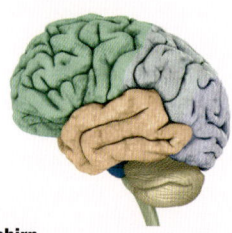

Gehirn
Das Gehirn empfängt Informationen über das Nervensystem, wertet sie aus und sendet Signale, damit man sich bewegen, fühlen und denken kann.

Welches ist das größte Organ des Körpers?

Einige Körperteile wie Herz oder Lunge, die eine bestimmte Funktion besitzen, nennt man Organe. Das größte Organ des menschlichen Körpers ist die Haut, die eine Oberfläche von mehr als 2 m² besitzt. Manche Körperorgane sind lebensnotwendig. Viele von ihnen kann man bei einer Schädigung durch das gesunde Organ eines Spenders ersetzen.

REKORD-HALTER

Dem Ehlers-Danlos-Syndrom, einer seltenen Erkrankung, verdankt der Engländer Gary Turner die **dehnbarste Haut** der Welt.

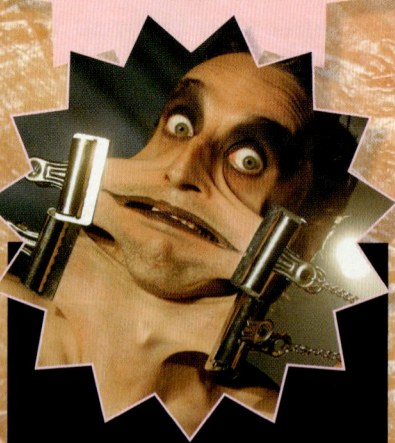

Hautfunktionen

✔ **Lässt Erreger und Wasser nicht in den Körper**

✔ **Schützt den Körper vor dem Austrocknen**

✔ **Reagiert auf Druck, Schmerz und Wärme**

✔ **Filtert gefährliche UV-Strahlen der Sonne**

✔ **Sorgt für eine gleichbleibende Körpertemperatur**

✔ **Erzeugt das Vitamin D**

Wie man ein Herz transplantiert

1. Schließe den Patienten an die Herz-Lungen-Maschine an, sodass sein Kreislauf weiter arbeitet. Dann öffnest du den Brustkorb.

2. Entferne das erkrankte Herz. Dabei lässt du den hinteren Abschnitt des linken Vorhofs (obere linke Kammer) an seinem Platz.

3. Setze das Spenderherz in den Brustkorb ein und verbinde den Vorhof mit dem alten Vorhof.

Wozu dient er?

Niemand weiß ganz sicher, welche Funktion der Blinddarm am Dickdarm besitzt. Früher glaubte man, dass unsere Vorfahren mit diesem fingergroßen Röhrchen harte Pflanzenreste verdauten. Doch vermutlich spielt der Blinddarm eine Rolle im Immunsystem, weil er nützliche Bakterien enthält.

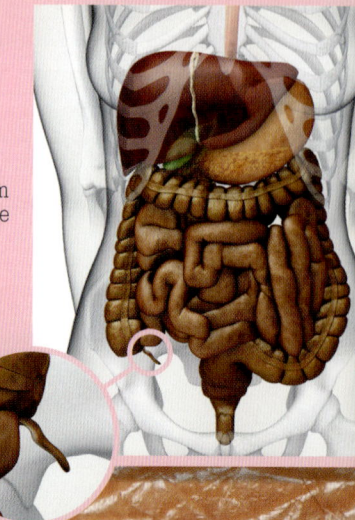

Harnblasen-grundlagen

Die Harnblase ist ein hohles, muskuläres Organ, das bis zu 0,6 Liter Urin speichern kann.

Urin entsteht in den Nieren und fließt durch zwei kleine Röhren, den Harnleitern, zur Harnblase.

Während die Blase Urin aufnimmt, dehnen sich ihre Wände. Wenn die Blase gefüllt ist, senden Dehnungsrezeptoren in den Wänden Signale an das Gehirn, damit man eine Toilette aufsucht.

Ein Schließmuskel verhindert, dass Urin durch die Harnröhre am Blasenboden abfließt. Erst durch Signale aus dem Gehirn entspannt sich dieser Muskel und der Urin kann abfließen.

Das ist Harn

95 % Wasser

Harnstoff und Harnsäure

Bikarbonationen

Kreatinin

Kalzium

Magnesium

Salze (Phosphat-, Kalium-, Natrium- und Schwefelionen)

Der Magen setzt **Salzsäure** frei, um die Verdauung zu unterstützen. Die Säure ist so ätzend, dass sie sogar Metalle zerstört. Doch die Magenwände sind durch eine Schleimschicht vor der Säure geschützt.

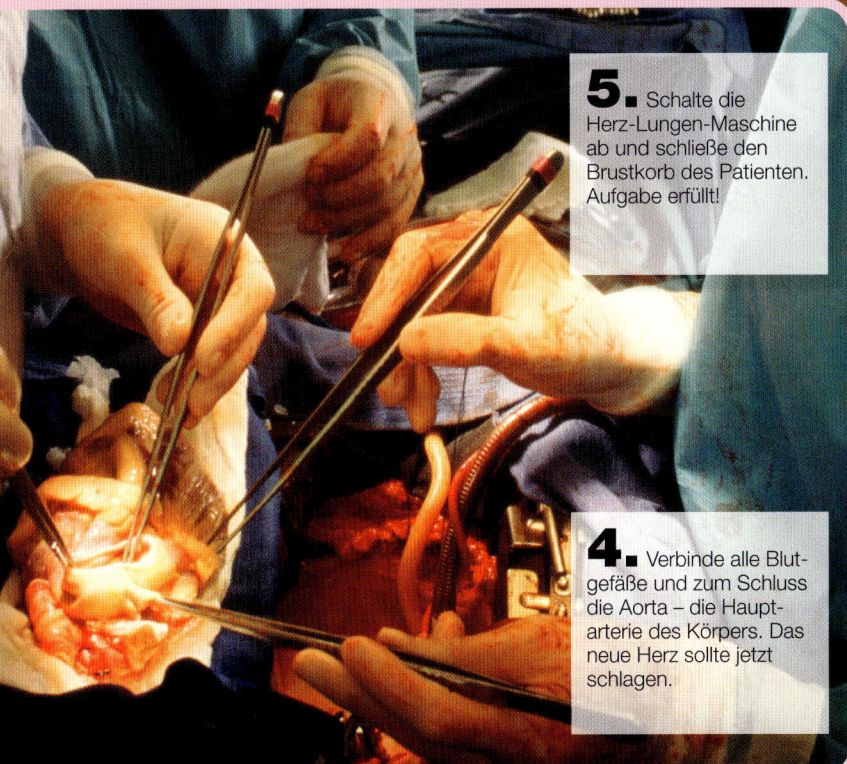

5. Schalte die Herz-Lungen-Maschine ab und schließe den Brustkorb des Patienten. Aufgabe erfüllt!

4. Verbinde alle Blutgefäße und zum Schluss die Aorta – die Hauptarterie des Körpers. Das neue Herz sollte jetzt schlagen.

Organtransplantation

Diese Organe kann man transplantieren, um ein erkranktes Organ zu ersetzen:

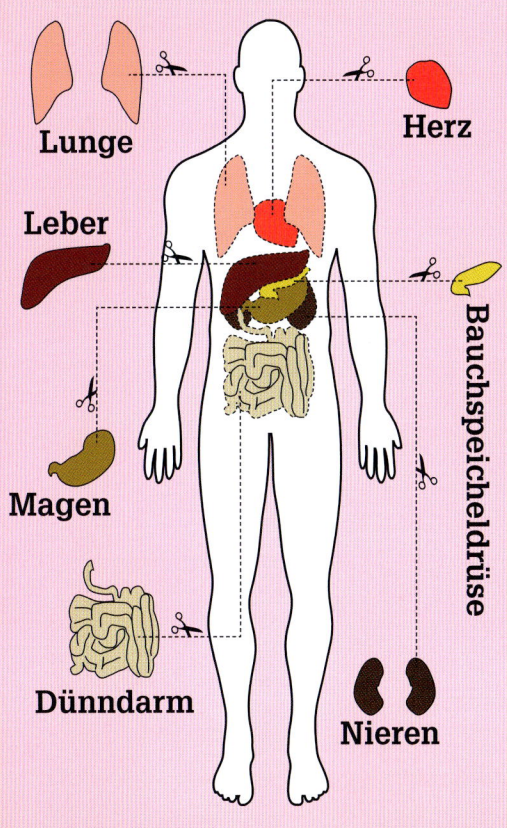

Lunge

Herz

Leber

Bauchspeicheldrüse

Magen

Dünndarm

Nieren

Weitere Organe

Organ	System	Lage	Funktion
Gallenblase	Verdauung	unterhalb der Leber	Sie gibt eine Flüssigkeit, die Galle, in den Dünndarm ab, die zur Verdauung von Fetten benötigt wird.
Dickdarm	Verdauung	Bauch – letzter Abschnitt des Verdauungstrakts	Er wandelt Nahrungsreste in Stuhl um.
Milz	lymphatisches System	zwischen Magen und Zwerchfell (linke Körperhälfte)	Sie entfernt Viren und Bakterien aus dem Blut, um den Körper vor einer Ansteckung zu schützen.
Kehlkopf	Atmung	im Rachen auf der Luftröhre	Er enthält die Stimmbänder und erzeugt Töne zum Sprechen.
Zunge	Verdauung	Mund	Der biegsame Muskel bewegt Nahrung und enthält die Geschmacksknospen.

Was ist ein Körpersystem?

Organe und Gewebe, die im Körper zusammen eine Funktion erfüllen, bilden ein Körpersystem. Das Verdauungssystem – Mund, Magen, Leber und Darm – verarbeitet z. B. die Nahrung. Körpersysteme sind voneinander abhängig und auf das richtige Funktionieren der anderen Systeme angewiesen.

Der Schädel birgt und schützt wichtige Teile des Nervensystems wie z. B. das Gehirn und lebenswichtige Sinnesorgane wie Augen, Ohren, Zunge und Nase.

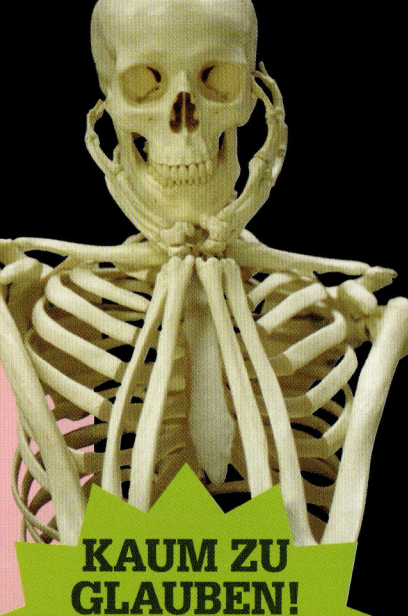

Körpersysteme

1 **Integument:** Haut, Haare und Nägel

2 **Muskulatur:** Muskeln

3 **Skelett:** Knochen

4 **Kreislauf:** Herz und Blutgefäße

5 **Atmung:** Atemorgane

6 **Verdauung:** Nahrungsverarbeitung

7 **Fortpflanzung:** Geschlechtsorgane

8 **Lymphatisches und Immunsystem:** Abwehr von Krankheitserregern

9 **Nerven:** Gehirn und Neuronen

10 **Harn:** Ausscheidung

11 **Endokrines System:** Hormonproduktion

KAUM ZU GLAUBEN!

Ein Baby besitzt mehr Knochen als ein Erwachsener. **Babys** haben etwa **300 Knochen**. Aber manche wie z. B. die Schädelknochen verwachsen im Lauf der Zeit miteinander.

Zahlen

Ein Mensch besitzt **650 Skelettmuskeln**.

Alle Organe des Verdauungssystems sind zusammen **9 m** lang.

Der Körper eines Erwachsenen besitzt **206 Knochen**.

Im Körper existieren **320** bewegliche und halbbewegliche **Gelenke**.

Alles über das Ein- und Ausatmen

Die Atmung befördert frische, sauerstoffreiche Luft in die Lunge und entfernt verbrauchte, kohlendioxidhaltige Luft. Die Lunge besitzt keine Muskeln. Das Zwerchfell, ein kuppelförmiger Muskel unter der Lunge, und die Rippenmuskeln erledigen die Arbeit.

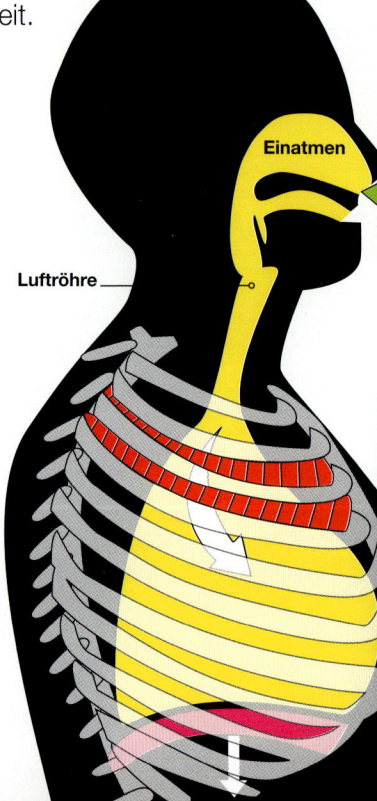

Einatmen

Luftröhre

1 Das Zwerchfell und die Muskeln zwischen den Rippen ziehen sich zusammen. Dadurch wird der Raum im Brustkorb größer.

2 Die Lunge dehnt sich aus und saugt sauerstoffreiche Luft durch Nase, Rachen und Luftröhre an.

3 In der Lunge geht Sauerstoff in den Blutstrom über und wird zum Herzen geführt. Dieses versorgt alle Zellen des Körpers mit sauerstoffreichem Blut.

In Ruhe atmet man in jeder Minute ungefähr **6 Liter** Luft ein und aus. Ausgeatmete Luft enthält eine 100-fach höhere Konzentration von Kohlendioxid als die Luft, die man einatmet.

Übrigens:

Wenn man die Blutgefäße eines Menschen aneinanderreihen könnte, würden sie 2,5-mal um die Erde reichen.

Handführer

Obwohl Testosteron das männliche Geschlechtshormon ist, verfügen auch Frauen darüber. Ein hoher Testosteronspiegel bei Ungeborenen führt oft dazu, dass der Ringfinger länger als der Zeigefinger ist.

Zeige-finger

Ring-finger

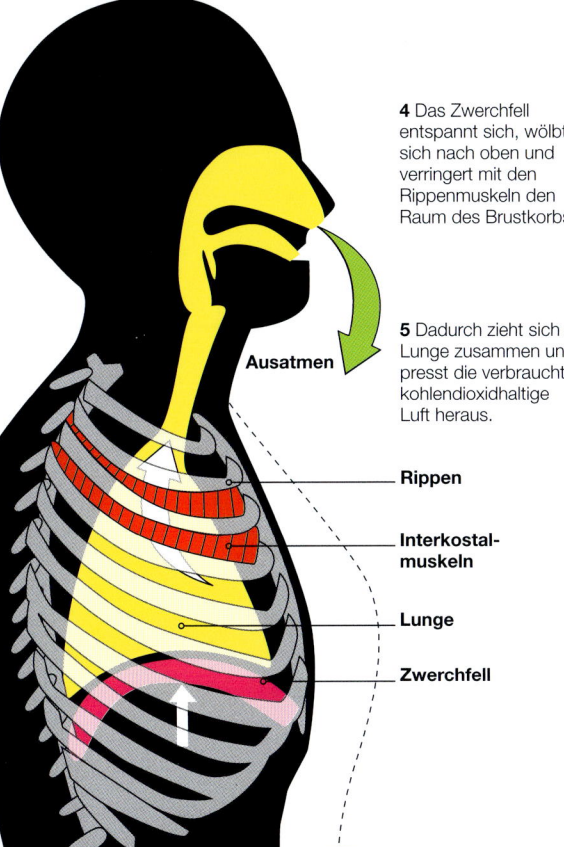

4 Das Zwerchfell entspannt sich, wölbt sich nach oben und verringert mit den Rippenmuskeln den Raum des Brustkorbs.

5 Dadurch zieht sich die Lunge zusammen und presst die verbrauchte, kohlendioxidhaltige Luft heraus.

Ausatmen

Rippen

Interkostal-muskeln

Lunge

Zwerchfell

KAUM ZU GLAUBEN!

Muskeln machen nahezu die **Hälfte des Körper-gewichts** aus. Wenn man viel Sport betreibt, entwickelt sich die Muskulatur, was zu einer Gewichtszunahme führt.

Die Augenmuskeln bewegen die Augäpfel mehr als 100 000-mal pro Tag.

Hormone

1 Das endokrine System besteht aus zahlreichen verschiedenen Drüsen, die chemische Botenstoffe, die Hormone, aufbauen und in den Blutstrom abgeben.

2 Die Freisetzung des Hormons Melatonin ist nachts am stärksten und macht dich schläfrig. Tagsüber benötigt man weniger davon.

3 Das endokrine System reguliert mehr als 30 Hormone. Diese steuern unter anderem:

- wie und wann der Körper wächst
- wann man hungrig ist
- den Glukosespiegel (Zucker) im Blut
- den Schlaf
- den Umgang mit Stress

ALLES KLAR?

Hormon leitet sich vom griechischen Wort *homän* für antreiben oder sich in Bewegung setzen ab.

Was ohne Nervensystem nicht funktioniert:

Riechen

Schmecken

Sehen

Hören

Denken

Erinnern

Träumen

Berühren

Bewegen

Atmen

Temperatur-regulation

Menschen sind warmblütige Säugetiere und mehrere Körpersysteme sorgen dafür, dass die innere Temperatur von 37 °C immer gleich bleibt.

Nervensystem
Nerven leiten Informationen über die Körpertemperatur an das Gehirn, das andere Systeme anregt.

Integumentsystem
Rezeptoren in der Haut entdecken Änderungen der Außentemperatur. Wenn es zu heiß ist, sondern Drüsen Schweiß ab, der auf der Haut verdampft und den Körper kühlt.

Herzkreislaufsystem
Blutgefäße direkt unter der Haut weiten sich bei Wärme, um Wärme abzugeben. Bei Kälte verengen sie sich, damit der Körper nicht abkühlt.

Endokrines System
Bei Kälte erzeugen die Neben-nierendrüsen mehr Adrenalin und Noradrenalin, um die An-zahl chemischer Reaktionen in den Zellen zu steigern.

Muskulatur
Bei großer Kälte ziehen sich die Muskeln durch unwillkür-liches Zittern zusammen und erzeugen dadurch Wärme.

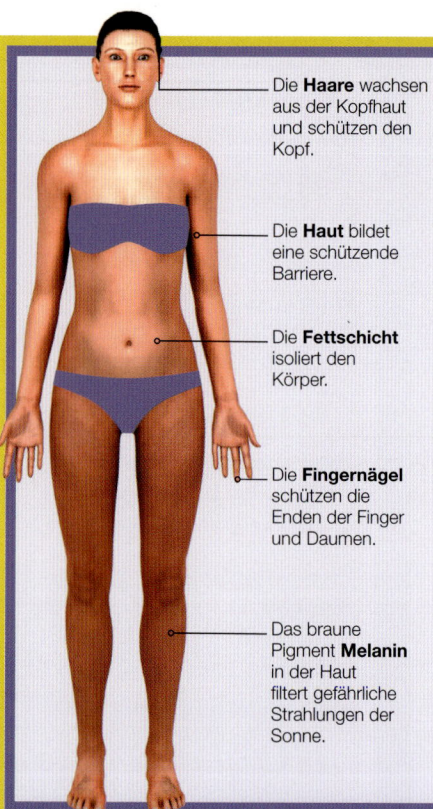

Integument-System

Die **Haare** wachsen aus der Kopfhaut und schützen den Kopf.

Die **Haut** bildet eine schützende Barriere.

Die **Fettschicht** isoliert den Körper.

Die **Fingernägel** schützen die Enden der Finger und Daumen.

Das braune Pigment **Melanin** in der Haut filtert gefährliche Strahlungen der Sonne.

Haut, Haare und Nägel bilden zusammen die äußere Schutzhülle des Körpers. Diese Barriere verhindert, dass Wasser und Krankheitserreger eindringen und die empfindlichen inneren Organe befallen.

Muskulatur

Der **Ringmuskel des Auges** schließt das Auge.

Der **große Brustmuskel** zieht den Arm nach vorn.

Der **zweiköpfige Armmuskel** beugt den Arm im Ellbogen.

Der **schräge Bauchmuskel** dreht und beugt den Rumpf.

Der **Schneidermuskel** beugt und dreht die Hüfte nach außen.

Der **vierköpfige Oberschenkelmuskel** streckt das Knie und beugt die Hüfte.

Der **vordere Schienbeinmuskel** hebt den Fuß nach oben und innen.

Die Muskeln sind am Skelett befestigt und ziehen an den Knochen, um den Körper zu bewegen. Glatte Muskulatur erzeugt Bewegungen in den Wänden von Hohlorganen wie dem Darm. Die Herzmuskeln sorgen dafür, dass das Herz schlägt.

Herz-Kreislauf-System

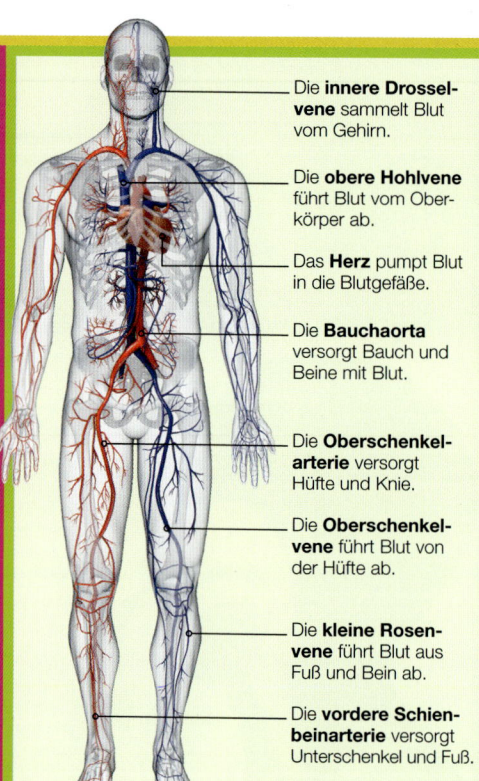

Die **innere Drosselvene** sammelt Blut vom Gehirn.

Die **obere Hohlvene** führt Blut vom Oberkörper ab.

Das **Herz** pumpt Blut in die Blutgefäße.

Die **Bauchaorta** versorgt Bauch und Beine mit Blut.

Die **Oberschenkelarterie** versorgt Hüfte und Knie.

Die **Oberschenkelvene** führt Blut von der Hüfte ab.

Die **kleine Rosenvene** führt Blut aus Fuß und Bein ab.

Die **vordere Schienbeinarterie** versorgt Unterschenkel und Fuß.

Das Herz pumpt sauerstoffreiches Blut über die Arterien (rot) und durch winzige Blutgefäße, die man Kapillaren nennt, in die Körpergewebe. Venen (blau) bringen sauerstoffarmes Blut von den Geweben zum Herz zurück.

Alles über Körpersysteme

Jedes Körpersystem führt eine wichtige Funktion aus und erledigt z. B. die Verarbeitung der Nahrung, den Bluttransport durch den Körper oder die Sauerstoffversorgung der Zellen. Damit ein gesunder Körper wirksam funktioniert, arbeiten die Systeme aufeinander abgestimmt zusammen und werden von Gehirn und Nervensystem gesteuert.

Männlich oder weiblich

Das Fortpflanzungssystem ist eine Besonderheit. Als einziges Körpersystem unterscheidet es sich bei Frauen und Männern erheblich und funktioniert auch nur für einen Teil des Lebens.

Atmungssystem

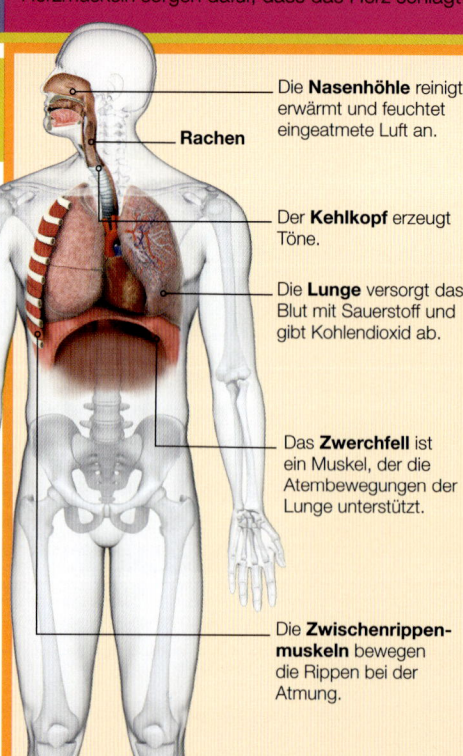

Die **Nasenhöhle** reinigt, erwärmt und feuchtet eingeatmete Luft an.

Rachen

Der **Kehlkopf** erzeugt Töne.

Die **Lunge** versorgt das Blut mit Sauerstoff und gibt Kohlendioxid ab.

Das **Zwerchfell** ist ein Muskel, der die Atembewegungen der Lunge unterstützt.

Die **Zwischenrippenmuskeln** bewegen die Rippen bei der Atmung.

Luft strömt über Nasenhöhle und Rachen in die Lunge. Dort wird Sauerstoff in den Blutstrom abgegeben und Kohlendioxid aus ihm entfernt.

Verdauungssystem

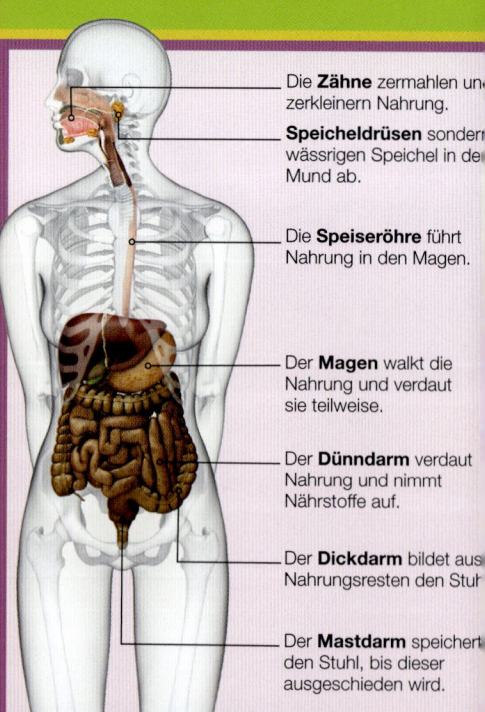

Die **Zähne** zermahlen und zerkleinern Nahrung.

Speicheldrüsen sondern wässrigen Speichel in den Mund ab.

Die **Speiseröhre** führt Nahrung in den Magen.

Der **Magen** walkt die Nahrung und verdaut sie teilweise.

Der **Dünndarm** verdaut Nahrung und nimmt Nährstoffe auf.

Der **Dickdarm** bildet aus Nahrungsresten den Stuhl.

Der **Mastdarm** speichert den Stuhl, bis dieser ausgeschieden wird.

Nahrung wird verschluckt und gelangt durch die Speiseröhre in den Magen. Während die Nahrung durch den Magen und die Därme wandert, wird sie verdaut und Nährstoffe gehen in den Blutstrom über.

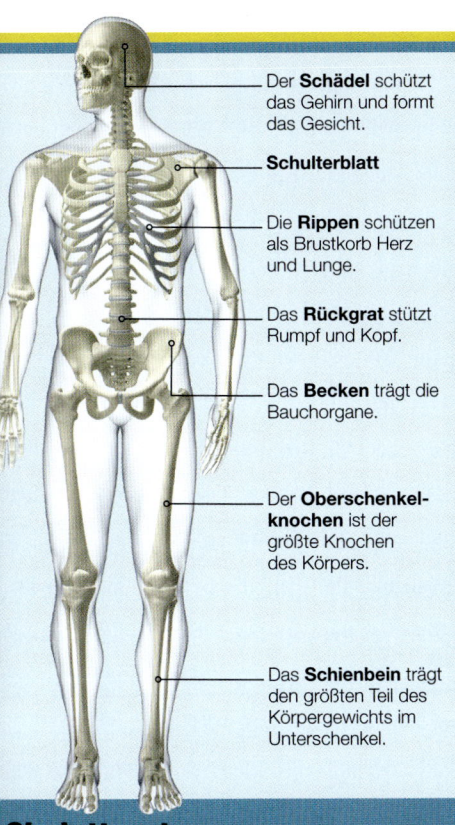

Skelettsystem

Der **Schädel** schützt das Gehirn und formt das Gesicht.

Schulterblatt

Die **Rippen** schützen als Brustkorb Herz und Lunge.

Das **Rückgrat** stützt Rumpf und Kopf.

Das **Becken** trägt die Bauchorgane.

Der **Oberschenkel-knochen** ist der größte Knochen des Körpers.

Das **Schienbein** trägt den größten Teil des Körpergewichts im Unterschenkel.

Skelettsystem

Dieses gelenkige Gerüst aus Knochen trägt den Körper und ermöglicht Bewegungen. Manche Knochen wie der Schädel schützen empfindliche Körperorgane, z.B. das Gehirn.

Lymphatisches und Immunsystem

Die **Mandeln** bekämpfen Krankheitserreger.

Im **Thymus** reifen Blutzellen, die Ansteckungen bekämpfen.

Die **Milz** ist die größte Lymphdrüse.

Der **Brusthöhlengang** führt Lymphe aus der Bauchhöhle, der Beckenhöhle und den Beinen ab.

Lymphknoten bekämpfen Erreger in den Lymphgefäßen.

Die **Lymphkapillaren** leiten Lymphe ab.

Die **Lymphgefäße** nehmen Lymphe aus den Lymphkapillaren auf.

Lymphatisches und Immunsystem

Das lymphatische System führt überschüssige Flüssigkeit (Lymphe) aus den Geweben ab und filtert Keime heraus. Das Immunsystem verhindert Infektionen, indem es Keime aufspürt und vernichtet.

Nervensystem

Das **Gehirn** empfängt Signale, verarbeitet sie und schickt sie wieder an den Körper.

Die **Spinalnerven** entspringen paarweise vom Rückenmark.

Die **Zwischenrippen-nerven** versorgen die Zwischenrippen-muskeln.

Das **Rückenmark** leitet Signale zwischen Gehirn und Körper hin und her.

Der **Ischiasnerv** steuert die Ober-schenkelmuskeln, die das Knie beugen.

Der **gemeinsame Wadenbeinnerv** versorgt die Schienbeinmuskeln.

Der **Schienbeinnerv** reguliert die Muskeln, die den Fuß strecken.

Nervensystem

Nerven leiten Informationen der Sinnesorgane über das Rückenmark an das Gehirn, das diese Informationen verarbeitet und über die Nerven Anweisungen an die zuständigen Körperteile sendet.

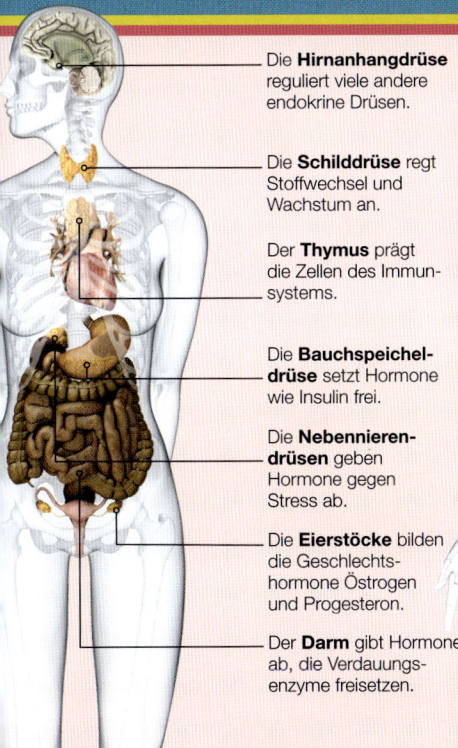

Die **Hirnanhangdrüse** reguliert viele andere endokrine Drüsen.

Die **Schilddrüse** regt Stoffwechsel und Wachstum an.

Der **Thymus** prägt die Zellen des Immun-systems.

Die **Bauchspeichel-drüse** setzt Hormone wie Insulin frei.

Die **Nebennieren-drüsen** geben Hormone gegen Stress ab.

Die **Eierstöcke** bilden die Geschlechts-hormone Östrogen und Progesteron.

Der **Darm** gibt Hormone ab, die Verdauungs-enzyme freisetzen.

Endokrines System

Die Organe dieses Systems bilden chemische Botenstoffe, die man Hormone nennt. Sie steuern das Wachstum und erhalten Körperfunktionen. Männliche Körper erzeugen das Geschlechts-hormon Testosteron.

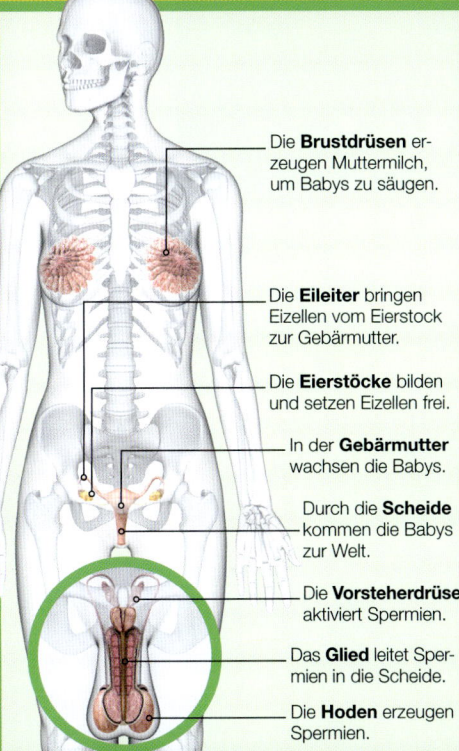

Die **Brustdrüsen** erzeugen Muttermilch, um Babys zu säugen.

Die **Eileiter** bringen Eizellen vom Eierstock zur Gebärmutter.

Die **Eierstöcke** bilden und setzen Eizellen frei.

In der **Gebärmutter** wachsen die Babys.

Durch die **Scheide** kommen die Babys zur Welt.

Die **Vorsteherdrüse** aktiviert Spermien.

Das **Glied** leitet Sper-mien in die Scheide.

Die **Hoden** erzeugen Spermien.

Fortpflanzungssystem

Männer und Frauen besitzen sehr unterschiedliche Fortpflanzungssysteme. Eine Frau (Hauptbild) bildet Eizellen, während ein Mann (Kreis) Spermien bildet. Wenn eine Eizelle durch ein Spermium befruchtet wird, entwickelt sich ein Baby.

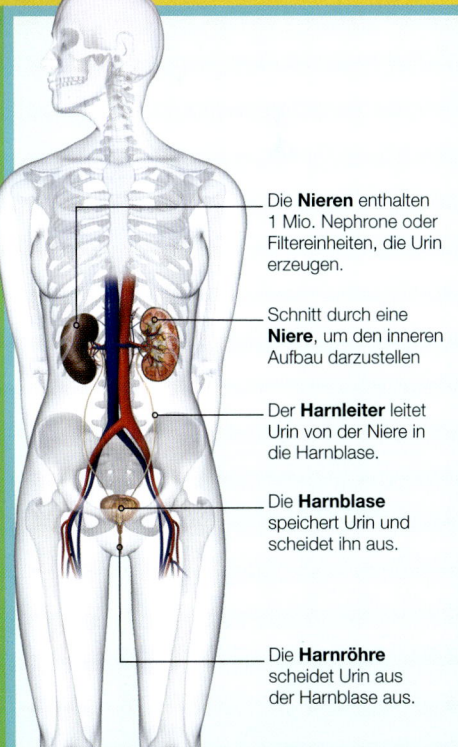

Die **Nieren** enthalten 1 Mio. Nephrone oder Filtereinheiten, die Urin erzeugen.

Schnitt durch eine **Niere**, um den inneren Aufbau darzustellen

Der **Harnleiter** leitet Urin von der Niere in die Harnblase.

Die **Harnblase** speichert Urin und scheidet ihn aus.

Die **Harnröhre** scheidet Urin aus der Harnblase aus.

Harnsystem

Nieren erzeugen Urin aus Abfallsubstanzen, über-schüssigem Wasser und Salzen im Blut, den die Harnblase speichert. Wenn die Harnblase gefüllt ist, wird der Urin durch die Harnröhre aus dem Körper ausgeschieden.

Was ist die **DNA?**

Die Kerne der Körperzellen enthalten Anweisungen für die Herstellung von Eiweißen, die bestimmen, wie Zellen funktionieren und wie ein Körper aussieht. Diese Anweisungen oder Gene befinden sich auf Strukturen, die man Chromosomen nennt und aus Desoxyribonukleinsäure oder DNA bestehen.

Spannende Geschichte

1866
Der deutsche Naturforscher Gregor Mendel veröffentlichte seine Vererbungsregeln und zeigte, dass Genpaare je ein Gen eines Elternteils besitzen.

1869
Der Schweizer Biologe Johannes Friedrich Miescher identifizierte eine Substanz im Zellkern weißer Blutzellen, die man später Desoxyribonukleinsäure (DNA) nennen wird.

1910
Der amerikanische Zoologe Thomas Hunt Morgan untersuchte Gene von Fruchtfliegen und bestätigte, dass Chromosomen die Gene tragen.

1944
Die Forscher Oswald Avery, Colin MacLeod und Maclyn McCarty bewiesen, dass Gene aus DNA bestehen.

1952
Die britische Chemikerin Rosalind Franklin nahm ein Bild eines DNA-Moleküls mithilfe von Röntgenbeugungsmustern auf.

1953
Der Brite Francis Crick und der Amerikaner James Watson deckten mit Franklins DNA-Aufnahme die Doppelhelix-Struktur der DNA auf.

1972
Dem amerikanischen Biochemiker Paul Berg gelang die erste Verschmelzung von Genen verschiedener Organismen.

1984
Der dänische Mediziner Steen Willadsen klonierte ein Schaf aus Embryonalzellen.

2003
Das Team des internationalen Human-Genom-Projekts verkündigte die vollständige Sequenzierung des menschlichen Genoms.

2009
Der US-Rettungshund, der bei den Anschlägen vom 11. September 2001 in New York den letzten Überlebenden in den Trümmern des World Trade Center aufspürte, wurde zu fünf Welpen kloniert.

Chromosomen zählen

Jede Körperzelle besitzt 46 Chromosomen in 23 Paaren. Ein Chromosom von jedem Paar wird von der Mutter und das andere vom Vater vererbt. Ein Chromosomenpaar bestimmt das Geschlecht. Frauen besitzen zwei X-Chromosomen, während Männer ein X- und ein Y-Chromosom haben.

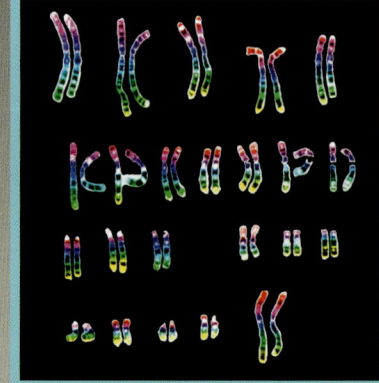

Wenn man die DNA nur einer **Zelle** zu einer Schnur auseinanderzöge, wäre sie etwa 2 m lang.

Alles über **die DNA-Struktur**

■ Die DNA besitzt die Form einer Doppelhelix (oder einer verdrehten Leiter) und besteht aus zwei Strängen.

■ Die beiden DNA-Stränge sind durch „Leitersprossen" aus Molekülen, den Basen, verbunden. Diese stellen die „Buchstaben" der Anweisungen auf den Genen dar.

■ Die vier Basen sind Adenin (A), Thymin (T), Guanin (G) und Cytosin (C).

■ A bindet immer an T und C immer an G.

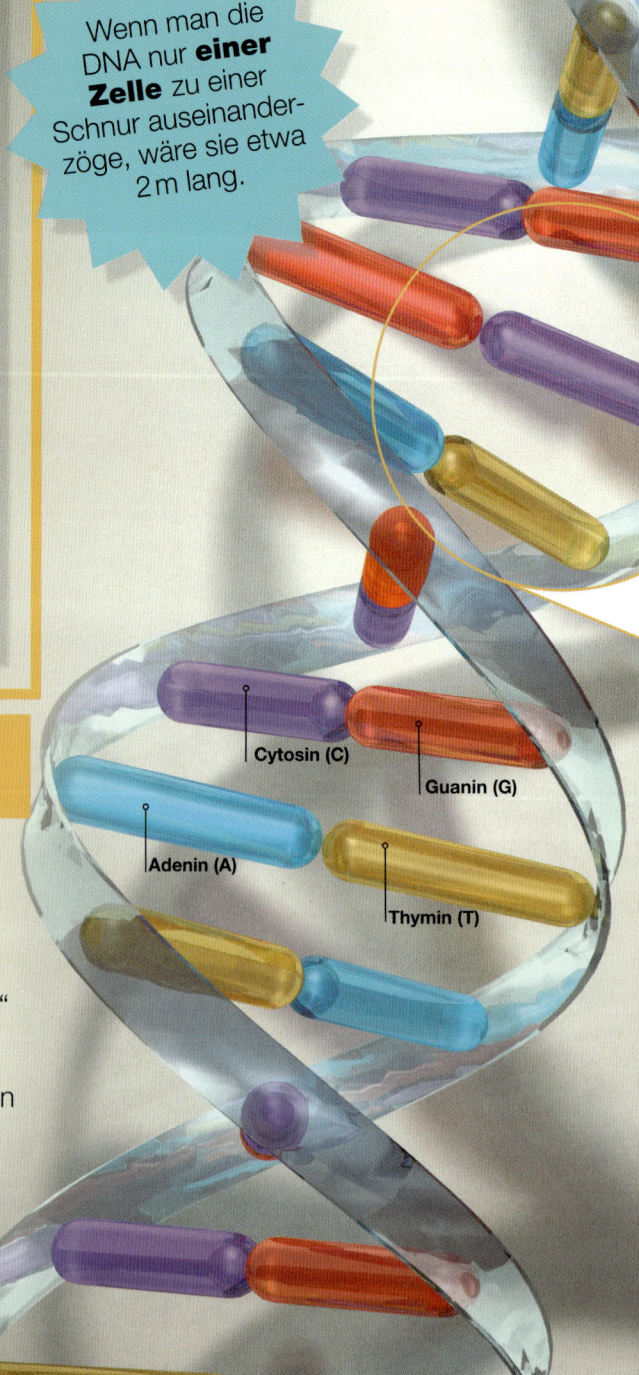

Cytosin (C)

Guanin (G)

Adenin (A)

Thymin (T)

Achte auf den Unterschied!

Eineiige Zwillinge besitzen identische Gene, aber ihre Fingerabdrücke sind unterschiedlich. Das Muster aus Bögen und Graten ist ähnlich, doch es wird auch von vorgeburtlichen Gegebenheiten in der Gebärmutter beeinflusst. Zwillinge besitzen deshalb leicht unterschiedliche Muster.

Humangenom

1 Die vollständige DNA-Sequenz der Chromosomen ist das Genom.

2 Das Human-Genom-Projekt vereinigte Forscher aus aller Welt, um die vollständige Sequenz der menschlichen DNA zu bestimmen.

3 Sie entdeckten, dass das menschliche Genom aus 3,2 Mrd. Basenpaaren besteht.

4 Nur 3 % der Basen der DNA bilden die 20 000–25 000 Gene des Genoms.

5 Ein durchschnittliches Gen ist etwa 10 000 Basenpaare lang.

6 Das restliche Genom bezeichnet man als „Junk-DNA" (von engl. *junk* für „Müll"), weil bis heute niemand ihre Funktion kennt.

DNA-Identität

1 Obwohl 99,9 % der DNA bei jedem Menschen gleich sind (99,95 % bei Geschwistern), sind einige Abschnitte sehr veränderlich und individuell (nicht bei eineiigen Zwillingen).

2 Gerichtsmediziner analysieren eine DNA-Probe, um ein einzigartiges DNA-Profil einer Person zu erstellen. Damit kann man Opfer oder Verbrecher identifizieren. Dieses Verfahren wird als genetischer Fingerabdruck bezeichnet.

3 DNA kann man am Tatort aus Körperflüssigkeiten wie Blut oder mithilfe eines Wattestäbchens aus Schleimhautzellen des Munds gewinnen.

Wie man **einen Verbrecher schnappt**

Opfer

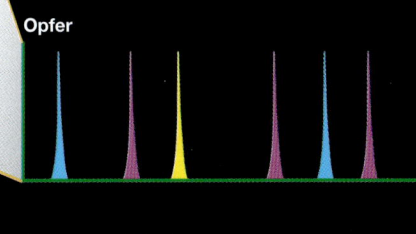

1. Suche am Tatort nach menschlichen Beweisstücken wie Körperflüssigkeiten oder Haaren und nimm sie zur Analyse mit in das Labor der Gerichtsmedizin. Extrahiere DNA aus ihnen für einen DNA-Fingerabdruck.

Probe vom Tatort

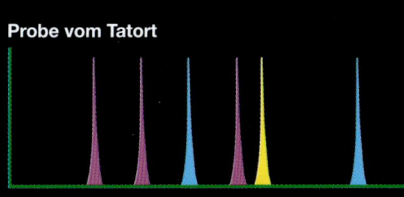

2. Erstelle den Fingerabdruck des Opfers und prüfe, ob das Beweisstück vom Tatort zu ihm gehört. Wenn der Fingerabdruck nicht übereinstimmt, kannst du mit dem Beweisstück möglicherweise den Täter überführen.

Verdächtiger 1

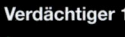

3. Wenn die Polizei eine Person verdächtigt, schabst du Zellen des Verdächtigen von seiner Mundschleimhaut und erstellst einen DNA-Fingerabdruck. Vergleiche ihn mit der DNA vom Tatort. Dieser Verdächtige ist sicher unschuldig.

Verdächtiger 2

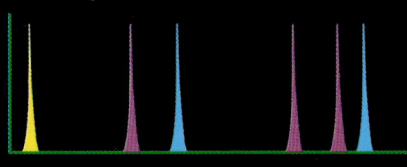

4. Vergleiche die DNA des zweiten Verdächtigen mit der vom Tatort. Dieser Verdächtige ist am Tatort gewesen!

Wir Menschen teilen uns 96 % der DNA mit **Schimpansen**. Überraschenderweise stimmen auch 80 % der menschlichen Gene mit denen von Mäusen überein. Also quieke laut auf, wenn du Bananen liebst!

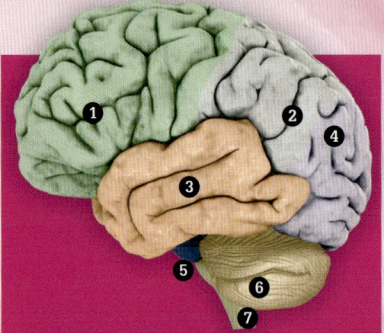

Wie arbeitet das **Gehirn?**

Das Gehirn ist das Kontrollzentrum des Nervensystems und viel komplizierter als jeder Computer. Seine 100 Mrd. Nervenzellen (Neuronen) verarbeiten und übermitteln Informationen der Sinnesorgane und anderer Rezeptoren als elektrische Signale. Diese werden im Gedächtnis gespeichert.

Gehirnkarte

1 Der **Stirnlappen** steuert Persönlichkeit, Sprache und Gefühle.

2 Der **Scheitellappen** verarbeitet Reize.

3 Der **Schläfenlappen** erkennt und verarbeitet Schall.

4 Der **Hinterhauptlappen** verarbeitet optische Informationen.

5 Die **Hirnanhangdrüse** setzt Hormone frei.

6 Das **Kleinhirn** steuert Bewegungen und Gleichgewicht.

7 Der **Hirnstamm** verbindet das Gehirn mit dem Körper und steuert Herzschlag und Atmung.

KAUM ZU GLAUBEN!

Das Gehirn empfindet keine Schmerz. Deshalb können **Neurochirurgen** Bereiche des Gehirns untersuchen, während der Patient wach ist.

Arten des Langzeitgedächtnisses

 Prozeduales Gedächtnis: Speichert erlernte Fähigkeiten wie Fahrrad fahren.

 Semantisches Gedächtnis: Speichert Wörter und Sprache.

Episodisches Gedächtnis: Speichert Erfahrungen.

Alles über **den Aufbau von Neuronen**

Neuronen sind Nervenzellen, die Informationen als elektrische Signale weiterleiten.

Das **Axon** ist ein Zellfortsatz und leitet elektrische Signale zu anderen Neuronen.

Zellkern

Zellkörper

Die **Myelinscheide** ist eine Fettschicht. Sie schützt das Axon und beschleunigt Nervenimpulse.

Synapsen sind Kontaktstellen zu anderen Zellen.

Dendriten sind Zytoplasmafortsätze. Sie nehmen Signale anderer Neuronen auf.

Die **Neuronen** im Gehirn sind winzig – 30000 passen auf einen Stecknadelkopf. Die längsten Neuronen erstrecken sich über 1 m vom Ende des Rückgrats bis zum großen Zeh.

Bereich der Gefühle

Gefühle werden im Gehirn ausgelöst und entziehen sich dem Bewusstsein. Dazu zählen diese vier Hauptarten:

Glück
Gefühl der Zufriedenheit, Liebe, Freude und des Vergnügens

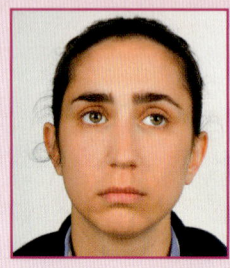

Trauer
Gefühl des Verlusts, der Trauer und Hilflosigkeit

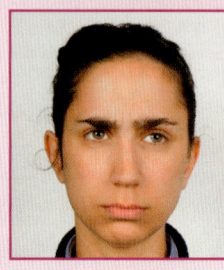

Ärger
Gefühl der Aggression und der Empörung

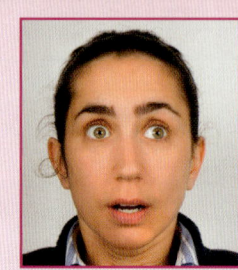

Furcht
Gefühl der Besorgnis dessen, was geschehen kann

Gehirnaufgaben

✔ Steuerung von Atmung, Herzschlag und Körpertemperatur

✔ Signalisiert Muskeln, sich zusammenzuziehen, sodass sich der Körper bewegt.

✔ Verarbeitet Informationen der Sinnesorgane und Hautrezeptoren, sodass man seine Umgebung fühlt und erfährt.

✔ Speichert und ruft Erinnerungen ab.

✔ Denkt, überlegt und vermutet.

✔ Löst Gefühle aus und steuert sie.

Optische Täuschung

Das Gehirn nutzt Hinweise der Umgebung, um das Gesehene zu erklären. Aber manchmal verwirren Bilder und täuschen das Gehirn.

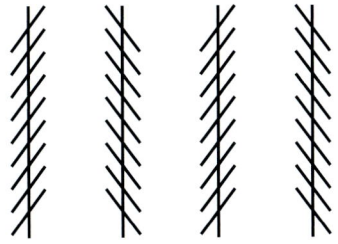

■ Diese vier Linien verlaufen scheinbar leicht schräg. Tatsächlich verlaufen sie aber absolut parallel.

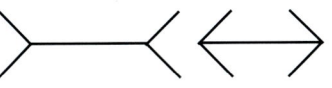

■ Die linke Linie ist scheinbar etwas länger als die rechte. Sie sind aber genau gleich lang.

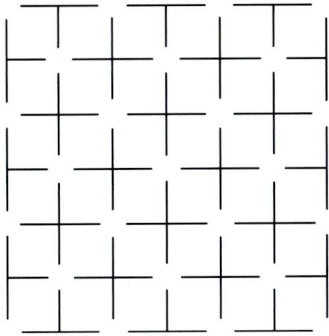

■ Die Gitterlinien sind scheinbar durch weiße Kreise verbunden. Es handelt sich aber nur um Lücken zwischen den Linien.

Blut zum Kopf

■ Das Gehirn wird von einem 645 km langen Netzwerk aus Arterien, Venen und Kapillaren versorgt.

■ Ungefähr 20 % des Sauerstoffs ist für das Gehirn reserviert, obwohl es nur 2 % der Körpermasse ausmacht.

■ Wenn das Gehirn kein Blut mehr erhält, kann Bewusstlosigkeit bereits nach zehn Sekunden eintreten.

■ Wenn das Gehirn 5–10 Minuten lang kein sauerstoffreiches Blut erhält, wird es ernsthaft geschädigt.

Fünf Wege, um das Gedächtnis zu verbessern

1 Verbinde neue Ideen mit bekannten Dingen. Sie sind dann mit Informationen verknüpft, die bereits im Langzeitgedächtnis liegen.

2 Teile lange Zahlenreihen wie eine Telefonnummer in kleinere Bereiche auf, die man sich leichter merken kann.

3 Denk dir eine Merkhilfe mit Anfangsbuchstaben aus, um daraus einen Satz zu bilden, z. B.: „Mein Vater erklärt mir jeden Sonntag unseren Nachthimmel." Der Satz listet die acht Planeten Merkur, Venus, Erde, Mars, Jupiter, Saturn, Uranus und Neptun auf.

4 Lies dir Texte laut vor und schreibe sie wieder auf, um sie besser zu behalten.

5 Nachts gut schlafen – wer nicht müde ist, konzentriert sich schlecht und erinnert sich nur schwer.

Wie man **sich erinnert**

1. Speichere alle Informationen deiner Sinne (sehen, hören, fühlen, riechen und schmecken) im sensorischen Gedächtnis ab.

2. Jetzt sortiere die meisten dieser Informationen aus, um das Gehirn nicht zu überlasten. Wenn eine Information wichtig sein könnte, speichere sie vorübergehend im Kurzzeitgedächtnis.

3. Wenn dein Gehirn eine Information als wichtig erkennt, speichert es Fakten, Fähigkeiten oder Erfahrungen im Langzeitgedächtnis – damit du dich immer daran erinnerst.

Babygeschrei
Babys schreien, um Aufmerksamkeit zu erhalten. Dieser Instinkt (angeborenes Verhalten) ist im Gedächtnis gespeichert und wurde von unseren alten Vorfahren vererbt.

Links – rechts?

☞ Die linke Gehirnhälfte kontrolliert die rechte Körperseite und die rechte Gehirnhälfte die linke Körperseite.

☞ Bei den meisten Menschen dominiert die linke Gehirnhälfte. Sie sind Rechtshänder.

☞ Bei 10 % der Bevölkerung herrscht die rechte Gehirnhälfte vor, sodass diese Menschen Linkshänder sind.

☞ Berühmte Linkshänder waren der italienische Maler Leonardo da Vinci und der englische Physiker Isaac Newton. Auch der Präsident der USA, Barack Obama (Bild), ist Linkshänder.

✋ Beidhändige Menschen benutzen beide Hände gleich gut.

👁 Bei manchen Menschen dominiert sogar ein Auge oder ein Fuß.

Butterhirn
Gehirngewebe ist so weich, dass man es wie Butter schneiden kann. Glücklicherweise ist das **Gehirn** durch die harten Knochen des **Schädels** geschützt.

Bewusstsein

Fakten

1 Das Bewusstsein ist die Wahrnehmung der eigenen Existenz und der Umwelt.

2 Das Bewusstsein wird nicht durch einen bestimmten Gehirnabschnitt gesteuert, sondern hängt von der Aktivität der äußeren Schicht des Großhirns ab – desjenigen Teils des Gehirns, der für das Gedächtnis, Denken und die Persönlichkeit verantwortlich ist.

3 Menschen entwickeln erst ein Selbstgefühl, wenn sie etwa 18 Monate alt sind.

Warum muss man **schlafen?**

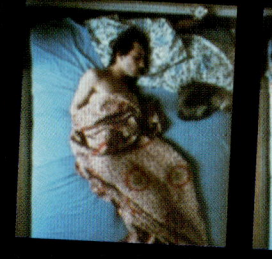

Vermutlich organisiert, verarbeitet und speichert das Gehirn Informationen während des Schlafs und erzeugt Erinnerungen. Der Schlaf dient auch dazu, dass sich der Körper erholt. Wenn man nicht ausreichend Schlaf findet, ist man gereizt und kann sich nur schwer auf eine Sache konzentrieren.

KAUM ZU GLAUBEN!

Tagebücher aus der Zeit vor der elektrischen Glühlampe zeigen, dass unsere **Vorfahren länger schliefen** als wir. Vielleicht war die Glühlampe doch keine so helle Idee!

Wie man **schläft**

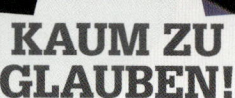

1. Lege dich hin, schließe deine Augen und entspanne deine Muskeln. Sorge dich nicht, wenn deine Muskeln zucken. Das ist ganz normal.

2. Verlangsame deine Hirnwellen von aktiven Betawellen zu den entspannteren Alphawellen.

3. Verringe deine Atemzüge und senke deine Körpertemperatur. Weil du dich nur gelegentlich umdrehst, senke auch deine Herzfrequenz.

4. Trete in den Non-REM-Schlaf ein und verlangsame deine Hirnwellen von Alpha auf Delta. Jetzt kann man dich kaum noch wecken.

5. Bringe mehrere Male deine Hirnwellen wieder auf Alpha. Dieser REM-Schlaf (engl.: Rapid Eye Movement, „schnelle Augenbewegungen") ist die Zeit der Träume.

Wie viel Schlaf?

Alter	Stunden täglich
Neugeborene	10,5–18
3–11 Monate	9–12 (und einige Nickerchen)
1–3 Jahre	12–14
3–5 Jahre	11–13
5–12 Jahre	10–11
11–17 Jahre	8,5–9,25
Erwachsene	7–9

Die elektrische Aktivität der Gehirnzellen kann mit besonderen Instrumenten gemessen werden. Die Hauptwellen bezeichnet man mit **Beta** (bewusst wach), **Alpha** (körperlich und geistig entspannt), **Theta** (Schlaf mit vermindertem Bewusstsein) und **Delta** (Tiefschlaf).

Schlafmuster

Jede Nacht wechseln sich Non-REM- und REM-Phasen etwa alle 90 Minuten ab, bis man aufwacht. Die REM-Phasen werden im Lauf der Nacht etwas länger, deshalb erscheinen die längsten Träume gegen Morgen. Während des REM-Schlafs sind die Muskeln wie gelähmt, sodass man seine Träume nicht aktiv ausleben kann.

NON-REM-SCHLAF   **REM-SCHLAF**

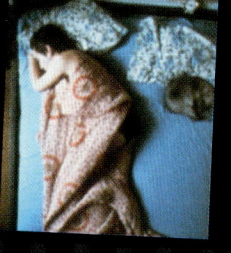
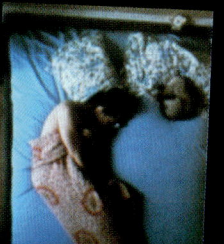

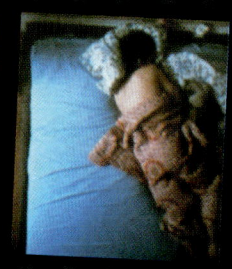

Checkliste Schlafen

Hinlegen

Augen schließen

Die Umgebung entschwindet.

Nur noch vereinzelte Geräusche

Gelegentliche Körperbewegungen

Langsamer Herzschlag

Langsames rhythmisches Atmen

Schlafstörungen

Schlafwandeln
Manche Menschen verlassen ihr Bett, während sie fest schlafen, und gehen umher. Schlafwandler sind schon Auto gefahren und haben sogar Verbrechen begangen, während sie ohne Bewusstsein waren.

Schnarchen
Dieses Geräusch entsteht, wenn sich weiches Gewebe im Rachenhintergrund entspannt und während des Atmens schwingt.

Zähneknirschen
Während des Schlafs die Zähne zusammenzubeißen oder mit ihnen zu knirschen bezeichnet man als Bruxismus. Um Zahnschäden zu vermeiden, trägt man eine Schiene.

Schlafredner
Während manche Schlafredner nur laute Geräusche erzeugen, halten andere lange Vorträge.

Schlafesser
Schlafesser plündern den Kühlschrank, während sie fest schlafen. Der einzige Beweis ihrer Aktivität sind Krümel im Bett.

Zahlen

Etwa **ein Drittel** seines Lebens verbringt man im Schlaf.

Ein Mensch träumt ungefähr **6 Jahre** seines Lebens.

Der Amerikaner Randy Gardner blieb 1964 genau **11 Tage** ohne Schlaf – ein sehr gefährlicher Weltrekord, versuche nicht ihn zu überbieten!

Der durchschnittliche Anteil der Menschen, die im Schlaf schnarchen, liegt bei **20 %**.

Jährlich verunglücken in den USA **100 000** Autos, weil ihre Fahrer während der Fahrt einschlafen.

ALLES KLAR?

Mehrere Nickerchen am Tag anstelle eines langen Nachtschlafs nennt man **Da-Vinci-Schlaf** – nach dem italienischen Maler Leonardo da Vinci, der regelmäßig Kraftnickerchen hielt. Die Einhandseglerin Ellen McArthur nutzte diese Methode bei ihrer Weltumsegelung. Wann immer es ging, hielt sie zehnminütige Kraftnickerchen.

Schlafentzug
kann zu Katastrophen wie der Explosion des Atomkraftwerks in Tschernobyl 1986 und dem Unfall des Öltankers *Exxon Valdez* 1989 in Alaska führen.

Lügenmärchen

Kinder setzen während des Schlafs mehr Wachstumshormone frei. Gehen sie öfter zu spät ins Bett, sind sie gereizt … und zu klein!

Wenn man nach einem erholsamen Schlaf aufwacht, ist man ungefähr 3 cm größer als am Abend vorher. Tagsüber drückt die Schwerkraft die Bandscheiben im Rückgrat zusammen, die sich aber während des Schlafs wieder ausdehnen.

Traumdeutung

Die alten Sumerer in Mesopotamien (heute Irak) zeichneten vor 5000 Jahren Träume auf Steintafeln auf. Die Träume hielten sie für Vorhersagen auf die Zukunft.

Die alten Ägypter glaubten, dass sie durch ihre Träume mit den Göttern in Verbindung stehen.

Der Schweizer Psychiater Carl Gustav Jung glaubte, dass Träume ein seelisches Ungleichgewicht ausgleichen.

Die amerikanischen Forscher Allan Hobson und Robert McCarley vertraten die Ansicht, dass Träume durch zufällige elektrische Hirnimpulse entstehen, denen das Gehirn einen Sinn zu geben versucht.

Träume

1 Obwohl man mehrere Träume hat, erinnert man sich nur an die, bei denen man aufwacht.

2 Die meisten Träume vergisst man innerhalb von zehn Minuten nach dem Wecken.

3 Menschen, die von Geburt an blind sind, träumen mit Geräuschen, aber ohne Bilder.

4 Manche Menschen träumen nicht in Farbe, sondern nur in Schwarz-Weiß.

5 Träume beinhalten auch körperliche Empfindungen und Umweltfaktoren wie Durst haben, zur Toilette gehen zu müssen oder laute Feuerwehrsirenen.

Fakten

Sinne

Über die Sinne nimmt man seine Umwelt wahr:

 Sehen

 Hören

 Schmecken

 Riechen

 Fühlen

Verräterisch

Die **Stinkfrucht** in Südostasien besitzt ein kräftiges Aroma, dass Menschen lieben oder hassen. Einige erinnert es an muffige oder schmutzige Toiletten! Der Geruch ist so stark, dass man die Frucht in Singapur nicht in öffentlichen Verkehrsmitteln mitnehmen darf.

Warum verursachen manche Gerüche Erinnerungen?

Der Duft von frisch gemähtem Gras kann uns an den Sommer und der Geruch eines Lagerfeuers an den Winter erinnern. Solche Erinnerungen entstehen, weil der Riechkolben – der in der Nase Informationen über Gerüche erkennt – mit Gehirnregionen verbunden ist, die Gefühle und Erinnerungen verarbeiten.

Babyduft

Menschen unterscheiden im Allgemeinen mehr als **10 000 verschiedene Gerüche**. Mütter können nur wenige Tage nach der Geburt am Geruch sogar die Bekleidung ihres Babys von der fremder Babys unterscheiden.

Fakten

Düfte

1 Flüchtige Chemikalien (die schnell als Gas verdampfen) geben Duftmoleküle in die Luft ab.

2 Substanzen wie Salz und Zucker besitzen starken Geschmack. Sie sind aber geruchlos, weil sie nicht flüchtig sind und nicht als Gas verdampfen.

3 Parfüme enthalten viele chemische Verbindungen, die leicht verdampfen.

4 Das Erdgas zum Kochen und Heizen der Wohnungen ist geruchlos. Gasversorger mischen eine riechende Chemikalie darunter, damit mögliche Gaslecks bemerkt werden.

ALLES KLAR?

Menschen, die nicht riechen können, leiden unter **Anosmie**. Der Verlust des Geruchssinn kann angeboren sein oder sich später entwickeln.

Wie man **riecht**

1. Atme Luft ein und sammle die Düfte in den Riechzellen deiner Nasenhöhle. Das Gewebe sitzt unter dem Dach der Nasenhöhle und besitzt sehr viele Rezeptoren.

4. Das Gehirn erkennt den Geruch, indem es die verschiedenen Elemente untersucht und sie mit gespeicherten Gerüchen vergleicht.

Der **Riechkolben** leitet Nervenimpulse an das Gehirn.

Riechzellen sammeln Gerüche in der Nasenhöhle.

In der **Nasenhöhle** wird eingeatmete Luft erwärmt oder auf Körpertemperatur gekühlt.

Nervenfasern erhalten die Signale der Geschmacksknospen, die sie zum Gehirn leiten.

2. Wässriger Schleim wird aus Drüsen unter dem Riechzellengewebe freigesetzt, um die Moleküle besser zu lösen.

3. Verschiedene Rezeptoren erkennen jeweils bestimmte Geruchsmoleküle und senden Informationen an den Riechkolben. Dieser leitet die Information an das Gehirn weiter.

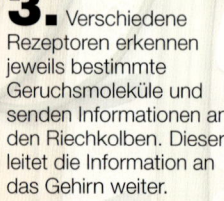

Ungewöhnliche Lieblingsgerüche

Nicht jeder liebt den Duft von Blumen oder gemähtem Gras – besonders wenn man Heuschnupfen hat. Hier sind einige ungewöhnliche Gerüche:

✿✿✿ Alte Bücher
✿✿✿ Sonnencreme
✿✿✿ Nasse Hunde
✿✿✿ Feuchte Erde
✿✿✿ Kohlenkeller

Der Geruch des Erfolgs

Manche Firmen entwickeln „Markendüfte". Wenn Verbraucher diesen Duft riechen, sollen sie sich an eine bestimmte Marke erinnern.

Makler nutzen häufig den Duft von frisch gebackenen Brötchen oder von Kaffee, damit eine Wohnung attraktiver und gemütlicher wirkt.

Der Duft von Leder und Zedernholz soll Käufer überzeugen, sich teurere Möbel zu kaufen.

Bestimmte Blüten- und Zitrusdüfte sollen Käufer dazu verleiten, länger in einem Geschäft zu bleiben – und dadurch auch mehr Geld auszugeben.

Geruch rettet Leben

Die Nase kann ein Lebensretter sein. Sie erkennt mögliche Gefahren, die man sonst übersieht.

Rauch warnt vor Feuer, bevor man es sieht.

Der Geruch verdorbener Lebensmittel verhindert, dass man sie isst.

Zahlen

Der Geruchssinn eines Hundes ist **100-mal empfindlicher** als der eines Menschen.

Die menschliche Nase erkennt etwa **10 000** verschiedene **Gerüche**.

Ungefähr **2 Mio.** Erwachsene in den USA haben keinen Geruchssinn.

Etwa **40 Mio. Geruchsrezeptoren** befinden sich in der Nasenhöhle eines Menschen.

Wusstest du das?

Forscher der Universität von Kalifornien testeten, ob Menschen einer Duftspur in der Natur nur durch Riechen folgen können. Den Teilnehmern wurden die Augen verbunden, sie trugen Handschuhe und Ohrstöpsel. Zwei Drittel der Probanden erkannten die Fährte, wenn auch langsamer als Spürhunde.

KAUM ZU GLAUBEN!

Die israelische Armee hat eine „Stinkbombe" erfunden, um aufgebrachte Menschenmengen zu zerstreuen. Dazu wird eine künstliche, **übel riechende Flüssigkeit**, wie sie auch Stinktiere verspritzen, über den Ansammlungen versprüht!

Nobler Geruch

Die amerikanischen Mediziner Richard Axel und Linda Buck erhielten 2004 den **Nobelpreis für Medizin**. Sie erforschten, wie das Gehirn Gerüche erkennt, und hatten entdeckt, dass für die Riechrezeptoren in der Nase mehr als 1000 verschiedene Gene verantwortlich sind – die größte Genfamilie im menschlichen Genom.

Die Kraft des Geruchs

Für die Volksgruppe der Dogon (Bild) in Mali (Westafrika) sind Geruch und Schall eng miteinander verknüpft, weil sich beide durch die Luft ausbreiten. Die Dogon glauben auch, dass die Sprache – mit der richtigen Grammatik und Aussprache – angenehm riecht. Achte deshalb auf deine Sprache!

Übrigens:

Wenn die Nase verstopft ist, schmeckt das Essen fade, weil der Geruchssinn zu mehr als 80 % das Schmecken bestimmt.

Warum putzt man **Zähne?**

Die Zähne sind der einzige Teil des Körpers, der sich nicht selbst reparieren kann. Man kann Zahnfäule und Zahnfleischerkrankungen vorbeugen, indem man sich zweimal täglich mit Zahnpasta die Zähne putzt. Das entfernt eine Schicht aus Bakterien und Nahrungsresten – den Zahnbelag.

700 v. Chr.
Reiche Etrusker kauften die Zähne armer Menschen, um ihre eigenen Zahnlücken zu füllen. Sie wurden mit Draht im Gebiss befestigt.

1533–1603
Königin Elisabeth I. von England füllte die Lücken in ihrem verfaulten Gebiss mit Stoffstückchen, um in der Öffentlichkeit besser auszusehen.

ab 1700
Die Zähne hingerichteter Verbrecher verwendete man für Zahnprothesen. Diese wurden nur aus ästhetischen Gründen getragen. Zum Essen nahm man sie wieder heraus.

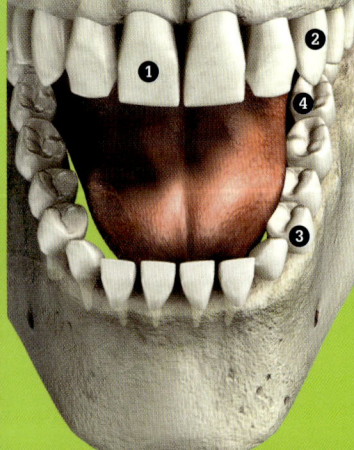

Zahnarten

1 Schneidezähne
Funktion: Die meißelartigen Zähne beißen Nahrung ab.
Anzahl: 8

2 Eckzähne
Funktion: Die scharfen, spitzen Eckzähne halten und zerreißen Nahrung.
Anzahl: 4

3 Vormahlzähne
Funktion: Mit ihren Höckern zerkleinern sie die Nahrung grob.
Anzahl: 8

4 Mahlzähne
Funktion: Mit ihrer breiten Oberfläche zermahlen sie die Nahrung vor dem Schlucken.
Anzahl: 12

Milchzähne

■ **Zähne werden schon vor der Geburt eines Babys angelegt.**

■ Babys beginnen zu zahnen, wenn sie ungefähr sechs Monate alt sind. Die ersten Zähne kommen hervor.

■ **Im Alter von zwei Jahren besitzt ein Kind meist 20 Milchzähne.**

■ Wenn ein Kind fünf oder sechs Jahre alt wird, fallen die Milchzähne aus und neue Zähne wachsen nach.

■ In vielen englischsprachigen Ländern glauben Kinder an die Zahnfee, die unter dem Kopfkissen verwahrte ausgefallene Milchzähne nachts in eine kleine Überraschung umtauscht. In spanischsprachigen Ländern sammelt eine Maus die Zähne ein.

Wusstest du das ?

George Washington, der erste Präsident der USA, besaß mehrere künstliche Gebisse. Die Zähne wurden aus dem Elfenbein von Flusspferdzähnen geformt oder waren Pferde- und Eselzähne.

Wie man **Nahrung kaut**

1. Setze zusätzlichen Speichel im Mund frei. Das erleichtert das Auflösen und Schlucken der Nahrung.

2. Beiße mit den Schneidezähnen im Ober- und Unterkiefer ein Stück der Nahrung ab.

3. Dann schiebst du den Bissen zu den Eckzähnen, die ihn festhalten und weiter zerteilen.

4. Mit der Zunge schiebst du die Nahrung nun zu den Vormahlzähnen. Ihre Höcker und Kanten zerkleinern sie in grobe Stückchen.

Untersuchungen von Schädeln in einem **Friedhof der Steinzeit** in Pakistan zeigten, dass bereits vor 9000 Jahren mit Bohrern aus Feuerstein Zahnfäule behandelt wurde.

Der Zahnschmelz ist die **härteste Substanz** des Körpers.

1774
Die ersten Porzellanzähne wurden entwickelt. Sie splitterten und zerbrachen jedoch sehr leicht und sahen unnatürlich weiß aus.

1815
Der Verlust von 50000 gesunden jungen Männern in der Schlacht von Waterloo, der letzten Schlacht Napoleons, war eine gute Nachricht für Hersteller von Zahnprothesen. „Waterloo-Zähne" wurden modern und mit Ehre getragen.

ab 1850
Die Entwicklung von Plastikabdrücken des Gebisses führte zu genau passenden Zahnprothesen.

ab 2000
Moderne Zahnprothesen werden aus Acrylharz oder anderen Kunststoffen hergestellt.

Spannende Geschichte

Huch!
Bis zum 19. Jh. wurden **Zähne** häufig vom Friseur **gezogen** Er erledigte auch kleine Wundbehandlungen und baden konnte man bei ihm auch.

Zähne putzen

1 In vielen alten Gesellschaften kauten Menschen auf Zweigen oder Ästen, um sich die Zähne zu putzen.

2 Die alten Ägypter rieben sich ihre Zähne mit einer Paste aus Eierschalen, Harz, Bimsstein und Rinderhufen ein.

3 Die alten Chinesen erfanden die Zahnbürste. Dazu befestigten sie Schweineborsten an einem Bambusstock.

4 Im 18. Jh. verwendeten die Europäer Backpulver, um sich mit den Fingern die Zähne zu reinigen.

5 In den USA putzten sich die Menschen erst nach dem Zweiten Weltkrieg täglich die Zähne, nachdem Soldaten diese Sitte mitgebracht hatten.

6 Die erste elektrische Zahnbürste wurde 1939 in der Schweiz hergestellt. Verkauft wurde sie erst seit 1960.

6. Mithilfe der Zunge schiebst den Speisebrei zum Rachen, um ihn hinunterzuschlucken.

KAUM ZU GLAUBEN!
Die Borsten der **Zahnbürsten** wurden ursprünglich aus Haaren von Hunden und Kühen hergestellt.

5. Jetzt zerkleinerst du die groben Stückchen mit den großen Mahlzähnen noch weiter, bis sie zu einem feuchten, weichen Brei werden.

Weisheitszahn

Weisheitszähne (hintere Mahlzähne) erscheinen erst im Alter von 17–25 Jahren, wenn man etwas „weiser" ist.

Viele Menschen haben vier Weisheitszähne.

Wenn sie nicht durch das Zahnfleisch brechen oder schief sitzen, kann es notwendig werden, sie zu ziehen.

In der Türkei leitet sich die Bezeichnung für die Weisheitszähne vom Alter ab, in dem sie meist erscheinen: *20 yas disi* (Zahn des 20. Lebensjahrs).

In Japan wurden Stammzellen aus dem Mark von Weisheitszähnen für die medizinische Forschung gewonnen.

Alles über den Aufbau eines Zahns

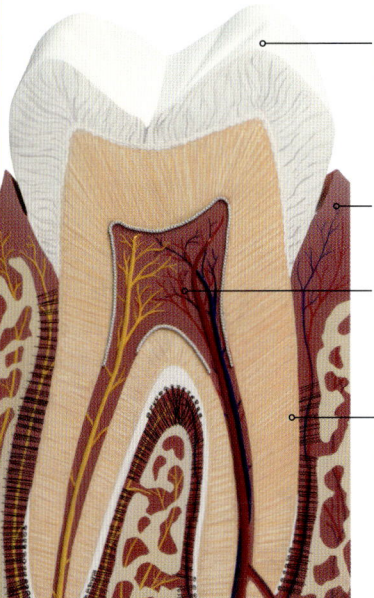

Der harte, weiße **Zahnschmelz** überzieht die Zahnkrone.

Das **Zahnfleisch** ist das Gewebe um den Zahnhals.

Das **Zahnmark** ist ein weiches Gewebe in der Mitte des Zahns.

Das **Zahnbein** ist eine harte, knochenartige Substanz, die den größten Teil des Zahns bildet.

Der **Kieferknochen** ist ein Teil des Schädels, in dem die Zähne verankert sind.

Blutgefäße und Nerven

Im **Zahntempel** in Sri Lanka soll der linke obere Eckzahn Buddhas aufbewahrt werden. Das kostbare Relikt zieht täglich Pilger an, die Lotosblüten bringen.

Verräterische Zähne!

■ Gerichtsmediziner können anhand der Zähne Tote identifizieren. Dazu vergleichen sie deren Gebiss mit Unterlagen eines Zahnarzts oder Fotos vermisster Menschen. Zähne verraten auch, wie alt ein Opfer war.

■ Die erste Gerichtsverhandlung, in der Bissspuren zu einer Verurteilung führten, fand 1954 in Texas (USA) statt. Am Tatort wurde ein Stück Käse mit Bissspuren gefunden. Der Angeklagte musste im Gerichtssaal in ein anderes Käsestück beißen, damit man die beiden Bissspuren miteinander vergleichen konnte.

Wie verständigen **wir uns?**

Wie unsere nächsten Verwandten, die Affen, verständigen wir uns miteinander auch durch den Gesichtsausdruck, durch Gesten und Berührung. Doch die Kommunikation mittels gesprochener Sprache gibt es nur bei den Menschen. Unsere Stimmbänder erzeugen Töne, die Zunge und Lippen zu Wörter formen. Diese Wörter werden von den Ohren aufgenommen und als elektrische Impulse an das Gehirn weitergeleitet, das sie in Sprache umsetzt.

Alles über Sprache

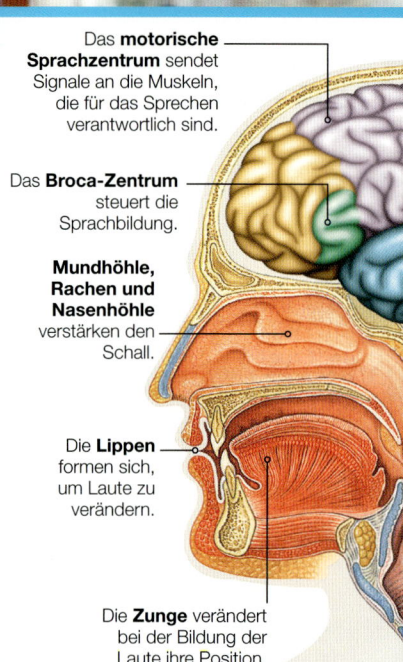

Das **motorische Sprachzentrum** sendet Signale an die Muskeln, die für das Sprechen verantwortlich sind.

Das **Broca-Zentrum** steuert die Sprachbildung.

Mundhöhle, Rachen und Nasenhöhle verstärken den Schall.

Die **Lippen** formen sich, um Laute zu verändern.

Die **Zunge** verändert bei der Bildung der Laute ihre Position.

Eine Unterhaltung

1 Wenn Schallwellen das Außenohr erreichen, werden sie durch den Gehörkanal ins Mittelohr weitergeleitet.

2 Die Schallwellen werden im Innenohr durch die Hörschnecke in elektrische Nervenimpulse umgewandelt und an das Hörzentrum im Gehirn geleitet.

3 Dieses analysiert Sprachlaut und Tonfall und sendet die Information an das Wernicke-Zentrum, um das Gesprochene zu verstehen.

4 Diese Information wird dann an das Broca-Zentrum weitergeleitet, das eine passende Antwort entwirft. Es weist die motorische Rinde des Gehirns an, die Muskeln des Kehlkopfs und die Stimmbänder zu aktivieren.

5 Das Broca-Zentrum weist die Atemmuskulatur an, Luft durch die Stimmbänder zu pressen. Dadurch schwingen diese und erzeugen Töne. Es steuert auch die Muskeln der Zunge, des Unterkiefers und der Lippen, um zu antworten.

Wellen erzeugen

Schall entsteht durch Schwingungen einer Schallquelle, z. B. wenn jemand spricht, ein Hund bellt oder ein Musikinstrument ertönt. Diese **Schwingungen** breiten sich in der Luft als Druckwellen aus und verwirbeln dabei Luftmoleküle wie Gase.

Gebärdensprache

1 Viele taube (gehörlose) Menschen verständigen sich durch Gebärdensprache.

2 Gebärdensprachen sind weltweit sehr verschieden, aber alle bilden durch Zeichen mit den Händen und durch Gesichtsausdrücke Wörter und Redewendungen.

3 Mit der Gebärdensprache kann man auch Witze reißen und Lieder singen … Eine Gebärdensprache kann eigentlich alles zum Ausdruck bringen, was eine gesprochene Sprache auch kann.

4 Taubblinde Menschen kommunizieren durch taktiles Gebärden. Dabei berühren sie die Hände des Partners und verständigen sich durch Gesten und Gebärden. Sie können auch die Kunstsprache Tadoma benutzen. Dabei berühren die Hände das Gesicht des Partners und ertasten mit den Daumen die Bewegungen seiner Lippen.

Fakten

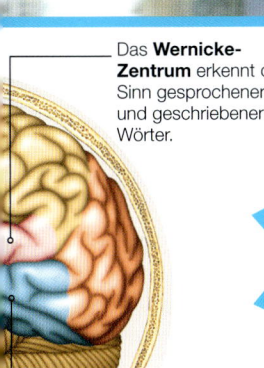

Das **Wernicke-Zentrum** erkennt den Sinn gesprochener und geschriebener Wörter.

Das **Hörzentrum** identifiziert Sprachlaut und Tonfall einer Stimme.

Im **Kehlkopf** sitzen die Stimmbänder.

Die **Stimmbänder** schwingen, wenn Luft an ihnen vorbeiströmt, und erzeugen Töne.

Stimmbruch

Wenn ein Junge die Pubertät erreicht, wird sein **Kehlkopf** größer und seine Stimmbänder länger und dicker. Dadurch klingt seine Stimme tiefer. Während dieser körperlichen Anpassung kann seine Stimme gelegentlich etwas „schräg" klingen.

Körpersprache

Mehr als die Hälfte aller menschlichen Kommunikation findet ohne Sprache durch Gesten statt:

- **Glücklich** (lächeln)
- **Traurig** (weinen)
- **Böse** (schmale Augen und geballte Fäuste)
- **Nervös** (Fingernägel kauen)
- **Abwehr** (verschränkte Arme)
- **Zufrieden** (gefaltete Hände hinter dem Kopf)
- **Langweile** (auf die Fingernägel oder die Armbanduhr sehen)

Fremdsprachen lernen

Junge Menschen erlernen eine andere Sprache leichter, doch die Gründe dafür sind unbekannt. Vielleicht ist das junge Gehirn besser „formbar" und besitzt eine größere Lernkapazität.

Immer mehr Menschen auf der Welt sind multilingual (sie sprechen mehr als eine Sprache).

Menschen, die viele verschiedene Sprachen sprechen, nennt man polyglott (mehrsprachig). Der Schriftsteller J. R. R. Tolkien (*Der Herr der Ringe*) konnte 13 Sprachen fließend sprechen, fand sich in zwölf anderen zurecht und erfand sogar eigene Sprachen.

ROAD CLOSED
आगे सड़क बन्द है।

Wenn Hände mehr ausdrücken als Worte

Verkehrsregelung in einer Großstadt

Handeln an der Börse

Sicherheitsvorkehrungen vorführen

Als Schiedsrichter ein Spiel leiten

Aufforderung, ruhig zu sein – pssst ...

Auf der Straße ein Taxi anhalten

Anerkennenden Beifall klatschen

Top 10
Häufigste Sprachen

Sprache	Geschätzte Sprecher
Hochchinesisch (Mandarin)	1 213 000 000
Spanisch	329 000 000
Englisch	328 000 000
Arabisch	221 000 000
Hindi	182 000 000
Bengali	181 000 000
Portugiesisch	178 000 000
Russisch	144 000 000
Japanisch	122 000 000
Deutsch	90 000 000

Alles über **das Ohr**

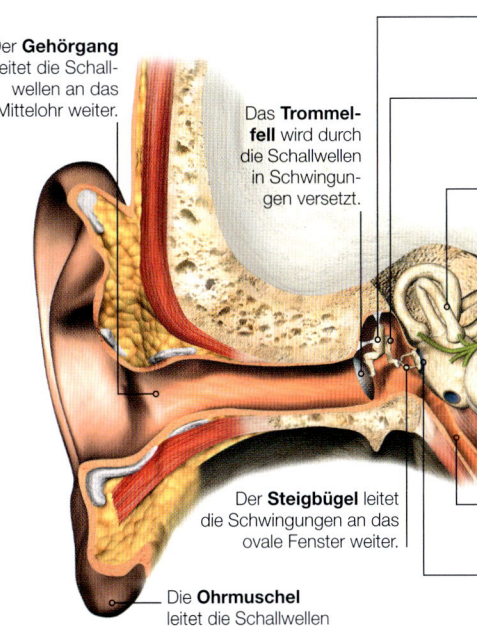

Der **Gehörgang** leitet die Schallwellen an das Mittelohr weiter.

Das **Trommelfell** wird durch die Schallwellen in Schwingungen versetzt.

Der **Hammer** überträgt die Schwingungen des Trommelfells.

Der **Amboss** nimmt die Schwingungen des Hammers auf.

Die **Bogengänge** sind ein Teil des Gleichgewichtsorgans.

Der **Hörnerv** sendet Nervenimpulse an das Gehirn.

Die **Hörschnecke** ist mit einer Flüssigkeit gefüllt und wandelt die Schwingungen in Nervenimpulse um.

Die **Eustachi-Röhre** reguliert den Luftdruck.

Der **Steigbügel** leitet die Schwingungen an das ovale Fenster weiter.

Das **ovale Fenster** übermittelt die Schwingungen des Steigbügels an das Innenohr.

Die **Ohrmuschel** leitet die Schallwellen in den Gehörgang.

Zahlen

Eine menschliche Hand besitzt insgesamt **27 Knochen**.

Das Handgelenk besteht aus **8 Knochen**.

Den Handteller bilden **5 Knochen**.

Die Finger und Daumen haben zusammen **14 Knochen**.

Im Fuß befinden sich insgesamt **26 Knochen**.

Zweierlei Griffe

Unsere Hand eignet sich für zweierlei Griffarten:

■ **Kraftvoll zupacken**
Die Finger bilden mit der Handfläche eine Klammer. Dafür werden starke Unterarmmuskeln eingesetzt.

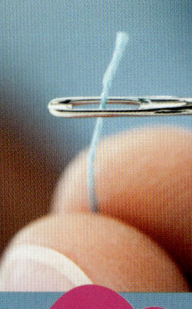

■ **Präzisionsarbeit leisten**
Ein Faden wird zwischen Daumen und Fingerspitze gehalten. Dafür braucht es besondere Muskeln in den Händen, die Daumen und Finger bewegen.

Glitschiger Griff

Die Handflächen besitzen die meisten Schweißdrüsen: die meisten befinden sich dort. Vermutlich befinden sich etwa 500 Drüsen pro Quadratzentimeter. Deshalb bekommen viele Menschen feuchte Hände, wenn sie nervös sind!

Der römische Feldherr **Julius Cäsar** befahl die Amputation der Daumen gefangener Soldaten, damit sie nie wieder eine Waffe benutzen konnten.

Das Gerüst des Körpers

■ **Skelett**
Die Knochen des Skeletts bilden ein stützendes, aber bewegliches Gerüst und schützen empfindliche innere Organe.

■ **Gelenke**
Gelenke bilden Verbindungen zwischen den Knochen im Körper. Viele Gelenke ermöglichen es, dass wir uns bewegen können.

■ **Muskeln**
Bänder aus hartem Gewebe, die Sehnen, verbinden die Skelettmuskeln mit den Knochen. Durch Impulse des Nervensystems ziehen sich Muskeln zusammen, um Bewegungen auszuführen.

Warum sind Hände so praktisch?

Menschliche Hände können viel kompliziertere Bewegungen ausführen als die der Tiere. Der Daumen der Menschen ist den anderen Fingern gegenübergestellt. Er kann die Fingerspitzen der anderen Finger berühren und so viele verschiedene Griffe bilden. Menschen sind deshalb in der Lage, die unterschiedlichsten Aufgaben auszuführen, z. B. einen Speer zu werfen, eine Nachricht zu schreiben oder ein Bild zu malen.

Wie man einen Bleistift aufnimmt

1. Strecke mit deinen Oberarmmuskeln (*dreiköpfiger Armmuskel*) deinen Arm und deine Hand zum Bleistift aus.

2. Beuge dein Handgelenk mit dem *speichenseitigen* und *ellenseitigen Handbeuger*, während du deine Hand bewegst.

3. Wenn deine Hand über dem Bleistift ist, beuge deine Finger mit dem *oberflächlichen Fingerbeuger*, sodass deine Fingerspitzen den Bleistift berühren.

4. Bewege deinen Daumen zu den Fingern und berühre den Bleistift mit einem genauen Griff auf der den Fingern gegenüberliegenden Seite.

5. Jetzt streckst du das Handgelenk und beugst mit deinen Oberarmmuskeln deinen Arm. Dadurch hebst du die Hand mit dem Bleistift.

Der Bürgermeister von Atlantic City in New Jersey (USA) schüttelte im Juli 1977 mehr als **11 000 Hände** an nur einem Tag. Er brach damit den Rekord, den Präsident Theodore Roosevelt 1907 aufstellte, als er 8513 Hände bei einem Empfang im Weißen Haus schüttelte.

Praktische Tipps

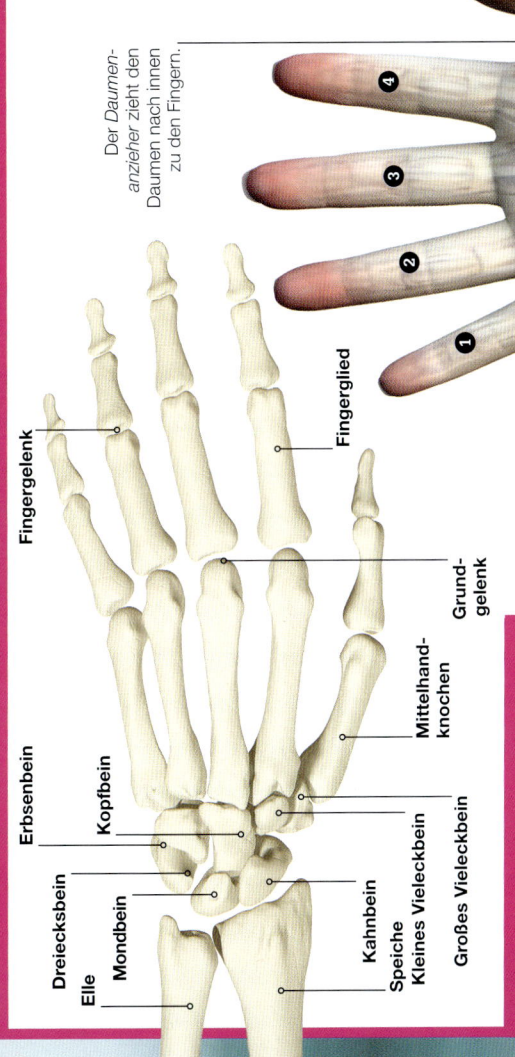

🖐 „Daumen hoch" ist ein weltweites Zeichen, dass alles in Ordnung ist.

🖐 In vielen westlichen Ländern zählt das Händeschütteln zur normalen Begrüßung.

🖐 Katholiken, die dem Papst oder einem Kardinal begegnen, küssen den Ring an seiner rechten Hand.

🖐 In Indien und vielen arabischen Ländern gilt es als unhöflich, mit der linken Hand zu essen. Weil man sich mit dieser Hand nach dem Besuch einer Toilette säubert, sollte sie nie Nahrung berühren.

Bewegliche Finger können:

☞ Violine spielen

☞ Spielkonsole bedienen

☞ Das Skalpell bei der Operation führen

☞ Socken stricken

☞ Computermaus nutzen

☞ Seemannsknoten knüpfen

Alles über den Aufbau der Hand

Der Daumen-anzieher zieht den Daumen nach innen zu den Fingern.

Fingergelenk

Fingerglied

Erbsenbein

Kopfbein

Dreiecksbein

Elle

Mondbein

Kahnbein

Speiche

Kleines Vieleckbein

Großes Vieleckbein

Mittelhand-knochen

Grund-gelenk

Sehne des oberflächlichen Fingerbeugers

Kurzer Daumenbeuger

Sehne des speichenseitigen Handbeugers

Sehne des ellenseitigen Handbeugers

① ② ③ ④ ⑤

Namen der Finger

① **Kleiner Finger** Eine Geste mit dem kleinsten Finger bedeutet in Indien und Indonesien, dass die Person austreten muss.

② **Ringfinger** Dieser Finger trägt nicht nur allerlei Ringe, ihm wurde in vielen alten Kulturen eine magische Wirkung zugeschrieben.

③ **Mittelfinger** In manchen Kulturen dient er für unanständige Gesten. Er ist meist der längste Finger.

④ **Zeigefinger** Mit ihm zeigt man auf etwas, warnt, zieht Aufmerksamkeit auf sich und drückt Knöpfe.

⑤ **Daumen** Er bildet mit der Hand eine Faust und Babys saugen an ihm.

ALLES KLAR?

Menschen, die eine ungewöhnliche Anzahl von Fingern oder Zehen besitzen, leiden unter **Polydaktylie** (das ist das griechische Wort für „viele Finger").

Opponierbare Daumen

1 Menschen (und andere Primaten) besitzen opponierbare Daumen, die sie den anderen vier Fingern gegenüberstellen können.

2 Opponierbare Daumen erlauben sehr genaue Bewegungen, z. B. kleine Gegenstände zu ergreifen.

3 Die Daumenbewegungen werden von acht Muskeln ausgeführt, die alle den lateinischen Begriff für Daumen (*pollicis*) in ihrem Namen führen.

Fakten

Hände und Füße 154|155

Mit einem **Stethoskop hört** er das Herz ab und prüft, ob die Herzschläge regelmäßig sind.

Mit einem **Reflexhammer testet er Reflexe** des Nervensystems und des Rückenmarks.

Mit einem **Zungenspatel untersucht** er Mund und Rachen auf Entzündungen oder Ansteckungen.

Zahlen

Durchschnittliche Lebenserwartung

Altes Griechenland (um 300 v. Chr.): **35 Jahre**

Europa während der industriellen Revolution (erste Hälfte 19. Jh.): **40 Jahre**

USA (1900): **47,3 Jahre**

Swasiland (2009): **31,8 Jahre**

Indien (2009): **64,7 Jahre**

Japan (2009): **82,6 Jahre**

Arten der Erreger

△ **Viren**
Die ansteckenden Teilchen vermehren sich in Zellen und verursachen Krankheiten wie Erkältung, Grippe und Windpocken.

△ **Bakterien**
Die einzelligen Mikroorganismen lösen mit Giften Erkrankungen wie Lebensmittelvergiftungen und Halsentzündungen aus.

△ **Parasiten**
Für Organismen wie den Bandwurm wird der Körper zur Nahrungsquelle.

△ **Pilze**
Ihre Sporen verursachen Hautentzündungen wie z. B. den Fußpilz.

KAUM ZU GLAUBEN!

Um 1600 brachte der italienische Arzt Santorio Santorio eine **Stoffwechselwaage** an seiner Zimmerdecke an, um das Gewicht seiner Nahrung mit dem Gewicht seiner Ausscheidungen (Stuhl und Urin) vergleichen zu können.

Wie bekämpft der Körper der Krankheiten?

Unser Körper besitzt mehrere Abwehrsysteme gegen Krankheitserreger. Die Haut bildet eine Barriere, die das Eindringen von Erregern verhindert. Substanzen in den Tränen und die Magensäure zerstören Bakterien. Erreger, die diese Abwehr überwinden, werden von den weißen Blutkörperchen und anderen Waffen des Immunsystems bekämpft.

Weiße Zellkrieger

Weiße Blutkörperchen besitzen mehrere Abwehrmöglichkeiten. Makrophagen bekämpfen z. B. im Gewebe bakterielle Entzündungen. Sie erkennen körperfremde Eiweiße, verschlucken Bakterien und bauen den aufgenommenen Erreger ab.

Wie man eine Wunde heilt

1. Setze Histamin frei, um die Blutgefäße zu weiten und weiße Blutkörperchen anzulocken.

2. Hole weiße Blutkörperchen herbei, damit sie die Erreger in der Wunde zerstören. Verklumpe Blutplättchen miteinander.

Blutplättchen
Rotes Blutkörperchen
Weißes Blutkörperchen

Schorf
Hautzellen

Ein Patient leidet unter Symptomen wie Schmerzen oder Schwellungen, die auf eine Krankheit hinweisen. Um die Krankheit festzustellen, sucht der Arzt bei einer Untersuchung nach Krankheitszeichen. Die Ergebnisse medizinischer Tests nennt man Befund. Zu den Tests zählen:

Mit einem **Thermometer misst er die Körpertemperatur** als Anzeichen einer Ansteckung.

Mit einem **Ophthalmoskop untersucht er das Auge,** um die Netzhaut zu überprüfen.

Mit einem **Messgerät misst er den Blutdruck,** der zu hoch oder zu niedrig sein könnte.

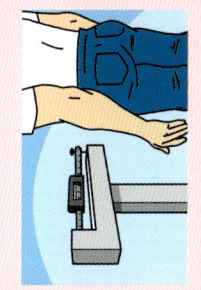

Mit einer **Waage** überprüft er, ob ein Patient nicht zu viel Gewicht zugelegt oder verloren hat.

Wusstest du das?

Im alten Babylon wurden Ärzten, die der Unfähigkeit überführt wurden, zur Strafe die Hände abgehackt.

Medizinische Fachgebiete

Anästhesie – Schmerzbetäubung

Kardiologie – Herz und Blutgefäße

Dermatologie – Haut

Endokrinologie – endokrines System

Gastroenterologie – Verdauungssystem

Geriatrie – ältere Patienten

Gynäkologie – weibliche Geschlechtsorgane

Hämatologie – Blut

Hepatologie – Leber

Nephrologie – Nieren

Neurologie – Gehirn und Nervensystem

Onkologie – Krebs

Ophthalmologie – Augen

Orthopädie – Muskulatur und Skelettsystem

Otolaryngologie – Ohr, Nase und Rachen

Pädiatrie – Kinder

Pathologie – Untersuchung von Körperproben zur Krankheitsdiagnose

Plastische Chirurgie – Aussehen und Wiederherstellung

Psychiatrie – Gefühls- und Verhaltensstörungen

Pulmonologie – Lunge und Atemsystem

Radiologie – Röntgen und medizinische Aufnahmen

Rheumatologie – Entzündungskrankheiten wie Arthritis

Urologie – Harnwege

5. Bilde auf der Haut um die Wunde Schorf, der die Wunde schützt. Repariere mit neuen Hautzellen das verletzte Gewebe um die Wunde.

Das **Stethoskop** erfand der französische Arzt René Laënnec 1816. Ärzte hörten die Herzaktivität eines Patienten normalerweise dadurch ab, dass sie ihr Ohr an seine Brust hielten. Laënnec konnte den Herzschlag einer Frau wegen ihres Übergewichts nicht hören. Er rollte ein Blatt Papier zu einer Röhre, um die Töne zu verstärken.

4. Bilde mit Blutplättchen einen Pfropfen, um die Blutung zu stoppen. Fange mit dem Fibrinnetz rote Blutkörperchen ein, die den Pfropfen verstärken.

Netz aus Fibrinfäden

3. Setze Substanzen aus Blutplättchen und Gewebe frei, damit sie ein Netz aus Fibrinfäden bilden.

Blutplättchen — Fibrinfäden —

Fakten

Schutzimpfung

1 Eine Impfung gewährt dem Körper Schutz vor bestimmten Krankheiten.

2 Der Impfstoff regt die Zellen des Immunsystems an, Antikörper zu produzieren.

3 Die erste Impfung führte der britische Arzt Edward Jenner 1796 durch.

4 Der Impfstoff besteht aus lebenden oder toten Krankheitserregern.

5 Durch ein weltweites Impfprogramm sind die Pocken als einzige Ansteckungskrankheit seit 1977 ausgerottet.

6 Moderne Impfstoffe schützen uns heute gegen viele Erkrankungen wie Grippe, Masern oder Cholera.

Viele Ärzte geloben, sich ethisch zu verhalten. Der **hippokratische Eid** ist nach Hippokrates benannt, einem griechischen Arzt des 4. Jh. v. Chr. – obwohl niemand weiß, ob er tatsächlich von ihm stammt!

Fünf Wege, um gesund zu bleiben

⅄ Treibe jeden Tag mindestens eine Stunde Sport.

⅄ **Gehe zu Fuß zur Schule.**

⅄ Iss täglich fünf Portionen Obst und Gemüse.

⅄ **Trinke viel Wasser.**

⅄ Rauche nicht.

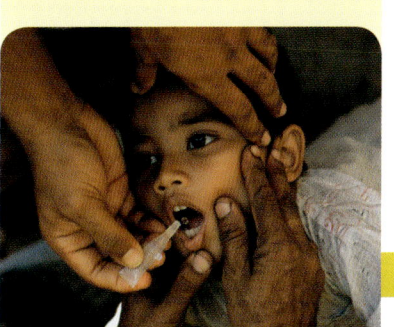

Galerie der Krankheitserreger

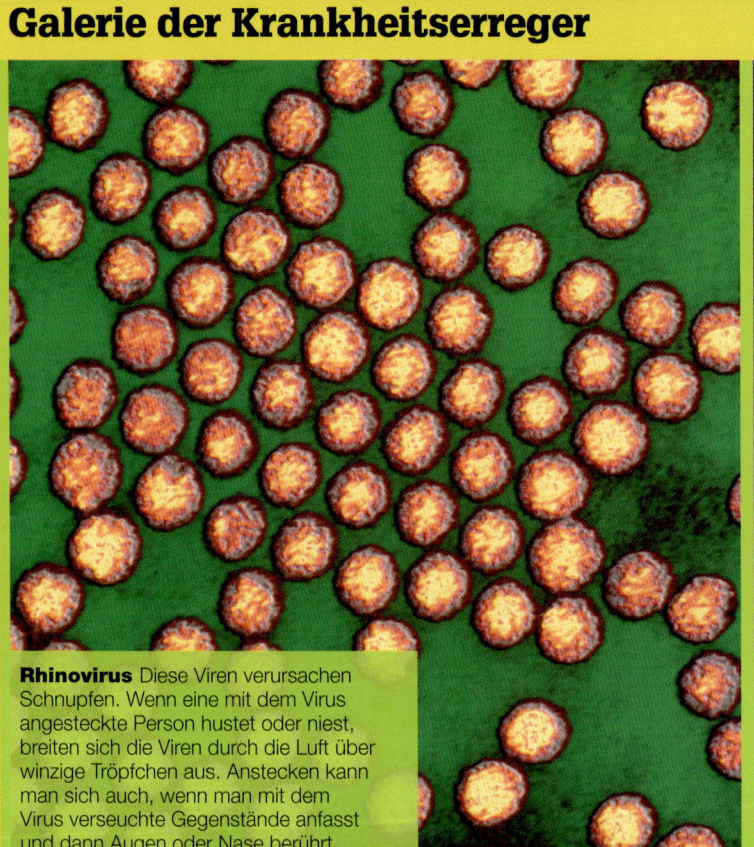

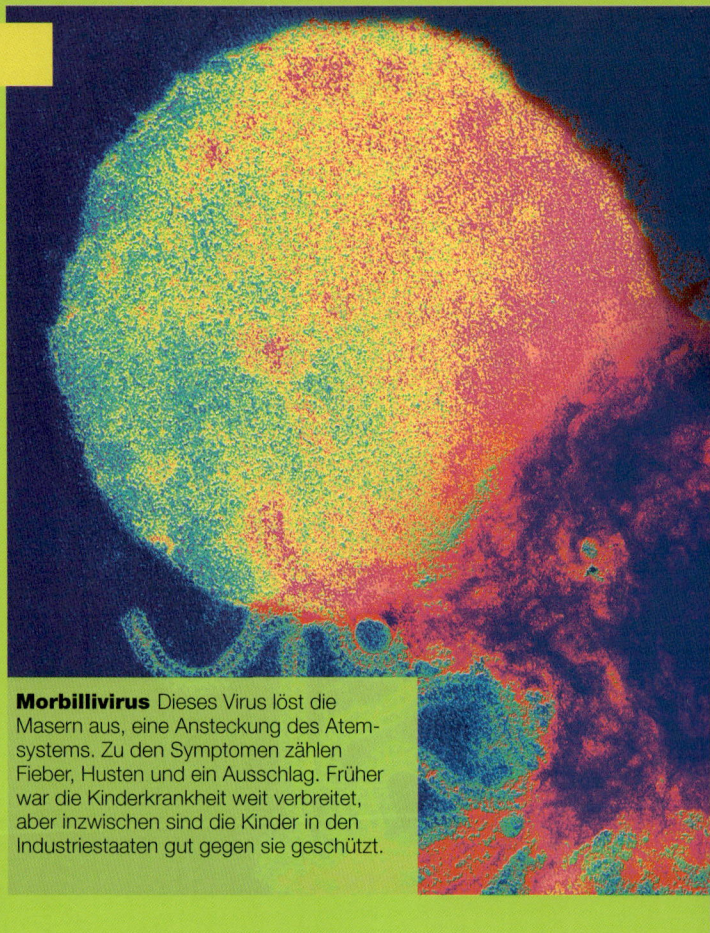

Rhinovirus Diese Viren verursachen Schnupfen. Wenn eine mit dem Virus angesteckte Person hustet oder niest, breiten sich die Viren durch die Luft über winzige Tröpfchen aus. Anstecken kann man sich auch, wenn man mit dem Virus verseuchte Gegenstände anfasst und dann Augen oder Nase berührt.

Morbillivirus Dieses Virus löst die Masern aus, eine Ansteckung des Atemsystems. Zu den Symptomen zählen Fieber, Husten und ein Ausschlag. Früher war die Kinderkrankheit weit verbreitet, aber inzwischen sind die Kinder in den Industriestaaten gut gegen sie geschützt.

Viren

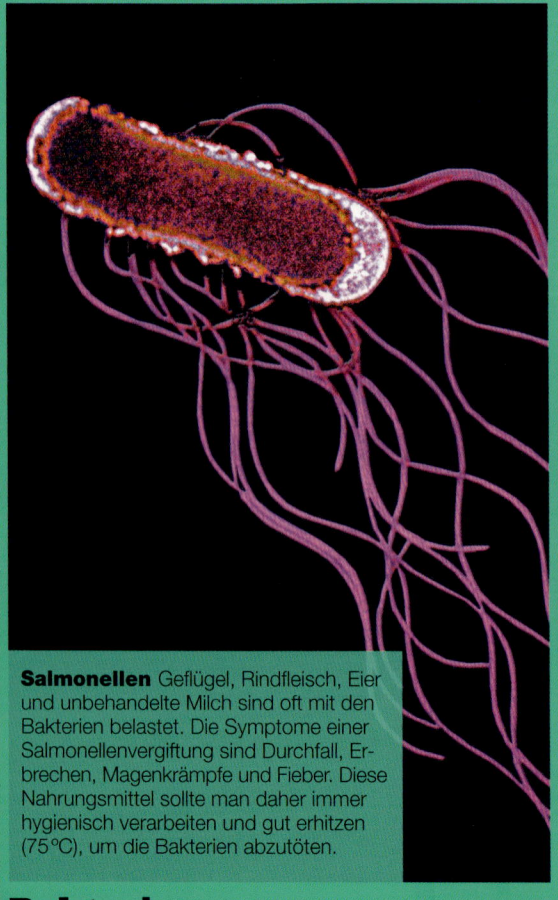

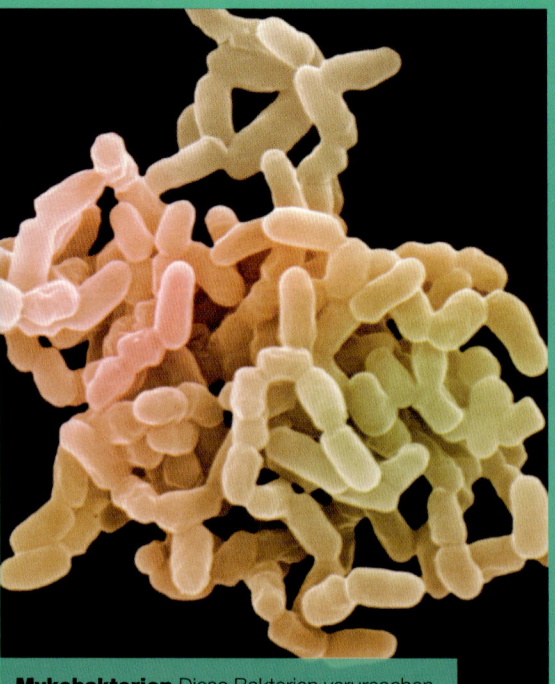

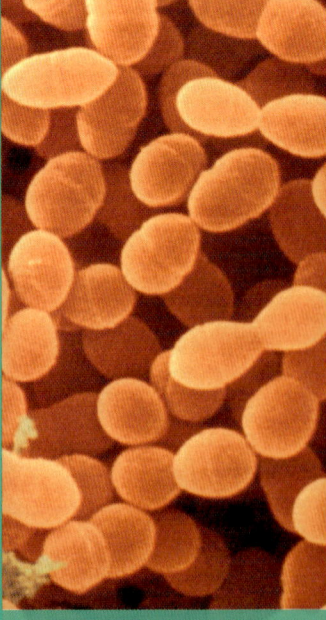

Salmonellen Geflügel, Rindfleisch, Eier und unbehandelte Milch sind oft mit den Bakterien belastet. Die Symptome einer Salmonellenvergiftung sind Durchfall, Erbrechen, Magenkrämpfe und Fieber. Diese Nahrungsmittel sollte man daher immer hygienisch verarbeiten und gut erhitzen (75°C), um die Bakterien abzutöten.

Mykobakterien Diese Bakterien verursachen die Krankheit Tuberkulose. Zu ihren Symptomen zählen chronischer Husten, Fieber und Gewichtsverlust. Ohne Behandlung tötet die Tuberkulose mehr als die Hälfte der Erkrankten. Trotz umfangreicher Impfprogramme stecken sich weltweit immer noch viele Menschen mit der Krankheit an.

Streptokokken Diese Bakterien können verschiedene Körperteile anstecken, unter anderem verursachen sie auch Halsentzündungen – eine Infektion des Rachens, Kehlkopfs und der Mandeln. Die Behandlung erfolgt mit Antibiotika.

Bakterien

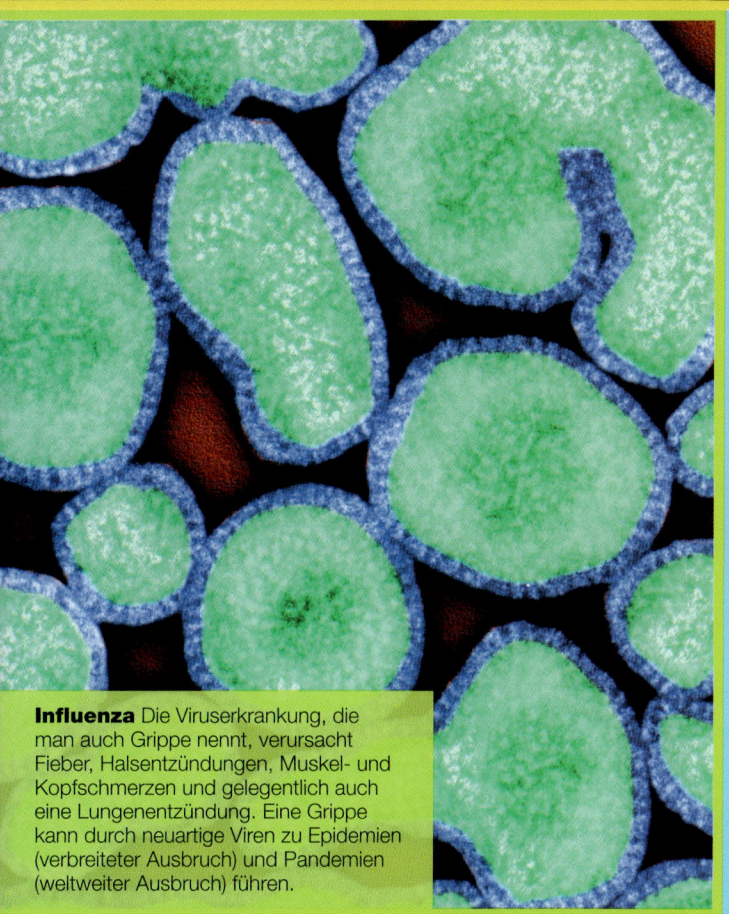

Influenza Die Viruserkrankung, die man auch Grippe nennt, verursacht Fieber, Halsentzündungen, Muskel- und Kopfschmerzen und gelegentlich auch eine Lungenentzündung. Eine Grippe kann durch neuartige Viren zu Epidemien (verbreiteter Ausbruch) und Pandemien (weltweiter Ausbruch) führen.

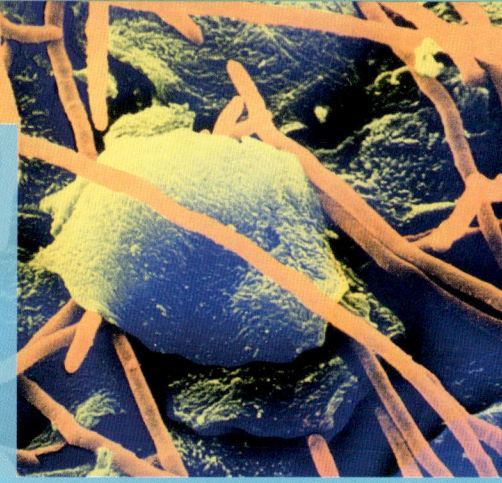

Fußpilz
Diese Pilzinfektion verursacht Hautjucken und Hautschuppen. An warmen und feuchten Plätzen wie Duschen oder Umkleidekabinen, in denen man barfuß ist, besteht die größte Gefahr einer Ansteckung.

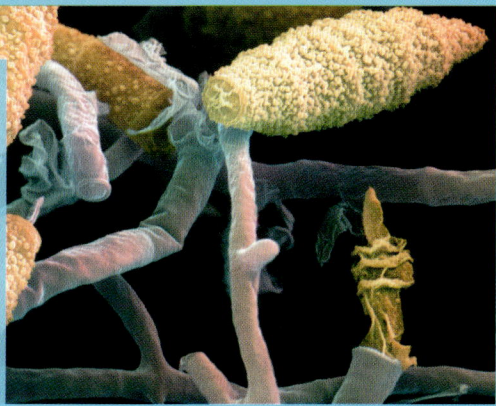

Glatzflechte
Wie der Fußpilz ist diese Pilzinfektion eine Hauterkrankung, die sich durch ringförmige Ausschläge zeigt. Pilzinfektionen sind sehr ansteckend, aber eine gute Hygiene verringert das Risiko der Ansteckung. Dazu zählt z. B., dass man Handtücher nicht gemeinsam benutzt.

Pilze

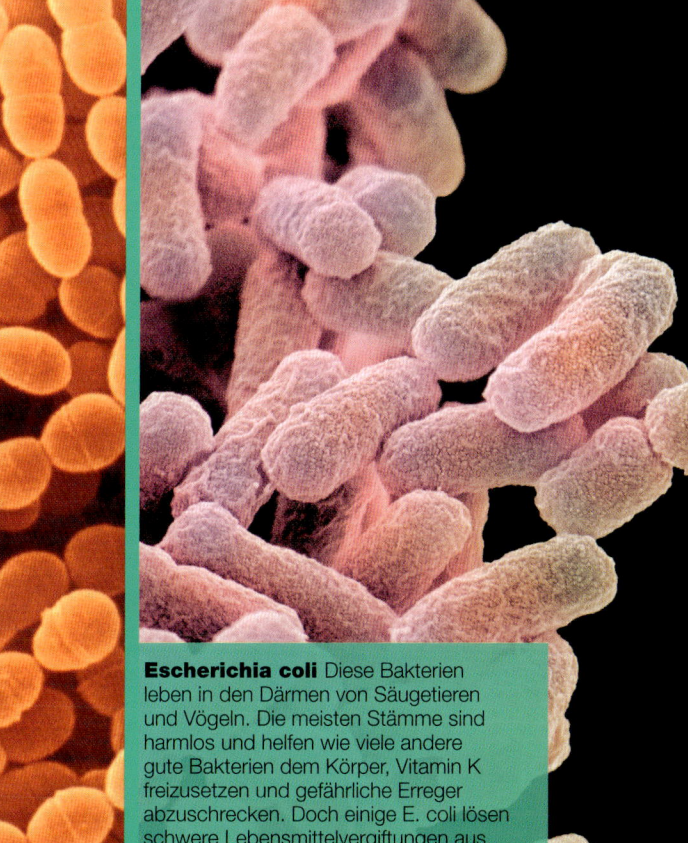

Escherichia coli Diese Bakterien leben in den Därmen von Säugetieren und Vögeln. Die meisten Stämme sind harmlos und helfen wie viele andere gute Bakterien dem Körper, Vitamin K freizusetzen und gefährliche Erreger abzuschrecken. Doch einige E. coli lösen schwere Lebensmittelvergiftungen aus.

Plasmodium
Dieser einzellige Parasit löst Malaria aus – eine Tropenkrankheit, die auf Menschen durch blutsaugende weibliche Anopheles-Mücken übertragen wird. Malaria kann man behandeln, sie ist aber für Millionen Tote in den Entwicklungsländern verantwortlich.

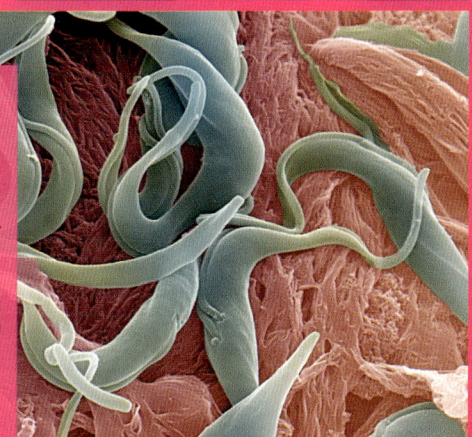

Trypanosomen
Ein anderer einzelliger Parasit bewirkt die Schlafkrankheit oder Trypanosomiasis. Der Parasit, der von der Tsetsefliege übertragen wird, ist in Afrika südlich der Sahara weit verbreitet. Er infiziert Blut- und Lymphsysteme. Ohne Behandlung kann der Parasit das Gehirn angreifen und Schlafstörungen oder Persönlichkeitsveränderungen auslösen.

Einzeller

Wissenschaft und Technik

Warum sind Zahlen so nützlich?

Ohne Zahlen wüsste man nicht, wie groß etwas ist, welche Temperatur herrscht, wie spät es ist oder welches Datum wir haben. Es gäbe keine Geschwindigkeitsbegrenzungen, aber auch keine Autos, weil für deren Produktion Zahlen unerlässlich sind.

Zahlen

Bis heute haben **12 Menschen** den Mond betreten.

In einem Bienenkorb leben durchschnittlich **50 000 Bienen**.

Mehr als **1 Mio. Insektenarten** leben auf der Welt.

Weltweit existieren **620 Mio. Autos**.

Auf der Erde leben zur Zeit mehr als **7 Mrd. Menschen**.

Was ist ein Googol?

Ein Googol ist eine riesige Zahl mit einer 1 und 100 Nullen (unten). Als der **Mathematiker** Edward Kasner für diese Zahl einen Namen suchte, schlug ihm sein neunjähriger Neffe Milton „Googol" vor.

10000000000000000000000000000000000000000000000000000000000000000000000000000000000000000000000000000

Wie man **in Papua-Neuguinea bis 27 zählt**

Manche Menschen benutzen zum Zählen ihre Finger. Auf der Pazifikinsel Papua-Neuguinea zählt man auch mit vielen anderen Körperteilen.

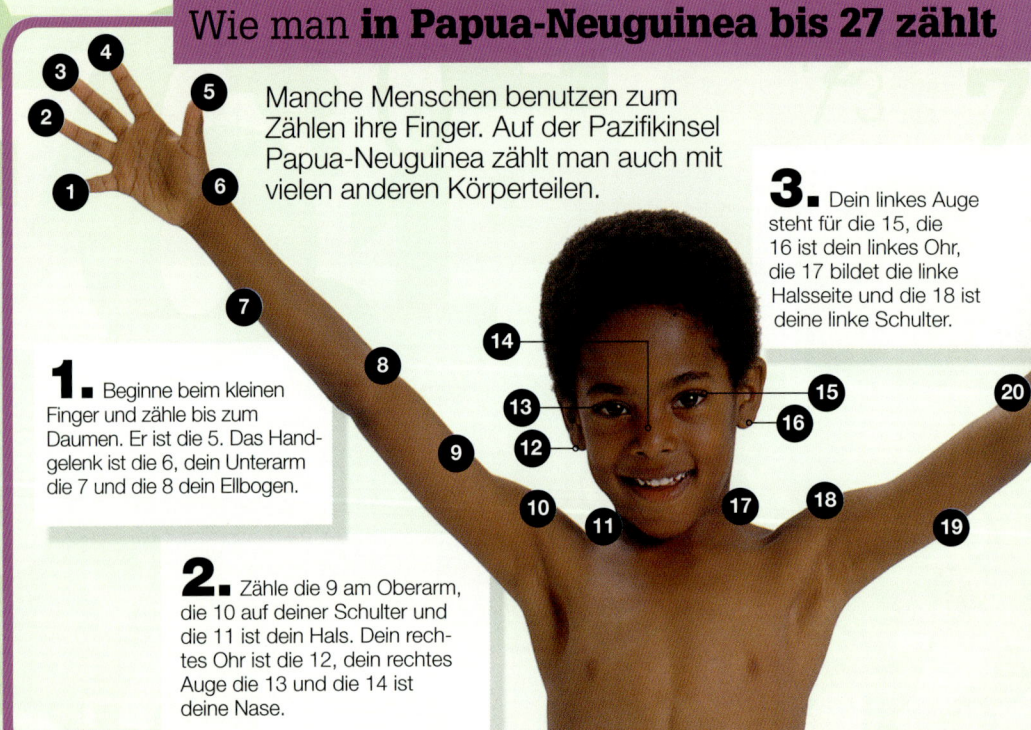

1. Beginne beim kleinen Finger und zähle bis zum Daumen. Er ist die 5. Das Handgelenk ist die 6, dein Unterarm die 7 und die 8 dein Ellbogen.

2. Zähle die 9 am Oberarm, die 10 auf deiner Schulter und die 11 ist dein Hals. Dein rechtes Ohr ist die 12, dein rechtes Auge die 13 und die 14 ist deine Nase.

3. Dein linkes Auge steht für die 15, die 16 ist dein linkes Ohr, die 17 bildet die linke Halsseite und die 18 ist deine linke Schulter.

Warum ist die Null so wichtig?

○ Die Null ist aus zwei Gründen bedeutsam. Sie ist zunächst eine normale Zahl. Und bei der Ziffernbildung steht sie für eine nicht besetzte Position im Stellenwertsystem, z. B. 10, 101 oder 1001.

○ In unserem Zahlensystem spielt die Position einer Ziffer eine wichtige Rolle. Von rechts nach links sind diese Positionen Einer, Zehner, Hunderter, Tausender und so weiter.

○ Die Nullen in 1001 zeigen, dass diese Zahl keine Zehner und Hunderter besitzt, sodass die Zahl Eintausendundeins lautet.

Sieben Mathematiker

Pythagoras
(um 570 – um 500 v. Chr.)

Ich entwickelte den „Satz des Pythagoras" und verteidigte die Auffassung, dass die Erde kugelförmig und keine flache Scheibe ist.

Archimedes
(um 287–212 v. Chr.)

Ich entdeckte das „archimedische Prinzip" – ein Objekt verdrängt so viel Wasser, wie es seinem Gewicht entspricht.

Johannes Kepler
(1571–1630)

Ich entdeckte die Gesetze der Planetenbewegungen.

Wie berechnet man Pi?

Teilt man den Kreisumfang eines beliebigen Kreises durch seinen Durchmesser, erhält man immer dieselbe Zahl – 3,14159. In der Mathematik nennt man eine Zahl, die sich nie verändert, eine Konstante. Diese hier ist als Kreiszahl bekannt. Sie wird mit dem griechischen Buchstaben Pi (π) bezeichnet.

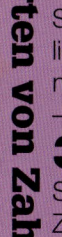

Durchmesser

Kreisumfang

Warum zählen wir im Zehnersystem?

Wir zählen im Zehnersystem, weil wir zehn Finger besitzen. Computer haben keine Finger – aber sie können elektrischen Strom ein- und ausschalten, was den Ziffern Null und Eins entspricht (Dualsystem). Zahlen, die auf einer 10er-Basis beruhen, sind **Dezimalzahlen**. Zahlen mit einer 2er-Basis nennt man **Binärzahlen**.

Zahlen in der Natur

⚙ Die Natur scheint ungeordnet zu sein, aber Zahlen findet man überall in der natürlichen Welt.

⚙ Eine Zahlenfolge, die in der Natur vorkommt, ist die Fibonacci-Reihe.

⚙ Jede Zahl der Fibonacci-Reihe entsteht aus der Summe der beiden vorherigen Ziffern – 0, 1, 1, 2, 3, 5, 8, 13, 21, 34 und so weiter.

⚙ Die Spiralmuster von Sonnenblumenkernen und Kiefernzapfen (oben), die Form von Schneckenhäusern und die Anordnung der Blätter an Pflanzenstielen folgen der Fibonacci-Reihe.

Wie viel ist ein „Bäckerdutzend"?

Ein Dutzend bedeutet eine Stückzahl von 12, doch ein Bäckerdutzend enthält tatsächlich 13 Teile. Im 13. Jh. verloren Bäcker in England eine Hand, wenn sie Brotlaibe unterhalb des Mindestgewichts verkauften. Daher gaben sie bei zwölf Broten eines gratis dazu, damit sie das Gewicht erreichten.

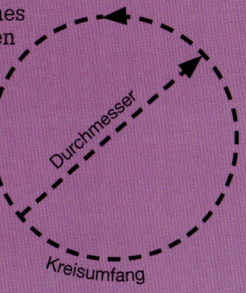

4. Wie auf der rechten Seite zählst du jetzt den linken Arm und die linke Hand herunter, bis du bei 27 am kleinen Finger angekommen bist.

Fünf Arten von Zahlen

1 Natürliche Zahlen
Die Zahlen beim Zählen – 1, 2, 3 und so weiter.

2 Ganze Zahlen
Sie umfassen die natürlichen Zahlen und ihre negativen Werte (–1, –2, –3 und so weiter).

3 Rationale Zahlen
Sie erweitern die natürlichen Zahlen um Brüche (¼, ½, ¾ und so weiter).

4 Primzahlen
Diese Zahlen können nur durch eins und sich selbst geteilt werden.

5 Vollkommene Zahl
Diese Zahlen bestehen aus der Summe ihrer Teiler, z. B. die 6. Sie ist durch 1, 2 und 3 teilbar und bildet die Summe von 1, 2 und 3.

Wie groß ist die Unendlichkeit?

Die Unendlichkeit ist größer als jede andere Zahl. Man kann sie nicht zählen. Ihr Symbol ist eine **Lemniskate**, die wie eine auf der Seite liegende 8 aussieht.

Einige der bedeutendsten Erfindungen in der Geschichte der Menschheit gelangen Mathematikern, die den Zahlen in unserer Welt einen Sinn verliehen.

Rene Descartes
(1596–1650)

Pierre de Fermat
(1601–1665)

Sir Isaac Newton
(1643–1727)

Gottfried Leibniz
(1646–1716)

Ich entwickelte die analytische Geometrie, die Geometrie und Algebra verbindet.

Ich erfand die Wahrscheinlichkeitstheorie.

Ich entdeckte die Gesetze der Schwerkraft und erfand die Infinitesimalrechnung.

Ich erfand die Infinitesimalrechnung unabhängig von Newton.

Wozu dienen Einheiten?

Standardeinheiten sind notwendig, um einheitliche Maße zu erhalten. Erst wenn man weiß, wie groß und schwer etwas ist oder welche Temperatur es besitzt, passen z. B. Maschinenteile zusammen, die an verschiedenen Orten hergestellt wurden. Manche Einheiten sind Jahrtausende alt, während andere erst vor wenigen Jahren dazukamen.

Der Meter

1 Im vorrevolutionären Frankreich gab es zahllose Längenmaße, die von Region zu Region unterschiedlich festgelegt waren.

2 1791 beschloss man daher, eine standardisierte, universelle Längeneinheit einzuführen.

3 Ursprünglich sollte der Meter der zehnmillionste Teil des Erdmeridianquadranten sein – der Entfernung zwischen dem Nordpol und dem Südpol.

4 1799 stellte man ein Urmeter aus Platin her, auf dem die Längeneinheit 1 m verbindlich festgelegt war.

5 1889 wurde das Urmeter durch einen genaueren internationalen Meterprototypen aus Platin-Iridium ersetzt.

6 Seit 1983 ist der Meter als die Strecke definiert, die Licht im Vakuum in 1/299 792 458 Sekunde zurücklegt.

Arbeiten wie ein Ägypter

■ Viele der ältesten Längeneinheiten beziehen sich auf Körperteile. Handteller, Fuß und Elle (von den Fingerspitzen bis zum Ellbogen) benutzten die alten Ägypter.

■ Die Standardlängeneinheit im alten Ägypten, die Elle, war ungefähr 45 cm lang. Sie war jedoch nicht die einzige Elle – die Königliche Elle maß 52,5 cm.

■ Spätere Längeneinheiten basierten auch auf dem Körper – fünf Fußlängen waren ein Doppelschritt und tausend Doppelschritte ergaben eine Meile.

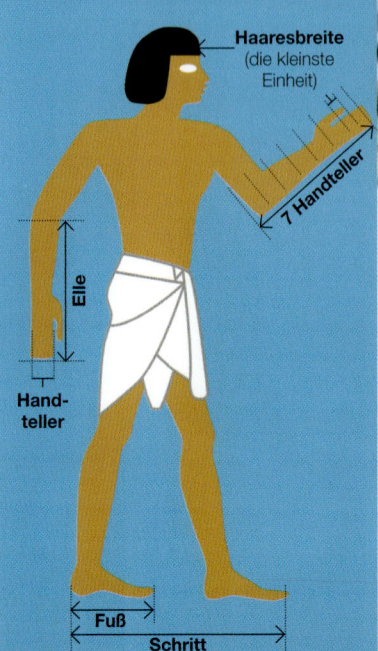

Haaresbreite (die kleinste Einheit)

7 Handteller

Elle

Handteller

Fuß

Schritt

Wann ist eine Gallone keine Gallone?

Die meisten Maße sind standardisiert. Meter, Kilogramm, Liter und Stunden sind überall auf die Welt gleich, wer sie auch benutzt und wo immer sie benutzt werden. Doch die Gallone macht eine Ausnahme. Eine **amerikanische Gallone** fasst 3,78 Liter, eine **britische Gallone** immerhin 4,54 Liter.

Alles über den Ursprung der Einheiten

⟋ **Die alten Ägypter und Babylonier teilten den Tag in zwei 12-stündige Perioden.**

⟋ Die 12-stündige Periode wurde gewählt, weil ein Jahr zwölf Mondzyklen hat.

⟋ **Metrische Einheiten wurden im 18. Jh. eingeführt, um ungefähr 250 000 unterschiedliche Einheiten in Frankreich zu ersetzen.**

⟋ Während der Französischen Revolution im späten 18. Jh. wurde ein zehnstündiger Tag eingeführt. Jede Stunde hatte 100 Minuten und jede Minute bestand aus 100 Sekunden.

Unterschiedliche Einheiten

Die Raumsonde *Mars Climate Orbiter* **zerbrach** 1999 in der Marsatmosphäre. Sie erreichte nicht die Umlaufbahn um den **Mars**, weil Einheiten verwechselt wurden. Die Raumsonde sollte von der Erde zur Navigation Informationen in **metrischen** Einheiten empfangen. Die Informationen wurden jedoch in nichtmetrischen Einheiten gesendet, sodass sie vom Kurs abwich.

Zehn Einheiten – nach Forschern

André Marie Ampère
(1775–1836)
Ampere
elektrische Stromstärke

Alessandro Volta
(1745–1827)
Volt
elektrische Spannung

George Simon Ohm
(1789–1854)
Ohm
elektrischer Widerstand

Michael Faraday
(1791–1867)
Farad
elektrische Kapazität

Charles-Augustin de Coulomb
(1736–1806)
Coulomb
elektrische Ladung

Wie wird die Temperatur gemessen?

1 Drei Skalen sind weit verbreitet: **Fahrenheit**, Celsius und Kelvin.

2 Die **Kelvinskala** beginnt am absoluten Nullpunkt, der kältesten Temperatur, die möglich ist, und wird hauptsächlich in der Forschung genutzt.

3 **Celsius** und Fahrenheit werden für alltägliche Temperaturmessungen verwendet.

4 Die Celsiusskala kommt häufiger in Ländern vor, die metrische Einheiten verwenden.

Särge wurden früher nach Maß angefertigt. Ein **Bestatter** stellte die Körperlänge fest und baute einen passenden Sarg. Heute werden **Särge** in Standardgrößen hergestellt.

Wusstest du das ?

Astronomen benutzen eine besondere Längeneinheit, das Lichtjahr. Das klingt nach einer Zeiteinheit, aber sie bestimmt tatsächlich Entfernungen. Sie entspricht der Strecke, die Licht in einem Jahr zurücklegt – ungefähr 9,5 Billionen Kilometer.

ALLES KLAR?

Heute sind **Stadien** unterschiedlich groß, doch das ursprüngliche „Stadion" war ein Längenmaß. Das griechische Wort *stadion* bezeichnet eine 180-m-Laufbahn – sie wurde zur Einheit für die Länge eines Stadions.

Wichtige Temperaturwerte

	Kelvin	Celsius	Fahrenheit
absolut Null	0	−273,15	−459,67
Wasser friert	273,15	0	32
Wasser kocht	373	100	212

Vermessung des Kopfes

Traditionelle Hutmacher verwendeten mehr als ein Jahrhundert lang ein Gerät, das man **Konformateur** nannte. Mit ihm übertrug man die Schädelform auf eine Schablone und erreichte so, dass der neue Hut seinem Besitzer wie angegossen passte.

benannt

Viele Einheiten sind nach berühmten Forschern benannt, die bedeutende Entdeckungen in dem Bereich machten, in dem die Einheit benutzt wird.

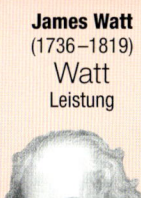

James Watt (1736–1819)	**Sir Isaac Newton** (1643–1727)	**Marie Curie** (1867–1934)	**James Prescott Joule** (1818–1889)	**Blaise Pascal** (1623–1662)
Watt Leistung	Newton Kraft	Curie Radioaktivität	Joule Energie	Pascal Druck

Neun Geräte zum Messen

Lineal
Ein Lineal misst die Länge und wird auch als Kante zum Zeichnen von geraden Linien benutzt.

Winkelmesser
Mit ihm bestimmt man Winkel und zeichnet Winkel auf Papier.

Sextant
Zur Navigation bestimmt man den Winkel zwischen dem Horizont und der Sonne oder einem anderen Stern.

Pyrometer
Das Gerät misst hohe Temperaturen, insbesondere bei Schmelz- und Brennöfen einer Töpferei.

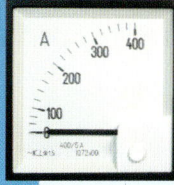

Amperemeter
Ein Instrument zur Messung des elektrischen Stroms in Ampere

Voltmeter
Das Gerät misst die Potenzialunterschiede oder Spannung zwischen zwei Punkten.

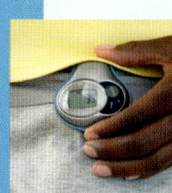

Pedometer
Der Schrittzähler zählt die Schritte, die eine Person macht.

Dynamometer
Das Instrument bestimmt die Muskelkraft oder das Drehmoment eines Motors.

Anemometer
Mithilfe von Schalen oder einem Flügelrad bestimmt es die Windgeschwindigkeit.

Was ist so großartig an **Rädern?**

Räder sind einfache Objekte – aber ohne sie könnten wir gar nicht mehr auskommen. Nicht nur Autos, Fahrräder und andere Fahrzeuge haben Räder – auch viele Maschinen benötigen sie.

Rad-Varianten

Flaschenzug
Er besteht aus einem Rad mit einer Rille, durch die ein Seil oder ein Kabel läuft.

Zahnrad
Dieses Rad besitzt Zähne, die Bewegungen auf andere Zahnräder übertragen.

Schwungrad
Diese schweren Räder speichern Energie, während sie sich drehen.

Mit den schnellsten Autorädern der Welt versucht ein düsengetriebener Rennwagen Geschwindigkeitsrekorde zu brechen. Diese Räder bestehen aus **festem Metall**, weil sie sich so schnell drehen, dass Gummireifen zerreißen würden.

Wer erfand das Rad?

● Niemand weiß, wer das Rad erfunden hat.

● Wagenräder wurden schon vor 5500 Jahren im alten Mesopotamien (heute Irak) benutzt.

● Die Anregung für das erste Wagenrad gab vielleicht die Töpferscheibe. Auf der sich drehenden Scheibe wurden Tontöpfe hergestellt. Sie war vermutlich bereits tausend Jahre vor der Erfindung des Wagenrads in Gebrauch.

Speichen

Speichen sind Stäbe oder Drähte, die eine Radnabe mit der Felge verbinden.

Die meisten Fahrräder besitzen Speichenräder.

Manche Rennräder haben Scheibenräder ohne Speichen.

Traditionelle Pferdekutschen besitzen Speichen aus Holz.

Fakten

Entwicklung der Reifen

1 Vor etwa 2800 Jahren wurden Holzräder mit Eisenreifen beschlagen, damit sie sich nicht so schnell abnutzten.

2 Die ersten Autos und Fahrräder besaßen Hartgummireifen.

3 Mit Luft gefüllte Reifen ersetzten die Vollgummireifen bei Autos und Fahrrädern ab 1890.

Verrückte Räder

Das Gleichgewicht auf einem **Einrad** zu halten ist viel schwieriger als auf zwei Rädern.

Das **Uno-Motorrad** sieht wie ein halbes Motorrad aus. Es besitzt zwei Räder, die aber als Doppelrad nebeneinander angeordnet sind!

Der **Segway** ist ein zweirädriges Elektrofahrzeug. Der Fahrer steht auf einer Plattform zwischen den Rädern. Um zu beschleunigen, lehnt er sich nach vorn; um abzubremsen, nach hinten. Wenn er sich zur Seite lehnt, biegt er in diese Richtung ab.

Gyroskop
Ein sich schnell
drehendes Rad,
dessen Achse
immer in dieselbe
Richtung weist.

Wasserrad
Dieses Rad wird
durch Wasserkraft
gedreht, um eine
andere Maschine
anzutreiben.

KAUM ZU GLAUBEN!

Die kleinsten Räder sind so winzig, dass erst mehr als **100 000** von ihnen so dick wie ein menschliches Haar sind. Die Forschung in solch unsichtbar kleinen Bereichen nennt man Nanotechnologie.

Flugzeugräder

Räder und Reifen von Flugzeugen müssen sehr fest sein, damit sie sicher landen können.

1 Wenn ein Großflugzeug landet, beschleunigt sein Hauptfahrwerk in einem Sekundenbruchteil von 0 auf 250 km/h.

2 Rauch der Reifen zeigt den Augenblick an, in dem die Reifen den Boden berühren.

3 Das Bugrad einer *Boeing 737* ist ungefähr genauso groß wie ein Autoreifen. Es kann sich schneller drehen als das Rad eines Rennwagens, während es das Gewicht von bis zu drei Mittelklasseautos trägt.

Räder im All

Die NASA benötigte Räder für ihre Rover, die sie zum Mond und zum Mars schickte. Sie mussten leicht und zuverlässig sein.

1 Bei drei Mondlandungen brachten die *Apollo*-Missionen Mondfahrzeuge mit. Ihre Räder bestanden aus federndem Drahtgeflecht.

2 Die Marsrover *Spirit* und *Opportunity* besaßen Aluminiumräder mit Spiralspeichen. Die Räume zwischen den Speichen waren mit Schaumstoff gefüllt, damit sich keine Steine in ihnen verfingen.

Besondere Spaß-Räder

1 Riesenräder wie das London Eye und der Singapore Flyer tragen ihre Fahrgäste hoch nach oben und wieder zurück zur Erde.

2 Karussells auf Spielplätzen und Jahrmärkten wirbeln Kinder schnell im Kreis herum.

3 Mit einem BMX-Rad kann man viele tolle Tricks ausführen.

4 Skateboards eignen sich für coole Sprünge.

5 Rollschuhe trägt man an den Füßen. Normale Rollschuhe besitzen vier Räder, zwei vorn und zwei hinten. Rollerblades haben dagegen bis zu fünf Räder, die in einer Reihe angeordnet sind.

6 Als Feuerrad bezeichnet man ein kreisförmiges Feuerwerk, das sich dreht, wenn es entzündet wurde.

Alles über den Reifenwechsel bei einem Rennwagen

In weniger als zehn Sekunden werden die Reifen eines Rennwagens gewechselt.

➡ **0,0 Sekunden** In diesem Moment hält der Wagen an der Box, wo etwa 14 Mechaniker bereits warten. Einer, der Lotse, zeigt dem Fahrer mit einem Schild, wo er genau anhalten muss.

➡ **0,2 Sekunden** Ein Mechaniker an jedem Rad entfernt mit einem Druckluftschlüssel die Zentralmutter, die das Rad befestigt.

➡ **1,0 Sekunden** Der Wagen wird von Mechanikern vorn und hinten aufgebockt.

➡ **1,5 Sekunden** Die alten Reifen werden abgezogen und neue aufgesetzt.

➡ **2,5 Sekunden** Während die Reifen gewechselt werden, wird der Rennwagen mit einem Zapfschlauch betankt.

➡ **3,5 Sekunden** Mechaniker ziehen die Zentralmutter an jedem Rad fest an und die Wagenheber werden abgesenkt.

➡ **3,8 Sekunden** Der Lotse signalisiert dem Fahrer, den ersten Gang einzulegen. Ein Mechaniker reinigt das Visier des Helms.

➡ **7,0 Sekunden** Der Zapfschlauch wird vom Rennwagen abgezogen.

➡ **7,3 Sekunden** Der Lotse hebt sein Schild hoch und der Fahrer fährt los.

Wie **schnell** ist ein **Auto**?

Rennwagen sind schnell, aber Autos, die Geschwindigkeitsrekorde aufstellen, sind noch schneller. Andy Green stellte 1997 mit dem *Thrust SSC* einen neuen Geschwindigkeitsrekord für Landfahrzeuge auf. Mit 1227 km/h war er dreimal schneller als ein Rennwagen.

Top 5 Schnellste Serienwagen

1. SSC Ultimate Aero TT 412 km/h

2. Bugatti Veyron 408 km/h

3. Koenigsegg CCR 405 km/h

4. McLaren F1 391 km/h

5. Jaguar XJ220 349 km/h

Wie man **einen neuen** Rekord aufstellt

1. Versuche mindestens 7,5 Mio. € aufzutreiben.

2. Wähle ein Team aus Designern und Ingenieuren aus, die ein schnelles Auto bauen.

3. Suche ein ebenes Gelände aus und fahre mit dem Wagen so schnell du kannst auf gerader Strecke zwischen zwei Zeitmesspunkten.

4. Wende das Auto, betanke es und rase innerhalb einer Stunde in entgegengesetzter Richtung zurück.

Warum haben Rennwagen Flügel?

■ Die Heckflügel eines Rennwagens wirken wie umgedrehte Tragflächen.

■ Sie drücken den Rennwagen auf den Boden (diese Kraft nennt man Abtrieb), sodass die Reifen besser auf dem Boden haften.

■ Die Form des Wagens unterstützt diesen Effekt.

■ Der Abtrieb ist so groß, dass ein Rennwagen sogar auf dem Kopf an der Decke eines Tunnels fahren könnte!

Spannende Geschichte

1887 Das weltweit erste Autorennen fand in Paris statt.

1898 Gaston de Chasseloup-Laubat stellte mit 63 km/h den ersten Geschwindigkeitsrekord für Landfahrzeuge auf.

1902 Der erste von nur zwei Rekorden, die dampfbetriebenen Landfahrzeugen gelangen, wurde aufgestellt.

1907 Brooklands, die weltweit erste Automobilrennstrecke, eröffnete in Surrey (England).

1950 Das erste Rennen der Formel 1 fand statt.

1963 Der erste Geschwindigkeitsrekord für Landfahrzeuge mit Düsenantrieb wurde aufgestellt.

1970 Der erste Geschwindigkeitsrekord für Landfahrzeuge mit Raketenantrieb wurde aufgestellt.

Henry Segrave
Er fuhr 1927 als erster Mensch schneller als 300 km/h.

Sir Malcolm Campbell
Als erster Mensch überschritt er 1932 400 km/h. Er brach neunmal Rekorde für Landfahrzeuge.

Donald Campbell
Als einziger Mensch brach er 1964 Rekorde an Land und zu Wasser im gleichen Jahr.

Craig Breedlove
Als erster Mensch stellte er 1963 einen Rekord in einem Wagen mit Düsenantrieb auf.

Gary Gabelich
Er stellte 1970 den ersten Rekord mit über 1000 km/h in einem Wagen mit Raketenantrieb auf.

Andy Green
Er stellte 1997 den ersten Rekord mit Überschallgeschwindigkeit für Landfahrzeuge auf.

Wo finden Rekorde an Land statt?

■ Die ersten Rekorde an Land erfolgten auf Straßen und Rennstrecken.

■ Seit 1920 wurden Strände wie Pendine Sands in Wales und Daytona Beach in Florida (USA) genutzt, weil sie lang und eben waren.

■ Nach 1930 fanden Rekordversuche auf den Bonneville Salt Flats der Großen Salzwüste in Utah (USA) statt.

■ Seit 1983 wird die Wüste Black Rock Desert in Nevada (USA) für Geschwindigkeitsrekorde genutzt.

Was ist ein Dragster?

Dragster sind sehr leistungsstarke Fahrzeuge, die auf einer geraden Rennstrecke von 402 m Länge eingesetzt werden.

● **Dragster werden für Rennen in verschiedene Klassen eingeteilt.**

● **Die schnellsten Dragster konkurrieren in der Top-Fuel-Klasse.**

● **Schnelle Top-Fuel-Dragster erreichen mehr als 530 km/h.**

● Ein Drag Racing (Beschleunigungsrennen) kann in weniger als fünf Sekunden beendet sein.

● **Top-Fuel-Dragster sind so schnell, dass sie nur mit Bremsschirmen stoppen können.**

ALLES KLAR?
Alle drei Autos, mit denen Craig Breedlove Geschwindigkeitsrekorde für Landfahrzeuge aufstellte, nannte er *Spirit of America* (Geist von Amerika).

Wusstest du das?

Um 1890, als die ersten Geschwindigkeitsrekorde aufgestellt wurden, hielt man Fahrten mit mehr als 100 km/h für gefährlich. Die Menschen glaubten, dass die Fahrer dabei nicht mehr atmen könnten!

Schnelle Autos

1 Um 1890 waren die schnellsten Autos der Welt Elektroautos.

2 Bei der World Solar Challenge fahren die schnellsten Solarautos 3000 km quer durch Australien.

3 Reifen für Rennwagen werden so entworfen, dass sie klebrig werden, wenn sie erwärmt sind. Dadurch haften sie besser am Boden.

4 Ein Formel-1-Fahrer wechselt die Gänge in wenigen Hundertstel Sekunden, indem er einen Knopf am Lenkrad drückt.

5 Richard Noble stellte 1983 mit 1020 km/h einen neuen Rekord für Landfahrzeuge auf. Später entdeckte er, dass sein Wagen wie ein Flugzeug abgehoben hätte, wäre er noch schneller gefahren!

6 Craig Breedlove erlebte 1996 einen Unfall mit höchster Geschwindigkeit, als sich sein Wagen bei 1103 km/h überschlug. Er stieg unverletzt aus dem Wagen.

7 Bei 350 km/h benötigt ein Wagen für die Längsseite eines Fußballplatzes weniger als eine Sekunde.

Fakten

Welches ist das schnellste Flugzeug?

Schnelle Passagierflugzeuge fliegen etwas unterhalb der Schallgeschwindigkeit, die man mit Mach 1 bezeichnet. Das Flugzeug, das den Geschwindigkeitsrekord hält, ist das Spionageflugzeug *Lockheed Blackbird*. Es fliegt dreimal schneller als die Schallgeschwindigkeit.

Das **Triebwerksendrohr** glüht bei Mach 3 weiß.

REKORD-HALTER

Die **Blackbird** (rechts) stellte 1976 mit 3529 km/h den Geschwindigkeitsrekord auf. Die *X-15* flog zwar schneller, startete jedoch in großer Höhe von einem Trägerflugzeug aus.

Sechs Triebwerksarten

1 Kolbenmotor
Er treibt wie ein Automotor kleine, langsame Flugzeuge an.

2 Turboprop
Das Turbinentriebwerk besitzt einen Propeller.

3 Strahlturbine
Das älteste und lauteste Strahltriebwerk

4 Turbofan
Ein Mantelstromtriebwerk

5 Ramjet
Ein Staustrahltriebwerk

6 Scramjet
Staustrahltriebwerk für Mach 5

Flugzeugformen

Die Form eines Flugzeugs und die Art seiner Tragflächen entscheiden, wie schnell es fliegt.

Niedriger Unterschall
Die Tragflächen der Flugzeuge, die bis zu Mach 0,5 erreichen, strahlen gerade vom Rumpf ab.

Hoher Unterschall
Flugzeuge für diese Geschwindigkeit besitzen schräge Tragflächen.

Überschall
Überschallflugzeuge besitzen Deltaflügel, die einem Dreieck gleichen.

Der **Bug** enthält Spionagekameras und andere Sensoren.

Die beiden **Cockpits** sind voneinander getrennt. Die Crew trägt Raumanzüge.

Alles über **den Aufbau der Blackbird**

Spannende Geschichte

1903
Der *Wright Flyer*, den die Brüder Wright bauten und flogen, unternahm den ersten Motorflug.

1909
Eine *Blériot XI*, die ihr Entwickler Louis Blériot flog, überquerte als erstes Flugzeug den Ärmelkanal.

1924
Einem *Douglas-World-Cruiser*-Wasserflugzeug gelang die erste Weltumrundung in Etappen.

1927
Charles Lindbergh überquerte als Erster mit der *Spirit of St Louis*, einem umgebauten Ryan-NYP-Flugzeug, nonstop den Atlantik.

1939
Die *Heinkel He 178* unternahm den ersten Flug mit einem Strahltriebwerk.

1947
Charles „Chuck" Yeager durchbrach mit dem Raketenflugzeug *Bell X-1* als Erster die Schallmauer.

1949
Die *de Havilland DH106 Comet*, das weltweit erste Düsenflugzeug, startete zu ihrem Jungfernflug.

1968
Das Überschallflugzeug *Tupolew Tu-144* machte zwei Monate vor der britisch-französischen *Concorde* seinen ersten Flug.

2005
Der *Airbus A380*, das größte Passagierflugzeug der Welt, startete zu seinem Jungfernflug.

Fünf Militärflugzeuge

Diese fünf Flugzeuge sind mit der modernsten Technologie ausgerüstet. Die beiden neuesten Kampfjets sind der Eurofighter *Typhoon* und der *F-22 Raptor*.

AV-8B HARRIER II
Das britische Kampfflugzeug ist ein Senkrechtstarter, der keine Startbahn benötigt. Zum Starten richtet er seine Düsen nach unten. Er erreicht etwa Mach 0,98.

F-15E STRIKE EAGLE
Dieses US-Kampfflugzeug flog 1986 zum ersten Mal. Die Besatzung besteht aus dem Piloten und einem Waffenoffizier. Es erreicht Mach 2,5.

F-117 Nighthawk
Dieser US-Kampfjet war der erste mit Tarnkappentechnik. Der *Nighthawk* war von 1981 bis 2008 im Einsatz. Er erreichte Mach 0,9.

Eurofighter *Typhoon*
Das zweistrahlige europäische Mehrkampfflugzeug absolvierte seinen ersten Flug 1994 und wird seit 2003 von der deutschen Luftwaffe genutzt. Es erreicht mehr als Mach 2.

F-22 Raptor
Der zweistrahlige US-Kampfjet ist seit 2005 im Einsatz. Er fliegt auch schneller als Mach 2.

Die **Flugzeugzelle** (der Rumpf) besteht aus einer Titanlegierung, damit sie den hohen Temperaturen widersteht.

Die **Triebwerke** (zwei Pratt & Whitney J58) wurden eigens für die *Blackbird* entwickelt.

Wenn sich ein Flugzeug der **Schallmauer** nähert, kann die Luft vor ihm nicht schnell genug entweichen und bildet eine **Druckwelle**. Bei geeigneten Bedingungen können sich Luftdruck und Temperatur durch eine Druckwelle verändern und eine Wolke bilden, die man **Dampfkegel** nennt.

Machzahlen

Bezeichnung	Machzahl	Beschreibung
Unterschall	unter Mach 1	Moderne Flugzeuge fliegen gewöhnlich mit Mach 0,75–0,8.
Schall	Mach 1	Entspricht der Schallgeschwindigkeit 1236 km/h
schallnah	zwischen Mach 0,8 und 1,2	Der Bereich um die Schallgeschwindigkeit
Überschall	zwischen Mach 1,2 und 5	Einige Militärflugzeuge erreichen Überschall.
Hyperschall	über Mach 5	Nur wenige Versuchsflugzeuge erreichen Hyperschall.

Wusstest du das?

Schnelles Fliegen erwärmt ein Flugzeug. Die *Concorde* wurde während eines Flugs um 25 cm länger, weil sie so schnell war und sich aufheizte. Sie schrumpfte natürlich auf ihre ursprüngliche Größe zurück, sobald sie sich wieder abgekühlt hatte.

Concorde

1 **Rang** – das erfolgreichste Überschallpassagierflugzeug
2 **Hersteller** – Großbritannien und Frankreich
3 **Im Dienst** – 1976–2003
4 **Triebwerk** – Turbojet
5 **Reisegeschwindigkeit** – Mach 2,04
6 **Reisezeit** – London – New York unter 3,5 Stunden
7 **Passagiere** – 100
8 **Preis** – 55 Mio. DM (1977)
9 **Eingestellt** – wegen zu hoher Betriebskosten
10 **Merkmal** – absenkbare Nase bei Start und Landung

Fakten

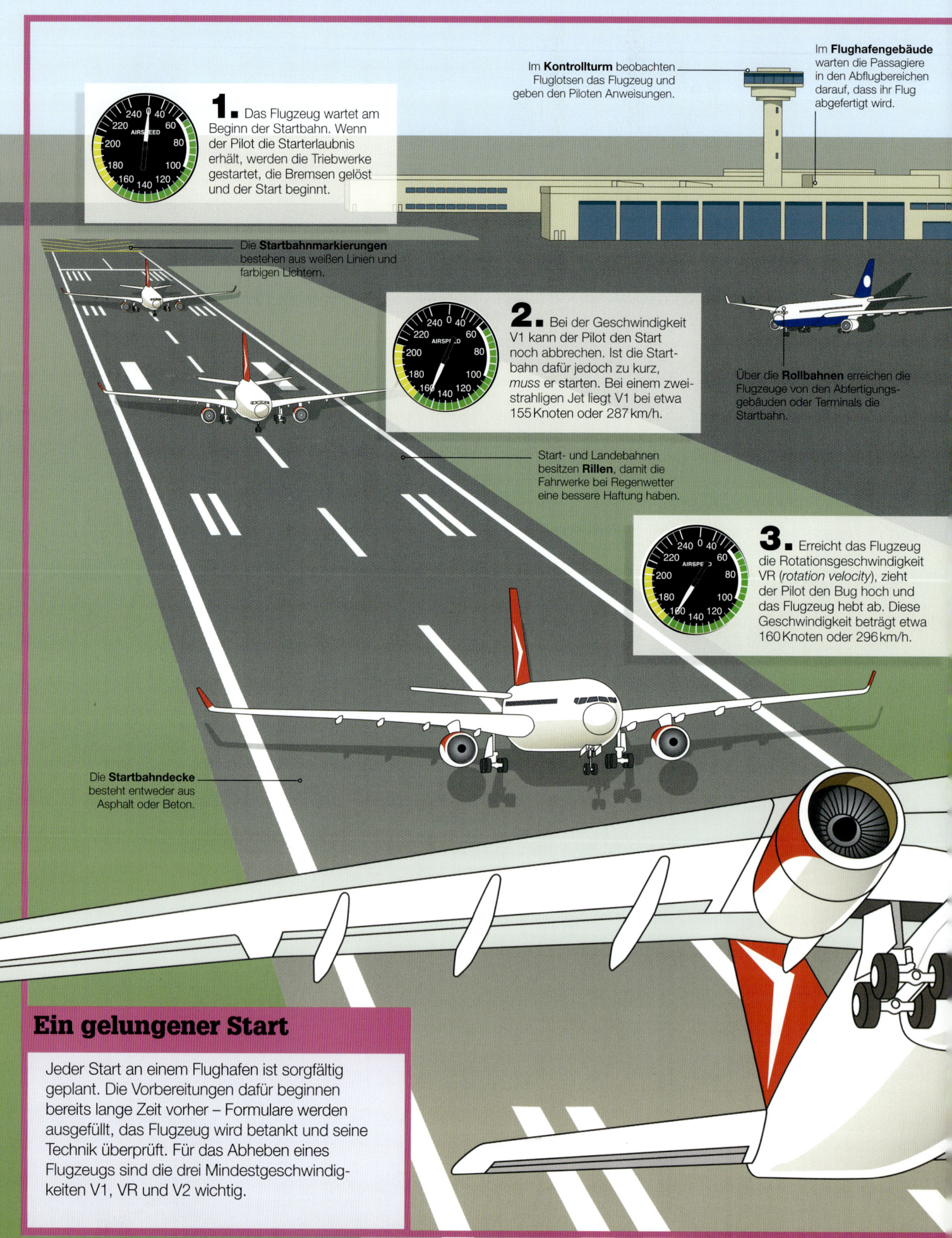

1. Das Flugzeug wartet am Beginn der Startbahn. Wenn der Pilot die Starterlaubnis erhält, werden die Triebwerke gestartet, die Bremsen gelöst und der Start beginnt.

Im **Kontrollturm** beobachten Fluglotsen das Flugzeug und geben den Piloten Anweisungen.

Im **Flughafengebäude** warten die Passagiere in den Abflugbereichen darauf, dass ihr Flug abgefertigt wird.

Die **Startbahnmarkierungen** bestehen aus weißen Linien und farbigen Lichtern.

2. Bei der Geschwindigkeit V1 kann der Pilot den Start noch abbrechen. Ist die Startbahn dafür jedoch zu kurz, *muss* er starten. Bei einem zweistrahligen Jet liegt V1 bei etwa 155 Knoten oder 287 km/h.

Über die **Rollbahnen** erreichen die Flugzeuge von den Abfertigungsgebäuden oder Terminals die Startbahn.

Start- und Landebahnen besitzen **Rillen**, damit die Fahrwerke bei Regenwetter eine bessere Haftung haben.

3. Erreicht das Flugzeug die Rotationsgeschwindigkeit VR (*rotation velocity*), zieht der Pilot den Bug hoch und das Flugzeug hebt ab. Diese Geschwindigkeit beträgt etwa 160 Knoten oder 296 km/h.

Die **Startbahndecke** besteht entweder aus Asphalt oder Beton.

Ein gelungener Start

Jeder Start an einem Flughafen ist sorgfältig geplant. Die Vorbereitungen dafür beginnen bereits lange Zeit vorher – Formulare werden ausgefüllt, das Flugzeug wird betankt und seine Technik überprüft. Für das Abheben eines Flugzeugs sind die drei Mindestgeschwindigkeiten V1, VR und V2 wichtig.

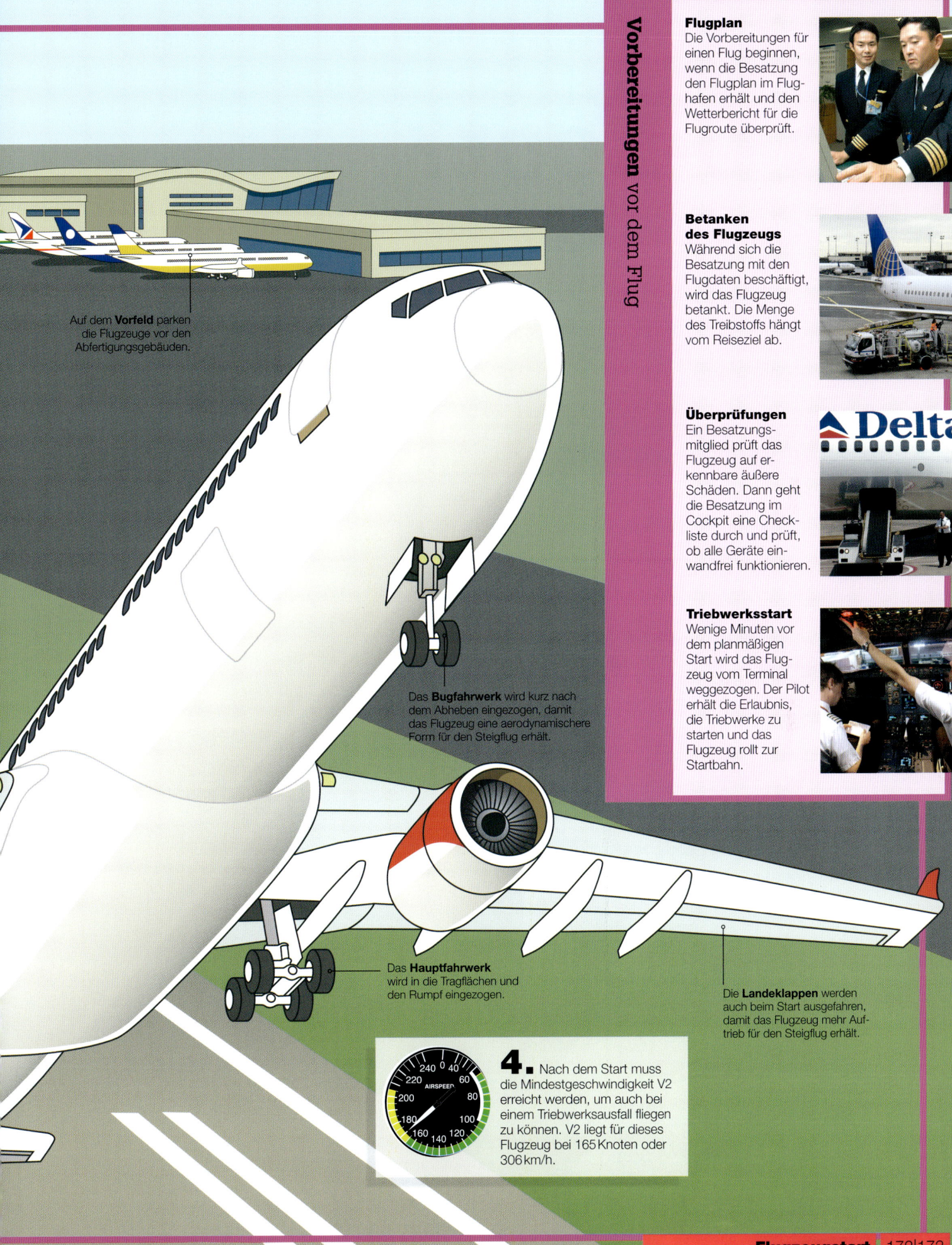

Flugplan
Die Vorbereitungen für einen Flug beginnen, wenn die Besatzung den Flugplan im Flughafen erhält und den Wetterbericht für die Flugroute überprüft.

Betanken des Flugzeugs
Während sich die Besatzung mit den Flugdaten beschäftigt, wird das Flugzeug betankt. Die Menge des Treibstoffs hängt vom Reiseziel ab.

Überprüfungen
Ein Besatzungsmitglied prüft das Flugzeug auf erkennbare äußere Schäden. Dann geht die Besatzung im Cockpit eine Checkliste durch und prüft, ob alle Geräte einwandfrei funktionieren.

Triebwerksstart
Wenige Minuten vor dem planmäßigen Start wird das Flugzeug vom Terminal weggezogen. Der Pilot erhält die Erlaubnis, die Triebwerke zu starten und das Flugzeug rollt zur Startbahn.

Auf dem **Vorfeld** parken die Flugzeuge vor den Abfertigungsgebäuden.

Das **Bugfahrwerk** wird kurz nach dem Abheben eingezogen, damit das Flugzeug eine aerodynamischere Form für den Steigflug erhält.

Das **Hauptfahrwerk** wird in die Tragflächen und den Rumpf eingezogen.

Die **Landeklappen** werden auch beim Start ausgefahren, damit das Flugzeug mehr Auftrieb für den Steigflug erhält.

4. Nach dem Start muss die Mindestgeschwindigkeit V2 erreicht werden, um auch bei einem Triebwerksausfall fliegen zu können. V2 liegt für dieses Flugzeug bei 165 Knoten oder 306 km/h.

Wie taucht ein U-Boot?

Ein U-Boot erhöht sein Gewicht gegenüber dem Meereswasser, um zu tauchen, und senkt es, um wieder aufzutauchen. U-Boote müssen sehr stabil gebaut sein, um dem enormen Wasserdruck zu widerstehen. Je tiefer ein U-Boot taucht, umso größer wird der Wasserdruck.

Wie man **mit einem U-Boot taucht und wieder auftaucht**

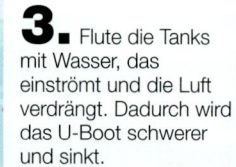

1. Bereite dich zum Tauchen vor. Ein U-Boot schwimmt, weil es durch luftgefüllte Ballasttanks einen Auftrieb erfährt.

2. Öffne die Ventile der Ballasttanks, damit die Luft entweichen kann.

3. Flute die Tanks mit Wasser, das einströmt und die Luft verdrängt. Dadurch wird das U-Boot schwerer und sinkt.

4. Bereite dich zum Auftauchen vor. Schließe die Ventile und belüfte die Tanks mit Druckluft, um das Wasser herauszudrücken.

Alles über **das Fahren mit dem U-Boot**

■ Ein U-Boot gleitet durch das Wasser wie ein Luftschiff durch die Luft.

■ Nachdem ein U-Boot getaucht ist, ändert es seine Tiefe mit kleinen Flügeln, die man Tiefenruder nennt.

■ Die Bugruder werden nach oben oder unten angestellt, damit das U-Boot im Wasser aufsteigt oder sinkt.

■ Die Heckruder werden nach oben oder unten angestellt, um den Höhenwinkel des Bugs zu steuern. Seitenruder am Heck drehen das U-Boot nach backbord (links) oder steuerbord (rechts).

Seemannsbegriffe

Aale	Torpedos
Achtern	Heck
Fluten	Ballasttanks mit Wasser füllen
Koje	Bett
Schleichfahrt	Langsame Fahrt ohne Geräusche
Schnorchel	Rohr zur Luftversorgung
Schott	Trennwand

Übrigens:

Kleinere Tauchboote können nur wenige Stunden tauchen, während ein Atom-U-Boot viele Wochen unter Wasser bleiben kann – oder sogar mehrere Monate, wenn ausreichend Proviant vorhanden ist!

KAUM ZU GLAUBEN!

Im Jahr 332 v. Chr. soll **Alexander der Große** in einer Art Tauchglocke einen Tauchversuch im Meer unternommen haben.

Wusstest du das?

In einem militärischen U-Boot ist so wenig Platz, dass nicht einmal ausreichend Betten für die gesamte Besatzung vorhanden sind! Die Seemänner arbeiten zu unterschiedlichen Zeiten, sodass sie sich die Betten teilen können. Das bezeichnet man als Prinzip der „warmen Koje".

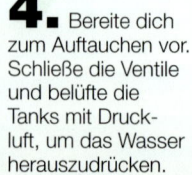

Sechs Arten von Tauchgeräten

Taucherglocke
Die Glocke besitzt keinen Boden und wird an einem Kabel in das Wasser gelassen.

Tiefseetaucherkugel
Die Kugel nimmt bis zu drei Menschen auf. Sie ist an einem Kabel befestigt und dient zur Erforschung der Tiefsee.

Bathyscaph
Die Kugel, in der die Forscher sitzen, ist am Schwimmkörper des Tiefseetauchboots befestigt.

Tauchboot
Das kleine, bemannte Boot dient bei der Marine für kurze Tauchfahrten.

Tauchfahrzeug
Die kleinen zivilen Tauchboote werden normalerweise von einem Mutterschiff abgelassen.

U-Boot
Die großen militärischen Tauchboote können sehr lange Zeit unter Wasser bleiben.

Fakten

U-Boote

1 U-Boote navigieren und weichen Hindernissen mit einem System aus, das man Sonar nennt. Ein Sonar sendet Schallwellen aus, die nahe Objekte reflektieren, und ortet diese auf einem Monitor.

2 Ein U-Boot benötigt weniger als eine Minute, um zu tauchen.

3 U-Boote sind unter Wasser schneller als an der Oberfläche.

4 In ruhigem, klarem Wasser kann man ein U-Boot aus der Luft noch in 30 m Tiefe erkennen.

5 Ein modernes U-Boot besteht aus mehr als 7 Mio. Teilen.

Wie tief taucht ein U-Boot?

U-Boote im Zweiten Weltkrieg konnten bis zu 85 m Tiefe tauchen.

Ein U-Boot der Typhoon-Klasse kann bis zu 400 m Tiefe erreichen.

Das U-Boot *Alvin* erreicht sogar eine Tiefe von 4500 m.

Die Tiefseetauchkapsel *Trieste* tauchte bis in eine Tiefe von 10 900 m.

Die „Testtiefe" eines U-Boots ist die erlaubte größte Tiefe in Friedenszeiten.

Die maximale Tauchtiefe entspricht der Tiefe, in die ein U-Boot in Kriegszeiten tauchen darf.

Die „Bemessungstiefe" ist die maximale Tiefe, für die U-Boote ausgelegt sind.

Die „Zerstörungstauchtiefe" ist die Tiefe, bei der ein U-Boot vom Wasserdruck zusammengedrückt und zerstört wird.

Spannende Geschichte

um 1620
Der Niederländer Cornelius Drebbel baute das erste U-Boot.

1775
David Bushnell entwarf die *Turtle*, die als erstes U-Boot ein Kriegsschiff angriff – die HMS *Eagle*.

1864
Die *Hunley* versenkt als erstes U-Boot ein Kriegsschiff – die USS *Housatonic*.

1897
Die *Holland VI*, das U-Boot von John Philip Holland, wurde fertiggestellt. Es war das erste moderne und erfolgreiche U-Boot.

1954
Das erste Atom-U-Boot, die USS *Nautilus*, lief vom Stapel.

Wofür sind Tauchboote gut?

Tauchboote **erforschen** die Meere und die Tiefsee oder suchen nach Wracks am Meeresboden. Tauchboote haben z. B. das Wrack der *Titanic* und neue Fischarten entdeckt. Sogar eine Wasserstoffbombe wurde gefunden, die ein Flugzeug versehentlich verloren hatte.

REKORDHALTER

Russische U-Boote der Typhoon-Klasse sind die **größten** der Welt. Sie wiegen bis zu 24 500 Tonnen und können mehr als 160 Besatzungsmitglieder aufnehmen.

Warum gibt es **so viele Materialien?**

Aus Tausenden verschiedenen Materialien werden Millionen Dinge hergestellt. Doch jedes Material hat Vor- und Nachteile. Holz eignet sich für einen Gartenzaun, aber nicht für Kleidung. Gummi ist das beste Material für Autoreifen, aber nicht für die Räder. Aus der Vielzahl der Materialien wird das mit den besten Eigenschaften für den gewünschten Zweck ausgesucht.

Was ist eine Legierung?

Eine Legierung ist ein Gemisch aus einem Metall mit anderen Metallen oder Nichtmetallen. Legierungen haben andere Eigenschaften als die Materialien, die sie enthalten. **Stahl** ist härter als jedes seiner Materialien – Eisen und Kohlenstoff.

1. Belade einen Hochofen mit Eisenerz, Koks (aus Kohle), Kalk und Dolomit. Dann heizt du den Ofen, bis das Eisen schmilzt.

2. Gieße das geschmolzene Eisen in einen Sauerstoffblasofen und gib Schrott hinzu, um geschmolzenen Stahl zu erzeugen.

Fünf Glassorten

Panzerglas
Dieses Glas ist kugelsicher und besteht aus laminierten Glasschichten.

Laminiert
Bei diesem Glas ist eine Kunststofffolie zwischen zwei Glasscheiben geklebt.

Glaswolle
Das Isoliermaterial hat eine weiche, wollartige Struktur aus Glasfasern.

Bleikristall
Durch Glas, das Blei enthält, erhalten Gläser ein glänzendes Aussehen.

Buntglas
Aus farbigem Glas werden Fensterbilder und Zierelemente hergestellt.

Legierungen

Die Liste zeigt nur einige der vielen Legierungen und der Materialien, die sie enthalten.

Legierung	enthält
Messing	Kupfer und Zink
Bronze	Kupfer und Zinn
Kupfernickel	Kupfer und Nickel
Rostfreier Stahl	Eisen, Nickel und Chrom
Edelstahl	Eisen, Kohlenstoff und Chrom
Stahl	Eisen und Kohlenstoff
Sterlingsilber	Silber und Kupfer
Hartzinn	Zinn, Blei und Kupfer

REKORDHALTER

Das härteste Material ist **Graphen**. Es ist 200-mal härter als Stahl und besteht nur aus Kohlenstoff.

ALLES KLAR?

Rohmaterialien sind Grundsubstanzen, aus denen Dinge entstehen. Sie stammen aus der Natur wie Holz, Bambus, Steine, Wolle, Erdöl oder Pflanzenfasern wie Baumwolle, Sisal und Hanf.

Metalle werden aus Erzen gewonnen, die im Bergbau oder Tagebau aus der Erde gefördert werden. Das Erz **Bauxit** enthält Aluminium, während das Erz **Chalkosin** Kupfer enthält. Erze müssen verarbeitet werden – häufig durch Hitze und Chemikalien –, um das reine Metall zu gewinnen.

Wie man **Stahl herstellt**

5. Rolle die Platten zwischen schweren Walzen, um Stahlbleche für die Industrie zu erhalten.

4. Gieße den geschmolzenen Stahl zu großen Platten.

3. Aus dem geschmolzenen Stahl scheidest du Sauerstoff, Wasserstoff und Stickstoff ab, um kohlenstoffarmen Stahl zu gewinnen.

Fünf extreme Materialien

■ **Titan** wird für Militärflugzeuge verwendet. Das Metall ist so hart wie Stahl, aber es wiegt nur halb so viel und widersteht hohen Temperaturen.

■ **Kevlar** ist eine sehr feste Faser, aus der kugelsichere Westen und sehr reißfeste Seile produziert werden.

■ **Kohlefaserverbundstoffe** werden in Raketen und Raumsonden genutzt, da sie sehr hohen Temperaturen widerstehen.

■ **Aerogel** ist ein durchsichtiges, gelartiges Material, das extrem leicht ist. Eine Raumsonde hat mit dem Material Staubkörnchen eines Kometen eingefangen, ohne sie zu zerstören.

■ **Aluminiumwaben** befinden sich in den Rotorblättern von Hubschraubern und in Flugzeugen, weil sie leicht und sehr fest sind.

Sechs Kunststoffsorten

◎ **Polykarbonat** – Aus dem harten Material entstehen CDs, DVDs und Brillen.

◎ **Polyethylen** – Der am weitesten verbreitete Kunststoff (80 Mio. Tonnen jährlich) wird vorwiegend für Verpackungen und Flaschen genutzt.

◎ **Polypropylen** – Aus dem am zweithäufigsten genutzten Kunststoff entstehen Verpackungen, Gewebe, Seile, Nahrungsbehälter und manche Banknoten.

◎ **Polystyrol** – Hieraus entstehen Plastikbesteck, CD-Hüllen, Kunststoffmodelle und Verpackungsschaum.

◎ **PTFE** – Teflon wird als Antihaftschicht für Kochtöpfe und Pfannen eingesetzt.

◎ **PVC** – Polyvinylchlorid ist der am dritthäufigsten eingesetzte Kunststoff. Er wird für Abflussrohre, Fensterrahmen, Polster, Teppichböden und aufblasbare Gegenstände verwendet.

Was ist ein Polymer?

Kunststoffe bestehen aus langen Molekülketten, die man Polymere nennt. Unter den vielen verschiedenen Polymeren kommen einige auch in der Natur vor. Bernstein (Hintergrund) und Zellulose (aus Pflanzenzellen) sind natürliche Polymere. Die meisten Kunststoffe entstehen aus Chemikalien, die aus Erdöl gewonnen wurden.

Warum rostet mein Fahrrad?

Manche Materialien wie Eisen reagieren mit Luftsauerstoff. Wenn Eisen mit Wasser und Luft zusammenkommt, verbindet es sich mit Sauerstoff zu **Eisenoxid**, das man auch Rost nennt. Fahrräder bestehen aus Stahl, der Eisen enthält.

Warum haften Magnete am Kühlschrank?

Magnete haften an einem Kühlschrank, weil er Stahl enthält. Aber Magnete können mehr, als nur Notizzettel an einer Kühlschranktür befestigen. Viele unserer Alltagsgegenstände würden ohne Magnete nicht funktionieren – und wäre die Erde nicht magnetisch, hätten wir ein Problem!

Alles über den Aufbau eines Magnets

In einem Magnet befinden sich winzige Gebiete, die man Bezirke nennt. In jedem Bezirk sind alle magnetischen Materieteilchen in dieselbe Richtung ausgerichtet.

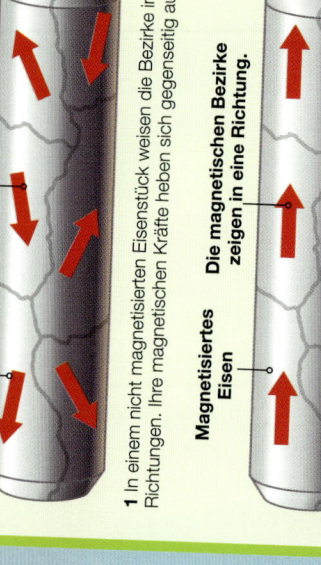

Nicht magnetisiertes Eisen

Die magnetischen Bezirke zeigen in alle Richtungen.

1 In einem nicht magnetisierten Eisenstück weisen die Bezirke in alle Richtungen. Ihre magnetischen Kräfte heben sich gegenseitig auf.

Magnetisiertes Eisen

Die magnetischen Bezirke zeigen in eine Richtung.

2 Wenn das Eisen magnetisiert ist, zeigen alle Bezirke in dieselbe Richtung und ihre magnetischen Kräfte addieren sich.

10 Dinge mit Magnetismus

Magnete sind in vielen Gegenständen vorhanden. Wenn man seinen Computer oder Drucker benutzt, Musik hört, den Akku des Handys auflädt oder in einem Auto oder Zug fährt, nutzt man Magnete.

- ✔ Mikrofone
- ✔ Lautsprecher
- ✔ Elektromotoren
- ✔ Elektromagnete
- ✔ Transformatoren
- ✔ Generatoren
- ✔ Computer-Laufwerke
- ✔ Kompasse
- ✔ Stromnetze
- ✔ Akkuladegeräte

Wie man ein Magnetfeld sichtbar macht

1. Richte zwei Magnete wie abgebildet auf einem Blatt Papier aus.

2. Dann streust du Eisenspäne auf das Blatt.

3. Klopfe auf das Blatt.

4. Beobachte, wie sich die Späne an den Kraftlinien ausrichten.

Was ist ein Elektromagnet?

Im Gegensatz zu Dauermagneten können Elektromagnete **ein-** und **ausgeschaltet** werden. Ein Elektromagnet enthält eine Drahtspule, durch die Strom fließt und dadurch magnetisch wird. Ein Eisenstück in der Spule verstärkt das Magnetfeld, sodass das Elektromagnet stärker wirkt.

Der Magnet in einem Magnetresonanztomografen ist **extrem leistungsstark** – er kann nicht nur Objekte wie Scheren, Stühle und Sauerstofftanks bewegen, sondern sogar einen **Gabelstapler** durch einen Raum ziehen.

Natürliche Magnete

Manche Gesteine in der Natur enthalten Eisen und sind magnetisch. Den Magnetismus entdeckten bereits die Menschen in der Antike, als sie die magnetischen Auswirkungen mancher Gesteine kennenlernten.

■ Magnetit oder Magnetstein ist das häufigste magnetische Gestein. Aus ihm entstanden die ersten magnetischen Kompasse.

■ Pyrrhotin ist ein bronzefarbenes, schwach magnetisches Mineral.

■ Tantalit ist ein rostfarbenes magnetisches Gestein.

■ Franklinit ist ein schwach magnetisches, schwarzes Gestein aus Franklin in New Jersey (USA).

Spannende Geschichte

580 v. Chr.
Der griechische Philosoph Thales befasste sich mit der Anziehungskraft des Magnetsteins.

1086
Der Chinese Shen Kua beschrieb einen magnetischen Kompass.

1600
Der Engländer William Gilbert beschrieb den Erdmagnetismus.

1819
Der dänische Physiker Hans Oersted entdeckte den Elektromagnetismus, nachdem elektrische Ströme Magnetfelder erzeugt hatten.

1821
Der englische Physiker Michael Faraday baute den ersten einfachen Elektromotor.

1831
Michael Faraday entdeckte die elektromagnetische Induktion – die Fähigkeit eines wechselnden Magnetfelds, elektrischen Strom durch einen Draht fließen zu lassen.

1906
Der französische Physiker Pierre Weiss beschrieb die Theorie der Bezirke beim Magnetismus.

1939
Der deutsch-amerikanische Physiker Walter Elsasser vermutete, dass der Erdmagnetismus durch Wirbelströme im flüssigen Erdkern entsteht.

Wie entsteht das Polarlicht?

Der Planet Erde ist magnetisch. Ihn umgibt ein gigantisches Magnetfeld, das uns vor Teilchen von der Sonne schützt. Wenn diese Teilchen an den Magnetpolen in die Erdatmosphäre eindringen, bringen sie die Luft zum Glühen. Das schimmernde Glühen am Himmel über den Polen nennt man Polarlicht oder Aurora.

Fakten

Magnete

1 Ungleiche Magnetpole ziehen sich an – und gleiche stoßen sich ab.

2 Halbiert man den Abstand zwischen zwei Magneten, wird ihre Kraft vervierfacht.

3 Ein Magnet kann aus Eisen, Stahl, Nickel oder Kobalt bestehen.

4 Zerbricht man einen Magnet in zwei Teile, erhält man nicht einen Nordpol und einen Südpol – sondern zwei neue Magnete, die jeweils beide Pole besitzen.

5 Erwärmt man einen Magnet bis zu einer bestimmten Temperatur, dem Curie-Punkt, verliert er seinen Magnetismus. Der Curie-Punkt für Eisen liegt bei 770 °C.

Magnetische Felder

✳ Die Stärke eines Magnetfelds wird in Tesla gemessen.

✳ Die Stärke des Erdmagnetfelds beträgt etwa 50 Millionstel Tesla.

✳ **Ein Haushaltsmagnet ist ungefähr 100-mal stärker als das Magnetfeld der Erde.**

✳ Die meisten MRTs (Magnetresonanztomografen) in Krankenhäusern verwenden 1,5-Tesla-Magneten.

✳ **Der stärkste MRT für Menschen besitzt einen 9,4-Tesla-Magneten, der mehr als 40 Tonnen wiegt!**

✳ Die stärksten Magnete für die Forschung entwickeln eine Feldstärke von etwa 100 Tesla.

Wusstest du das?

Forscher am Jet Propulsion Laboratory in Kalifornien (USA) ließen 2009 eine lebende Maus in einem Magnetfeld schweben, das 300000-mal stärker als das der Erde war!

Was ist das Besondere an **Lasern?**

Ein Laser erzeugt einen intensiven Lichtstrahl aus nur einer Farbe. Als der Laser erfunden wurde, bezeichnete man ihn als „eine Erfindung, die nach ihrem Nutzen sucht". Zu der Zeit wusste niemand, wozu er gut sein sollte. Heute existieren für Laser viele Anwendungen – du nutzt wahrscheinlich täglich einen Laser, ohne dass du es weißt.

Was ist Laserlicht?

Licht besteht aus **elektromagnetischen Wellen**. Diese Wellen sind unterschiedlich lang, zufällig vermischt und breiten sich in alle Richtungen aus. Das Licht eines Lasers besteht aus gleich langen Wellen, deren Phasen übereinstimmen und die sich nur in eine Richtung ausbreiten.

Heute schon einen Laser genutzt?

Hier werden Laser eingesetzt:

✔ **CD-Player**
✔ **DVD-Player**
✔ **Telefonleitungen**
✔ **Kabelfernsehen**
✔ **Laserdrucker**
✔ **Spielkonsolen**
✔ **Barcode-Lesegeräte**
✔ **Optische Effekte auf Bühnen**
✔ **Wissenschaftliche Forschung**
✔ **Krankenhäuser**
✔ **Industrie**

Alles über die Funktionsweise eines Lasers

Ein Laser kann aus einem festen Material, einer Flüssigkeit oder einem Gas bestehen – dem Lasermedium. In dieses Medium wird Energie, normalerweise Strom oder helles Licht, geleitet. Seine Atome nehmen die Energie auf und setzen sie als Licht frei. Das Licht wird an zwei Spiegeln reflektiert und dadurch verstärkt. Ein Spiegel lässt einen Teil des Lichts durch – das ist der Laserstrahl.

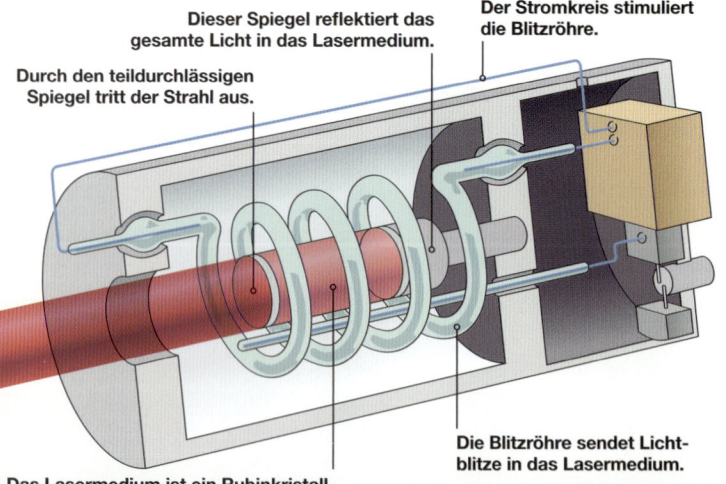

Dieser Spiegel reflektiert das gesamte Licht in das Lasermedium.

Der Stromkreis stimuliert die Blitzröhre.

Durch den teildurchlässigen Spiegel tritt der Strahl aus.

Die Blitzröhre sendet Lichtblitze in das Lasermedium.

Das Lasermedium ist ein Rubinkristall.

ALLES KLAR?

Der Begriff **LASER** ist eine Abkürzung aus **L**ight **A**mplification by **S**timulated **E**mission of **R**adiation (engl. für „Lichtverstärkung durch stimulierte Strahlungsemission") und beschreibt seine Funktionsweise.

Kann man mit einem Laserstrahl einen Knoten knüpfen?

Licht breitet sich normalerweise gerade aus, aber einen Laserstrahl in einem sehr dünnen Glasstrang, den man Glasfaser nennt, kann man beugen. Das Licht bleibt innerhalb der Glasfaser, auch wenn man die Faser beugt oder zu einem Knoten bindet. Die Antwort lautet also: Ja!

Zahlen

Ein Laserpointer (ein stiftartiges Gerät, das einen punktförmigen Laserstrahl erzeugt) verbraucht **weniger als 0,001 Watt**.

Der Laser in einem DVD-Player verbraucht **bis zu 0,01 Watt**.

Ein DVD-Brenner benötigt **0,25 Watt**.

Chirurgen benutzen Laser, die **30–100 Watt** verbrauchen.

Ein Industrielaser verbraucht **100–3000 Watt**.

Alles über **Laserreflektoren auf dem Mond**

■ Die Astronauten von *Apollo 11* brachten 1969 einen Laserreflektor zum Mond – das einzige Experiment, das noch läuft.

■ Zwei weitere Laserreflektoren installierten die *Apollo*-Missionen *14* und *15*.

■ Der Laserreflektor von *Apollo 15* ist dreimal größer als die anderen beiden.

■ Auch die russischen *Lunochod 1* und *2* brachten Laserreflektoren zum Mond.

■ Mit den Laserreflektoren wird die Entfernung der Erde vom Mond bestimmt. Sie sollen auch zeigen, dass sich der Mond jährlich um 3,8 cm von der Erde entfernt.

Wie man **mit einem Laser die Entfernung zum Mond bestimmt**

1. Bitte einen Astronauten, dass er einen Reflektor für dich zum Mond bringt.

2. Richte einen Laser auf den Reflektor. Miss, wie lange das Licht vom Reflektor zur Erde braucht.

3. Berechne mithilfe der Formel *Geschwindigkeit x Zeit = Entfernung*, wie lange das Licht benötigte.

4. Teile die Entfernung durch zwei, weil das Licht die doppelte Strecke zurücklegte.

Wie nutzt man Laser in der Medizin?

※ Laser werden in der Chirurgie für Gewebeschnitte eingesetzt.

※ Die Hitze des Lasers kann lebende Zellen verdampfen und beschädigte Blutgefäße schließen.

※ Ein Laser kann auch die Hornhaut des Auges verändern, um Fehlsichtigkeit zu korrigieren.

※ Mit medizinischen Lasern kann man auch Warzen verätzen.

Der Durchmesser des **kleinsten Lasers** der Welt beträgt nur 44 Milliardstel Meter. Eine Reihe aus mehr als 2000 dieser winzigen Laser wäre **so breit** wie ein **menschliches Haar**.

KAUM ZU GLAUBEN!

Der Musiker Jean-Michel Jarre spielt in seinen Konzerten eine **Laserharfe**. Dabei blockiert er mit der Hand einzelne Laserstrahlen der Harfe und erzeugt so verschiedene Töne.

Heute schon ein Hologramm gesehen?

※ Stell dir ein Foto vor, bei dem das Motiv frei im Raum zu schweben scheint.

※ Ein solches dreidimensionales Bild nennt man Hologramm.

※ Ein Hologramm ist ein Spezialbild, das ein Laser erzeugte.

※ Ein Hologramm ist weder ein Bild noch ein Foto.

※ Es besteht aus einem komplizierten Muster, das mit Licht ein Bild wiedergibt.

※ Hologramme findet man auf Kreditkarten, DVD-Hüllen und Softwareverpackungen.

※ Hologramme befinden sich auch auf Geldscheinen. So sind sie fast fälschungssicher.

Fakten

1 Das wissenschaftliche Prinzip des Lasers sagte Albert Einstein schon 1916 vorher.

2 Den ersten Laser baute Theodore Maiman 1960.

3 Die erste Ware, deren Barcode beim Kauf von einem Laser eingescannt wurde, war 1974 eine Packung Kaugummi in einem Supermarkt in den USA.

4 Die stärksten Laserstrahlen schneiden härteste Materialien, sogar Diamant.

5 An der National Ignition Facility (NIF) in Kalifornien (USA) werden 192 Laserstrahlen gleichzeitig erzeugt.

6 Die NIF-Laser sollen auf winzige Treibstoffpellets feuern, um Energie durch Kernfusion zu gewinnen. Dieser Prozess findet auch im Kern der Sonne statt und erzeugt ihre Strahlung.

Wie **überführt** die Wissenschaft **den Täter?**

Täter nehmen immer etwas vom Tatort mit und lassen dort etwas von sich selbst zurück. An ihrer Kleidung können z. B. Teppichfasern haften, während sie gleichzeitig Fingerabdrücke hinterlassen. Die Spurensicherung sucht nach solchen verräterischen Beweisen und Gerichtsmediziner überführen mit ihrer Hilfe die Täter.

Zahlen

Jeden Tag verliert ein gesunder Mensch **100 Haare**, sodass ein Täter sehr wahrscheinlich einige Haare am Tatort zurücklässt.

In den USA wurden **mehr als 240 Häftlinge** entlassen, nachdem mithilfe von DNA-Tests alte Gerichtsurteile überprüft worden waren.

In der nationalen Datenbank Großbritanniens sind die DNA-Profile von **5 Mio. Menschen** gespeichert.

In den USA hat das FBI die Fingerabdücke von **55 Mio. Menschen** gespeichert.

Aus welcher Waffe stammt die Kugel?

Spiralartige Rillen, die man „Züge" nennt, verlaufen an der Innenseite eines Waffenlaufs. Sie sorgen dafür, dass sich eine Kugel dreht, und sie markieren diese auch. Dieses Muster ist charakteristisch für jede Waffe. Ein Ballistiker feuert eine Waffe ab und vergleicht das Muster der Kugel mit einer Kugel vom Tatort. Stimmen die Muster überein, wurden beide Kugeln aus dieser Waffe abgegeben.

Zehn Dinge, nach denen die Spurensicherung sucht

✔ **Fingerabdrücke**
✔ **Schuhabdrücke**
✔ **Reifenabdrücke**
✔ **Haare**
✔ **Fasern**
✔ **Dokumente**
✔ **Blut und andere Körperflüssigkeiten**
✔ **illegale Drogen**
✔ **Waffen**
✔ **Munition**

ALLES KLAR?

Gerichtsmediziner nennt man auch **Forensiker**. Zur Forensik zählen die wissenschaftlichen Bereiche, die sich mit Verbrechen beschäftigen.

Wusstest du das ?

Gerichtsmediziner können mithilfe von Insekten wie z. B. Maden und Larven den Todeszeitpunkt eines Opfers feststellen!

Den Code lesen

■ DNA (Desoxyribonukleinsäure) ist ein biologischer Code aus den Kernen von Körperzellen.

■ Bis auf eineiige Zwillinge hat jeder Mensch eine andere DNA.

■ DNA, die man am Tatort entdeckt hat und die mit der DNA eines Verdächtigen übereinstimmt, beweist, dass der Verdächtige am Tatort war.

■ Das Erstellen eines DNA-Profils wird auch als DNA-Profiling bezeichnet.

■ Die Wahrscheinlichkeit einer falschen Identifizierung mithilfe eines guten DNA-Profils beträgt eins zu mehrere Milliarden.

Liste der Forensiker

Zehn verschiedene Forensiker und ihr Spezialgebiet:

1 Forensischer Anthropologe (Skelett)
2 Forensischer DNA-Analytiker (DNA)
3 Forensischer Ballistiker (Waffen)
4 Forensischer Entomologe (Insekten)
5 Forensischer Odontologe (Zähne)
6 Forensischer Psychologe (Psychologie)
7 Forensischer Digitalanalytiker (Computer, Handys, Digitalkameras)
8 Forensischer Geologe (Boden und Gestein)
9 Forensischer Ingenieur (Strukturen)
10 Forensische Dokumentenanalyse (Dokumente)

Spannende Geschichte

Wie man **Fingerabdrücke nimmt**

1. Verteile mit einem weichen Pinsel Puder auf einer Oberfläche, auf der sich ein Fingerabdruck befinden könnte.

2. Das Puder haftet auf dem Fingerabdruck und macht ihn dadurch sichtbar.

3. Drücke durchsichtiges Klebeband auf den Fingerabdruck und ziehe dann das Band vorsichtig ab.

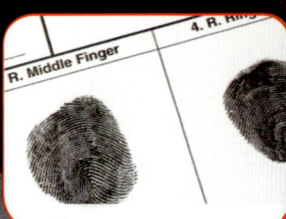

4. Klebe das Band auf weißen Karton.

Wie entstehen Fingerabdrücke?

Wenn man einen Gegenstand berührt, hinterlässt man darauf seine Fingerabdrücke. Sie entstehen durch fettigen Schweiß, den die Poren auf den Papillarleisten (Hautlinien) der Fingerkuppen abgeben.

Grundmuster der Fingerabdrücke

Jeder Fingerabdruck entspricht einem der drei Grundmuster:

Schleifen	Bogen	Wirbel

Übrigens:

Jeder Fingerabdruck ist einzigartig. Sogar eineiige Zwillinge besitzen etwas unterschiedliche Fingerabdrücke.

Bekleidung der Spurensicherung

Die Mitarbeiter der Spurensicherung müssen darauf achten, dass sie am Tatort nicht selbst Haare, Fasern, Schweiß oder Fingerabdrücke hinterlassen. Deshalb tragen sie:

- Latexhandschuhe
- einen Schutzanzug aus Papier und Kunststoff, der den ganzen Körper bedeckt
- eine Haube, die das Haar bedeckt
- Überschuhe
- Gesichtsmaske

Wessen Abdrücke sind das?

Fingerabdrücke an einem Tatort werden durch ein computergesteuertes System identifiziert, das man Automatisiertes Fingerabdruckidentifikationssystem (AFIS) nennt. Es vergleicht in wenigen Minuten unbekannte Abdrücke mit Millionen gespeicherter. Diese Aufgabe würde mehrere Wochen dauern, wenn ein Mensch sie übernähme.

Wie vergrößern Mikroskope Objekte?

Alles über die Vergrößerung

1 Die alten Griechen und Römer benutzten vor mehr als 2000 Jahren mit Wasser gefüllte Glaskugeln, um Objekte zu vergrößern.

2 Vor etwa 1000 Jahren nutzte man Glaslinsen als Lesehilfe.

3 Ein einfaches Mikroskop besteht aus nur einer einzigen Linse.

4 Mikroskope mit zwei oder mehr Linsen nennt man Verbundmikroskope.

5 Um die Vergrößerung eines Mikroskops zu berechnen, multipliziert man die Stärke des Okulars (gewöhnlich bei zehn) mit der Stärke der Linse, die das Objekt vergrößert.

6 Verbundmikroskope besitzen normalerweise mindestens drei Objektivlinsen mit unterschiedlicher Vergrößerung.

Die meisten Mikroskope besitzen Linsen, um Lichtstrahlen zu beugen. Das menschliche Auge erkennt noch Gegenstände, die so klein wie ein menschliches Haar sind. Mit Mikroskopen kann man jedoch Objekte sehen, die sehr viel kleiner sind. Die stärksten Mikroskope zeigen sogar einzelne Atome.

Wie man ein Lichtmikroskop benutzt

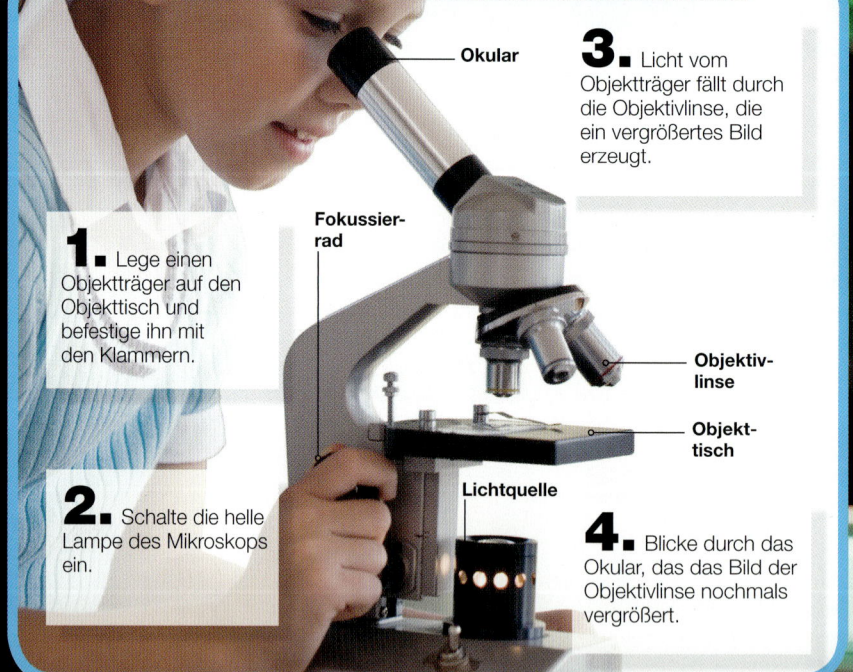

Okular

3. Licht vom Objektträger fällt durch die Objektivlinse, die ein vergrößertes Bild erzeugt.

1. Lege einen Objektträger auf den Objekttisch und befestige ihn mit den Klammern.

Fokussierrad

2. Schalte die helle Lampe des Mikroskops ein.

Lichtquelle

Objektivlinse

Objekttisch

4. Blicke durch das Okular, das das Bild der Objektivlinse nochmals vergrößert.

Wer erfand das Mikroskop?
Niemand weiß, wer das einfache Mikroskop erfunden hat, weil es schon so lange her ist! Das **Verbundmikroskop** erfand vermutlich um 1590 der niederländische Optiker Zacharias Janssen.

Immer tiefere Blicke ...

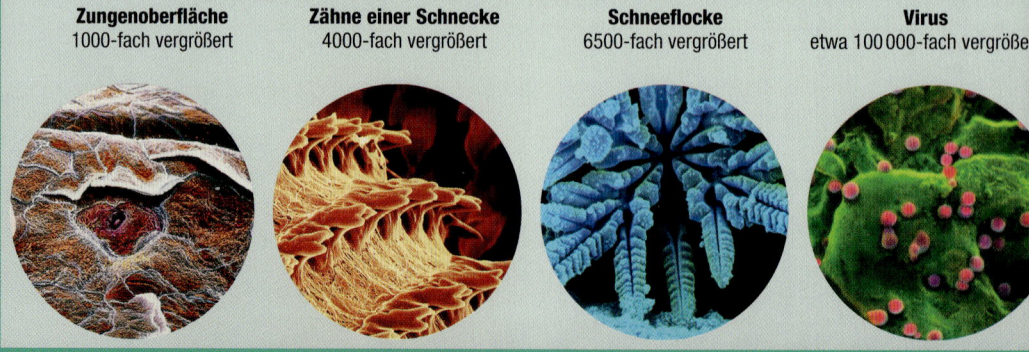

Zungenoberfläche
1000-fach vergrößert

Zähne einer Schnecke
4000-fach vergrößert

Schneeflocke
6500-fach vergrößert

Virus
etwa 100 000-fach vergrößert

9. Jh.
Abbas Ibn Firnas erfand linsenförmige Sehhilfen, die man Lesesteine nannte.

13. Jh.
Der arabische Naturforscher Alhazen beschrieb, wie man Linsen zur Vergrößerung verwenden kann.

1595
Der niederländische Optiker Zacharias Janssen baute das erste Verbundmikroskop, indem er zwei Linsen in eine Röhre setzte.

1625
John Faber führte den Begriff „Mikroskop" für ein Instrument ein, das mit Linsen vergrößerte.

1667
Robert Hooke veröffentlichte das Buch *Micrographia* über seine Beobachtungen mit einem Mikroskop.

1675
Antoni van Leeuwenhoek untersuchte mit einem einfachen Mikroskop Insekten, Zellen und Bakterien.

1931
Ernst Ruska erfand das Elektronenmikroskop.

1981
Gerd Binnig und Heinrich Rohrer erfanden das Rastertunnelmikroskop, bei dem eine sehr feine Sondenspitze die Probe abtastet.

1986
Gerd Binnig, Calvin Quate und Christoph Gerber entwickelten das Rasterkraftmikroskop, das ebenfalls mit einer Sonde arbeitet.

Spannende Geschichte

KAUM ZU GLAUBEN!

Am 28. September 1989 gelang es Don Eigler als Erstem, ein **einzelnes Atom** zu bewegen und zu steuern. Mit einem Rastertunnelmikroskop bewegte er 35 Xenonatome, um den Namen seiner Firma zu schreiben – IBM.

Neue Mikroskope

Neue Mikroskope werden auch heute noch entwickelt. Changhuei Yang erfand 2008 am California Institute of Technology ein **neues Lichtmikroskop, das keine Linsen benötigt**. Das taschengroße Instrument besitzt den gleichen lichtempfindlichen Chip, den auch Digitalkameras haben.

Verschiedene Mikroskope

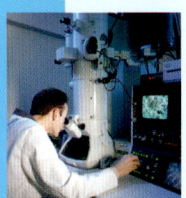

Lichtmikroskop
Das am weitesten verbreitete Mikroskop vergrößert mit Licht Objekte ungefähr 1500-fach.

Elektronenmikroskop
Dieses Mikroskop erzeugt mit einem Elektronenstrahl Bilder. Es vergrößert bis etwa 2 Mio. Mal.

Rastersondenmikroskop
Das Mikroskop erzeugt Bilder einzelner Atome und vergrößert bis zu 100 Mio. Mal.

Binokularmikroskop
Dieses Mikroskop besitzt zwei Okulare, sodass der Benutzer kein Auge schließen muss.

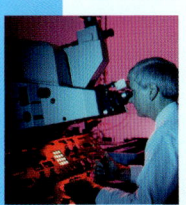

Stereomikroskop
Ein Binokularmikroskop, das neben zwei Okularen auch zwei Objetivlinsen besitzt, um dreidimensionale Bilder zu erzeugen

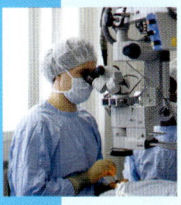

Operationsmikroskop
Dieses Binokularmikroskop wird benutzt, um Operationen im Bereich der Mikrochirurgie durchzuführen.

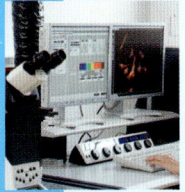

Digitalmikroskop
Dieses Hightech-Mikroskop sendet digitale Aufnahmen an einen Computer.

Alles über Elektronenmikroskope

■ Elektronenmikroskope erzeugen mit Elektronenstrahlen Bilder.

■ Elektronen dringen nicht durch Glaslinsen, deshalb besitzt ein Elektronenmikroskop magnetische Linsen.

■ Aus dem Mikroskop wird Luft abgesaugt, damit sie nicht mit Elektronen kollidiert.

■ Elektronen prallen von der Probe ab oder dringen durch sie und erzeugen ein Bild auf einem Monitor.

■ Elektronenmikroskope nehmen Bilder von Objekten auf, die 500 000-mal kleiner als ein menschliches Haar sind.

■ Erst mit Elektronenmikroskopen konnten Bilder von Viren aufgenommen werden.

REKORD-HALTER

Das **stärkste Mikroskop** der Welt ist das TEAM 0.5. TEAM steht für „Transmissionselektronenmikroskop mit Aberrationskorrektur". Das Mikroskop befindet sich am Lawrence Berkeley National Laboratory in Kalifornien (USA) und zeigt Objekte, die so groß wie ein halbes Wasserstoffatom sind.

Fadenwürmer Die winzigen Würmer leben im Süß- und im Salzwasser sowie in feuchten Böden. Bereits eine kleine Handvoll Boden enthält Tausende Würmer, die man auch Nematoden nennt.

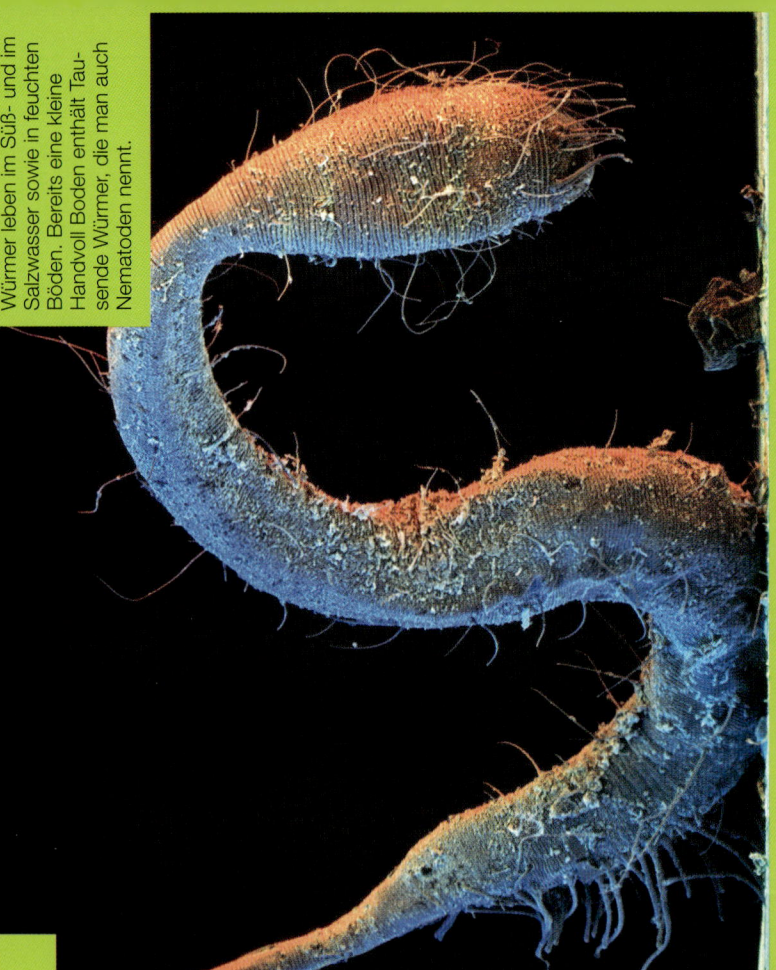

Rote Blutkörperchen Diese Zellen, die dem Blut seine rote Farbe geben, sind ungefähr 0,008 mm groß. Der niederländische Naturforscher Jan Swammerdam beobachtete sie 1658 als Erster im Mikroskop.

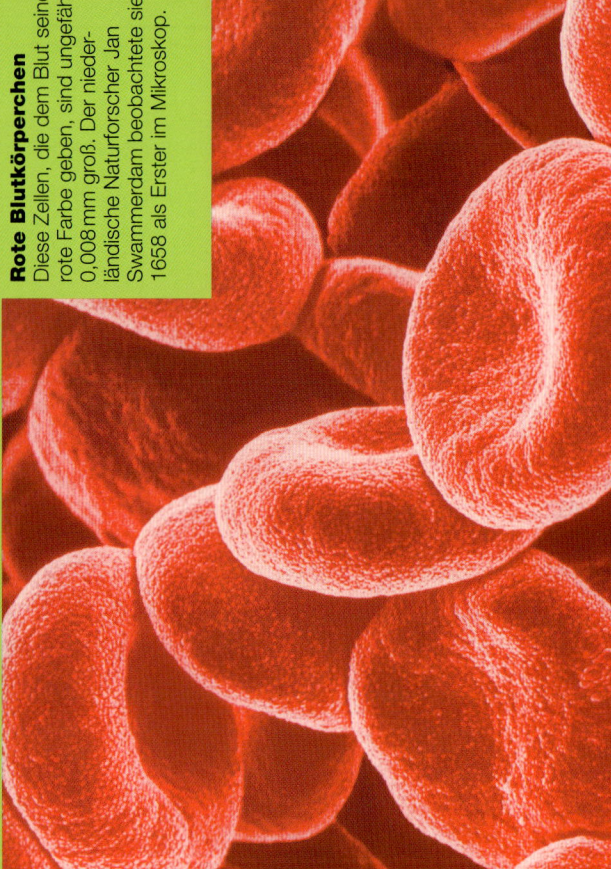

Unter dem Mikroskop

Die Erfindung des Mikroskops enthüllte eine Welt voller winziger Geschöpfe und den faszinierenden Aufbau des menschlichen Körpers. Die Forscher waren begeistert – sie untersuchten Wasser, Blut, Pflanzen und sogar Kratzer auf ihren Zähnen!

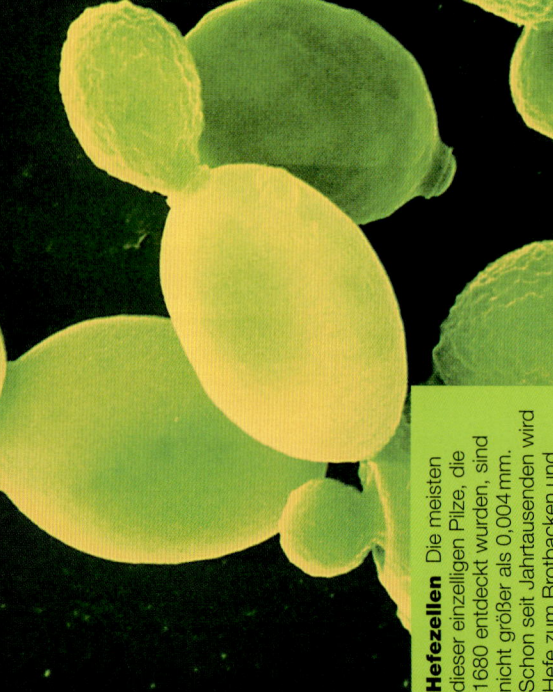

Hefezellen Die meisten dieser einzelligen Pilze, die 1680 entdeckt wurden, sind nicht größer als 0,004 mm. Schon seit Jahrtausenden wird Hefe zum Brotbacken und Bierbrauen eingesetzt.

Rädertierchen Diese winzigen Tierchen, die häufig weniger als 0,5 mm lang sind, bestehen aus etwa 1000 Zellen und leben in Gewässern und im feuchten Boden. Die Tiere wurden zuerst 1696 entdeckt.

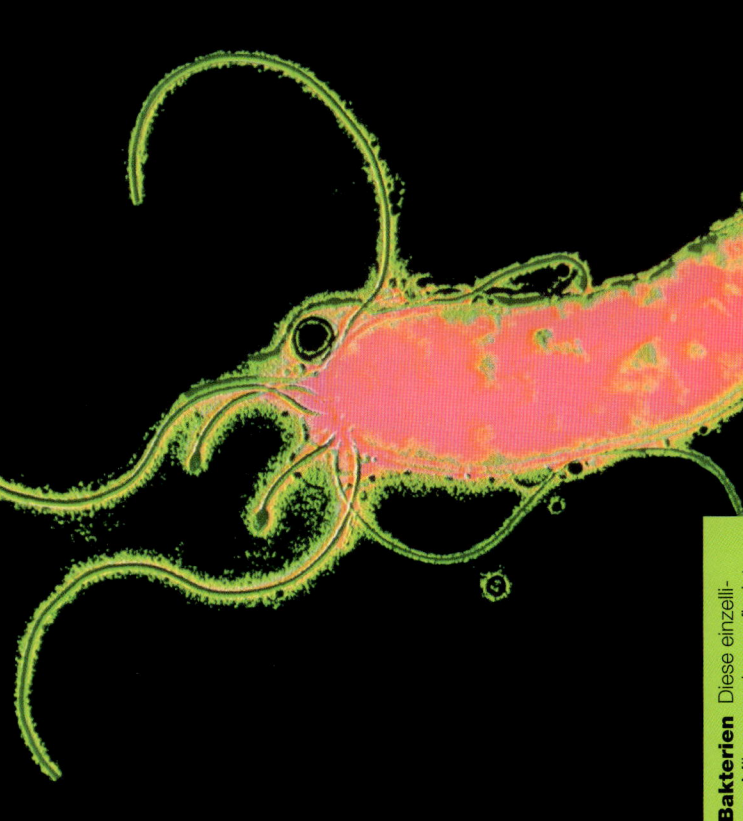

Pflanzenzellen Die Bausteine der Pflanzen sind Zellen. Sie unterscheiden sich durch die Zellwände von Tierzellen. Robert Hooke entdeckte um 1650 die Pflanzenzellen.

Bakterien Diese einzelligen Mikroorganismen findet man überall auf der Erde. Nur 1 g Boden enthält 40 Mio. Bakterien.

Staubmilben Sie sind weniger als einen halben Millimeter groß und leben im Staub und in Fuseln, wo sie sich von Hautschuppen ernähren. Antoni van Leeuwenhoek sah sie 1694 als Erster.

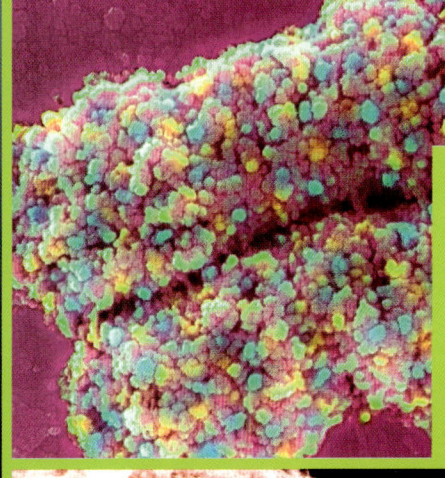

Chromosomen Der deutsche Biologe Walther Flemming entdeckte 1879 Chromosomen in einem Zellkern. Das sind fadenartige Teile des Zellkerns, welche die Gene enthalten, aus denen sich die Lebewesen und ihre Eigenschaften entwickeln.

Zellkern Diese Organelle einer lebenden Zelle enthält den größten Teil des genetischen Materials der Zelle. Wahrscheinlich hatten bereits viele Forscher Zellkerne im Mikroskop gesehen, doch Franz Bauer beschrieb sie 1804 als Erster im Detail und Robert Brown gab ihnen 1831 ihren Namen.

Warum ist **Uran** gefährlich?

Uran ist radioaktiv. Und hier liegt das Problem: Weil Radioaktivität gefährlich ist, ist auch Uran gefährlich. Radioaktive Substanzen führen zu Krankheiten, Verbrennungen, Krebs und sogar zum Tod. Obwohl sie so gefährlich ist, kann Radioaktivität auch nützlich sein. Ohne sie hätten viele Menschen keinen Strom.

Schaben überleben bis zu 16-mal höhere Strahlungen als Menschen. **Fruchtfliegen** sind sogar noch widerstandsfähiger – sie können bis zu 160-mal mehr Strahlung vertragen als wir!

Wie entstehen radioaktive Substanzen?

1 Natürlich
Das sind Radioisotope, die schon vor der Entstehung der Erde existierten.

2 Kosmogen
Sie entstehen, wenn ein kosmischer Strahl (ein Teilchen aus dem All) auf einen Atomkern trifft und ihn verändert.

3 Von Menschen künstlich erzeugt
Viele Radioisotope, die in Industrie und Medizin genutzt werden, entstehen in Atomreaktoren. Einige der radioaktiven Teilchen, die man heute in der Natur findet, wurden durch Atomwaffentests in der Vergangenheit erzeugt.

Was ist Radioaktivität?

Radioaktivität ist eine Eigenschaft einiger instabiler **Atome**, die zufällig auseinanderbrechen. Dabei setzen sie Teilchen oder Strahlungen frei. Diese Freisetzung bezeichnet man als radioaktiven Zerfall.

Nutzung der Radioaktivität

Radioaktive Substanzen werden vielseitig eingesetzt:

■ Atomkraftwerke erzeugen, aus Radioaktivität Elektrizität für Millionen Menschen.

■ Mit Gammastrahlen werden medizinische Geräte sterilisiert.

■ In der Industrie werden oder mit Gammastrahlen Röntgenstrahlen energiereichen auf Haarrisse metallteile untersucht.

■ In der Medizin tötet die Radiotherapie Krebszellen ab.

■ Rauchmelder enthalten das radioaktive Element Americium.

■ Mit radioaktiv markierten Substanzen wird erforscht, wohin sich eine Substanz bewegt oder wie schnell sie aufgenommen wird.

■ Mithilfe der Radiokarbonmethode oder C-14-Methode bestimmt man das Alter von abgestorbenen organischen Materialien (wie Holz oder Knochen).

■ Bei der Papierherstellung wird die Dicke des Papiers mit radioaktiver Strahlung überprüft.

Atomare Raumsonden

Raumsonden, die entfernte Planeten erforschen, sind zu weit von der Sonne entfernt. Sie können daher aus der Sonnenenergie keine Elektrizität erzeugen, sondern besitzen atomgetriebene Generatoren.

Halbwertszeiten

Manche Radioisotope zerfallen schneller als andere. Die Zeit, in der die Hälfte der Atome eines radioaktiven Elements zerfällt, bezeichnet man als Halbwertszeit eines Elements. DieHalbwertszeiten reichen von Sekundenbruchteilen bis zu mehreren Milliarden Jahren.

Radioisotop	Halbwertszeit
Polonium-214	160 Mikrosekunden
Radium-221	30 Sekunden
Strontium-90	28 Jahre
Kohlenstoff-14	5730 Jahre
Uran-238	4,5 Mrd. Jahre

Wusstest du das?

Als die Radioaktivität entdeckt worden war, glaubten manche Menschen, dass sie ihnen gut täte. Sie nahmen glühende radioaktive Getränke zu sich und wussten nicht, wie ernsthaft sie sich gefährdeten.

Alles über
Strahlungsarten

Radioaktive Substanzen geben drei verschiedene Strahlungen ab: Alpha-, Beta und Gammazerfall.

α Alphazerfall: Diese Strahlung besteht aus Teilchen. Alphateilchen (Heliumkerne) kann man mit der Hand oder noch besser mit einem Blatt Papier abschirmen.

β Betazerfall: Auch diese Strahlung besteht aus Teilchen. Betateilchen (Elektronen) dringen durch Papier, aber nicht durch eine Aluminiumfolie.

γ Gammazerfall: Es wird Gammastrahlung freigesetzt. Die Wellen durchdringen die meisten Materialien und können nur durch eine Blei- oder Betonwand abgeschirmt werden.

Hand oder Papier

Aluminiumfolie

Blei- oder Betonwand

Atomare Unfälle

1957: Der Reaktorkern des Atomreaktors Windscale (England) fing Feuer und setzte radioaktives Material frei.

1979: Teile des Reaktorkerns des Atomreaktors Three Mile Island in Pennsylvania (USA) wuden zu heiß und schmolzen.

1986: Der Atomreaktor in Tschernobyl (Ukraine) explodierte und brannte. Es war der bislang schwerste atomare Unfall.

Was sind Isotope?

Ein Atomkern besitzt zwei verschiedene Teilchen – **Protonen** und **Neutronen**. Atome eines Elements haben die gleiche Anzahl Protonen, sie können aber unterschiedlich viele Neutronen besitzen. Atome mit unterschiedlich vielen Neutronen nennt man Isotope. Radioaktive Isotope heißen **Radioisotope**.

Spannende Geschichte

1896 Henri Becquerel bemerkte, dass Uran unbekannte Strahlen abgibt. Ein Jahr später entdeckte Ernest Rutherford die Alpha- und Betastrahlung, während Marie Curie und ihr Ehemann Pierre 1898 die radioaktiven Elemente Radium und Polonium isolierten.

1942 Enrico Fermi erzeugte an der Universität von Chicago die erste Kettenreaktion.

1951 Der Experimental Breeder Reactor 1 (EBR-1) in Idaho (USA) erzeugte als erster Reaktor Elektrizität durch Atomkraft.

1954 Die USS *Nautilus* war das erste mit Atomkraft angetriebene U-Boot.

1972 Als erste Raumsonde mit Atomantrieb wurde *Pioneer 10* gestartet.

Radioaktivität

☢ Ungefähr 1800 Radioisotope sind bekannt.

☢ Etwa 200 Radioisotope werden in Industrie und Medizin genutzt.

☢ Mehr als 10 000 Krankenhäuser weltweit nutzen Radioisotope.

☢ Das häufigste Radioisotop in Krankenhäusern ist Technetium-99.

☢ Ein durchschnittlicher Atomreaktor braucht etwa 25 Tonnen neues Uran jährlich.

☢ Um 25 Tonnen Uran für die Brennstäbe zu gewinnen, müssen 50 000 Tonnen Uranerz abgebaut werden.

Uran-235

---

10 Radioisotope

Die Zahl nach dem Isotopennamen gibt an, wie viele Teilchen (Protonen und Neutronen) sein Kern besitzt. Uran-235 hat 92 Protonen und 143 Neutronen, während Uran-238 drei zusätzliche Neutronen besitzt.

Actinium-225
Americium-241
Kohlenstoff-14
Kobalt-60
Plutonium-239
Polonium-210
Radium-226
Strontium-90
Thallium-204
Uran-235

Länder und
Kontinente

Wo in **Kanada** leben die meisten **Menschen?**

Die meisten Menschen leben im Süden des Landes, nicht weiter als 160 km von der Grenze zu den USA entfernt, wo es wärmer und die Winter weniger streng sind als in den riesigen See-, Wald- und Sumpfgebieten weiter nördlich. Mehr als 75 % der Kanadier leben in Städten.

ALLES KLAR?

Als der französische Entdecker Jaques Cartier (1491–1557) in den 1530er-Jahren den Sankt-Lorenz-Strom erkundete, fragte er die Einheimischen, wo sie lebten. Sie erwiderten „Kanata", was in der Irokesensprache „Dorf" bedeutet – so erhielt das Land den Namen **Kanada**.

Fünf Fakten über den CN-Tower in Toronto

1 Der CN-Tower ist 553,33 m hoch.

2 Die Bauzeit betrug 40 Monate, die offizielle Eröffnung erfolgte im Juni 1976.

3 Die Aufzüge fahren mit einer Geschwindigkeit von 6 m/s (außer bei starkem Wind).

4 In einer Höhe von 372 m können die Besucher über einen Glasboden laufen und in die Tiefe schauen.

5 Der Blitz schlägt durchschnittlich etwa 75-mal im Jahr in den Turm ein.

Zahlen

In Kanada gibt es **42 Nationalparks**.

Der höchste Berg Kanadas ist der Mount Logan. Er ist **5959 m** hoch.

Der Trans-Canada Highway, eine Bundesstraße, die die West- mit der Ostküste verbindet, ist **7604 km** lang.

Die Gesamtlänge der kanadisch-amerikanischen Grenze beträgt **8893 km**.

Die gesamte Küstenlinie Kanadas ist **243 000 km** lang.

In der kanadischen Hauptstadt Ottawa leben **812 129** Menschen.

Insgesamt leben **33,4 Mio.** Menschen in Kanada.

Das rote Ahornblatt, das man überall auf der Welt als das Wahrzeichen Kanadas kennt, wurde 1965 für die Nationalflagge übernommen.

Zehn Arten, die **kanadische Wildnis** zu erleben

Heliskiing

Snowboarden

Wandern in den Rocky Mountains

Seekajak fahren

Eisbären bobachten

Hundeschlitten fahren

Mountainbike fahren

Helle Köpfe

Die Kanadier sehen **Alexander Graham Bell**, den Erfinder des Telefons, als Landsmann an. Er wurde in Schottland geboren und wanderte später nach Kanada aus, wo er seine bedeutenden Experimente machte. Weitere kanadische Erfinder:

● **James Naismith**
Kam auf die Idee, einen Pfirsichkorb an die Wand zu nageln und mit einem Fußball darauf zu zielen. Basketball war geboren!

● **Frederick Banting**
Erhielt den Nobelpreis, weil er das Hormon Insulin isolierte und eine erfolgreiche Behandlung gegen Diabetes entdeckte.

● **Thomas Ahearn**
Erfand elektrische Geräte wie z. B. den ersten Elektroherd.

● **Reginald Fessenden**
Ihm soll 1905 die erste Rundfunkübertragung der menschlichen Stimme gelungen sein.

● **Arthur Sicard**
Brachte ein praktisches Gerät für die Schneeräumung auf den Markt – die Schneefräse.

Lieblings-Fast-Food

Bestellt man in einem kanadischen Fast-Food-Lokal eine **Poutine**, bekommt man einen Teller Pommes frites mit Käsebruch und brauner Soße. Das Gericht wurde in den 1950er-Jahren in Quebec erfunden und ist ein kanadischer Klassiker.

Wusstest du das?

In Kanada gibt es nicht nur Wälder, zugefrorene Seen und Steilküsten – im Okanagan Valley im Süden der Provinz British Columbia liegt auch eine riesige Wüste, in der seltene Raubvögel leben.

Inmitten von Ottawa liegt die **längste** öffentliche **Eislaufbahn der Welt** – ein 7,8 km langer Abschnitt des Rideau-Kanals, der von Dezember bis Februar zugefroren ist.

Sportnation

🍁 Eishockey (bekannt als „Hockey") ist die nationale Wintersportart. 25 % der männlichen Bevölkerung Kanadas spielen Eishockey.

🍁 Der nationale Sommersport ist Lacrosse, eine Ballsportart, die von den indianischen Ureinwohnern stammt. Es heißt, diese hätten es mit über 1000 Teilnehmern gespielt.

🍁 *Hockey Night in Canada* ist die am längsten laufende TV-Sportsendung weltweit – sie wird seit 1952 ausgestrahlt.

🍁 Kanada war Gastgeber der Olympischen Sommerspiele (1976 in Montreal) und der Winterspiele (1988 in Calgary und 2010 in Vancouver).

🍁 Die Maskottchen der Spiele in Vancouver, **Miga**, **Quatchi** und **Sumi**, wurden mythischen Tieren der indianischen Ureinwohner nachempfunden.

Kanadas ältester Nationalpark ist der 1885 in der Provinz Alberta in den Rocky Mountains gegründete **Banff-Nationalpark**.

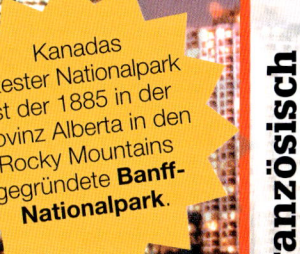

Französisch oder Englisch?

■ Kanada hat zwei offizielle Landessprachen: Englisch und Französisch (in Quebec ist nur Französisch die offizielle Sprache).

■ 20,6 Mio. Kanadier (58 %) sprechen zu Hause Englisch, 6,6 Mio. (22 %) sprechen Französisch.

■ Montreal in der Provinz Quebec ist nach Paris (Frankreich) die zweitgrößte französischsprachige Stadt der Welt.

■ Nach Englisch und Französisch ist Chinesisch die am meisten gesprochene Sprache Kanadas. 2,6 % der Bevölkerung sprechen Chinesisch.

REKORD-HALTER

Die stärksten **Gezeiten** der Welt findet man in der Bucht von Fundy in Nova Scotia, wo der Tidenhub (Höhenunterschied zwischen Ebbe und Flut) bis zu 17 m betragen kann.

Lachse angeln

In Calgary ein Rodeo besuchen

Wildwasser-Rafting

Wo liegt die **höchste Hauptstadt?**

Die Anden waren einst Teil des **Spanischen König-reichs**. Die sieben Länder der Andenregion wurden gegründet, nachdem sich Süd-amerika 1823 von der spanischen Herrschaft befreit hatte.

Kannst du Quechua?
Nach Spanisch sind die Quechua-Dialekte, die **Sprache** der Inka, die meistgesprochenen Sprachen der Anden.

La Paz, die Hauptstadt Boliviens, liegt 3631 m über dem Meeresspiegel. Bolivien ist das am höchsten liegende Land in den Anden, einer Gebirgskette, die sich von Norden nach Süden entlang der Westküste Südamerikas erstreckt. Die Anden sind die längste Gebirgskette der Welt.

Alles über **die Anden**

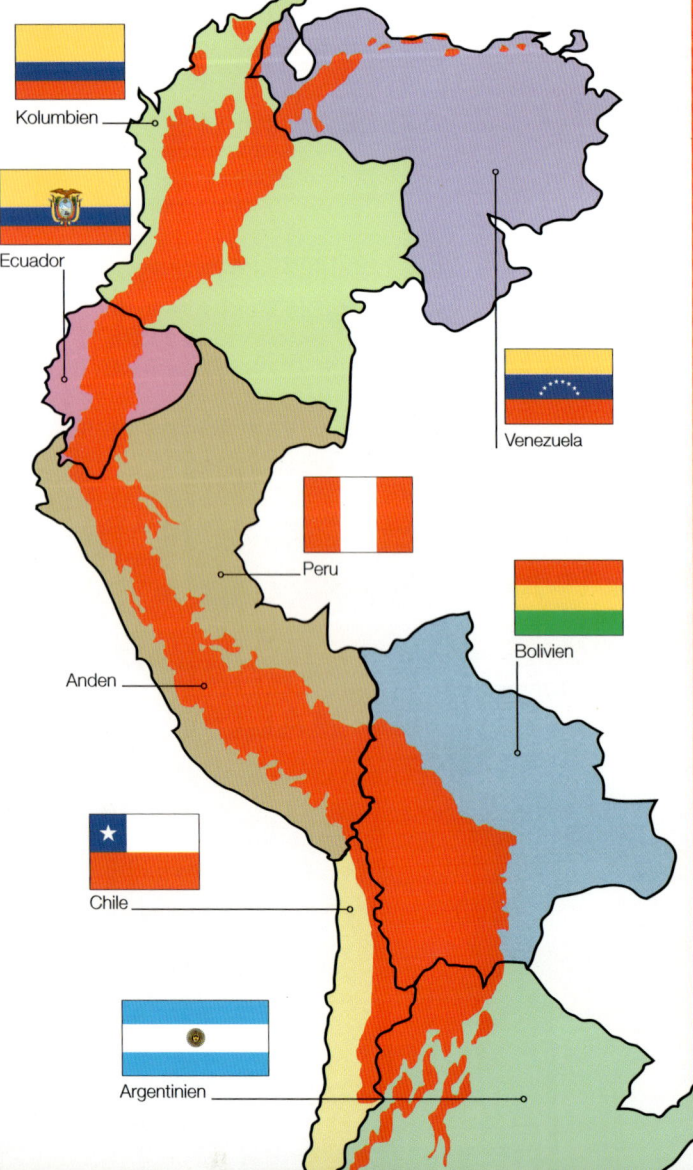

Kolumbien

Ecuador

Venezuela

Peru

Bolivien

Anden

Chile

Argentinien

Die Anden

1 Länge
8900 km

2 Maximale Breite
640 km

3 Höchster Berg
Aconcagua
(Argentinien)
6962 m

4 Höchster aktiver Vulkan
Ojos del Salado
(Argentinien/Chile)
6891 m

5 Höchster schiffbarer See (der Welt)
Titicacasee
(Bolivien/Peru) 3812 m

6 Größter Salzsee (der Welt)
Salar de Uyuni
(Bolivien)
10 582 km²

Leben in der Höhe

Viele Menschen der Zentralanden (Bolivien und Peru) leben in über 3000 m Höhe.

In großer Höhe gibt es weniger Sauerstoff in der Atmosphäre, was das Atmen erschwert.

Um mehr Sauerstoff aufnehmen zu können, nimmt das Lungenvolumen zu.

Es werden mehr Sauer-stoff transportierende rote Blutkörperchen produziert.

In Peru leben manche Hirten sogar auf 5000 m Höhe. Puuh!

ALLES KLAR?

Argentinien bedeutet „Land des Silbers".

Bolivien wurde nach Simón Bolívar benannt, dem Befreier Südamerikas.

Chile und **Peru** sind regionale Quechua-Bezeichnungen.

Kolumbien wurde nach Christoph Kolumbus benannt – auch wenn er niemals dort war.

Ecuador erhielt seinen Namen von der Äquator-linie, die durch das Land verläuft.

Venezuela wurde so genannt, weil es die euro-päischen Entdecker an Venedig erinnerte.

Titicacasee

● Die Inka glaubten, dass der Gott Wiraqucha aus den Tiefen des Titicacasees stieg, um die Erde, die Sonne und die Sterne zu erschaffen.

● **Der Titicacasee ist immer kalt, da er von Wasser aus den Gletschern hoch in den Anden gespeist wird.**

● Auf der Isla del Sol, der größten Insel des Sees, stehen viele Ruinen der Inka.

● **Die Bevölkerungsgruppe der Uru lebt auf schwimmenden Inseln, die aus getrocknetem Totora-Schilf gefertigt wurden.**

● Die zu Blöcken verflochtenen Schilfwurzeln werden mit Stöcken am Grund des Sees befestigt und verfilzen. Beginnt das Schilf zu modern, werden neue Schichten daraufgelegt.

Wusstest du das ?

Panama-Hüte stammen eigentlich aus Ecuador. Die Strohhüte bekamen ihren Namen, weil sie auf ihrem Weg in die USA durch den Panama-Kanal geschifft wurden.

Drei Fakten über die Uru

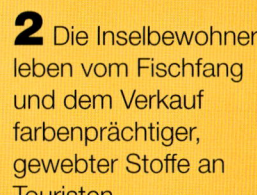

1 Die Uru verwenden zum Bau ihrer Häuser, Möbel und Boote Bündel aus getrocknetem Totora-Schilf. Das weiße Mark des Schilfs hilft gegen Schmerzen.

2 Die Inselbewohner leben vom Fischfang und dem Verkauf farbenprächtiger, gewebter Stoffe an Touristen.

3 Ihre Boote haben die Form von Kanus, deren Bug oft mit Tierköpfen verziert ist. Sie werden zum Fischen und zum Transport von Besuchern verwendet.

Fünf Fakten über die Anden

1 Etwa 95 % aller Smaragde stammen aus Kolumbien.

2 Zwei chilenische Schriftsteller haben den Nobelpreis erhalten: Gabriela Mistral (1889–1957) und Pablo Neruda (1904–1973).

3 Argentinien ist das fünftgrößte Wein produzierende Land der Welt.

4 In der Andenregion werden Meerschweinchen gegessen. Sie stellen eine wichtige Proteinquelle dar.

5 Die alte Inkastadt Machu Picchu zieht jährlich mehr als 400 000 Besucher an.

Beeindruckend

Die Inka bauten **Straßen** mit einer Gesamtlänge von mehr als 40 000 km. Da sie keinen Transport auf Rädern kannten, gingen sie zu Fuß und benutzten **Lamas** als Lasttiere.

Frühe Kulturen der Andenregion

Seit mindestens 13 000 Jahren leben Menschen in den Anden – vielleicht sogar schon viel länger. Die ersten Kulturen entwickelten sich dort vor fast 3000 Jahren.

✸ Die **Nazca** in Peru (100 v. Chr.–500 n. Chr.) zogen Linien in den Wüstensand, um riesige geometrische Muster zu erschaffen.

✸ Die **Moche**-Herrscher aus Nordperu (1.–8. Jh.) wurden in mit Gold und Silber verzierten Gewändern bestattet.

✸ **Tiwanaku** war eine große Stadt am Titicacasee, die ihre Blütezeit von 500–950 hatte.

✸ Die **Chimú** aus Chan Chan in Peru (um 900–1470) waren begnadete Goldschmiede.

✸ Das Reich der **Inka** (um 1200–1533) war das größte im alten Amerika und erstreckte sich – bis zur Eroberung durch die Spanier 1533 – über den Großteil der Anden.

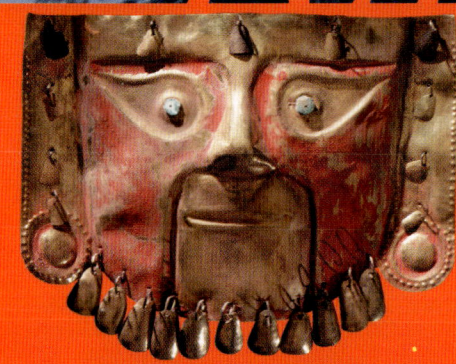

Goldene Grabmaske der Chimú

Gibt es **Pflanzen** in der **Sahara?**

Auch wenn der Großteil der Sahara für die meisten Pflanzen zu heiß und trocken ist, gibt es fruchtbare Stellen mit unterirdischen Quellen, sogenannte Oasen, an denen Palmen wachsen. Im Schatten der Palmen kann dort auch etwas Getreide angebaut werden.

Alles über **Wüsten**

✦ Eine Wüste ist ein Gebiet mit geringen Niederschlägen (Regen, Schnee, Nebel).

✦ **Ein Fünftel der Landmasse weltweit besteht aus Wüsten.**

✦ Die trockenste Wüste ist die Atacama in Chile, wo es seit Beginn der Wetteraufzeichnung noch nie geregnet hat.

✦ **Die Arktis und die Antarktis zählen zu den Kältewüsten.**

Fakten

Die Sahara

1 Die Sahara ist die größte Wüste der Erde und erstreckt sich über einen Großteil Nord- und Westafrikas.

2 Ihr höchster Berg ist der Emi Koussi mit einer Höhe von 3415 m.

3 Die höchste je verzeichnete Temperatur betrug 57 °C. Das war 1922.

4 Die durchschnittliche Niederschlagsmenge beträgt pro Jahr 76 mm.

5 Nur etwa ein Fünftel der Sahara ist mit Sand bedeckt. Der Rest besteht aus Bergen, Fels und Kieselsteinen.

Drei Sahara-Winde

1 **Haboob**
Plötzlich aufkommender starker Wind, der Staubstürme verursacht (unten).

2 **Harmattan**
Kommt im Winter auf und treibt Staub und Sand bis in die Karibik.

3 **Kamsin**
Heißer, staubiger Wind, der 50 Tage im Jahr weht

Felsenkunst

Die Höhlenmalereien im Tassili-n'Ajjer-Gebirge in Algerien zeugen von einer Zeit, als die Sahara noch voller Leben war. Einige zeigen Menschen, die mit Pfeil und Bogen schießen oder Vieh hüten.

Zehn Wüsten rund um den Globus

Sahara (Nordafrika)
9 100 000 km²

Arabische Wüste (Arabische Halbinsel)
2 330 000 km²

Gobi (Mongolei und China)
1 300 000 km²

Patagonische Wüste (Südamerika)
673 000 km²

Chihuahua-Wüste (Mexiko)
450 000 km²

Wie man **auf ein Kamel steigt**

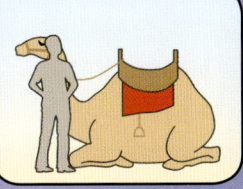

1. Stelle sicher, dass das Kamel ruhig sitzt und nähere dich von vorn.

2. Stelle deinen linken Fuß in den Steigbügel und wirf dein rechtes Bein über den Sattel.

3. Sitze aufrecht und ruhig – das Kamel merkt, wenn du nervös bist.

4. Nimm die Zügel und lehne dich nach hinten, während das Kamel aufsteht.

5. Halte dich an den Zügeln fest und mache dich auf einen holprigen Ritt gefasst!

Die Wüste breitet sich aus

● Die Sahara breitet sich mit einer Geschwindigkeit von 5–10 km pro Jahr in Richtung Süden aus. Diesen Prozess nennt man Desertifikation.

● Die Ursachen der Wüstenbildung sind Überweidung, schlechte Bodennutzung und der globale Klimawandel.

● Diese Desertifikation verschlingt Ackerland, Millionen Menschen sind vom Hungertod bedroht.

● Um die Wüste aufzuhalten, wird z. B. vorgeschlagen, eine 7000 km lange Mauer aus Akazienbäumen zu pflanzen.

Wusstest du das?

Der Baum der Ténéré, einst eine Sehenswürdigkeit der Sahara, war eine Akazie, die völlig vereinzelt in einer Ecke im Nordwesten des Staates Niger wuchs. 1973 demolierte ein Lastwagenfahrer den Baum. Er wurde durch eine Metallskulptur ersetzt.

Wüstennomaden

■ Die Tuareg sind ein Nomadenvolk, das mehr als 2000 Jahre lang die Handelswege durch die Sahara kontrollierte.

■ Sie zogen mit ihren Viehherden durch die Wüste und lebten in Zeltlagern.

■ Männliche Tuareg tragen Schleier, um ihre Gesichter vor Staub und Sand zu schützen.

■ Viele Tuareg haben das Nomadenleben heute aufgegeben und sich als Ackerbauern und Viehzüchter niedergelassen.

Fünf Kamel-Fakten

1 Kamele wurden vor etwa 2000 Jahren aus Asien in die Sahara eingeführt.

2 Sie können bis zu sieben Tage ohne Nahrung und Wasser auskommen, da sie Fett in ihren Höckern speichern.

3 Ihre großen, flachen, runden Füße verhindern, dass sie im Sand versinken.

4 Ein Kamel kann in zehn Minuten bis zu 80 Liter Wasser trinken.

5 Kamele können bis zu 450 kg Last tragen.

ALLES KLAR?

Die Länder Marokko, Tunesien, Algerien, Mauretanien und Libyen in Nordwestafrika nennt man auch **Maghreb-Staaten**. Der Name kommt vom arabischen Wort al-maghrib und bedeutet so viel wie „wo die Sonne untergeht".

Great-Basin-Wüste (USA)
492 000 km²

Große Sandwüste (Australien)
450 000 km²

Große Victoriawüste (Australien)
338 500 km²

Kalahari (Südliches Afrika)
260 000 km²

Syrische Wüste (Naher Osten)
260 000 km²

Wo gibt es Straußen-farmen?

Seit 150 Jahren werden in der Karoo-Region in Südafrika Strauße auf Farmen gehalten. Die Tiere werden wegen ihrer Haut, ihrer Federn und ihres Fleischs gezüchtet, das protein-reich und zugleich fettarm ist.

Fakten

Südliches Afrika

Bevölkerung: 121 Mio.

Höchster Berg: Thabana Ntlenyana (Lesotho) 3482 m

Wüsten: Namib, Kalahari

Längster Fluss: Sambesi 2574 km

Bevölkerungsreichste Stadt: Johannesburg (Südafrika) 3,3 Mio.

Zahlen

In Botsuana gibt es **4 offizielle Landes-sprachen.**

In Simbabwe findet man **5 Weltkulturerbe-Stätten.**

Das Wasser der Victoriafälle stürzt **108 m** in die Tiefe.

Die Namibwüste in Namibia ist **80 900 km² groß.**

1 337 186 Menschen leben in Swasiland, dem kleinsten Land im südlichen Afrika.

In Südafrika leben etwa **49 Mio. Menschen.**

ALLES KLAR?

Der schottische Entdecker David Livingstone benannte 1855 die **Victoriafälle** am Fluss Sambesi nach der britischen Königin Victoria. Der Name der Einheimischen dafür lautet *Mosi-oa-Tunya* („donnernder Rauch").

Alles über **die Länder des südlichen Afrikas**

Im südlichen Afrika liegen neun Länder. Ein Großteil der Land-schaft besteht aus trockenem Grasland (Savanne).

Sambia: Besitzt die größten Kupfer-vorkommen der Welt.

Namibia: War 1990 die letzte Kolonie Afrikas, die unabhängig wurde.

Botsuana: Fast 17 % des Landes sind Naturschutzgebiete.

Südafrika: Ist reich an Bodenschätzen wie Dia-manten, Gold und Kohle.

Malawi: Ist ein dicht besiedeltes Land, das an seiner weitesten Stelle nur 150 km breit ist.

Mosambik: Litt jahre-lang unter Bürgerkrieg, Überschwemmungen und Dürren.

Simbabwe: Ist eines der ärmsten Länder der Welt mit hoher Arbeitslosenrate.

Swasiland: ein winziges Königreich, das auf mehreren Hochebenen liegt

Lesotho: ein kleines, gebirgiges Land, um-schlossen von Südafrika

Wundere dich nicht, wenn ein südafrikanischer Polizist dich bittet, am nächsten **Robot** anzuhalten. Du brauchst keinen Roboter zu suchen – so werden in Südafrika nämlich die **Ampeln** genannt!

Fünf Arten, im **südlichen Afrika** die Zeit zu verbringen

1 Genieße die einmalige Natur im Okavango-Delta in Botsuana.

2 Beobachte Elefanten im Etosha-Nationalpark in Namibia.

3 Mache einen Ausflug zu den spektakulären Victoriafällen.

4 Schwimme an der Küste von Mosambik mit den Teufelsrochen.

5 Fahre an der Südspitze Afrikas aufs Meer, um Wale zu beobachten.

Die Wiege der Menschheit

Im südafrikanischen Gauteng gibt es eine Reihe von Kalksteinhöhlen, in denen man die weltweit größte Sammlung menschlicher Fossilien fand. Die Region wird daher „Wiege der Menschheit" genannt.

Fußballstadt

Das Soccer-City-Stadion im südafrikanischen Johannesburg fasst 94 700 Zuschauer. Es ist das größte Fußballstadion in Afrika. Sein offizieller Name lautet *First-National-Bank-Stadion*.

Afrikanische Hymne

1 Die südafrikanische Nationalhymne enthält Zeilen in fünf Sprachen: Xhosa, Zulu, Afrikaans, Sesotho und Englisch.

2 Die erste Zeile *Nkosi Sikelel' iAfrika* (Gott segne Afrika) war die Hymne der afrikanischen Freiheitsbewegung, die für gleiche Rechte für Schwarze eintrat.

3 Sie wurde 1897 von dem Lehrer Enoch Sontonga für seinen Schulchor verfasst.

Völker des südlichen Afrikas

✹ Die vier größten ethnischen Gruppen im südlichen Afrika sind die **Ndebele**, **Zulu**, **Shona** und **Xhosa**.

✹ Die Frauen der **Ndebele** schmückten sich früher mit Arm- und Beinringen aus Kupfer und Messing und trugen aufwendigen, perlenbesetzten Kopfschmuck und schwere Halsreifen.

✹ Einst fand man die **San** als traditionelle Jäger und Sammler überall im südlichen Afrika. Heute leben sie vor allem in der Kalahari-Wüste von Botsuana.

Apartheid

Von 1948–1994 herrschte in Südafrika Apartheid. Dieses System hatte die weiße Regierung durchgesetzt. Schwarzen Menschen war vieles verboten, sie durften nicht wählen und mussten in speziellen Gebieten („Homelands") wohnen.

Flaggenparade

🏴 Die Flagge von **Lesotho** zeigt einen schwarzen, kegelförmigen Strohhut. Das ist die traditionelle Kopfbedeckung des dort heimischen Basotho-Volks.

🏴 Die Flagge von **Mosambik** zeigt ein Gewehr und eine Hacke auf einem aufgeschlagenen Buch. Die Symbole stehen für Freiheit, Ackerbau und Bildung.

🏴 Die schwarzen und weißen Streifen der Flagge **Botsuanas** erinnern an ein Zebra, das Nationaltier. Das Blau steht für Wasser.

🏴 Die Flagge **Simbabwes** zeigt einen Steinvogel, bekannt als Simbabwe-Vogel.

🏴 Die Flagge **Südafrikas** hat sechs Farben: Schwarz, Grün und Rot (die Farben der afrikanischen Freiheitsbewegung) sowie Blau, Gelb und Weiß.

Wusstest du das?

Die Vilakazi Street ist die berühmteste Straße im südafrikanischen Soweto. Einst lebten dort zwei Friedensnobelpreisträger – Nelson Mandela und Erzbischof Desmond Tutu (oben). Sie hatten sich gegen das Apartheidsystem gewehrt.

Wo kommt **heißes Wasser** aus der Erde?

In Island erhalten viele Haushalte ihr heißes Wasser direkt aus geothermischen, unterirdischen Quellen. Das Land liegt auf dem Mittelatlantischen Rücken, einem meist unter dem Meeresspiegel gelegenen Gebirge, aus dem fortwährend heißes Magma und heiße Lava aufsteigen. Mit der durch Vulkane produzierten unterirdischen Hitze wird ein Großteil der Elektrizität auf Island erzeugt.

985 verließ Erik der Rote Island, um sich in Grönland niederzulassen. 1002 erreichte sein Sohn **Leif Eriksson** (unten) Nordamerika an einer Stelle, die er Vinland nannte – 500 Jahre bevor Christoph Kolumbus dort landete.

Fünf Fakten über Geysire

1 Geysire sind heiße Quellen, aus denen Wasserfontänen in die Luft spritzen.

2 Auf Island gibt es etwa 200 Geysire.

3 **Strokkur**, Islands berühmtester Geysir, stößt alle fünf Minuten Wasser aus.

4 Weltweit gibt es etwa 1000 aktive Geysire.

5 Mehr als die Hälfte von ihnen befinden sich im Yellowstone-Nationalpark (USA).

Island

1 Die ersten Siedler waren Wikinger, die im 9. Jh. aus Norwegen übersiedelten.

2 Island liegt im Nordatlantik und ist das westlichste Land Europas.

3 Es liegt nahe am Nördlichen Polarkreis, durch den warmen Golfstrom herrscht jedoch ein recht mildes Klima.

4 Islands nächster Nachbar ist Grönland, das 287 km weit entfernt liegt.

5 Die meisten Isländer leben an der Küste. Das unbewohnte Inselinnere besteht hauptsächlich aus felsigen Bergen und Hochebenen.

Alles über **das Land aus Feuer und Eis**

■ Auf Island sind über 11% der Landmasse von Gletschern bedeckt.

■ **Allein der größte Gletscher, Vatnajöküll, bedeckt eine Fläche von 8100 km².**

■ Es gibt über 100 Vulkane auf Island, mindestens 30 von ihnen sind aktiv.

■ **Im Durchschnitt bricht auf Island alle fünf Jahre ein Vulkan aus.**

■ Hekla, Islands berühmtester Vulkan, ist in den letzten 1000 Jahren 18-mal ausgebrochen.

Alles über die „Blaue Lagune"

■ Im Thermalfreibad „Blaue Lagune" kann man das ganze Jahr über baden, auch bei Schnee.

■ **Die Wassertemperatur beträgt etwa 38 °C.**

■ Das Gemisch aus Salz, Mineralien und Algen gibt dem Wasser seine tiefblaue Farbe.

■ **Der weiße Schlamm, der die Lagune umgibt, soll sehr gut gegen Hauterkrankungen wie Ekzeme helfen.**

■ Das Wasser kommt aus Bohrlöchern in der Erde. Es wird zur Elektrizitätsgewinnung in einem nahe gelegenen Kraftwerk genutzt, danach etwas gekühlt und in die Lagune geleitet.

ALLES KLAR?

Bei den Isländern folgt auf den Vornamen der Name des Vaters. Wärst du ein Mädchen mit Namen Gudrun und dein Vater hieße Magnus, lautete dein voller Name Gudrun **Magnusdottir** (Gudrun, Tochter von Magnus). Dein Bruder Olaf hieße **Olaf Magnusson** (Olaf, Sohn von Magnus).

Zahlen

2 Tageslichtstunden hat ein Dezembertag auf Island.

90 % der Haushalte auf Island haben eine geothermische Heizung.

Islands Ringstraße, die Route 1, ist **11 339 km** lang.

Auf Island leben etwa **80 000 Islandpferde**.

306 000 Menschen leben auf Island.

Fünf interessante Dinge über Island

❄ Der isländische Nationalsport ist **Glima**, eine Art Wikinger-Ringkampf, den es seit dem 12. Jh. gibt.

❄ Schon vor rund 700 Jahren wurden die **Islandsagas** niedergeschrieben – Geschichten, die vom Alltag der Menschen auf Island erzählen.

❄ Auf Island werden pro Einwohner mehr Bücher und Zeitschriften publiziert als in jedem anderen Land der Welt.

❄ In isländischen Telefonbüchern sind die Anschlüsse nach den Vornamen der Inhaber aufgelistet.

❄ Das isländische Parlament, das **Althing** (unten), wurde 930 gegründet und ist das älteste Parlament der Welt.

Während der Feiern zur Wintersonnenwende essen die Isländer gern deftig: Zu den traditionellen Speisen **Thorramatur** gehören Lammkopf, Seehundflossen, Blutwurst und Hai.

Wusstest du das?

In Island gibt es 13 Nikoläuse! Es sind Trollbrüder, die in den 13 Nächten vor Weihnachten Unfug anstellen. Sie lassen den Kindern, die das Jahr über brav waren, Geschenke da, die anderen bekommen stattdessen Kartoffeln!

Geburt einer Insel

1963 war eine gewaltige Eruption vor der Küste Islands das erste Anzeichen dafür, dass eine neue Vulkaninsel aus dem Meer auftauchte. Man nannte die 150 m hohe Insel **Surtsey** – nach Sutur, dem nordischen Gott des Feuers.

Fünf isländische Tiere

Polarfuchs
Das einzige auf Island heimische Säugetier

Islandpferd
Die robusten Tiere wurden von Wikingern nach Island gebracht.

Islandhund
Der ehemalige Wikingerhund wird zum Hüten der Schafe eingesetzt.

Seeadler
Der Seeadler ist Islands einziger Raubvogel.

Papageitaucher
Auf Island brüten Millionen von Papageitauchern.

Wie viele Grachten gibt es in **Amsterdam?**

Im niederländischen Amsterdam gibt es fünf Hauptgrachten (Wasserstraßen) und 160 kürzere Kanäle. Sie fließen ins Ijsselmeer, den großen, flachen See im Landesinneren. Das Amsterdamer Transportnetz wurde im 17. Jh. angelegt. Entlang der Grachten reihen sich schmale, hohe Häuser mit steilen Giebeln.

ALLES KLAR?

Viele Leute sagen „Holland", wenn sie die **Niederlande** meinen, aber **Holland** ist eigentlich nur der Name zweier Provinzen des Landes – Nord- und Süd-holland. Der Name Niederlande bedeutet „flache Länder".

Fakten

Die Niederlande

1 **Landfläche:**
33 929 km²

2 **Bevölkerung:**
16 716 000 Einwohner

3 **Höchster Punkt:**
321 m

4 **Niedrigster Punkt:**
−6,7 m

5 **Länge der Wasserwege:**
4400 km

6 **Hauptstadt:**
Amsterdam (Den Haag ist der Regierungssitz.)

Alles über Neulandgewinnung

■ Die Niederlande liegen an der Nordsee und sind sehr flach.

■ **Etwa 24 % des Landes liegen unter dem Meeresspiegel und waren einst von Wasser bedeckt.**

■ Die Neulandgewinnung begann vor 700 Jahren und dauert bis heute an.

■ **Um das Meer zurückzuhalten, werden Deiche gebaut. Dabei entstehen die sogenannten Polder-Gebiete.**

■ **Auf so gewonnenem Land wurden große Städte wie Amsterdam und Rotterdam erbaut.**

■ Das Polder-Land ist äußerst fruchtbar und wird landwirtschaftlich genutzt.

■ Der durch die globale Erderwärmung steigende Meeresspiegel vergrößert die Überschwemmungsgefahr.

Wie man **Polder-Land gewinnt**

1. Zuerst sucht man sich entlang der Küstenlinie einen geeigneten Platz.

2. Dann baut man einen Damm oder Deich, um das Meer zurück-zuhalten, und pumpt das Wasser auf der Landseite ab.

3. Danach bepflanzt man den Polder mit Dünengras. Es nimmt Salz aus dem Boden auf und hält die Erde zusammen.

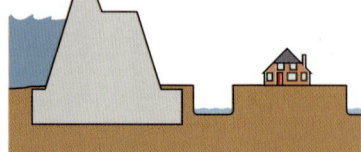

4. Zum Schluss gräbt man zur Entwässerung Kanäle. Nun lässt sich ein Haus auf trockenem Land bauen.

KAUM ZU GLAUBEN!

Orangefarbene Rüben wurden in den Niederlanden erstmals im 17. Jh. zu Ehren des **Prinzen von Oranje** angebaut, der das Land in die Unabhängigkeit geführt hatte. Zuvor hatte es nur weiße, gelbe, schwarze und violette gegeben!

Eisläufer

■ Die Elf-Städte-Tour (*Elfstedentocht*) ist ein 200 km langes Rennen im Eisschnelllauf, bei dem es über zugefrorene Kanäle, Flüsse und Seen geht.

■ Das Eis muss dick genug sein, um das Gewicht von 15000 Läufern zu tragen.

■ In den letzten 100 Jahren war dies nur 15-mal der Fall, das letzte Rennen fand 1997 statt.

■ Der Gewinner von 1997, Henk Angenent, legte die Strecke in nur sieben Stunden zurück.

Vier niederländische Künstler

Rembrandt (1606–1669) Malte 60 Selbstporträts, um sein Leben zu dokumentieren. Sein berühmtestes Werk ist *Die Nachtwache*.

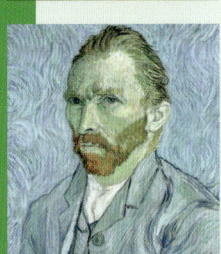

Vincent van Gogh (1853–1890) Bekannt für seine wirbelnden Pinselstriche und strahlenden Farben.

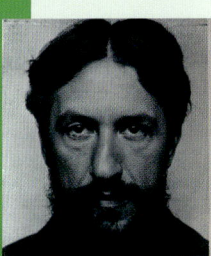

Piet Mondrian (1872–1944) Berühmt für seine abstrakten Bilder und die Verwendung von Grundfarben.

Dick Bruna (geb. 1927) Autor und Illustrator. Er ist der Schöpfer des Kaninchens Miffy, eines berühmten Kinderbuchcharakters.

Zahlen

Es gibt **12** niederländische **Provinzen**.

Die Bewohner der Niederlande können sich an **51 Museen** erfreuen.

Die Gesamtlänge der niederländischen Küste beträgt **451 km**.

In Amsterdam stehen **1281 Brücken**.

Anne Frank

■ Anne Frank war ein jüdisches Mädchen, das während des Zweiten Weltkriegs (1939–1945) in Amsterdam lebte.

■ Ihre Familie versteckte sich zwei Jahre lang in einer kleinen Wohnung vor den deutschen Besatzern.

■ Während dieser Zeit führte Anne über ihren dortigen Alltag Tagebuch.

■ 1944 wurde die Familie Frank festgenommen und in Konzentrationslager gebracht. Anne, ihre Schwester und ihre Mutter starben dort.

■ Nach dem Krieg erhielt Annes Vater ihr Tagebuch und veröffentlichte es später.

■ Das Hinterhaus, in dem sich die Franks versteckten, beherbergt heute das Anne-Frank-Museum.

Wusstest du das?

Die niederländische Nationalhymne *Het Wilhelmus* hat so viele Strophen, dass es eine Viertelstunde dauern würde, sie alle zu singen. Meist wird aber nur die erste Strophe gesungen.

Fünf Städte mit Kanälen

Venedig (Italien)

Bangkok (Thailand)

Brügge (Belgien)

St. Petersburg (Russland)

Fort Lauderdale (USA)

Wunderbare Blütenpracht

In den Niederlanden werden pro Jahr 3 Mrd. Tulpen gezüchtet. Mehr als 800 000 Menschen besuchen jährlich die Gartenanlage **Keukenhof** nahe Amsterdam, in der 7 Mio. Tulpen blühen.

Welches ist das **größte** Land der Welt?

Russland ist so groß, dass Kanada (das zweitgrößte Land weltweit) zweimal hineinpassen würde. Dabei macht allein Sibirien – der asiatische Teil Russlands, der sich vom Uralgebirge bis zum Pazifik erstreckt – über 75 % der Gesamtfläche des Landes aus.

Lerne den Kreml kennen

Der Kreml in Moskau war die mittelalterliche Festung der Zaren (der Herrscher Russlands). 1918 verlegten die neuen kommunistischen Führer ihren Regierungssitz in den Kreml. Heute ist es der offizielle Amtssitz des russischen Präsidenten.

- Die Festungsmauern haben eine Gesamtlänge von 2 km und stammen aus dem 15. Jh.
- Zu den Gebäuden innerhalb der Mauern gehören drei Kathedralen, eine Kirche und vier Paläste.
- Im Kreml befinden sich die größte Glocke sowie die größte Kanone der Welt.

Was war die Sowjetunion?

- Das war ein Bund von 15 Staaten, der von der Kommunistischen Partei regiert wurde. Die „Union der Sozialistischen Sowjetrepubliken" (UdSSR) existierte von 1921–1991.

- Der erste Führer der Sowjetunion war Wladimir Iljitsch Lenin (1870–1924). Sein Nachfolger Josef Stalin (1878–1953), ein skrupelloser Diktator, war für den Tod von Millionen Menschen verantwortlich.

- Nach dem Zusammenbruch der Sowjetunion strebten die 15 einzelnen Republiken danach, unabhängig zu werden.

Transsibirische Eisenbahn

Die Transsibirische Eisenbahn ist die längste zusammenhängende **Eisenbahnverbindung** der Welt. Sie beginnt in Moskau und endet 9259 km weiter im Hafen von Wladiwostok. Die Reise dauert sechs Tage.

Länder, die früher zur **Sowjetunion** gehörten

 **Armenien**
 **Aserbaidschan**
 **Weißrussland**
 **Estland**
 **Georgien**
 **Kasachstan**
 **Kirgisistan**
 **Lettland**
 Litauen

Russische Gerichte

Blini: kleine dünne Pfannkuchen
Borschtsch: Rote-Bete-Eintopf
Pelmeni: gewürztes Fleisch in dünnen Teigtaschen
Piroggen: Teigtaschen mit verschiedenen Füllungen
Okroschka: scharfe Gemüsesuppe
Schaschlik: meist marinierte, gegrillte Fleischspieße
Schtschi: Kohlsuppe

Reich und Arm

2008 gab es in Russland 74 Milliardäre, mehr als in jedem anderen Land. 2009 waren es jedoch „nur" noch 27, fast zwei Drittel weniger.

Die 25 reichsten Menschen Russlands verloren in weniger als sechs Monaten mehr als 230 Mrd. US-Dollar.

Einige russische Milliardäre, Oligarchen genannt, machten ihr Vermögen, als sie in den 1990er-Jahren staatliche Energie- und Bergbauunternehmen aufkauften.

Im Jahr 2009 lebten 17 % der Russen (24 Mio. Menschen) unterhalb der Armutsgrenze.

Die **Eremitage**, ein Kunstmuseum in St. Petersburg, enthält 2,7 Mio. Ausstellungsstücke. Wenn man sich jedes davon 1 Minute lang ansehen würde, bräuchte man für das ganze Museum 11 Jahre!

Zahlen

In Russland gibt es **40 Nationalparks**.

In **49 %** der russischen Haushalte lebt ein Haustier.

160 verschiedene **ethnische Gruppen** leben in Russland.

100 verschiedene Sprachen werden in Russland gesprochen.

Russlands höchster Berg, der Elbrus im Kaukasus, ist **5642 m** hoch.

Die Gesamtlänge der russischen Küsten beträgt **37 000 km**.

Die Hauptstadt Moskau ist gleichzeitig Russlands größte Stadt. Hier leben **9,2 Mio. Menschen**.

40 Mio. Menschen in Russland nutzen das Internet.

ALLES KLAR?

Russland verdankt seinen Namen dem skandinavischen Volk der **Rus**, die entlang der russischen Flüsse Handel trieben. Einer ihrer Führer, **Rurik**, gründete 862 bei Kiew einen Staat. Seine Nachfahren wurden die ersten russischen Zaren.

Teevorlieben

Die Russen mögen ihren Tee sehr stark. Zwischendurch essen sie häufig einen Löffel Marmelade, um das schwarze Gebräu schlucken zu können.

Sechs berühmte Russen

Peter der Große
Zar von 1682–1725. Unter ihm wurde Russland zu einer Großmacht. Er gründete die Stadt St. Petersburg.

Pjotr Iljitsch Tschaikowski
Komponierte die Musik zu den Balletten *Der Nussknacker, Schwanensee* und *Dornröschen*.

Dmitri Mendelejew
Sein Periodensystem der Elemente war eine bahnbrechende wissenschaftliche Entdeckung.

Lew Tolstoi
Schrieb viele bedeutende Romane, der berühmteste ist *Krieg und Frieden*.

Grigori Rasputin
„Verrückter Mönch", der den Sohn des letzten Zaren, Nikolaus II., durch Gebete von seiner Bluterkrankheit heilen wollte.

Wladimir Iljitsch Lenin
Revolutionärer Führer und Begründer der Sowjetunion

Russland ist das kälteste Land der Welt. Die Temperatur beträgt im Jahresdurchschnitt 5,5 °C. Acht Monate im Jahr schneit es. Brrr!

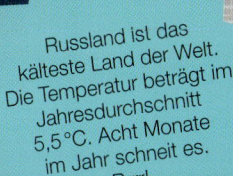

 **Moldawien**
 **Russland**
 **Tadschikistan**
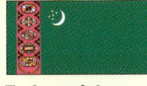 **Turkmenistan**
 **Ukraine**
 **Usbekistan**

Welches ist das **kleinste** Land der Welt?

Auch wenn sie Teil der Stadt Rom ist, handelt es sich bei der Vatikanstadt um einen unabhängigen Staat, an dessen Spitze der Papst, das Oberhaupt der katholischen Kirche, steht.

Ostersegen

Am **Ostersonntag** versammeln sich alljährlich Zehntausende von Gläubigen auf dem Petersplatz, um der Osterbotschaft des Papstes zu lauschen. Im Durchschnitt besuchen jeden Tag 11 000 Menschen die Vatikanstadt!

Alles über die Vatikanstadt

- Die Vatikanstadt wurde am 11. Februar 1929 gegründet.
- **Sie hat ihre eigene Radiostation und eine eigene Wochenzeitung.**
- Sie gibt eigene Pässe, Briefmarken und Münzen aus.
- **Die Vatikanischen Gärten umfassen mehr als die Hälfte des Staatsgebiets.**
- Der Papst lebt im Apostolischen Palast direkt am Petersplatz.
- **Eine gemalte weiße Linie auf dem Boden zeigt, wo Rom endet und die Vatikanstadt beginnt.**

Fünf Fakten über den Petersdom

- Der Bau dieser gewaltigen Kirche dauerte 122 Jahre (1504–1626).
- In ihr finden bis zu 60 000 Gläubige Platz.
- Das Mittelschiff hat eine Länge von 218 m.
- Die herrliche Kuppel ist 138 m hoch und hat einen Durchmesser von 42 m.
- Bis zur Kuppel hinauf führen 491 Stufen (es gibt auch einen Aufzug!).

Drei Sehenswürdigkeiten

Die Sixtinische Kapelle
Die Decke wurde von Michelangelo gestaltet, er malte vier Jahre daran.

Die Vatikanischen Museen
Der Weg durch die Ausstellungen des riesigen Gebäudekomplexes ist mehr als 14,5 km lang.

Die Stanzen des Raffael
Der Renaissance-Künstler Raffael gestaltete diese Privatgemächer des Papstes Julius II.

Petersplatz

- Der ovale Platz ist etwa 23 000 km² groß.
- Der Renaissance-Architekt Gian Lorenzo Bernini gestaltete die Kolonnaden (Säulenreihen).
- Der Platz ist von 140 Heiligenstatuen gesäumt.
- Den ägyptischen Obelisken in der Mitte des Platzes brachte man 37 n. Chr. nach Rom.

2007 wurde die Vatikanstadt zum ersten **CO$_2$-neutralen** Staat der Welt. Um ihren CO$_2$-Verbrauch auszugleichen, pflanzte man auf vatikaneigenem Land in Ungarn einen Wald.

Wusstest du das ?

Die Geldautomaten der Vatikanbank halten auch Anleitungen in lateinischer Sprache bereit. Latein ist die Weltsprache der katholischen Kirche.

Monaco ist das am dichtesten bevölkerte Land der Welt. Dort leben durchschnittlich 33 000 Menschen auf 1,95 km². Verglichen damit haben die 826 Bewohner der Vatikanstadt jede Menge Freiraum!

Schweizergarde

Die Leibwache des Papstes, unter dem Namen Schweizergarde bekannt, wurde 1505 unter der Regentschaft von Papst Julius II. gegründet. Bewerber müssen männlich, katholisch, unverheiratet und mindestens 1,74 m groß sein.

Top 10 Kleinste Länder

1 Vatikanstadt 0,44 km²
2 Monaco 1,9 km²
3 Nauru 21 km²
4 Tuvalu 26 km²
5 San Marino 61 km²
6 Liechtenstein 160 km²
7 Marshallinseln 180 km²
8 St. Kitts und Nevis 269 km²
9 Malediven 300 km²
10 Seychellen 434 km²

Wie man **einen neuen Papst wählt**

1. Unmittelbar nach dem Tod eines Papstes kommen 120 Kardinäle der katholischen Kirche in den Vatikan, um einen Nachfolger zu wählen (Konklave).

2. Erreicht keiner der Kandidaten eine Zwei-Drittel-Mehrheit, werden die Stimmzettel mit etwas feuchtem Stroh (ergibt schwarzen Rauch) in einem speziellen Ofen (oben) verbrannt.

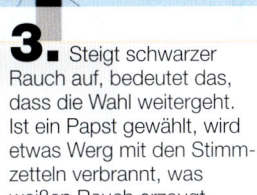

3. Steigt schwarzer Rauch auf, bedeutet das, dass die Wahl weitergeht. Ist ein Papst gewählt, wird etwas Werg mit den Stimmzetteln verbrannt, was weißen Rauch erzeugt.

4. Der neue Papst tritt auf den Balkon, von dem aus man den Petersplatz überblickt, und die Kardinäle verkünden: „Habemus Papam" (Wir haben einen Papst).

Kann man in **Dubai Ski fahren?**

Im kleinen Dubai auf der Arabischen Halbinsel gibt es eine große Halle, in der Besucher auf echtem Schnee Ski fahren können – selbst, wenn das Thermometer draußen 40°C zeigt. Dubai gehört zu den Vereinigten Arabischen Emiraten – einem Bündnis aus sieben Ländern, die jeweils von einem Emir oder Fürst regiert werden.

REKORD-HALTER

Katar besitzt die größte **Erdgasquelle** der Welt. Das Erdgasfeld ist halb so groß wie das Land selbst.

Fakten

Golfstaaten

1 Länder:
Bahrain, Kuwait, Oman, Katar, Saudi-Arabien, Vereinigte Arabische Emirate

2 Größtes Land:
Saudi-Arabien 2 331 000 km²

3 Kleinstes Land:
Bahrain 678 km²

4 Größte Stadt:
Riad (Saudi-Arabien) Einwohner: 5,1 Mio.

5 Sprache:
Arabisch

Jedes Jahr besuchen 2 Mio. muslimische Pilger die heilige Stadt **Mekka** in Saudi-Arabien. Die Pilgerreise wird **Hadsch** genannt.

Auf der Arabischen Halbinsel leben die **Beduinen**. Etwa 500 000 von ihnen führen mit ihren Kamelherden noch immer ein traditionelles Nomadenleben.

Ver. Arab. Emirate (VAE)

■ Die Vereinigten Arabischen Emirate gründeten sich 1971.

■ Es ist ein Bündnis aus sieben kleinen Emiraten: Abu Dhabi, Dubai, Schardscha, Adschman, Umm al-Qaiwain, Ra's al-Chaima und Fudschaira.

■ In Abu Dhabi, der Hauptstadt der VAE, wohnen 930 000 Menschen.

■ Nur 18 % der Bevölkerung sind Einheimische. Die größte Gruppe bilden Gastarbeiter aus Südasien.

Alles über **Saudi-Arabien**

■ Dieses Land ist die Geburtsstätte des Islam. Hier liegen die heiligen Städte Mekka und Medina.

■ **Der offizielle Titel des Königs lautet „Kustos der zwei heiligen Städte".**

■ Saudi-Arabien ist eine absolute Monarchie – der König hat alle Macht und vererbt sie.

■ **Das Land besitzt 25 % des weltweiten Erdölvorkommens.**

■ Es ist das einzige Land der Erde, in dem es Frauen verboten ist, in der Stadt Auto zu fahren.

■ **Mehr als 95 % des Lands sind Wüstengebiete.**

REKORD-HALTER

Der **Burj Khalifa** in Dubai ist das höchste Gebäude der Welt. Der 828 m hohe Wolkenkratzer wurde nach dem Präsidenten der Vereinigten Arabischen Emirate benannt.

Leeres Viertel

⚙ Das auch als „Leeres Viertel" bekannte Gebiet Rub al-Chali im Süden der Arabischen Halbinsel ist mit 650 000 km² die größte Sandwüste der Erde.

⚙ Im Sommer betragen die Temperaturen tagsüber bis zu 55 °C und fallen nachts unter den Gefrierpunkt.

⚙ Die Wüste ist völlig unbewohnt und in einigen Regionen ist noch nie jemand gewesen.

Heiliger Rauch!

■ Weihrauch ist das aromatische Harz eines Strauchs, der nur in der Wüste des südlichen Oman wächst.

■ Arabische Händler transportierten ihn auf der Weihrauchstraße quer durch die Wüste – eine Reise von 3200 km Länge.

■ Er wird in religiösen Zeremonien verwendet – und um unangenehme Gerüche zu überdecken.

■ In der Bibel heißt es, Weihrauch sei eines der Geschenke gewesen, die die drei Weisen aus dem Morgenland dem Jesuskind brachten.

*Der Inselstaat **Bahrain** besteht aus einer großen und 32 kleineren Inseln. Die 28 km lange Brücken- und Dammverbindung **King Fahd Causeway** verbindet ihn mit Saudi-Arabien.*

Alles über **arabische Kleidung**

Igal: schwarzes Doppelseil, das die Gutra festhält

Gutra: Kopfbedeckung, die im Sommer üblicherweise weiß, im Winter rot-weiß kariert ist

Bisht: weicher Wollumhang, meist schwarz, braun oder grau

Dishdasha: langärmeliges (meist weißes) Gewand, das den ganzen Körper bedeckt

Wüstensturm

Im August 1990 fielen irakische Truppen in den winzigen Ölstaat Kuwait ein. Im Februar 1991 war der irakische Führer Saddam Hussein durch die Militäroffensive „Desert Storm" (Wüstensturm), an der sich 34 Nationen beteiligten, zum Rückzug gezwungen.

Exzentrische Gebäude

Als Dubai um 2005 zum luxuriösen Urlaubsziel geworden war, wurden auch seine Bauwerke immer höher und außergewöhnlicher.

🏗 Die Spitze des Burj Khalifa kann man noch aus 95 km Entfernung sehen.

🏗 In Dubai wurden auch künstliche Inseln angelegt, die aus der Luft betrachtet wie eine Palme aussehen.

🏗 Es gab Zeiten, in denen 25 % aller Kräne auf der Welt in Dubai im Einsatz waren.

🏗 Im Jahr 2009 setzte die Weltwirtschaftskrise dem Bauboom in Dubai ein Ende. Viele Projekte blieben unvollendet.

Traditionelle Sportarten

Kamelrennen

Pferderennen

Falknerei

Segelbootrennen (mit Daus)

Wie viele Einwohner hat Indien?

Indien ist mit mehr als 1,2 Mrd. Einwohnern nach China das bevölkerungsreichste Land der Erde. Obwohl Indien nur gut ein Drittel der Fläche der USA hat, leben hier viermal so viele Menschen.

Indiens längste Flüsse

▪ **Indus** 3000 km
▪ **Brahmaputra** 2900 km
▪ **Ganges** 2510 km

Fünf Fakten über Indien

🚶 Indien ist die größte Demokratie der Welt. Im Jahr 2009 waren 714 Mio. Menschen wahlberechtigt.

🚶 **Mehr als zwei Drittel der Inder leben in ländlichen Gebieten von Ackerbau und Viehzucht.**

🚶 Die Eisenbahngesellschaft Indian Railways ist mit etwa 1,6 Mio. Angestellten der größte Arbeitgeber der Welt. Jeden Tag transportiert sie 13 Mio. Passagiere und 1,3 Mio. Tonnen Güter.

🚶 **Indien hat mit 15533 Postfilialen das umfangreichste Postwesen der Welt.**

🚶 Inder sind sehr eifrige Kinogänger. 2003 gingen sie 2 860 000 000-mal ins Kino, die US-Amerikaner im Vergleich dazu „nur" 1 421 000 000-mal.

Gläubige in Indien

Hinduisten 80,5 %
Muslime 13,4 %
Christen 2,3 %
Sikhs 1,9 %
Andere 1,9 %

In Indien gibt es **18 Amtssprachen.** Am weitesten verbreitet ist Hindi, das für 41 % der Menschen die Muttersprache ist. Englisch gehört nicht zu den 18 Sprachen, ist aber die wichtigste Geschäfts- und Regierungssprache.

Top 5 Größte Städte Indiens

1 Mumbai
Mit einer Einwohnerzahl von 14 Mio. ist Mumbai die größte Stadt Indiens.

2 Neu-Delhi
Neu-Delhi ist die Hauptstadt und der Regierungssitz Indiens.

3 Bangalore
Die am schnellsten wachsende Stadt des Landes ist vor allem im Bereich der Informationstechnologie ein Vorreiter.

4 Kalkutta
Die einstige Hauptstadt ist ein quirliger Schmelztiegel im Osten des Landes.

5 Chennai
Die größte Stadt im Süden Indiens begann ihren Aufstieg als wichtiges Handels- und Hafenzentrum.

Land der **Kontraste**

Berge
Im nördlichen Teil des Landes liegen die schneebedeckten Gipfel des Himalaja, der höchsten Gebirgskette der Welt.

Ebenen
Die Ebenen im Norden bestehen aus fruchtbarem Ackerland. Hier werden Reis und andere Getreidearten angebaut.

Wüsten
Im Westen liegt die Thar, ein riesiges Wüstengebiet, in dem Temperaturen von bis zu 50 °C herrschen. Die Bewohner halten Kamele als Nutztiere.

Wälder
Die Berge Indiens sind von üppigen Wäldern bedeckt, in denen wertvolles Bauholz und Orchideen wachsen. Im Westen findet man tropische Palmwälder.

Strände
Indiens Küsten haben eine Gesamtlänge von 7000 km. Die wunderschönen Strände sind zu einem beliebten Urlaubsziel geworden.

Vier **Feste der Hindus**

Holi
Ein Fest zum Ende des Winters. Am zweiten Tag bespritzen sich die Menschen gegenseitig mit farbigem Puder und Wasser.

Janmashtami
Zu Ehren der Geburt des Hindu-Gottes Krishna fastet man bis Mitternacht, danach wird gefeiert. Kinder verkleiden sich als Gott Krishna.

Diwali
Mit dem Lichterfest feiern die Hindus den Sieg des Guten über das Böse und gedenken der Rückkehr des Gottes Rama.

Dashahara
Die Menschen feiern den Sieg des Gottes Rama über den Dämonenkönig Ravana, indem sie Abbilder von Ravana verbrennen.

Wie man **zu einer Tasse Tee kommt**

1. Besuche eine Teeplantage und pflücke frische Blätter. Nimm nur die obersten beiden Blättchen und Blüten jedes Zweigs.

2. Lass die Blätter antrocknen. Zerreibe sie dann und lass sie etwa zwei Stunden liegen, damit sie ihr Aroma entfalten. Erhitze sie schließlich, um sie zu trocknen.

3. Prüfe die Qualität und den Geschmack der Blätter – du kannst verschiedene Sorten mischen.

4. Gib einige Löffel Blätter in ein Teesieb und übergieße sie mit kochendem Wasser. Lass den Tee einige Minuten ziehen. Füge nach Belieben Milch und Zucker hinzu.

Indien und China sind die größten Teeproduzenten der Welt. Die Inder trinken am meisten Tee.

Hockey ist zwar der indische Nationalsport, doch die beliebteste Sportart ist **Kricket**. Die Inder sind verrückt danach und spielen es, wo auch immer sie einen Schläger schwingen können.

Eindrucksvolle Bauten

Tempel
Indien ist reich an wundervollen und bedeutenden Bauwerken aller Religionen. Der **Brihadisvara-Tempel** der Hindus steht im südindischen Tamil Nadu.

Festungen
Frühere Herrscher ließen massive Festungsanlagen errichten, um ihre Reiche zu schützen. Die **Festung Mehrangarh** in Rajasthan thront auf einem Felsen.

Paläste
Im Lauf des 20. Jh. ließen viele indische Prinzen zauberhafte und luxuriöse Paläste erbauen, wie diesen **Stadtpalast** in Udaipur.

Grabstätten
Das **Tadsch Mahal** ist eine prächtige Grabstätte, die Kaiser Shah Jahan im 17. Jh. im Gedenken an seine Frau errichten ließ. Das Ehepaar liegt hier zusammen begraben.

Der Ganges

Der Ganges ist für die Hindus der wichtigste heilige Fluss. Er fließt nach Osten, von den Bergen des Himalaja bis zum Golf von Bengalen. Städte, Dörfer und Tempel säumen sein Ufer.

1 Die Quelle des Ganges ist der **Gangotri-Gletscher** am Gaumukh, der 3892 m hoch im Himalaja liegt. Hier wird der Fluss noch Bhagirathi genannt. Erst ab der Stelle, an der er auf den Fluss Alaknanda trifft, heißt er Ganges.

2 Auf seinem Weg durch das Gebirge rauscht der Ganges durch felsige Schluchten. Er verlässt den Himalaja bei der heiligen Stadt Rishikesh. Hier nutzen Sportler die Stromschnellen gern zum **Wildwasser-Rafting**.

3 Auf der Höhe der Stadt **Haridwar** hat der Ganges die Ebenen erreicht. Haridwar ist eine bedeutende Pilgerstätte. Viele Hindus nehmen das Flusswasser in Gefäßen mit nach Hause, um es für religiöse Rituale zu verwenden.

5 Der heiligste Ort am Ufer des Ganges ist die Stadt **Varanasi**. Es heißt, der Hindu-Gott Krishna habe sie gegründet. Hier strömen Scharen von Pilgern die Stufen, genannt *ghats*, zum Fluss hinunter, um durch das heilige Wasser gereinigt zu werden.

6 Auf seinem Weg durch die Ebenen **Zentralindiens** hinterlässt der Ganges Schlamm, der den Boden fruchtbar für die Landwirtschaft macht. Hier werden Reis und andere Getreidesorten sowie Mais, Zuckerrohr und Baumwolle angebaut.

4 2001 war die Stadt Allahabad Schauplatz des bedeutenden Hindufestes **Maha Kumbh Mela**. Mehr als 70 Mio. Pilger nahmen an diesem Fest teil, das nur alle 144 Jahre abgehalten wird.

7 Am Rande des Flussdeltas liegt ein riesiges Gebiet mit Mangrovenwäldern namens **Sunderban**, das sich vom indischen Bundesstaat Westbengalen bis nach Bangladesch erstreckt. Dieser Nationalpark hat eine reiche Tier- und Pflanzenwelt.

8 Im **Golf von Bengalen** mündet der Ganges in den Indischen Ozean. Dort bildet er mit einer Ausdehnung von gut 350 km das größte Flussdelta der Erde. Das Gangesdelta ist eine der fruchtbarsten Regionen der Erde.

Wo wächst der Reis in Asien?

Thailand ist der weltweit größte Exporteur von Reis. In den fruchtbaren Flusstälern hat man vermutlich bereits vor 6000 Jahren mit dem Reisanbau begonnen. Heute werden über 3000 Sorten in überfluteten Reisfeldern angebaut.

Schwimmende Märkte

Thailands „schwimmende Märkte" ziehen jedes Jahr Tausende von Touristen an. In den **Booten** werden tropische Früchte, Gemüse und regionale Spezialitäten angeboten.

Wie man Reis anbaut

1. Ziehe die Sämlinge in einem Saatbeet vor. Pflanze die Sprosse in ein überflutetes Feld, wenn die Halme 15 cm lang sind.

Fakten

Bangkok

1 Es wurde 1782 als königliche Hauptstadt gegründet.

2 Die Stadt liegt am Fluss Chao Phraya.

3 Sie hat 6 Mio. Einwohner.

4 Bangkok ist nach Paris und London die am meisten besuchte Stadt der Welt.

5 In den florierenden Geschäftsvierteln stehen über 800 Wolkenkratzer.

6 Eines der ungewöhn-lichsten Bauwerke ist das Gebäude oben, das die Form eines Elefanten hat.

Zehn Fakten über Thailand

1 Nationalsymbol ist der Garuda, ein mythisches, vogelähnliches Wesen (oben).

2 Bis 1939 war das Land unter dem Namen Siam bekannt.

3 Thailand hat 65 Mio. Einwohner.

4 Es ist das einzige Land Südostasiens, das nicht kolonialisiert wurde.

5 Die meisten Thailänder sind Buddhisten.

6 Jedes Jahr besuchen 14 Mio. Touristen das Land.

7 Thaiboxen ist Nationalsport.

8 Die thailändische Währung heißt Baht.

9 Es gilt als unhöflich, andere am Kopf zu berühren.

10 Thailand hat die Form eines Elefantenkopfs mit langem Rüssel.

Wusstest du das ?

1946 bestieg Thailands neunter König, Bhumibol Adulyadej, im Alter von 19 Jahren den Thron. Er ist derzeit das am längsten amtierende Staatsoberhaupt der Welt.

Alles über Elefanten

- Elefanten sind für die Menschen in Thailand von großer Bedeutung.
- **Am 13. März feiert man den Nationalen Elefantentag.**
- Es soll Glück bringen, dreimal unter einem Elefanten hindurchzugehen.
- **Die seltenen weißen Elefanten sind ein Symbol königlicher Macht.**
- Bis Thailand die kommerzielle Abholzung von Wäldern verbot, wurden Elefanten zur Arbeit in der Holzindustrie eingesetzt.
- **In Thailand leben etwa 3000 zahme Elefanten.**
- Heute gibt es im Land nur noch etwa 1500 wild lebende Elefanten.

4. Gib die Körner in eine Reismühle, um die äußere braune Hülle von den glatten weißen Reiskörnern zu entfernen.

3. Schlage die Reisbündel auf einen harten Untergrund, sodass die Reiskörner aus den Halmen fallen.

2. Lege vor der Ernte die Felder trocken. Schneide die Halme ab und binde sie zum Dreschen zu Bündeln zusammen.

Asiatischer Tsunami

Der Tsunami im Indischen Ozean, der am Morgen des 26. Dezember 2006 auf die Küste Thailands traf, war die schlimmste Naturkatastrophe in der Geschichte des Landes. Über 5400 Menschen starben, Zehntausende wurden obdachlos.

Fünf beliebte **Thai-Gerichte**

- **Tom Yam Kung** (scharf-saure Suppe mit Krabben)
- **Kaeng Khiao Wan Kai** (grünes Hühnchen-Curry)
- **Phat Thai** (gebratene Nudeln)
- **Phat Kraphao** (Bratfleisch mit Basilikum)
- **Kaeng Phet Pet Yang** (Ente in rotem Curry)

Die Thailänder feiern das traditionelle Neujahrs- und Frühlingsfest **Songkran**, indem sie ihre Häuser gründlich putzen, neue Kleider tragen und sich Wasserschlachten in den Straßen liefern.

Zahlen

In Thailand gibt es **102 Nationalparks.**

106 Flughäfen hat das Land zur Verfügung.

Der Turm Baiyoke II, Thailands höchstes Gebäude, ist **304 m** hoch.

Die Gesamtlänge der Küstenlinien Thailands beträgt **3219 km.**

Die Gesamtfläche des Landes beträgt **513 120 km².**

Fünf Touristenattraktionen in **Thailand**

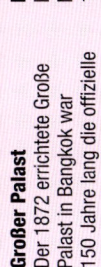

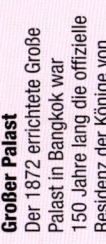

Wat Benchamabophit
Der auch als Marmortempel bekannte Wat Benchamabophit in Bangkok wurde im Jahr 1900 als Königspalast erbaut.

Elefanten
In Thailand gibt es viele Elefanten-Camps. Von hier aus können Touristen auf den Tieren durch den Dschungel reiten.

Buddha-Statue
Der riesige Buddha im Tempel Wat Intharawihan in Bangkok ist 32 m hoch. Es dauerte 60 Jahre, bis die Statue vollendet war.

Großer Palast
Der 1872 errichtete Große Palast in Bangkok war 150 Jahre lang die offizielle Residenz der Könige von Siam.

Khao-Yai-Nationalpark
In Thailands ältestem Nationalpark leben über 150 verschiedene Tierarten, darunter auch Tiger und Makaken.

Wie viele Bewohner
hat Tokio?

Im urbanen Kernbereich Tokios leben 8 Mio. Menschen. Er unterteilt sich in 23 Bezirke. Zur „Präfektur Tokio", in der über 13 Mio. Menschen leben, gehören noch weitere Städte und Gemeinden.

Die Japaner haben weltweit die höchste **Lebenserwartung**. Mehr als 40000 Menschen sind über 100 Jahre alt, im Jahr 2050 werden es vermutlich mehr als 1 Mio. sein.

Inselstaat

● Japan besteht aus vier Hauptinseln und mehr als 3000 kleineren Inseln.

● Die vier größten Inseln sind **Hokkaido, Honshu, Shikoku** und **Kyushu**. Sie machen zusammen 97 % der Gesamtfläche Japans aus.

● Die Inseln Japans erstrecken sich von Norden nach Süden über 2400 km Länge.

● Mehr als vier Fünftel des Landes ist bergig. Die meisten Menschen leben in den dicht besiedelten Gebieten entlang der Küste.

Zahlen

In Japan gibt es **28 Nationalparks**.

Das Land ist sehr fußballbegeistert: Es gibt **36** professionelle japanische Fußballteams.

47 Präfekturen (Verwaltungsgebiete) gibt es in Japan.

Japanische Sportler haben bei Olympischen Spielen **123 Goldmedaillen** gewonnen.

8,5 Mio. ausländische Touristen besuchen das Land jährlich.

ALLES KLAR?

Tsunami ist japanisch und bedeutet wörtlich übersetzt „Hafenwelle".

Fakten

Erdbeben

1 Japan liegt in einer Erdbebenzone, in der vier tektonische Platten der Erdkruste aufeinandertreffen.

2 Jedes Jahr werden in Japan bis zu 1500 Erdbeben verzeichnet.

3 Eines von fünf schweren Beben ereignet sich in Japan.

4 1923 starben 100000 Menschen beim großen Erdbeben von Tokio, dem schlimmsten in der Geschichte Japans.

5 Die Japaner nutzen die JMA-Skala, um die Intensität von Erdbeben zu messen.

6 Die japanische Küste wird häufig von Tsunamis getroffen (riesigen Wellen, die durch Unterwasserbeben ausgelöst werden).

Alles über Tokio

🐦 Tokio liegt auf Honshu, der größten der vier Hauptinseln Japans.

🐦 **Bis zum Jahr 1868 hieß Tokio Edo, dann wurde es zur Kaiserstadt.**

🐦 Wie London und New York ist Tokio eines der wichtigsten Weltfinanzzentren.

🐦 **Bis zu 4 Mio. Pendler passieren täglich den Tokioter Shinjuku-Bahnhof.**

🐦 Tokios offizielles Symbol ist ein grünes Ginkgo-Blatt – es steht für Wohlstand und Ruhe.

Die vier **größten Inseln**

Hokkaido
Eine ländlich geprägte, bewaldete Insel mit langen, kalten Wintern. Ganze vier Monate im Jahr ist die Insel schneebedeckt.

Honshu
Hier gibt es heiße Sommer, kalte, schneereiche Winter und viele Vulkane, zu denen auch der Fuji gehört, Japans höchster Berg.

Aikido
Der Angegriffene versucht sich zu verteidigen, ohne den Angreifer zu verletzen.

Jiu-Jitsu
Der Angegriffene versucht, die Kraft des Angreifers gegen ihn selbst zu verwenden.

Karate
Die Beteiligten greifen einander mit Kampftechniken der Beine, Hände, Ellbogen oder des Kopfes an.

Kendo
Die Beteiligten attackieren bestimmte Körperbereiche mit Bambusstöcken statt Schwertern.

Sumo-Ringen
Die Kämpfer versuchen den Gegner zu Boden oder aus dem Ring zu werfen.

Wie man einen Kimono trägt

Der Kimono, ein bodenlanges Gewand mit weiten Ärmeln, ist die traditionelle Kleidung der Japaner.

1. Lege den Kimono an und achte darauf, dass der Saum am Rücken mittig nach unten verläuft.

2. Wickle die rechte Seite um deinen Körper und lege dann die linke Seite darüber.

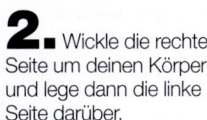

3. Ziehe den Stoff so nach oben, dass der Kimono bis auf deine Knöchel fällt, und binde einen Gürtel, den *koshi-himo*, um die Taille. Falte den überschüssigen Stoff unter dem Gürtel zusammen.

4. Lege einen zweiten Gürtel, den *date-jime*, über den ersten und binde ihn am Rücken. Bringe die Enden nach vorn und binde ihn dort noch einmal.

5. Binde den letzten Gürtel, den *obi*, in einem komplizierten Schmetterlingsknoten auf dem Rücken. Der *obi* ist etwa 4 m lang.

6. Trage dazu ein einfaches weißes Unterkleid namens *juban*, weiße Strümpfe und Holzsandalen.

Shikoku
Die kleinste der Hauptinseln. In Matsuyama, der größten Stadt Shikokus, steht eine berühmte, 400 Jahre alte Burg.

Kyushu
Diese Insel ist bekannt für ihre heißen Quellen, von denen die berühmtesten bei Beppu an der Ostküste liegen.

Fisch-Fakten

- Ein Drittel des weltweit gefangenen Thunfischs wird in Japan gegessen.
- Meerestiere werden oft roh serviert, pur (*sashimi*) oder in Reis eingerollt (*sushi*).
- Für viele Japaner ist Walfleisch eine Delikatesse.
- Zehn Jahre lang werden japanische Köche darin ausgebildet, das Gift eines Kugelfischs zu entfernen, um ein Gericht namens *fugu* zuzubereiten. Ein Fehler kann hier tödlich enden!
- Der Tsukiji-Fischmarkt in Tokio ist der größte Fischmarkt der Welt.

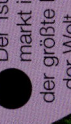

Was ist das Outback?

In Australien gibt es Strände, Weinberge und Sümpfe, doch drei Viertel des Landes bestehen aus Wüste oder Halbwüste. Diese heißen, trockenen Gebiete nennt man „Outback" (Hinterland). Hier sind die Lebensbedingungen für Menschen, Tiere und Pflanzen hart.

Mit dem Hubschrauber
Im Outback befinden sich einige riesige **Rinderfarmen**. Manche haben solche Ausmaße, dass die Rinderhalter ihre Herden mit dem Hubschrauber zusammentreiben müssen.

Fakten

Aborigines

1. Das Volk der Aborigines lebt bereits seit mehr als 40 000 Jahren in Australien.

2. Die Ureinwohner glauben, dass die Welt von übernatürlichen Wesen geschaffen wurde, als es noch keine Menschen gab – in der Traumzeit.

3. Man schätzt, dass 90 % der Aborigines durch Krankheiten wie Windpocken starben, die die Briten bei ihrer „Entdeckung" Australiens 1788 mit ins Land gebracht hatten.

4. 2006 lebten etwa 517 200 Aborigines in Australien, das sind ungefähr 2,5 % der Gesamtbevölkerung des Landes.

Zahlen

Auf dem Kontinent gibt es **3 verschiedene Zeitzonen**.

Australien ist das **sechstgrößte Land** der Erde und nur etwas kleiner als die USA.

86 % der Einwohner Australiens leben in den Küstenregionen.

Die Breite des Kontinents von Ost nach West beträgt **4000 km**.

Die Gesamtlänge der australischen Küstenlinien beträgt **25 760 km**.

Insgesamt leben **21 Mio. Menschen** in Australien.

Wie man **ein Didgeridoo baut**

1. Suche sorgfältig nach geeignetem Holz, z. B. vom Eukalyptusbaum. Du brauchst einen Stamm, der von Termiten ausgehöhlt wurde.

2. Schneide das Holz auf die richtige Länge und entferne die Rinde. Glätte das Äußere und male das Instrument an.

Tiere des Outbacks

All diese Tiere haben spezielle Fähigkeiten, die ihnen ein Leben in der Wüste ermöglichen.

Dornteufel
Die Rillen auf dem Rücken leiten Wasser, das sich auf dem Körper niederschlägt, zum Maul der Echse.

Emu
Der Emu ist der zweitgrößte Vogel der Welt. Er hechelt, um Hitze aus seinem Körper zu leiten und sich so abzukühlen.

Dingo
Dieser Wüstenhund spart seine Kräfte, indem er abends oder morgens jagt und die Hitze des Tages verschläft.

Känguru
Mit kraftvollen Sprüngen kann das Känguru auf der Suche nach Nahrung weite Strecken zurücklegen.

Eukalyptus

🌿 Der Eukalyptus (Blaugummibaum) ist die bekannteste Pflanze Australiens.

🌿 Es gibt 700 Eukalyptusarten und nur 15 davon sind nicht in Australien heimisch.

🌿 Der Eukalyptus gehört zu den höchsten Bäumen der Welt. Ein Exemplar erreichte eine Höhe von 99,6 m.

🌿 Der Eukalyptus ist ein immergrüner Baum und hat wachsartige, giftige Blätter, die nur Koalas und Opossums nichts anhaben können.

🌿 Vögel, Fledermäuse, Insekten und Opossums trinken Nektar aus den Blüten.

🌿 Die Eukalyptusblätter enthalten ein Öl, das als natürliches Desinfektionsmittel gilt.

Lecker!

🐛 Im Outback findet sich eine Fülle an Essbarem. Von dem sogenannten Bush Food (Buschessen) ernähren sich die Aborigines seit Jahrtausenden.

🐛 Auf der Speisekarte stehen viele Pflanzen und Nüsse, aber auch Emus, Kängurus, Krokodile und Insekten wie Witchetty-Maden (große Käferlarven).

🐛 Die Maden sind sehr nahrhaft. Man isst sie roh (dann schmecken sie wie Mandeln oder Erdnussbutter) oder gekocht (dann schmecken sie wie Grillhähnchen). Klingt doch köstlich!

4. Blase nun hinein und probiere, einen tiefen, brummenden Ton zu halten. Vergiss dabei aber nicht das Atmen!

3. Nimm etwas Bienenwachs und forme damit an einem Ende des Didgeridoos ein Mundstück.

Unterwegs

■ **Fliegende Ärzte** Braucht jemand im Outback dringend medizinische Versorgung, fliegen Ärzte mit dem Hubschrauber dort hin, um zu helfen.

■ **Luftpost** Farmer, die in entlegenen Regionen wohnen, erhalten ihre Post mit dem Flugzeug.

■ **Straßenzüge** Im Outback transportiert man schwere Lasten über weite Strecken mithilfe von langen Lastwagen. Diese Road Trains (Straßenzüge) bestehen oft aus mehreren Anhängern.

Alles über das Schafescheren

■ Greife dir ein Schaf mit sauberem Fell.

■ **Platziere das Tier mit dem Rücken zu dir und sorge dafür, dass es ruhig bleibt.**

■ Schneide die Wolle dicht über der Haut ab.

■ **Um sie in einem Stück abzuschneiden, braucht man 15–20 Minuten.**

Fünf Dinge, die man im Outback so nicht erwartet

Unterirdisch
In Coober Pedy, der Stadt des Opal-Bergbaus, wird es so heiß, dass Wohnungen, Läden und sogar Kirchen unter der Erde liegen.

Uluru
Wie aus dem Nichts erhebt sich auf einer Ebene in Zentralaustralien der gewaltige Uluru-Felsen, eine heilige Stätte der Aborigines.

Felsenkunst
Jahrtausendelang haben die Aborigines Tiere und Menschen an Fels- und Höhlenwände gemalt.

Sind das etwa Kamele?
Im 19. Jh. brachte man Kamele als Lasttiere ins Outback. Dort gibt es heute noch viele von ihnen, einige sogar freilebend.

Boot ohne Boden
Nahe Alice Springs findet jedes Jahr ein ungewöhnliches Rennen statt. Die Teilnehmer laufen mit einem Boot ohne Boden durch ein ausgetrocknetes Flussbett.

Wie viele Inseln liegen **im** Südpazifik?

Im 18. Jh. zog der florierende Seehandel europäische Kaufleute in den Südpazifik und viele Inseln wurden zu europäischen **Kolonien**. Zwischen 1962 und 1980 gewannen die meisten Inseln ihre **Unabhängigkeit** vollständig oder teilweise zurück.

Der Pazifik ist so riesig, dass niemand genau weiß, wie viele Inseln es dort gibt. Man geht von etwa 20 000 bis 30 000 aus, von denen die meisten im Südpazifik liegen. Bei einigen handelt es sich um hohe Vulkaninseln, bei anderen um – meist unbewohnte – flache Atolle, also Korallenriffe, die auf Unterwasservulkanen sitzen.

ALLES KLAR?

Die südpazifischen Inseln werden in drei Gruppen unterteilt:

Polynesien
Bedeutet „viele Inseln". Hierzu gehören die Cookinseln, Tonga, Tahiti und Tuvalu.

Mikronesien
Bedeutet „kleine Inseln". Hierzu gehören die Marshallinseln, die Salomonen und Guam.

Melanesien
Bedeutet „schwarze Inseln". Hierzu gehören die Inseln Neukaledoniens, Vanuatu und Fidschi.

Auslegerkanus
Die Inselbewohner bauen schon seit Jahrtausenden Kanus in allen Formen und Größen. Um diese stabiler zu machen, verfügen sie meist über Querstreben bzw. Ausleger.

Die Gefahren des Insellebens

Steigender Meeresspiegel
Einige tief liegende Inseln kämpfen bereits mit dem Problem des steigenden Meeresspiegels, verursacht durch die globale Erderwärmung und schmelzende Polkappen.

Tropische Wirbelstürme
Teile des Südpazifiks liegen auf dem Weg, den tropische Wirbelstürme (Zyklone) zurücklegen. Sintflutartige Regenfälle und Windgeschwindigkeiten von bis zu 200 km/h können furchtbare Schäden verursachen.

Vulkane und Erdbeben
Im Südpazifik kommt es häufig zu Vulkanausbrüchen, Erdbeben und Tsunamis. Diese gewaltigen Wellen stellen besonders für tief liegende Inseln eine Gefahr dar.

Palmendieb

Das größte und schwerste an Land lebende Krebstier ist der Palmendieb, dessen Beinspannweite bis zu 1 m betragen kann. Er wiegt etwa 4 kg.

Der Palmendieb lebt auf den Inseln des Pazifischen und des Indischen Ozeans. Tagsüber zieht er sich in seinen Bau zurück, nachts geht er auf Futtersuche.

Der Krebs ernährt sich vor allem von Kokosnüssen. Er klettert an den Kokospalmen hinauf oder sucht sich zu Boden gefallene Früchte.

Er schlägt mit seinen starken Scheren auf die Kokosnuss ein, bis die harte Schale aufbricht und er an das nahrhafte Fruchtfleisch gelangt.

Da er sich nur langsam fortbewegen kann und so eine leichte Beute darstellt, gehört der Palmendieb inzwischen zu den bedrohten Arten.

Kokosnüsse

1 Kokospalmen wachsen vor allem in den Tropen. Sie benötigen viel Sonne und ein feucht-warmes Klima.

2 Kokosnüsse sind keine Nüsse, sondern große Samen.

3 Der Samen ist von einem dicken Gewebe umgeben. Diese Hülle schützt den Samen, wenn er reif ist und vom Baum fällt.

4 Schwimmende Kokosnüsse werden oft an entfernte Strände gespült und schlagen dort Wurzeln.

5 Kokosnusspalmen überleben auch im Salzwasser oder sandigen Boden. Ihre Wurzeln befestigen den Untergrund, sodass andere Pflanzen um sie herum wachsen können.

6 Aus den Fasern der Kokosnusshülle werden Seile und Matten hergestellt. Die Schalen eignen sich gut als Brennmaterial.

Wusstest du das?

Unter europäischen Adligen kamen 1862 Tattoos in Mode, nachdem sich der Prinz von Wales (der spätere englische König Eduard VII.) seinen Arm hatte tätowieren lassen.

Krieg im Pazifik

Während des Zweiten Weltkriegs (1939–1945) kämpften die USA und Japan auch im Südpazifik miteinander, da beide Seiten die Kontrolle über verschiedene Inseln gewinnen wollten. Auf dem Meeresgrund liegen noch heute zahlreiche Schiffs- und Flugzeugwracks.

1777 sah der britische Kapitän James Cook, wie die Einwohner von **Tahiti** auf langen Holzbrettern übers Wasser „surften". Ihm fiel auf, dass sie dabei viel Spaß zu haben schienen!

Körperkunst

„Tattoo" leitet sich von dem polynesischen Wort *tatau* ab, das ursprünglich ein Geräusch beim Tätowieren bezeichnete.

Im 18. Jh. brachten Seeleute Tattoos von ihren Fahrten in den Südpazifik mit.

Bei den Bewohnern des Südpazifiks zeigt ein Tattoo, dass ein Junge zum Mann geworden ist.

Auf manchen Inseln waren früher Ganzkörpertätowierungen üblich. Heute noch sind einige Männer um die Hüften großflächig tätowiert, sodass es aussieht, als würden sie kurze Hosen tragen.

Sich eine Tätowierung stechen zu lassen ist ein langer, schmerzhafter Prozess, da dabei Tinte mit Nadeln unter die Haut gespritzt wird.

Aufwendige Tätowierungen sollten Feinde beeindrucken und dienten als eine Art Rüstung, die dem Träger die Macht seiner Vorfahren verlieh.

Auch die Frauen des Südpazifiks schmücken sich traditionellerweise mit Tattoos. Diese sind jedoch meist sehr viel unauffälliger.

Rugby
Die Inseln Samoa und Tonga mögen zwar klein sein, aber ihre Rugby-Teams sind Weltklasse.

Surfen
Zahllose Strände und hohe Wellen sorgen für traumhafte Surfbedingungen.

Kirititi
Dies ist die Kricket-Version der Insel Samoa, zu der farbige Schläger und Tänze gehören.

KAUM ZU GLAUBEN!

Auf vielen pazifischen Inseln wird zu besonderen religiösen oder kulturellen Anlässen **Kava** getrunken. Dieses Getränk wird hergestellt, indem man die Wurzeln der Kava-Pflanzen kaut, sie auf Blätter spuckt, Wasser hinzufügt und diese Mischung durch einen Filter aus Kokosfasern gibt. Kava wird in halben Kokosnussschalen serviert.

Alles über zehn Inselgruppen im Südpazifik

Samoa
Anzahl der Inseln:
2 große und einige unbewohnte Inseln
Fläche: 2831 km²
Bevölkerung: 220000
Die Datumsgrenze, eine gedachte Linie, die markiert, wo während der Erdumdrehung ein Tag endet und der nächste beginnt, verläuft westlich von Samoa. Das bedeutet, dass Samoa der Ort auf der Erde ist, an dem die Sonne zuletzt untergeht. Auf den Inseln weiter östlich ist es schon einen Tag später.

Vanuatu
Anzahl der Inseln:
4 große und
80 kleinere Inseln
Fläche: 12 189 km²
Bevölkerung: 219000
Vanuatu besteht aus einer Kette gebirgiger Vulkaninseln mit üppigem Regenwald. Es gibt neun aktive Vulkane auf Vanuatu, unter ihnen der Yasur (links) auf der Insel Tanna. Vanuatus subtropisches Klima eignet sich ideal zum Anbau von Kakao, Kaffee, Bananen und Kokosnüssen.

Fidschi
Anzahl der Inseln:
Etwa 330 Inseln,
110 bewohnt
Fläche: 18 274 km²
Bevölkerung: 945 000
Fidschi ist eine klassische Tropeninsel mit üppigem Regenwald und weißen Sandstränden, umgeben von Korallenriffen. 87 % der Einwohner leben auf den beiden Hauptinseln Viti Levu und Vaua Levu.

Osterinsel
Anzahl der Inseln: 1
Fläche: 164 km²
Bevölkerung: 4780
Diese abgeschiedene Insel ist berühmt für ihre 887 gigantischen *moai*, das sind große Steinstatuen. Fast der gesamte Wald der Insel wurde für den Bau dieser Statuen abgeholzt.

Tahiti
Anzahl der Inseln: 1
Fläche: 1045 km²
Bevölkerung: 180000

Tahiti ist die Hauptinsel Französisch-Polynesiens, obwohl sie an ihrer breitesten Stelle nur 45 km misst. In den vielen Lagunen der Insel leben unzählige Meeresbewohner wie Riesenmantas oder Barrakudas, Seegurken, Haie und Delfine.

Salomonen
Anzahl der Inseln: 992 Inseln, 347 bewohnt
Fläche: 28 896 km²
Bevölkerung: 596000

Die Salomonen sind ein Tauch- und Schnorchelparadies. In den Korallenriffen und versunkenen Schiffswracks leben Unmengen tropischer Fische.

Tonga
Anzahl der Inseln: 169 Inseln, 36 bewohnt
Fläche: 747 km²
Bevölkerung: 121000

Als der britische Entdecker James Cook 1773 Tonga erreichte, gab er dem Land den Namen „Freundliche Inseln", da die Bewohner Tongas so warmherzig waren.

Tuvalu
Anzahl der Inseln: 9
Fläche: 26 km²
Bevölkerung: 12370

Tuvalu ist das viertkleinste Land der Erde. Die Insel Funafuti besteht aus einem tief liegenden Streifen Land und ist zunehmend durch den steigenden Meeresspiegel bedroht.

Cookinseln
Anzahl der Inseln: 15
Fläche: 236 km²
Bevölkerung: 11870

Die Inseln liegen weit verstreut in einem Gebiet, das von Norden nach Süden 1433 km misst. Die meisten Einwohner gehören zum Volk der Maori und leben auf der größten Insel Rarotonga.

Neukaledonien
Anzahl der Inseln: 1 große Insel und einige kleine Atolle
Fläche: 18575 km²
Bevölkerung: 227400

Beinahe die Hälfte der Einwohner Neukaledoniens zählt zum Volk der Kanak. Die Kanaken leben in Stämmen und pflegen ihre Kultur und Identität. Jeder Stamm hat seine eigene „große Hütte", in der sich die Mitglieder zu wichtigen Treffen versammeln.

Gibt es Leben in der Arktis?

Im nördlichen Polargebiet und in der Arktis, die über dieses noch hinausreicht, leben 4 Mio. Menschen, die meisten davon in Russland, Norwegen und Finnland. Ursprünglich ernährten sich die Bewohner vom Fischfang und der Rentierjagd, heutzutage leben viele von ihnen unter moderneren Bedingungen.

Alles über das nördliche Polargebiet

Das nördliche Polargebiet ist die Region innerhalb des nördlichen Polarkreises, der 66,5° nördlicher Breite verläuft. Acht Länder reichen ins Polargebiet:

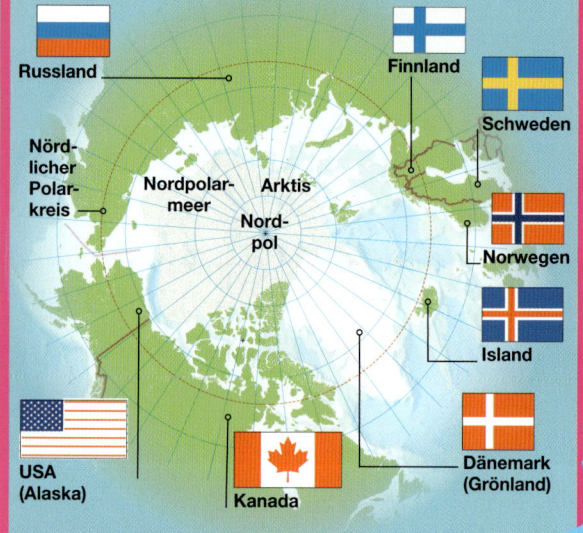

Russland
Finnland
Schweden
Nördlicher Polarkreis
Nordpolarmeer
Arktis
Nordpol
Norwegen
Island
USA (Alaska)
Kanada
Dänemark (Grönland)

Alaska ist der größte und zugleich der **am dünnsten besiedelte** US-Staat. 1867 kauften ihn die USA für 7,2 Mio. Dollar von Russland.

Polarlichter

In kalten, klaren Nächten scheinen im hohen Norden manchmal riesige leuchtende Flächen über den Himmel zu flackern. Diesen Effekt nennt man **Aurora borealis** oder Polarlichter. Er entsteht, wenn Teilchen des Sonnenwinds auf die Erdatmosphäre treffen.

In der Arktis zu Hause

❄ In der Arktis gibt es mehr als 30 unterschiedliche Volksgruppen.

❄ **Am nördlichsten leben die kanadischen, amerikanischen (Alaska) und grönländischen Inuit. Sie jagen Seehunde, Walrosse und Narwale.**

❄ Das Volk der Samen lebt in Norwegen, Schweden, Finnland und Russland. Heutzutage führen nur noch 10 % ein traditionelles Nomadenleben als Rentierzüchter.

❄ **In Nordrussland leben verschiedene Völker. Einige züchten Rentiere, darunter die Tschuktschen, Dolganen, Ewenken, Chanten, Nenzen (unten) und Jakuten.**

Tiefkühlkost

Traditionell lebende Völker der Arktis ernähren sich von den Tieren ihrer Region. Sie essen viel Fleisch, weil es zu kalt ist, um Gemüse anzubauen. Auf einem typisch arktischen Speiseplan stehen:

❄ Fische   ❄ Seevögel
❄ Narwale   ❄ Seehunde
❄ Eisbären   ❄ Walrosse
❄ Rentiere   ❄ Wale

Immer unterwegs

Viele arktische Völker leben als Nomaden, die mit ihren Rentierherden umherziehen und immer neue Unterkünfte errichten müssen.

Winterlager der Nenzen
Die Winterzelte der Nenzen bestehen aus zusammengenähten Rentierfellen.

Winterzelte der Cree
Die Cree im Norden Kanadas verlassen ihre Dörfer für viele Monate, um die besten Jagdgründe zu finden.

Sommerlager der Chanten
Die sibirischen Chanten züchten Rentiere. Ihre Sommerzelte bestehen aus Segeltuch.

Nunavut

1 In Nunavut, Kanadas jüngstem Territorium, leben über 50 % aller kanadischen Inuit.

2 Es setzt sich aus Festland und den meisten der arktischen Inseln Kanadas zusammen.

3 85 % seiner 30000 Bewohner sind Inuit.

4 Nunavut bedeutet in der lokalen Inuitsprache „Unsere Heimat".

5 Die Hauptstadt Iqaluit liegt auf der Insel Baffin und hat 6000 Einwohner.

Der Nordpol

✦ Der geografische Nordpol liegt exakt bei 90° nördlicher Breite im Packeis des Nordpolarmeers.

✦ Grönland, das nächste Festland, ist 650 km entfernt.

✦ Der erste Entdecker, der es mithilfe einer Gruppe von Inuit bis zum Nordpol schaffte, war 1909 der Amerikaner Robert Peary.

✦ Im Sommer geht die Sonne am Nordpol nie ganz hinter dem Horizont unter. Im Winter steigt sie nicht höher als bis zum Horizont.

✦ Der Nordpol ist wärmer als der Südpol, weil das Nordpolarmeer nicht ganz so kalt ist wie die gefrorene Landmasse des Südpols.

✦ Der arktische Magnetpol ist der Punkt, an dem die Feldlinien des Erdmagnetfelds zusammenlaufen. Er hat keine feste Position und wandert ständig umher.

Arktische Sportarten

Deckenwurf	Rentierrennen
Kajak fahren	**Seehunde häuten**
Huskyrennen	Tauziehen
Huckepack	**Ringen**

Rentier oder Karibu?

In Nordamerika wird diese große Hirschart **Karibu** genannt, in Europa und Asien dagegen **Rentier**. Das arktische Rentier lebt in Herden und zieht auf der Suche nach Nahrung umher – im Sommer nordwärts, im Winter auf Weiden in den Süden.

Sommerfrüchte

Im Sommer wachsen in den wärmeren Gebieten wilde Beeren wie Cranberries und Moltebeeren. Man isst sie frisch oder macht daraus Marmelade für den Winter.

Sechs Gründe für die Rentierzucht

1 Transport
Rentiere können Schlitten ziehen und sogar wie Pferde geritten werden.

2 Milch
Ihre Milch wird getrunken oder zu Käse, Butter und Joghurt verarbeitet.

3 Blut
Aus dem Blut eines frisch erlegten Rentiers wird Wurst hergestellt.

4 Fleisch
Rentierfleisch kann roh, gefroren oder gekocht verzehrt werden.

5 Geweih
Aus ihrem Geweih schnitzt man Werkzeug, Harpunspitzen, Schneebrillen und Dekoratives.

6 Felle
Rentierfelle werden für Kleider, Decken und Zelte verwendet.

Bitte warm anziehen!

Samen
Viele Samen tragen noch heute ihre traditionelle Kleidung mit leuchtend gelben und roten Streifen. Im Winter kommen Fellmäntel dazu.

Nganasanen
Die Nganasanen tragen Rentierfelle mit dem Pelz auf der Innenseite. Sie sind mit leuchtend bunten Stoffstreifen verziert.

Nenzen
Auch wenn sie in der Stadt moderne Kleider tragen, ziehen die Nenzen zur Jagd oft noch ihre langen Mäntel aus Rentierfellen über.

Inuit
Die traditionelle Kleidung der Inuit besteht aus Seehundfellen, manchmal auch aus Polarfuchs- und Eisbärfellen.

Dolganen-Hütte
Die Hütten der sibirischen Dolganen stehen auf Schlitten, sodass Rentiere sie von Ort zu Ort ziehen können.

Inuit-Iglu
Für ihre langen Jagdausflüge bauen sich die Inuit Iglus – Schutzhütten aus Eisblöcken.

Gesellschaft und Kultur

Wie glauben die Menschen?

Einen Glauben zu haben oder einer Religion anzugehören, kann etwas ganz Persönliches sein oder etwas, das in einer Gemeinschaft gelebt und gefeiert wird. Viele Menschen folgen den Riten, die ihre Religion ihnen vorgibt. Sie suchen regelmäßig Moscheen, Kirchen oder Tempel auf. Andere praktizieren ihren Glauben zu Hause. Wieder andere sind gar nicht gläubig.

Gebet

Die Art des Betens unterscheidet sich nicht nur zwischen den Glaubensrichtungen, sondern oft auch von Person zu Person. Viele beten singend in großen Gruppen, andere allein oder stumm. Im Gebet sucht man das **Gespräch** mit einer höheren Macht oder einem höheren Bewusstsein.

Gebetsketten

Viele Gläubige zählen an Perlen die Gebete, Gesänge oder Glaubenssätze ab, die sie vorbringen. In einigen Religionen sollen die Perlen gegen böse Geister schützen.

Misbaha
muslimisch
(33 oder 99 Perlen)

Rosenkranz
katholisch
(mehr als 50 Perlen)

Japa-Mala
hinduistisch
(üblicherweise 108 Perlen)

Komboskini
griechisch-orthodox
(100 Knoten)

Mala
buddhistisch
(meist 108 Perlen)

Anglikanischer Rosenkranz
anglikanisch, (33 Perlen)

Wer ist wer in der Religionsgeschichte?

Mose
geb. um 1400 v. Chr.
Der Prophet führte die Israeliten in das Land Kanaan.

Zarathustra
geb. 628 v. Chr.
Prophet, Philosoph und Dichter, Gründer des Zoroastrismus

Laozi
geb. um 600 v. Chr.
Philosoph und Begründer des Taoismus

Mahavira
geb. 599 v. Chr.
Indischer Prinz und Begründer des Jainismus

Siddharta Gautama
geb. 563 v. Chr.
Indischer Prinz, gründete den Buddhismus

Jesus Christus
geb. um 4 v. Chr.
Jüdischer Zimmermann, gründete des Christentum

Mohammed
geb. 570 n. Chr.
Kaufmann, Prophet und Begründer des Islam

Guru Nanak Dev
geb. 1469 n. Chr.
Indischer Heiliger, gründete die Sikh-Religion

Baha'u'llah
geb. 1817 n. Chr.
Gelehrter und Stifter der Religion der Bahai

Religionen

Die Prozentzahlen zeigen den Anteil der Weltbevölkerung an den sechs Hauptreligionen. Der Rest hängt anderen Religionen an oder ist nicht religiös.

Christentum 33,3 %

Islam 21 %

Hinduismus 13,2 %

Buddhismus 5,8 %

Sikh-Religion 0,4 %

Judentum 0,23 %

Sechs Top-Pilgerstätten

1 Mekka (Saudi-Arabien), Islam
Heiligster Ort des Islam

2 Jerusalem (Israel), Judentum
Religiöse Juden beten an der Klagemauer.

3 Rom (Italien), Christentum
Ein heiliger Ort für Katholiken

4 Amritsar (Indien), Sikh-Religion
Hier steht der berühmte Goldene Tempel.

5 Badrinath (Indien), Hinduismus
Heilige Stadt der Hindus

6 Lumbini (Nepal), Buddhismus
Geburtsort Buddhas

Der Berg Fuji in Japan
ist in der **Shinto-Religion**
ein heiliger Ort.
Hier huldigen Pilger
in der aufgehenden Sonne
Konohanasakuyahime,
der Kami des Bergs.

Überall Geister

■ Auf der ganzen Welt gibt es Völker, die ihre toten Ahnen verehren und die Geister, die ihrer Ansicht nach in Menschen, Tieren und an bestimmten Orten wohnen.

■ Diese „Geisterreligionen" existierten schon lange vor der Entstehung der großen Weltreligionen.

■ Sogenannte Schamanen treten für die Gemeinschaft in Kontakt mit den Geistern. Durch Masken, ritualisierte Tänze oder Getrommel erreichen sie einen Bewusstseinszustand, der sie in die Geisterwelt versetzt.

■ Die Geister helfen den Schamanen, Menschen zu heilen, die Zukunft vorherzusagen, Streit zu schlichten oder böse Geister zu vertreiben.

Heiliger Rauch

Räucherwerk wird in den meisten großen Religionen verwendet. In einigen verbrennt man **aromatische Substanzen** als Opfergabe an eine Gottheit, in anderen begleitend zum Gebet.

Riesige Buddha-Statuen

1 **Ushiku Daibutsu, Ibaraki (Japan)**
120 m (siehe oben)

2 **Großer Buddha, Lingshan (China)**
100 m

3 **Laykyun Setkyar, Monywa (Myanmar)**
90 m

4 **Großer Buddha, Leshan (China)**
71 m

5 **Nihon-ji Daibutsu, Kyonan (Japan)**
31 m

Heilige **Hutparade**

Es gibt religiöse Kopfbedeckungen für Zeremonien und für den Alltag.

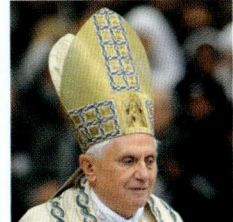

Mitra
Liturgische Kopfbedeckung der Bischöfe vieler christlicher Kirchen

Songkok
Diese Mütze wird von muslimischen Männern in Südostasien getragen.

Nonnenschleier
Ein Schleier wird von christlichen Nonnen zum Habit (Umhang) getragen.

Hidschab
Traditionelles Kopftuch muslimischer Frauen, das sich von Kultur zu Kultur unterscheidet

Kamilavkion
Die Kopfbedeckung wird von Mitgliedern der orthodoxen Kirchen getragen.

Kippa
Manche männliche Juden entscheiden sich dafür, das kreisförmige Stück Stoff zu tragen.

Religiöse Symbole

Religionen verwenden viele Symbole, um bestimmte Moralvorstellungen, Lehren oder Erfahrungen auszudrücken. Hier sind nur einige davon:

 Islam Halbmond und Stern

 Judentum Davidstern

 Jainismus Ahimsa-Hand

 Buddhismus Dharma-Rad

 Christentum Kreuz

 Sikh-Religion Khanda

 Hinduismus Lotosblume

 Taoismus Yin und Yang

 Zoroastrismus Faravahar

 Shinto Torii

Was sind Symbole?

Symbole teilen uns wichtige Dinge ohne Worte mit. Sie stehen z. B. für ein Land, eine bestimmte Gruppe, eine Kultur oder ein Glaubenssystem. Am wirkungsvollsten sind einfache Symbole, die sofort verstanden werden.

Braille-Schrift
Mit vier Jahren wurde Louis Braille blind. 1829 erfand er ein Alphabet für blinde und sehbehinderte Menschen. Buchstaben und Zahlen werden dabei durch **sechs erhöhte Punkte** dargestellt, die mit den Fingerspitzen ertastet werden können.

Beliebtes Symbol
Der Löwe ist in vielen Kulturen ein Zeichen für Stärke und Macht. Im Mittelalter wurde er von vielen Familien als **Wappentier** eingesetzt. Im **Buddhismus** kann der Löwe auch für Buddha stehen, der ein Prinz war.

Schicksalsrad

In der Astronomie ist der Tierkreis ein Ring aus 12 Sternbildern, die die Sonne innerhalb eines Jahres durchläuft. Astrologen versuchen die Zukunft vorherzusagen, indem sie die Positionen der Gestirne zu einem bestimmten Zeitpunkt deuten. Sie glauben, dass das Sternbild, unter dem wir geboren wurden, unsere Persönlichkeit prägt.

Steinbock 23. Dez.–20. Jan. Symbol: Steinbock ehrgeizig, will jeden Berg bezwingen

Wassermann 21. Jan.–19. Feb. Symbol: Wassergießer freundlich, kühl, geht eigene Wege

Fische 20. Feb.–20. März Symbol: Fische verträumt, künstlerisch begabt, unreif

Widder 21. März–20. April Symbol: Widder mutig, direkt, nicht gerade schüchtern

Stier 21. April–21. Mai Symbol: Stier zärtlich, stur, temperamentvoll

Zwillinge 22. Mai–21. Juni Symbol: Zwillinge geschwätzig, ruhelos, sehr lustig

Krebs 22. Juni–22. Juli Symbol: Krebs sanft, sensibel, leicht reizbar

Löwe 23. Juli–22. Aug. Symbol: Löwe mutig, großherzig, natürlich

Jungfrau 23. Aug.–23. Sep. Symbol: Mädchen schlau, hilfsbereit, ordnungsliebend

Waage 24. Sep.–23. Okt. Symbol: Waage liebenswert, gerecht, ausgleichend

Skorpion 24. Okt.–22. Nov. Symbol: Skorpion verschlossen, treu, kann den Stachel ausfahren

Schütze 23. Nov.–22. Dez. Symbol: Kentaur optimistisch, tapfer, zielgerichtet

Edelsteine

Seltene und schöne Edelsteine haben in vielen Kulturen jeweils eine bestimmte Bedeutung. „Geburtssteine" stehen für die Zeit (üblicherweise den Monat) der Geburt. Einigen Steinen werden magische oder heilende Kräfte nachgesagt.

Rubin
Der König der Steine! Im alten Birma befestigten Adlige Rubine an ihren Zähnen, um ihre Macht zu zeigen. In Indien stehen sie für das Königtum.

Smaragd
Dieser Stein ist ein Symbol für den Frühling, für Regen und fruchtbaren Boden. In einigen Kulturen werden Smaragde als Gegengift eingesetzt.

Blauer Saphir
Seine tiefblaue Farbe soll den Himmel symbolisieren. Der Edelstein steht für den Glauben, die Hoffnung und das Schicksal.

Achat
In einigen Kulturen schnitzt man Augen in diesen weißen Edelstein, um Unglück abzuwehren.

Türkis
Dieser Stein symbolisierte in den alten Kulturen Mittelamerikas die Götter. Im alten Ägypten beschützte er die Toten vor bösen Geistern.

Alles über **Schach**

Schach wurde schon im 6. Jh. in Indien gespielt. Die modernen Varianten symbolisieren den Machtkampf zwischen Königen und Armeen.

König: Die wichtigste Figur auf dem Schachbrett, die der Gegner matt setzen muss

Bauer: Acht Bauern stehen für die Fußsoldaten einer Armee, die niedrigsten Figuren auf dem Spielbrett.

Springer: die Kavallerie, die tapfersten Soldaten

Turm: Im Mittelalter war der Turm die stärkste Figur, heutzutage ist er immerhin noch die zweitstärkste.

Läufer: Die Figur war einst ein Elefant, den oberen Teil bildeten seine Stoßzähne. In Europa sah man darin aber eher die Mitra eines Bischofs.

Dame: Früher war diese Figur der Wesir. Das war ein wichtiger Berater am Hof eines östlichen Herrschers.

Friedenssymbole

Überall auf der Welt erkennt man Armeen an ihren Uniformen und Abzeichen. Es gibt aber auch Symbole des Friedens.

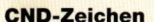

Olivenzweig
Symbol aus dem alten Griechenland. „Sich den Olivenzweig reichen" bedeutet, einen Streit beizulegen.

CND-Zeichen
1958 geschaffen und später für die „Kampagne für nukleare Abrüstung" übernommen

V-Zeichen
V = *victory* (engl. „Sieg"), Symbol der Friedensdemos der 1960er-Jahre

Taube
Traditionelles Friedenssymbol im Juden- und Christentum. Manchmal trägt die Taube einen Olivenzweig im Schnabel.

Weiße Mohnblume
Damit wird den Opfern von Kriegen auf der ganzen Welt gedacht.

Wie man **aus Teeblättern liest**

1. Bereite eine Tasse Tee mit losen Teeblättern zu. (Mit einem Teebeutel wird es nicht funktionieren.)

2. Stelle dir eine Frage, während du den Tee trinkst, etwa: „Eignet sich das Wetter morgen für einen Ausflug?"

3. Wenn du den Tee fast ausgetrunken hast, schwenke die Teeblätter auf dem Tassenboden.

4. Gieße den restlichen Inhalt der Tasse vorsichtig auf eine Untertasse und suche dann in der Tasse nach Mustern.

5. Kannst du in den Teeblattresten z. B. eine Sonne erkennen, ist deine Frage beantwortet.

Berühmtes Auge

Das „Auge der Vorsehung" ist ein Symbol, das bis ins alte Ägypten zurückreicht. In einigen Kulturen steht es für den allwissenden, **alles sehenden Gott**. Oft wird das Auge in einem Dreieck umgeben von einem Strahlenkranz dargestellt.

Einfach logisch

Die wirkungsvollsten Symbole erschließen sich sofort und sind allgemeingültig, das heißt, man versteht sie überall auf der Welt. Auf recycelbaren Produkten ist oft ein Symbol mit kreisförmigen Pfeilen zu sehen. Hier unten ist eines aus Japan abgebildet.

Zahlen

0 Der endlose Kreis steht sowohl für das Nichts als auch für die Ewigkeit.

1 Sie steht für die Einheit mit dem Universum, mit Gott und jedem Einzelnen.

2 Sie steht für Gegensätze wie Tod und Leben, Licht und Schatten, symbolisiert aber auch ein Paar.

3 In den meisten Religionen ist sie eine heilige Zahl und steht für Geburt, Leben und Tod, Geist, Körper und Seele sowie Vergangenheit, Gegenwart und Zukunft.

4 Diese Quadratzahl steht für die Erde und Vollkommenheit, für die Elemente Erde, Luft, Feuer und Wasser sowie für die vier Himmelsrichtungen.

Piratensymbole

Im 17. Jh. hissten Piraten die Totenkopfflagge, um auf anderen Schiffen Angst und Schrecken zu verbreiten. Der Totenkopf bedeutet, dass man sich nicht an Gesetze hält. Es gab unterschiedliche Motive.

Entermesser: Diese Flagge hisste der immer farbenfroh gekleidete Pirat Calico Jack Rackham.

Gekreuzte Knochen: Die Flagge wurde von Edward England gehisst, der seine Gefangenen nur töten ließ, wenn es unvermeidlich war.

Der Tod: Die Flagge von Edward Low. Seine Mannschaft setzte ihn in einem kleinen Boot aus.

Sanduhr: Die Flagge gehörte Emanuel Wynne. Die Sanduhr deutet an, dass nur noch wenig Zeit bleibt, sich zu ergeben.

Was sind Mythen?

Früher versuchten die Menschen, die Welt mithilfe von Mythen zu verstehen. Bevor es naturwissenschaftliche Erklärungen gab, galten Dinge wie der Himmel, der Mond oder Naturkatastrophen als übernatürlich. Man erzählte sich Geschichten über ihre Entstehung und im Lauf der Zeit hielt man diese Geschichten dann für wahr.

Sonnenmythen

☀ Re, der altägyptische Sonnengott, verbrachte sein ganzes Leben in einem Boot. Tagsüber sah man ihn über den Himmel segeln, nachts verschwand er in die dunkle Unterwelt.

☀ Wiraqucha, Schöpfergott der Inka, befahl Sonne, Mond und Sternen, über dem Titicacasee aufzusteigen und die Erde zu beleuchten. Der Sonnengott Inti galt als Vater aller Inkaherrscher.

☀ Als sich die japanische Sonnengöttin Amaterasu vor den Streichen ihres Bruders in einer Höhle versteckte, war die Welt in Finsternis getaucht.

☀ Eine Sonnengöttin der Cherokee-Indianer zog sich aus Kummer über den Tod ihrer Tochter zurück. Die Welt verdunkelte sich und ihre Tränen verursachten eine Flut.

☀ In chinesischen Mythen teilten sich zehn Sonnen die Beleuchtung der Erde. Eines Tages spielten sie miteinander und verbrannten dabei die Erde. Der Herrscher befahl einem Bogenschützen, sie darauf vom Himmel zu schießen. Neun Sonnen fielen herab und verwandelten sich in Krähen.

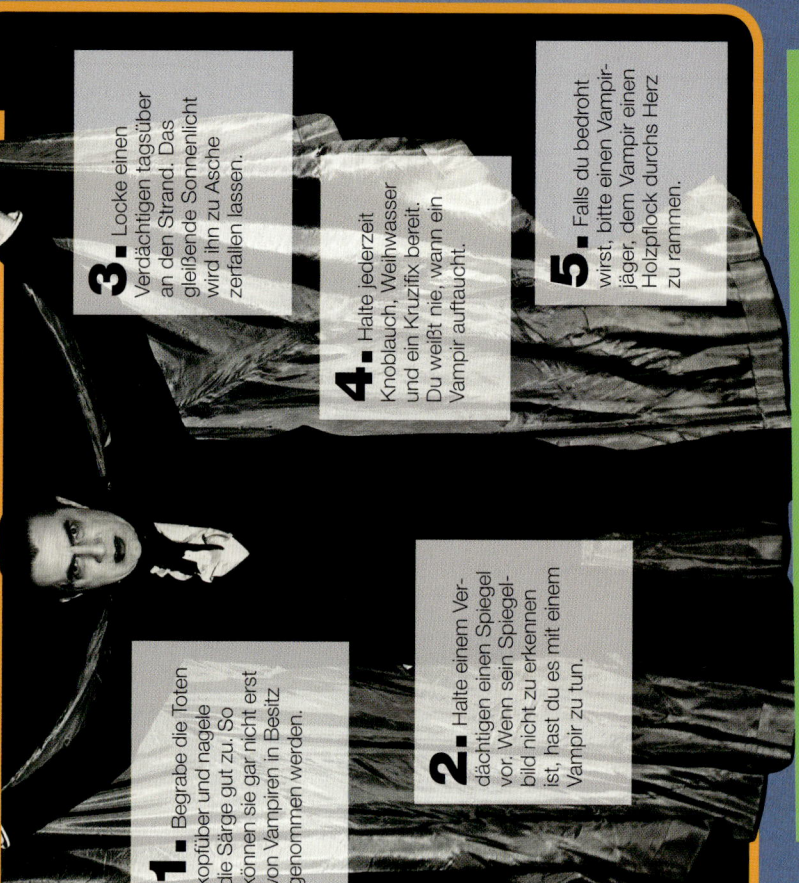

Wie man einen Vampir aufhält

1. Begrabe die Toten kopfüber und nagele die Särge gut zu. So können sie gar nicht erst von Vampiren in Besitz genommen werden.

2. Halte einem Verdächtigen einen Spiegel vor. Wenn sein Spiegelbild nicht zu erkennen ist, hast du es mit einem Vampir zu tun.

3. Locke einen Verdächtigen tagsüber an den Strand. Das gleißende Sonnenlicht wird ihn zu Asche zerfallen lassen.

4. Halte jederzeit Knoblauch, Weihwasser und ein Kruzifix bereit. Du weißt nie, wann ein Vampir auftaucht.

5. Falls du bedroht wirst, bitte einen Vampirjäger, dem Vampir einen Holzpflock durchs Herz zu rammen.

2003 zahlte eine chinesische Fluglinie umgerechnet über 200 000 Euro, um die Telefonnummer **88 88 88 88** zu erhalten.

KAUM ZU GLAUBEN!

1987 machten sich 24 Boote mit einer millionenteuren Technik an Bord auf die Suche nach dem Monster von **Loch Ness**. Auf dem Radargerät erschienen drei geheimnisvolle Flecken, die aber auch Seehunde gewesen sein könnten.

Vier mythische **Kreaturen**

Bunyip
(Sumpfmonster)
Australische Aborigines

Kraken
(Meeresungeheuer)
Skandinavien

Chupacabra
(vampirähnliches Wesen, das
Haus- und Wildtiere tötet)
Lateinamerika

Einhorn
(gehörntes Zauberpferd)
Europa des Mittelalters

Drache von Ljubljana
Die Hauptstadt von Slowenien,
Ljubljana, wird von einem
freundlichen Drachen bewacht,
dem Wappentier der Stadt.

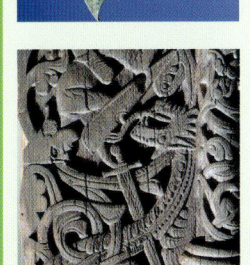

Wikingerdrache
Wikinger schnitzten Drachen
in den Bug ihrer Schiffe, um
Seeungeheuer und böse
Geister zu vertreiben.

Der heilige Georg
Georg tötete einen Drachen
und rettete dadurch eine
Prinzessin. Im Kampf schützte
ihn ein christliches Kreuz.

Chinesische Drachen
Diese legendären Wesen
stehen für Erfolg und Macht.
Der Drache hat auch die
Kontrolle über das Wetter.

Werwölfe

● In der Mythologie erscheinen auch Werwölfe – Kreaturen, deren menschliche Gestalt sich in Vollmondnächten in die eines Wolfes verwandelt.

● Man glaubte, jeder Mensch könne durch den Biss oder durch den Kratzer eines Werwolfs selbst zum Werwolf oder mit einem Fluch belegt werden.

● Im 17. Jh. wurde in Estland ein junger Mann vor Gericht gestellt. Er wurde beschuldigt, ein Werwolf zu sein, und er gestand!

Fünf berühmte mythische Orte

● Dem altgriechischen Philosophen Platon zufolge war **Atlantis** eine Stadt, die nach einem Erdbeben im Meer versank.

● **Eldorado** war die versunkene „Stadt des Goldes", deren legendäre Reichtümer spanische Eroberer vor Jahrhunderten nach Südamerika lockten.

● In der Antike vermutete Aristoteles, dass es einen Kontinent im Süden gab, der die nördliche Erdhalbkugel ausbalancierte, das **Große Südland** (*Terra australis*).

● Die Wikinger glaubten, dass die tapfersten Krieger nach ihrem Tod mit dem nordischen Gott Odin in einer riesigen Halle, **Walhall** genannt, feiern.

● Schloss **Camelot** war das Zuhause des legendären König Artus und seiner Tafelrunde.

Drachen

Totempfahl
Die geschnitzten Pfähle aus Zedernholz sind Symbole der Ureinwohner an der **Nordwestküste** der **USA**. Manche der darauf verewigten Bilder erzählen für Mythen, andere stehen für wichtige Bestandteile ihrer Kultur.

Was sind urbane Mythen?

Das sind moderne Mythen – scherzhafte oder schauerliche Geschichten, die jemand erzählt und die sich in Windeseile verbreiten. Beispiele:

■ In New York (USA) leben in der Kanalisation Alligatoren, weil sie als Jungtiere die Toilette hinuntergespült wurden.

■ Schluckt man einen Kaugummi, bleibt er bis zu sieben Jahre unverdaut im Darm kleben.

■ Nach Jahren entledigte sich eine Frau ihrer Hochsteckfrisur und fand ein Nest voller Giftspinnen im Haar.

Totenfest
Am 1. November begehen die Mexikaner das Totenfest. Sie beten für die Seelen ihrer verstorbenen Angehörigen und hoffen, dass diese für eine Nacht auf die Erde zurückkehren. Damit die Toten zurückfinden, entzündet man Kerzen.

Feenzauber
1917 behaupteten die Cousinen Elsie und Frances Griffith, dass sie im englischen Cottingley Elfen fotografiert hätten. Viele Menschen, darunter auch Sir Arthur Conan Doyle (der Autor von *Sherlock Holmes*), glaubten ihnen. In den 1970er-Jahren kam heraus, dass die Bilder Montagen waren.

**Pythagoras
geb. 495 v. Chr.**
Er war auch Mathematiker und gilt als einer der Pioniere dieser Wissenschaft. Der „Satz des Pythagoras" ist einer der bekanntesten mathematischen Lehrsätze.

**Sokrates
geb. 469 v. Chr.**
Er war beliebt und hatte viele Anhänger. Weil er angeblich keinen Respekt vor den Göttern hatte und die Jugend verdarb, verurteilten ihn die Athener jedoch zum Tode.

**Platon
geb. 429 v. Chr.**
Schrieb viele seiner Gelehrtengespräche mit Sokrates nieder. Sein berühmtestes philosophisches Werk ist *Der Staat*, in dem er eine neue Regierungsform vorschlägt.

**Aristoteles
geb. 384 v. Chr.**
Er war ein Schüler Platons, hatte großes Interesse an den Wissenschaften und beschäftigte sich auch mit der Pflanzenwelt. Er war Lehrer Alexanders des Großen.

Was ist
Philosophie?

Die Hauptaufgabe eines Philosophen besteht darin, herrschende Vorstellungen über das Leben, die Moral und die Vernunft zu hinterfragen und neue Einsichten zu erlangen. Das Wort Philosophie kommt aus dem Griechischen und bedeutet „Liebe zur Weisheit".

REKORD-HALTER

Der philosophische Bestseller und eines der am meisten gelesenen philosophischen Bücher überhaupt, Robert Pirsigs *Zen und die Kunst ein Motorrad zu warten*, war von insgesamt 121 Verlagen abgelehnt worden, bevor es 1974 veröffentlicht wurde.

Fünf Weisheiten des Konfuzius
(551–479 v. Chr.)

Wer einen Fehler gemacht hat und ihn nicht korrigiert, begeht einen zweiten.

Alles hat seine Schönheit, doch nicht jeder erkennt sie.

Einzugestehen, dass man etwas nicht weiß, ist Wissen.

Wähle einen Beruf, den du liebst, dann brauchst du keinen Tag in deinem Leben mehr zu arbeiten.

Der größte Triumph besteht nicht darin, niemals zu fallen, sondern stets wieder aufzustehen.

Zehn Schulen des Denkens

Existenzialismus: Der Mensch bedient sich des freien Willens. Setzt eigene Werte.

Nihilismus: Moral gibt es nicht. Das Leben hat keinen bestimmten Zweck.

Säkularer Humanismus: Menschen können ohne Religion moralisch, gerecht und glücklich sein.

Objektivismus: Der Sinn des Lebens ist es, glücklich zu sein. Respektiere Persönlichkeitsrechte.

Absurdismus: Nach einem Sinn zu suchen ist absurd.

Positivismus: Wahres Wissen erlangt man nur durch wissenschaftliche Experimente.

Sieben philosophische Disziplinen
(und ihre Grundfragen)

Ästhetik
Was ist schön und was ist hässlich?
Erkenntnistheorie
Was können wir wissen?
Ethik
Was ist Moral (richtig oder falsch)?
Logik
Wie argumentiert man richtig?
Metaphysik
Was ist das Wesen der Wirklichkeit?
Politische Philosophie
Welche Regierungsform ist die beste?
Sozialphilosophie
Was ist Gesellschaft?

Acht berühmte

René Descartes
(1596–1650)
Der „Vater der modernen Philosophie"

Immanuel Kant
(1724–1804)
Kritiker der reinen Vernunft

Ich denke, also bin ich.

Wer sich zum Wurm macht, soll nicht klagen, wenn er getreten wird.

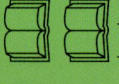

Alles über **Anarchismus**

■ Der Anarchismus kam im 19. Jh. als philosophische Bewegung auf.

■ Anarchisten lehnen Herrschaft und Regeln ab. Sie glauben, der gesunde Menschenverstand reiche, um eine funktionierende Gesellschaft zu bilden. Ohne Gesetze könnten die Menschen ihre eigenen Wertvorstellungen entwickeln.

■ Die einzige „Regel", über die unter Anarchisten Einigkeit herrscht, ist, dass es keine Regierung geben sollte.

Epikureismus: Glück kommt durch Bescheidenheit. Maßlosigkeit führt ins Unglück.

Utilitarismus: Eine Handlung sollte einer größtmöglichen Zahl von Menschen größtmöglichen Gewinn bringen.

Determinismus: Alles im Leben ist durch eine Ereigniskette vorherbestimmt.

Solipsismus: Nur das eigene Bewusstsein existiert.

Spannende Geschichte

650 v. Chr.
Die alten Griechen entdeckten die Philosophie. Thales von Milet lehnte Mythen ab und glaubte, dass das Leben im Wasser entstanden war.

480 v. Chr.
Der chinesische Philosoph Konfuzius schrieb der Legende nach seine Lebensweisheiten nieder.

470 v. Chr.
Der Chinese Laozi starb in hohem Alter. Im Daoismus (chinesische Philosophie) gilt er als „weiser Mann".

399 v. Chr.
Sokrates wurde wegen „verderblichen Einflusses" auf die Jugend zum Tode verurteilt.

161
Der römische Kaiser Marc Aurel, der „Philosophenkaiser", lebte in der Tradition der Stoiker (philosophische Richtung) und verkaufte seinen Besitz, um Hungernden zu helfen.

427
Der Bischof Augustinus von Hippo versuchte mithilfe von Platons philosophischer Lehre, die Existenz eines christlichen Gottes beweisen.

1170
Averroës (Ibn Ruschd I.), muslimischer Philosoph, wollte, dass Staat und Kirche getrennt werden.

Gedankenfutter
Eifere großen Philosophen nach und stelle dir diese grundlegenden philosophischen Fragen.

- Was ist „böse"?
- Was ist „gut"?
- Was ist der Sinn des Lebens?
- Was existiert?
- Was ist Wahrheit?
- Was ist Zeit?
- Haben wir einen freien Willen?

Mary Wollstonecraft war eine Schriftstellerin und Frauenrechtlerin des 18. Jh. Sie forderte vor allem gleiche Bildungschancen für Mädchen.

Ihre Tochter Mary Shelley wurde als Autorin des Romans *Frankenstein* berühmt.

Wusstest du das?
Seit 2005 wird jeweils am dritten Donnerstag im November eines Jahres der Welttag der Philosophie begangen. Damit soll die Bedeutung der Philosophie aufgezeigt und das Interesse an ihr geweckt werden.

Philosophencafés
Im London des 18. Jh. trafen sich Studenten und Intellektuelle gern in **Cafés**, um philosophische Ideen und Gedanken auszutauschen. Die Cafés waren äußerst beliebt, da der Kaffee hier für jeden erschwinglich war.

moderne Philosophen

Karl Marx
(1818–1883)
Begründer des Kommunismus

Friedrich Nietzsche
(1844–1900)
Kämpfer gegen die herrschende Moral

Bertrand Russell
(1872–1970)
Verfechter von Logik und gesundem Menschenverstand

Jean-Paul Sartre
(1905–1980)
Existenzialist

Die Vernunft hat immer existiert, nur nicht immer in der vernünftigen Form.

Wenn du lange in einen Abgrund blickst, blickt der Abgrund auch in dich hinein.

Viele Menschen würden eher sterben als denken. Und in der Tat: Sie tun es.

Die Hölle, das sind die anderen.

59 v. Chr.
Gaius Julius Cäsar gab in Rom die erste Zeitung heraus, *Acta Diuma*.

1048
Bi Sheng stellte in China Druckstempel aus gebranntem Ton her.

um 1450
Johannes Gutenberg erfand den Buchdruck mit beweglichen Lettern und die Druckerpresse.

1609
Anfang des 17. Jh. erschien in Deutschland die erste Wochenzeitung.

1899
Über 5000 New Yorker Zeitungsjungen streikten für eine bessere Bezahlung. Ihr Anführer war der 13-jährige Kid Blink.

1926
Während des Generalstreiks in England sendete das BBC-Radio fünfmal täglich Nachrichten, da keine Zeitungen gedruckt wurden.

1960
Der Philosoph Marshall McLuhan prägte den Begriff „globales Dorf", um den Einfluss der Fernsehnachrichten aus aller Welt zu beschreiben.

1975
Der Boxkampf zwischen Muhammad Ali und Joe Frazier am 1. Oktober 1975 war eine der ersten Live-Übertragungen im Fernsehen via Satellit.

1994
Die US-amerikanische ABC war der erste Fernsehsender, der Nachrichten auch ins Internet stellte.

Was gibt es Neues?

Nachrichten sind aktuelle und wichtige Informationen oder Berichte über Ereignisse. Ob etwas eine Schlagzeile wert ist, hängt auch davon ab, für wie viele Menschen es von Interesse ist. Oft handelt es sich um Außergewöhnliches – von der Promihochzeit bis zur Naturkatastrophe.

Heiße Eilmeldung ...
Sieben der weltweit meistverkauften Zeitungen kommen aus Japan!

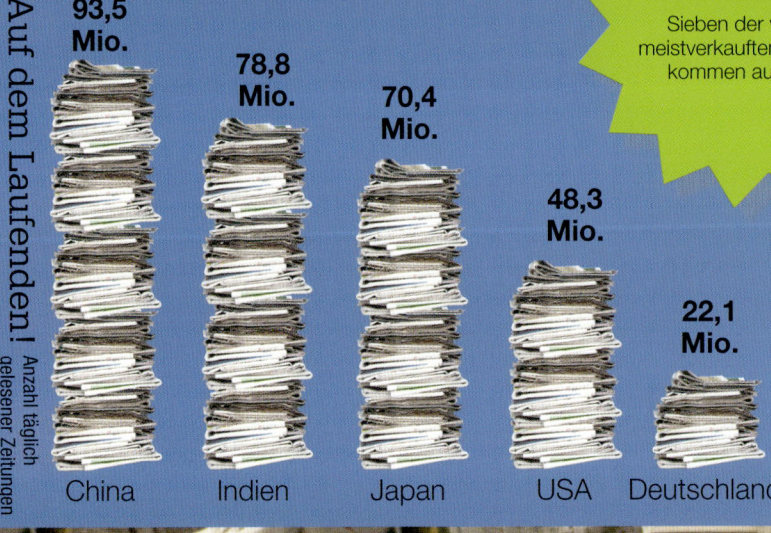

Auf dem Laufenden! Anzahl täglich gelesener Zeitungen

China	Indien	Japan	USA	Deutschland
93,5 Mio.	78,8 Mio.	70,4 Mio.	48,3 Mio.	22,1 Mio.

Vier schnellere Nachrichtenwege

- 📻 Radio
- 🖥 Fernsehen
- 💻 Internet
- 📱 Als App aufs Handy

Fünf historische Nachrichtenwege

- ■ Einen Boten schicken
- ■ Rauch und Lichtsignale
- ■ Stadtausrufer
- ■ Brieftaube
- ■ Morsealphabet und Telegraf

Die Pressefreiheit und die Freiheit der Berichterstattung durch Rundfunk und Film werden im Rahmen der allgemeinen Gesetze gewährleistet. Eine **Zensur** findet nicht statt (Grundgesetz Art. 5).

Übrigens:
Meinungsfreiheit ist ein Menschenrecht, garantiert in Artikel 19 der „Allgemeinen Erklärung der Menschenrechte".

Wie entstehen **Nachrichten?**

Augenzeugen
Augenzeugen liefern Infos aus erster Hand. Bei einem Unfall oder Unglück berichtet oft ein Helfer oder jemand vom ärztlichen Notdienst vom Ort des Geschehens.

Journalisten
Professionelle Reporter recherchieren und enthüllen Sachverhalte, von denen niemand wusste oder wissen wollte. Dabei kann es sich um Verbrechen, Skandale oder politische Intrigen handeln.

Dokumentation
Bei einer Dokumentation wird ausführlich über Personen, Ereignisse oder Länder berichtet, sodass sich der Zuschauer eine möglichst genaue Vorstellung machen kann.

Unterhaltung
Die „leichtere Kost" unter den Nachrichten. Hierzu gehört z.B. alles, was Menschen in ihrer Freizeit interessiert – Modetrends, Rockmusik oder der neueste Klatsch über Prominente.

Kurioses
Am Ende einer Nachrichtensendung wird manchmal über lustige oder sonderbare Begebenheiten berichtet – über rekordverdächtigen Käse etwa!

Alles über **Nachrichtensprecher**

Augen: Lesen von einem Monitor neben der Kamera den Text ab.

Sender im Ohr: Kann Anweisungen der Redakteure und Techniker übermitteln.

Make-up: Verhindert, dass Gesichter vor der Kamera zu sehr glänzen.

Mikrofon: Verstärkt die Stimme für die Übertragung.

Notizen: Sind sehr nützlich, falls der Monitor ausfällt.

Zahlen

Blogger können Nachrichten sofort auf der ganzen Welt verbreiten.

133 000 000 Blogs zeigt die Suchmaschine Technorati seit 2002 an.

Weltweit lesen **346 000 000 Menschen** die Blogs.

900 000 Blogeinträge werden innerhalb von 24 Stunden gepostet.

Blogs gibt es in **81 Sprachen**.

KAUM ZU GLAUBEN!

In den 1990er-Jahren verwendete man den Begriff **Datenautobahn**, um die neue Art der Kommunikation mithilfe des Internets zu beschreiben.

Acht Nachrichtenagenturen

Überall auf der Welt gibt es Nachrichtenagenturen – organisierte Dienste, die Informationen sammeln und zur Verfügung stellen.

Agence France-Presse (AFP)
Erste Nachrichtenagentur der Welt, 1835 in Paris (Frankreich) gegründet

Al-Dschasira
Unabhängiges Nachrichtennetzwerk des Nahen Ostens mit Sitz in Katar

British Broadcasting Corporation (BBC)
Die Britische Rundfunkanstalt mit mehreren Hörfunk- und Fernsehprogrammen sitzt in London.

Cable News Network (CNN)
US-amerikanischer Fernsehsender mit Sitz in Atlanta, der als Erster Nachrichten rund um die Uhr sendete (USA)

Thomson Reuters
Der Hauptsitz dieser großen Agentur, deren Schwerpunkt auf Finanz- und Wirtschaftsdaten liegt, ist New York (USA)

RIA Novosti
Russische Nachrichtenagentur mit Sitz in Moskau

Xinhua
Die offizielle Nachrichtenagentur der Volksrepublik China ist staatlich überwacht.

Deutsche Presse-Agentur (dpa)
Führende deutsche Nachrichtenagentur mit Sitz in Hamburg und Zentralredaktion in Berlin

Warum ist **Popmusik** so beliebt?

„Popmusik" leitet sich von *popular* (engl. für „beliebt") ab. Seit den 1950er-Jahren bezeichnet man damit vor allem eine „weichere" Form des Rock 'n' Roll. Der eingängige Rhythmus eignet sich meist gut zum Tanzen.

Die **10** besten Sänger

Aretha Franklin
„Königin des Soul" und Gewinnerin von 18 Grammys (US-Musikpreis)

Ray Charles
Er revolutionierte den Soul, indem er Gospel, R&B und Jazzelemente mischte.

Elvis Presley
Legendärer „König des Rock 'n' Roll", oft nur „The King" (der König) genannt

ALLES KLAR?

DJ ist die Abkürzung für **Discjockey** (dt. etwa: jemand, der mit Scheiben hantiert). Der Begriff stammt noch aus der Zeit, in der Schallplatten (Scheiben) aufgelegt wurden.

Alles über **das Schlagzeug**

Hi-Hat: Beckenpaar, das ein Pedal zum Klingen bringt

Ride-Becken: Wird durchgängig rhythmisch bespielt.

Crash-Becken: Erzeugt ein lautes, schepperndes Geräusch.

Tom Tom: Trommel ohne Drähte. Sie ist oberhalb der Großen Trommel angebracht.

Floortom: Wird vor allem im Jazz als Große Trommel benutzt.

Große Trommel: Wird mit einer Fußmaschine bedient.

Kleine Trommel: Quer gespannte Drähte erzeugen den charakteristischen Klang.

Wie man **Luftgitarre spielt**

1. Lege das Album deiner Lieblings-Hardrockband auf und drehe die Musik richtig laut auf!

2. Tu so, als ob du auf einer E-Gitarre (deine Luftgitarre!) vor Tausenden begeisterter Fans spielst.

3. Lass deinen freien „Spielarm" wie Windmühlenflügel kreisen und mache dabei einen Spagat!

4. Bedanke dich nach dem Song bei den Fans. Zerschlage deine Luftgitarre wie ein echter Rocker auf dem Boden.

KAUM ZU GLAUBEN!

Der erste **Luftgitarren-Wettbewerb** der Welt wurde 1996 in Finnland ausgetragen. Seitdem wurde schon in 20 Ländern nach dem coolsten Luftgitarristen gesucht.

aller Zeiten

Sam Cooke
Der Soulsänger Sam Cooke besaß eine eigene Plattenfirma.

John Lennon
Der Sänger, Liedtexter und Gitarrist der Beatles startete 1970 seine Solokarriere.

Marvin Gaye
Der Sänger, Liedtexter und Instrumentalist war als „Prinz von Motown" bekannt.

Bod Dylan
Der Sänger, Liedtexter, Maler und Dichter begann seine Karriere mit Folkmusik.

Otis Redding
Der stimmgewaltige Sänger und Liedtexter wurde „König des Soul" genannt.

Stevie Wonder
Der blinde Sänger und Liedtexter arbeitet auch als Plattenproduzent.

James Brown
Der Sänger, Liedtexter, Tänzer und Instrumentalist war ein herausragender Soulmusiker.

Wusstest du das?

Die Abkürzung MP3 steht für den langen englischen Begriff: *Moving Picture Experts Group-1 Audio Layer 3.*

KAUM ZU GLAUBEN!

Jazzpianist Yosuke Yamashita wurde zweimal dabei gefilmt, wie er auf einem **brennenden Flügel** spielt: Die erste feurige Vorführung fand 1973, die zweite 2008 statt.

Aufbau einer fünfköpfigen Rockband

■ Der **Leadsänger** (oder Frontmann/-frau) spielt nebenbei oft Gitarre, Mundharmonika oder Tamburin.

■ Der **Sologitarrist** spielt die Melodie des Lieds und die Gitarrensoli. Manchmal fungiert er auch als zweiter Sänger bzw. Hintergrundsänger.

■ Der **Rhythmusgitarrist** spielt den Rhythmus und die Begleitung des Lieds.

■ Der **Bassist** spielt auf einer vierseitigen Gitarre und ist ebenfalls für den Rhythmus zuständig.

■ Der **Schlagzeuger** gehört mit dem Bassisten zur Rhythmusgruppe der Band und gibt den Takt des Lieds vor.

Virtuelle Band

■ Die erfolgreichste virtuelle Band heißt **Gorillaz** – sie besteht aus animierten Comicfiguren, die Songs unterschiedlicher Musiker „performen".

■ Die vier virtuellen **Bandmitglieder** heißen 2D, Murdoc Nicclas, Noodle und Russell Hobbs.

REKORD-HALTER

Das Video zu dem von Michael und Janet Jackson gesungenen Duett „Scream" kostete 7 Mio. Dollar – ist das **teuerste Musikvideo**, das je gedreht wurde.

1931 Adolph Rickenbacher erfand die elektrische Gitarre.

1946 Frank Sinatra veröffentlichte sein erstes Studioalbum, *The Voice of Frank Sinatra*. Es hielt sich sieben Wochen ganz oben in den US-Charts.

1955 Bill Hayleys „Rock Around the Clock" war der erste in einem Film verwendete Rocksong.

1966 Die Beatles gaben auf ihrer Deutschlandtournee Konzerte in München, Essen und Hamburg.

1977 Punkrock-Musik wurde zunehmend massentauglich.

1985 Mehr als 400 Mio. Menschen sahen die Fernsehübertragung der Live-Aid-Konzerte in London (England) und Philadelphia (USA).

1999 Erste tragbare MP3-Geräte wurden verkauft.

Spannende Geschichte

China
Bis zu fünfzig Menschen bewegen den Drachen mithilfe von Stangen zum Schlag einer Trommel.

Mali
Das Volk der Dogon ehrt seine Ahnen mit den Maskentänzen der Dama-Zeremonie.

Polen
Im 19. Jh. erfreute sich die Mazurka, ein lebendiger Volkstanz, zunehmender Beliebtheit.

England
Der mittelalterliche Morris-Tanz wird mit Taschentüchern, Stöcken oder Schwertern aufgeführt.

Spanien
Flamenco ist ein ausdrucksstarker Tanz mit rhythmischem Stampfen und schnellen Armbewegungen.

Neuseeland
Der rituelle Haka der Maori wird bei Zeremonien getanzt – und in früheren Zeiten vor einem Kampf.

Indien Kathak ist ein indischer Tanzstil, mit dem Mythen und religiöse Geschichten dargestellt werden.

Weshalb tanzen wir?

Menschen haben einen natürlichen Drang, sich rhythmisch zur Musik zu bewegen – ob spontan oder mit vorgegebenen Schritten. In vielen Kulturen stärken Tänze das Gemeinschaftsgefühl.

WIE IM MÄRCHEN
In vielen **Balletten** werden Märchen nacherzählt – durch die Bewegungen der Tänzer, die Musik, die Kostüme und das Bühnenbild entstehen getanzte Geschichten.

Stepptanz
Stepptänzer geben den Takt vor, indem sie mit ihren Schuhen auf den Boden „steppen". Steppschuhe haben Metallplättchen an den Sohlen, durch die beim Aufkommen der Ferse oder des Fußballens auf dem Boden das typische Geräusch entsteht.

Traumzeit-Tanz
Bei der **Corroboree-Zeremonie** der australischen Aborigines wird die Schöpfungsgeschichte der Traumzeit durch Tänze nacherzählt. Die Tänzer ahmen Tiere wie Kängurus oder Emus nach.

Breakdance

Breakdance ist ein sportlicher Tanzstil, der in den 1970er-Jahren in den Straßen von New York (USA) entstand.

Top Rocking
Damit sind Tanzbewegungen im Stehen gemeint. Beim Top Rocking greift man auch auf andere Tanzstile zurück, z.B. die des Hip-Hop.

Downrock
Dies sind Tanzschritte am Boden. Beim Six-Step z.B. stützt der Tänzer sich auf seine Arme und bewegt die Beine im Kreis.

Powermoves
Das sind die akrobatischen Elemente des Breakdance, die meist Drehungen um die eigene Achse beinhalten. Etwas für Könner!

Freezes
Freezes sind (möglichst eindrucksvolle) Positionen, in denen ein Tänzer in der Bewegung wie festgefroren verharrt.

Acht Gesellschaftstänze

1 Langsamer Walzer Gleitender Tanz im 3/4-Takt

2 Foxtrott Schneller amerikanischer Tanz von 1914

3 Cha-Cha-Cha Der Name des kubanischen Tanzes von 1953 beschreibt seinen Rhythmus.

4 Tango Argentino Tanz aus dem 19. Jh.

5 Jive Beschwingter Tanz, der in den 1940er-Jahren nach Europa kam

6 Wiener Waluzer Walzerform aus dem Österreich des 18. Jh.

7 Quickstep Flotter englischer Tanz aus dem Jahr 1927

8 Samba Brasilianischer Tanz, beliebt in den 1930er-Jahren

Beim **Limbo** tanzt man unter einer immer tiefer gehängten Stange hindurch – ein ursprünglich zu Begräbnissen aufgeführter ritueller Tanz aus Trinidad.

Wie man **den Moonwalk tanzt**

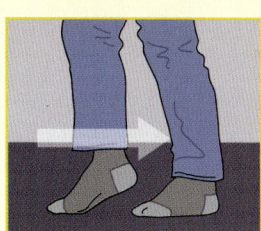

1. Berühre mit den Zehen des rechten Fußes den Boden hinter deinem linken Fuß. Verlagere dein Gewicht auf das linke Bein.

2. Lass den linken Fuß so geschmeidig wie möglich hinter den rechten gleiten. Der rechte Fuß setzt auf dem Boden auf.

3. Setze den rechten Fuß im selben Moment auf, in dem du die linke Ferse anhebst und die linken Zehen zum Boden bringst.

4. Wiederhole Schritt 1 bis 3. Lass den rechten Fuß diesmal hinter den linken gleiten.

5. Nun musst du üben, bis deine Schritte so geschmeidig sind wie die von Michael Jackson.

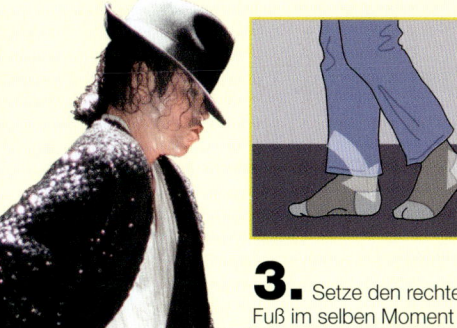

KAUM ZU GLAUBEN!

In den 1970er-Jahren erfanden **Punks** einen Tanz namens **Pogo**. Dabei presst man die Arme seitlich an den Körper und springt auf der Stelle – oder rempelt sich gegenseitig an.

Zahlen

Am 4. August 2007 stellten in Ohio (USA) **10 036 Tänzer** den Weltrekord im Massentanz des Irish Dance (irischer Volkstanz) auf.

Bei der weltweit längsten Contra-Dance-Linie hielten sich am 25. Oktober 2008 **2028 Leute** an den Händen.

Am 8. November 2008 stellten **535 Menschen** in Malvern (England) den Weltrekord im Massen-Bauchtanz auf.

Wusstest du das ?

2009 fanden Wissenschaftler heraus, dass Papageien zu einem bestimmten Takt tanzen. Ihr wichtigstes Studienobjekt war der Kakadu *Schneeball*, der zu einer YouTube-Berühmtheit wurde.

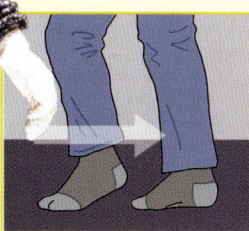

---

13 verrückte Tänze aus den 1960er-Jahren

↘ Twist
↙ Anhalter
↗ Watusi
↖ Kartoffelbrei
↑ Frug
↓ Bummel
↖ Hasenhüpfer
↘ Huhn
↖ Monster-Mash
↗ Pony
↓ Frosch
↖ Schwimmer
↓ Locomotion

Haute Couture

Haute Couture ist exquisite, für Privatkunden angefertigte Mode. In Frankreich werden jedes Jahr einige Modefirmen als Haute-Couture-Designer benannt. Um diesem exklusiven Klub anzugehören, muss man:

- individuelle Kleidung für Privatkunden mit Anprobe herstellen,
- ein Pariser Atelier mit mindestens 15 Vollzeitmitarbeitern haben,
- seine Kollektion – mindestens 35 Modelle (Tages- und Abendmode) – zweimal jährlich der Pariser Presse präsentieren.

Top 5 Modemetropolen

Tokio
London
New York
Paris
Mailand

Wer bestimmt die neue Mode?

Mode entsteht auf den Laufstegen, wo Designer ihre Kollektionen präsentieren. Modejournalisten stellen ihre Favoriten dann in Hochglanzmagazinen vor. Auch Prominente kreieren Trends durch ihren Stil. Und natürlich entscheiden auch die Kunden in Geschäften darüber, was modern ist.

Elle ist das größte Modemagazin der Welt. Das erste Heft kam 1945 in Paris auf den Markt, mittlerweile gibt es weltweit 42 Ausgaben und 28 Websites des Magazins.

Wie man **Top-Designer wird**

1. Kreiere eine glamouröse Kollektion und zeige sie auf der Fashion Week in Paris, London, Mailand, New York und Berlin.

2. Lade die richtigen Leute zu deiner Show ein, z.B. Prominente oder Redakteure führender Modemagazine.

3. Trommle alle guten Modefotografen zusammen. Du willst ja, dass deine Kleider überall auf der Welt im besten Licht erscheinen.

Frisurengalerie

Bob

„Vidal Sassoon 5 point"

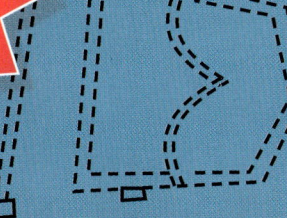

Topverdiener

1990 äußerte sich Supermodel Linda Evangelista zu den immensen Summen, die gefragte Models verdienen, mit dem Satz: „Für weniger als 10000 Dollar am Tag stehen wir gar nicht erst auf."

JEANS

1 Das Wort „Jeans" leitet sich von *Gênes* (frz. für „Genua") ab, da der Stoff aus der Nähe von Genua (USA) kam.

2 Echte Jeans müssen aus Denim, einem Baumwollstoff, und indigoblau gefärbt sein.

3 In den 1850er-Jahren begann der Kaufmann Levi Strauss, Jeans an kalifornische Bergarbeiter zu verkaufen.

4 1873 führte Levi Strauss auf den Rat seines Kunden Jacob Davis hin Kupfernieten ein, um den Jeansstoff an strapazierten Stellen zu verstärken, etwa an den Ecken aufgenähter Taschen.

5 Um die Robustheit der Hose zu demonstrieren, verwendete Levi Strauss ab 1886 ein Etikett mit zwei Pferden, die versuchen, eine Jeans auseinanderzureißen.

4. Lass deine Kollektion von Topmodels vorführen. Hast du genug Geld, heuere ein Supermodel an, damit man dich ernst nimmt.

Spannende Geschichte

1873 Levi Strauss brachte die erste mit Kupfernieten besetzte Baumwollhose, die sogenannte Blue Jeans, heraus.

1913 Paul Poiret war einer der ersten Designer, der Hosen für Frauen entwarf. Er nannte sein Modell mit weiten Beinen „Haremshose".

1917 Basketballspieler Chuck Taylor trug All-Star-Schuhe von Converse und löste eine bis heute andauernde Begeisterung für „Chucks" aus.

1947 Zum „New Look" von Christian Dior gehörten weite Röcke mit enger Taille.

1954 Der Franzose Roger Vivier entwarf den ersten Stöckelschuh.

1960 Der Verkauf der klassischen Doc-Martens-Stiefel begann.

1964 André Courrèges machte den Minirock salonfähig.

Wusstest du das?

Im Zweiten Weltkrieg herrschte, als überall Mangel herrschte, färbten Frauen ihre Beine mit Tee, damit es aussah, als trügen sie Seidenstrümpfe.

KAUM ZU GLAUBEN!

1946 erfand der Franzose Louis Reard den **Bikini**. Er benannte die zweiteilige Badebekleidung nach dem Bikini-Atoll im Südpazifik, auf dem Atomwaffentests durchgeführt wurden.

Bizarre Zahnmode

■ Bis zum Ende der Meiji-Zeit 1912 schwärzten japanische Frauen ihre Zähne mehrmals wöchentlich mit Tinte. Dies galt als besonders attraktiv.

■ In Teilen des Kaukasus und Zentralasiens gelten Goldzähne als Zeichen von Wohlstand. Manchmal werden die echten Zähne gezogen und durch goldene ersetzt.

■ Von 2000 an kamen unter Rap- und Hip-Hop-Musikern „Grills" in Mode, herausnehmbare falsche Zahnreihen aus Silber, Gold oder Diamanten.

Berühmte Modeschöpfer

Vivienne Westwood
Neuromantischer Piraten-Look (1980er-Jahre)

Calvin Klein
Designer-Jeans (1970er-Jahre)

Yves Saint Laurent
Le Smoking tuxedo (1970er-Jahre)

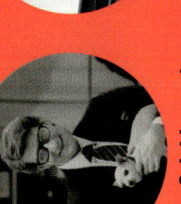

André Courrèges
Weltraum-Look (1960er-Jahre)

Christian Dior
New Look (1947)

Coco Chanel
Das kleine Schwarze (1920er-Jahre)

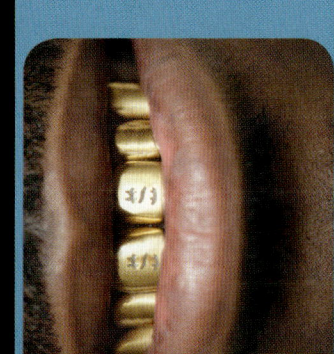

Tolle

Afro

Dreadlocks

Die Frisuren kommen und gehen wie die Mode. Was heute „trendy" ist, gilt morgen schon als „out". Hier siehst du einige beliebte Frisurenklassiker.

Welches Land produziert die meisten **Filme?**

An der Spitze liegt Indien, hier werden etwa 1000 Filme pro Jahr in verschiedenen Sprachen gedreht. Internationale Berühmtheit erlangten dabei die Bollywood-Blockbuster aus Mumbai. Hinter Indien liegt Nigeria, dann folgen die USA.

Top 8 der erfolgreichsten Filme

1 *Avatar* (2009)
Mehr als 2 782 300 000 $

2 *Titanic* (1997)
2 185 400 000 $

3 *Marvel's The Avengers* (2012)
1 458 500 000 $

4 *Harry Potter und die Heiligtümer des Todes II* (2011)
1 328 100 000 $

5 *Transformers 3* (2011)
1 123 700 000 $

6 *Der Herr der Ringe: Die Rückkehr des Königs* (2003)
1 119 900 000 $

7 *Fluch der Karibik II* (2006)
1 066 200 000 $

8 *Toy Story 3* (2010)
1 063 200 000 $

Ganz besondere Kinoerlebnisse

In den USA und Australien waren bis in die 1980er-Jahre **Autokinos** sehr beliebt, in denen man Filme vom Auto aus schauen konnte.

FilmAid zeigt Filme auf einer riesigen, **aufklappbaren Leinwand**. 2009 konnten so 15000 Kinder in einem Flüchtlingslager in Tansania den Film *George – der aus dem Dschungel kam* ansehen.

Ein mobiler **Lkw** ermöglicht in Großbritannien, dass auch Kinofreunde in abgelegenen Gemeinden die neuesten Filme sehen können.

Einige Filmgenres

Abenteuerfilm	Jugendfilm
Actionfilm	Katastrophenfilm
Animationsfilm	Liebesfilm
Antikriegsfilm	Melodram
Dokumentarfilm	Musikfilm
Fantasyfilm	Science-Fiction-Film
Filmkomödie	Spionagefilm
Heimatfilm	Tanzfilm
Historienfilm	Thriller
Horrorfilm	Western

Knabberspaß
1898 präsentierte der Erfinder Charles Cretor auf der Weltausstellung in Chicago seine **Popcornmaschine**. Das Knabberzeug trat seinen Siegeszug um die Welt an und wurde schon bald zum beliebten Snack für Kinogänger.

Spannende Geschichte

1824
Das Thaumatrop war eine der ersten Illusionsmaschinen, die mithilfe einer optischen Täuschung den Anschein bewegter Bilder erweckten.

1839
Mithilfe der Daguerreotypie – einer Methode, Bilder auf versilberten Kupferplatten festzuhalten – entstanden frühe Fotografien.

1869
John Wesley Hyatt ließ sich das für Filmaufnahmen notwendige Zelluloid patentieren.

1879
Thomas Alva Edison stellte weißglühende Glühbirnen vor, die später in Filmprojektoren verwendet wurden.

1893
In West Orange (USA) wurde das erste kommerzielle Filmstudio der Welt eingerichtet.

Wie man **ein Daumenkino zeichnet**

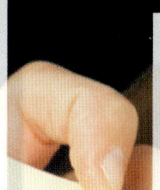

1. Nimm ein kleines Notizbuch, bei dem du mit dem Daumen schnell die Seiten durchblättern kannst.

2. Denke dir eine Figur und eine Geschichte aus, die sich unproblematisch mit Bildern nacherzählen lässt.

3. Zeichne auf jede Seite mit Bleistift deine Figur, indem du die Umrisse durchpaust und von Bild zu Bild immer eine Kleinigkeit veränderst.

4. Blättere nun schnell durch die Seiten und sieh, wie die Figur sich bewegt!

Zahlen

Im Film *Gandhi* (1982) waren **400 000 Komparsen** an der Bestattungsszene beteiligt.

Der teuerste Bollywood-Film, *Love Story 2050* (2008), kostete **16,5 Mio. Dollar**.

2009 wurden auf dem Filmfest in Cannes (Frankreich) **999 Spielfilme** gezeigt.

Es gibt insgesamt **161 Dracula-Filme**.

683 Filmminuten dauert die *Herr-der-Ringe*-Trilogie.

Shirley Temple war **6 Jahre** alt, als sie 1934 den Filmpreis Oscar gewann – damit war sie die jüngste Preisträgerin aller Zeiten.

Wer macht was beim Film?

Oberbeleuchter
Er arbeitet eng mit den Kameraleuten zusammen und trägt die künstlerische Verantwortung für die Lichtgestaltung des Films.

Szenenbildner
Er ist für die Ausstattung der Szenen und die Requisiten verantwortlich.

Dollyschieber
Dieser Mitarbeiter bewegt den Dolly über die Schienen – einen Wagen, auf dem die Kamera montiert ist und auf dem manchmal der Regisseur sitzt.

Best Boy
Fungiert als erster Lichttechniker und Assistent des Oberbeleuchters.

Körperdouble
Ein Körperdouble übernimmt bestimmte Szenen für die Schauspieler, z. B. wenn eine Situation einen gefährlichen Stunt erfordert.

Materialassistent
Er unterstützt den 1. Kameraassistenten bei der Beschaffung von Technik und Material.

ALLES KLAR?
Für die Nachvertonung eines Films ist der **Geräuschemacher** verantwortlich. Im Produktionsstudio muss er mit allerlei Hilfsmitteln Geräusche wie Regen, Schritte oder Explosionen nachahmen.

Sieben Soundeffekte im Film

Fausthieb: In ein Telefonbuch boxen.

Brechende Knochen: Einen Salatkopf, in dem Kekse stecken, „ausquetschen" und in zwei Hälften reißen.

Flügelschlagen: Handschuhe gegeneinanderschlagen.

Automatiktür eines Raumschiffs: Ein Blatt Papier aus einem Umschlag ziehen.

Sich übergeben: Eine Flasche Salatsoße und eine Flasche Wasser bereitstellen. Soße in eine Schüssel schütten, dann einen Schuss Wasser darübergießen.

Feuerwerk: Die flache Hand langsam auf eine Tüte Chips drücken.

Eingeweide eines Außerirdischen zermalmen: Halte ein Mikrofon dicht vor den Mund. Erzeuge ein Ekelgeräusch, indem du langsam den Mund öffnest und die Zunge aus dem Gaumen „fallen" lässt.

Drei **Animationstechniken**

Animationen sind optische Illusionen, bei denen eine schnelle Abfolge von Einzelbildern als Bewegung wahrgenommen wird. Für Animationsfilme gibt es drei Grundtechniken.

Klassische Animation
Eine Reihe gezeichneter Folienbilder (Cels) wird nacheinander abfotografiert und dann wie eine Art Daumenkino zusammengefügt. Die Technik der Cel-Animation wird z. B. für *Die Simpsons* verwendet.

Stop-Motion-Technik
Dabei wird die Position von Knetfiguren oder Puppen von Aufnahme zu Aufnahme immer ein wenig verändert. Auf diese Weise entstanden z. B. die *Wallace-&-Gromit*-Filme (oben). Auch die Dinos in *Jurassic Park* wurden so lebendig.

Computeranimation
Auch am Computer lassen sich mit der entsprechenden Software und digitaler Technik Filmszenen und -figuren erschaffen. Auf diese Art wurden etwa Filme wie *Ice Age* oder *Toy Story* produziert.

Wie man **einen Film dreht**

Um einen Film zu drehen, braucht man eine gute Besetzung und ein Team unterschiedlichster Experten. Wirf einen Blick hinter die Kulissen von *Little Buddha*, der 1994 mit Keanu Reeves gedreht wurde und vom Prinzen Siddharta, dem Begründer des Buddhismus, handelt.

1 Regie Der Regisseur ist der kreative Kopf des Films und überwacht den Produktionsprozess. Vor Drehbeginn muss der Produzent des Films für die nötige Finanzierung sorgen und ein Drehbuchschreiber entwickelt das Skript.

3 Schauplätze Manche Szenen werden an Originalschauplätzen, andere im Filmstudio produziert. Die Aufnahmen erfolgen nicht in chronologischer Reihenfolge der Handlung – alle Szenen, die an einem bestimmten Ort spielen, werden auf einmal abgedreht.

2 Ausstattung Kostüm- und Maskenbildner sorgen dafür, dass Schauspieler Keanu Reeves wie der indische Prinz Siddharta aussieht. Daneben braucht es noch jede Menge andere Ausstatter und Techniker, um den Film perfekt in Szene zu setzen.

4 Kameramann Beim Dreh einer Filmszene arbeitet der Kameramann eng mit dem Regisseur zusammen. Er nutzt sein technisches Know-how, um in jeder Einstellung die inhaltlichen Wünsche des Regisseurs möglichst genau umsetzen zu können.

5 Zu guter Letzt Zu einer Filmcrew gehören oft Hunderte von Leuten und die Produktion kann Jahre dauern. Nach dem Dreh werden die einzelnen Szenen in der sogenannten Nachbearbeitung digital zusammengeführt und der Film mit einem Soundtrack oder Spezialeffekten versehen.

Weshalb **malen** wir so gern?

Durch die Malerei können Menschen ihre Gefühle oder ihre Sicht auf bestimmte Dinge ausdrücken. Die Art, wie man Farben auf eine Leinwand, ein Blatt Papier oder eine Hauswand aufträgt, verwandelt das Gemalte augenblicklich in etwas Persönliches.

Sechs Arten von Farben

Leimfarben
Aus Wasser, Pigmenten (farbgebenden Substanzen) und Leim, vor allem für Wandanstriche

Ölfarben
Mischung aus Farbpigmenten und Öl als Bindemittel

Acrylfarben
Zähflüssige Farben auf Kunststoffbasis

Gouache
Eine Art Wasserfarben, die durch Kreidebeimischung deckend sind

Aquarellfarben
Nicht deckende Farben, die mit Wasser verdünnt werden

Grundierung
Auf dieser Oberfläche werden die Farben aufgetragen

Bronzeturm

Der Eiffelturm wurde seit seiner Errichtung bereits 19-mal gestrichen, um ihn vor Rost zu schützen. Mit dem kompletten Anstrich sind **25 Maler** über ein Jahr beschäftigt. Der derzeitige Bronzeton wird zur Spitze hin dunkler, damit der Anstrich vor dem Hintergrund der Pariser Skyline im Ganzen einheitlich wirkt.

Punktgenaue Malerei

Die australischen Ureinwohner erschaffen mithilfe von Punkten und Strichen Malereien voller Symbolik. Moderne Aborigines-Künstler verwenden Acrylfarben, traditionell aber wurden die Bilder mithilfe von Steinen, Federn oder Gräsern mit Erdfarben auf den Boden gemalt.

Körperkunst

Im Nahen Osten, Indien, Pakistan und Nordafrika bemalt man die Hände einer Braut mit **Henna**.

Die **indigoblaue** Kriegsbemalung schottischer Kelten bestand aus einem Pflanzenextrakt.

Australische Aborigines bemalen Gesicht und Körper mit **Lehm** und **Ocker**.

Die alten Ägypter benutzten als Lidschatten zermahlenen **Malachit** (ein grünes Mineral).

Um 1600 schminkten sich die englischen Adligen ihre Gesichter weiß – mit einer Mischung aus Blei und hellem Essig.

Wusstest du das?

In der Zukunft werden die Solarzellen zur Energiegewinnung in Form eines Anstrichs auf die Dächer von Wohnhäusern und Fabriken aufgebracht.

Farbenfrohe **Städte**

In diesen Städten wurden die Häuser und Viertel durch farbenfrohe Anstriche verschönert.

Jodhpur (Indien)

Bo-Kaap, Kapstadt (Südafrika)

Venedig (Italien)

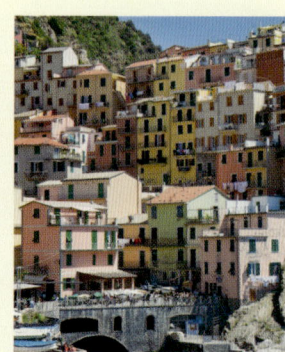

Manarola (Italien)

Salvador da Bahía (Brasilien)

Stilrichtungen und Techniken

Impressionismus
Um 1870 von Paris ausgehende Bewegung, bei der die individuelle Momentaufnahme zählte

Kubismus
Avantgardistische Stilrichtung des frühen 20. Jh., die Gegenstände in geometrische Flächen auflöste

Art déco
Design mit flächigen, oft floralen Mustern – beliebt von den 1920er- bis in die 1940er-Jahre

Surrealismus
Künstlerbewegung der 1920er, bekannt für ihre „Traumbilder" und Darstellung des Unbewussten

Pop-Art
Die farbenfrohen Pop-Art-Bilder ahmen vor allem Reklame der 1950er- und 1960er-Jahre nach

Wie man **malt wie Jackson Pollock**

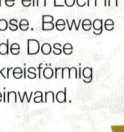

1. Lass Farbe von einem Pinsel auf eine Leinwand tropfen. Pollock bevorzugte glänzende Lackfarbe.

2. Bohre ein Loch in eine Farbdose. Bewege die tropfende Dose mehrmals kreisförmig über die Leinwand.

3. Probiere noch andere Tropftechniken aus, bis dein Kunstwerk vollendet ist.

Alles abstrakt
Jackson Pollock (1912–1956) war ein US-amerikanischer „abstrakt-expressionistischer" Künstler. Abstrakte Kunst stellt nicht die „Wirklichkeit" dar, sondern drückt Stimmungen durch Farben und Formen aus. Pollock goss flüssige Farben auf Leinwände oder ließ sie mit Pinseln, Stöcken etc. darauftropfen.

Van Gogh

1 Vincent van Gogh war ein niederländischer Maler (1853–1890).

2 Seine berühmtesten Werke zeigen Sonnenblumen.

3 Die Meisterwerke entstanden in Paris und Arles (Frankreich).

4 Van Gogh starb völlig verarmt, heute sind seine Bilder Millionen wert.

Alles über **Wandmalerei**

Hier müssen Künstler in großen Dimensionen denken, denn sie gestalten riesige Flächen.

Ein berühmter Wandbildermaler war Diego Rivera. Er begründete in den 1930er-Jahren den mexikanischen Muralismo-Stil.

Wandgemälde schufen bereits die alten Ägypter und Griechen sowie Künstler des Mittelalters und der Renaissance.

Vier **bemalte Gesichter**

Geisha
Japanische Unterhaltungskünstlerin

Blue Man Group
Amerikanische Unterhaltungskünstler

Pantomime
Marcel Marceau

Sportfans
Schwedische Anhänger

KAUM ZU GLAUBEN!

Britische **Clowns** können sich ihr bemaltes Gesicht patentieren lassen, um zu verhindern, dass andere Clowns ihren Stil imitieren. Dazu wird ihr Gesicht auf einem Ei verewigt.

Christopher Wren, St Paul's Cathedral (England)
Der Bau dieser anglikanischen Kathedrale in London wurde 1710 vollendet. Die Kuppel ist 111 m hoch.

Frank Lloyd Wright, Fallingwater-Haus (USA)
Der Bau dieses Privathauses wurde 1937 vollendet. Die Wohnräume liegen über einem Wasserfall. Hier sieht man die Balkone.

Antoni Gaudí, Casa Milà (Spanien)
Dieses ungewöhnliche Gebäude wurde 1910 in Barcelona errichtet. Die steinerne Fassade erinnert an Vulkangestein.

Frank Gehry, Guggenheim-Museum, Bilbao (Spanien)
Das Kunstmuseum besteht aus Titan, Kalkstein und Glas und wurde im Jahr 1997 fertiggestellt.

Jørn Utzon, Opernhaus, Sydney (Australien)
Das Opernhaus am Hafen von Sydney wurde 1973 errichtet. Die zehn spitzen weißen Dächer erinnern an Schiffssegel.

Was ist
Architektur?

Architektur umfasst die Planung, den Entwurf und die Errichtung eines Bauwerks. Im Lauf der Zeit haben sich viele architektonische Stile entwickelt. Sie sind immer Ausdruck einer bestimmten Kultur, eines bestimmten Umfelds und des zur Verfügung stehenden Materials.

Prunkvolle Gebäude – perfekt für einen König
(Königin, Kaiser oder Kaiserin)

Eremitage (Russland)
Dies war von 1732–1917 die St. Petersburger Residenz der russischen Zaren.

Alhambra (Spanien)
Die Burg im maurischen Stil wurde 1338 als Wohnsitz der Nasriden-Herrscher erbaut.

Großer Palast (Thailand)
Der Palast wurde 1783 in Bangkok als Residenz des Königs von Siam (Thailand) errichtet.

Neuschwanstein (Deutschland)
Das Märchenschloss König Ludwigs II. von 1869 besitzt einen eigenen Konzertsaal.

Schloss Windsor (England)
Das weltweit älteste durchgängig bewohnte Schloss von 1086 ist eine der Residenzen von Königin Elisabeth II.

Verbotene Stadt (China)
Der Kaiserpalast, Verbotene Stadt genannt, wurde 1420 in Peking erbaut und hat 9000 Zimmer.

Top 10 Größte Gebäude (flächenmäßig)

1 Dubai International Airport Terminal 3
Dubai (VAE)
1 500 000 m²

2 Aalsmeer-Blumenhallen
Aalsmeer (Niederlande)
990 000 m²

3 Beijing Capital International Airport Terminal 3
Peking (China)
986 000 m²

4 The Venetian: Hotel und Kasino
Macao (China)
980 000 m²

5 Berjaya Times Square
Kuala Lumpur (Malaysia)
700 000 m²

6 Pentagon
Washington (USA)
610 000 m²

7 Hongkong International Airport
Hongkong (China)
570 000 m²

8 Suvarnabhumi Airport
Bangkok (Thailand)
563 000 m²

9 Warren G. Magnuson Health Sciences Building
Seattle (USA)
533 000 m²

10 Willis Tower
Chicago (USA)
418 000 m²

Wohnen in früheren Zeiten

Clevere Städteplaner

In großen, überfüllten Städten bauten die alten Römer platzsparende, meist fünfstöckige Gebäude aus Holz oder Lehmziegeln – die *insula*. Im Erdgeschoss befanden sich Tavernen und Läden, darüber die Wohnungen.

Mammutknochen-Hütte
Reste solcher Behausungen fand man in Teilen Russlands und der Ukraine. Sie wurden vor 27 000–12 000 Jahren aus Knochen gebaut.

Hakka-Siedlungen
Die runden Verteidigungsbauten – innen liegen Wohnungen – wurden zwischen dem 12. und 20. Jh. in der chinesischen Provinz Fujian errichtet.

Turmhäuser aus Lehm
In der alten Stadt Sanaa (Jemen) wurden vor 400 Jahren mehrstöckige Wohnhäuser in Lehmbauweise gebaut.

Jurte aus Schaffellen
Die tragbaren Häuser südasiatischer Nomadenvölker sind mit Filz gedämmt und bestehen aus einem Holzgerüst und Schaffellen.

Wie man einen Wolkenkratzer baut

1. Entwirf einen Gestaltungsplan. Grabe an der Baustelle, bis du auf Felsen triffst. Errichte dann die Beton-Stahl-Konstruktion.

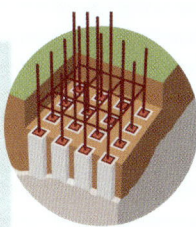

2. Stelle die horizontalen Stahlträger (exakt beschnitten und mit Bolzenlöchern versehen) auf das Fundament.

3. Bringe die horizontalen Streben ein – das innere Gerüst ist nun vollständig. Nun geht es an die einzelnen Etagen und Wände. Weise den Bauunternehmer an, die Elektrik, die Rohrleitungen und die Belüftung einbauen zu lassen.

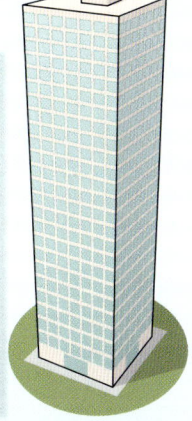

4. Vervollständige den Innenausbau mit Treppen, Aufzügen und sanitären Anlagen. Lass elegante Marmorfliesen verlegen und schöne Bilder aufhängen. Nun kannst du einziehen!

Alles in einem

Wenn du keine Zeit für eine Architektur-Rundreise hast, besuche einfach die Kasinos von Las Vegas (USA).

 **Altes Ägypten** Im Luxor-Kasino kannst du die Pyramiden und die Sphinx betrachten.

Venedig Im Venetian Casino kannst du eine Gondelfahrt über die Kanäle machen.

Paris Ein Hotel-Kasino mit einem gigantisch hohen Eiffelturm lässt dich glauben, du seist in Frankreich.

Manhattan Das New York Hotel stellt die Skyline von Manhattan nach und zeigt ein Modell des Empire State Buildings.

Altes Rom Mit einem Kolosseum und einem nachgebauten Marktplatz erinnert das Caesar's Palace an die alten Römer.

ALLES KLAR?

In den USA nennt man schnell und lieblos errichtete, extrem große Häuser undefinierbaren Baustils **McMansions** („McVilla") – in Anspielung auf eine bekannte Fast-Food-Fette.

Das höchste Bauwerk der Welt ist der **Burj Khalifa**, früher Burj Dubai genannt, in Dubai (VAE). Der Wolkenkratzer ist 828 m hoch und enthält 900 Privatwohnungen sowie eine Aussichtsplattform.

Beeindruckende Bauwerke

Allianz Arena München (Deutschland)
Das Fußballstadion kann die Farbe wechseln.

Kunsthaus Graz (Österreich)
Beeindruckender Komplex für moderne Kunst

Spaceport New Mexico (USA)
Von hier werden Touristen ins Weltall starten.

Centre Pompidou Paris (Frankreich)
Ungewöhnliche Gebäudekonstruktion und Museum

Welche Ballspiele kennst du?

Bälle kann man kicken, werfen, springen lassen, dribbeln, fangen, mit dem Kopf stoßen, jonglieren und zum Kegeln benutzen. Mit einem Ball lassen sich Basketball, Kricket, Squash, Polo, Tischtennis, Golf, Billard, Fußball, Tennis, Volleyball und viele andere Spiele spielen, die oft die Endung „-ball" besitzen.

Pingpong ist ein anderer Begriff für Tischtennis. Er steht für das Geräusch, das der Ball auf dem Tisch verursacht.

Schlagkräftig

Baseballschläger
In der amerikanischen Major Baseball League muss der Schläger aus einem einzigen massiven Holzstück gearbeitet sein (Länge: 106 cm, Breite: 7 cm).

Kricketschläger
Ein traditioneller Kricketschläger wird aus dem Holz einer Silberweide (*Salix alba var. caerulea*) angefertigt und dann mit Leinöl bearbeitet.

Tennisschläger
Moderne Tennisschläger werden aus Kunststoffen oder Leichtmetall hergestellt. Im Profitennis beträgt die Kopfgröße normalerweise 68,5 cm.

Hockeyschläger
Das untere Ende von Feldhockey-Schlägern, die sogenannte Keule, ist je nach Spielerposition unterschiedlich gestaltet. Der Schlägerdurchmesser ist auf 5,1 cm begrenzt.

Poloschläger
Seine 25 cm lange zylinderförmige Schlagfläche wird Zigarre genannt. Eine Schlinge am Handgelenk verhindert, dass der Spieler den Schläger verliert.

ALLES KLAR?

Im Mannschaftssport **Kricket** liefern sich der Werfer und der gegnerische Schlagmann ein Duell, bei dem Punkte, sogenannte *runs*, gemacht werden.

Sportlich!

Im alten Griechenland stärkten die Patienten des Arztes Hippokrates ihre Muskeln mit dem „Medizinball". Er wurde aus Tierhäuten genäht und mit Sand gefüllt.

Wie man **einen Dunk erzielt**

1. Nimm zunächst Anlauf und übe zu springen, bis du das Netz zehnmal hintereinander berühren kannst. Übe dann, das Brett zu berühren. Hänge dich aber nie an den Korb, er könnte abreißen.

2. Jetzt bist du bereit, einen Dunk hinzulegen. Nimm ausreichend Anlauf und dribble den Ball mit der Hand zum Netz. Springe dann so hoch du kannst.

3. Nimm den Ball im Sprung in die Wurfhand und strecke sie ganz nach oben, sodass du über den Korbrand reichst.

Das Golfspiel stammt aus dem 12. Jh. **Schottische Hirten** „erfanden" es, indem sie Steine in Kaninchenbauten kickten.

Spannende Geschichte

1600 v. Chr.
In Mittelamerika spielte man ein Spiel, bei dem ein Gummiball durch einen steinernen Ring geworfen wurde.

364 v. Chr.
Römische Soldaten spielten in den Schlachtpausen der Punischen Kriege eine Art Bowling.

14. Jh.
Bauernmägde spielten mit ihren Melkschemeln „Stoolball", ein Spiel, das dem heutigen Kricket ähnelte.

1869
Die Universitäten Rutgers und Princeton trugen das erste American-Football-Spiel aus.

1956
In Deutschland lösten vollautomatische Kegelstellmaschinen die „Kegeljungen" ab, die bis dahin für die Aufstellung zuständig gewesen waren.

1992
Bei den Olympischen Spielen in Barcelona (Spanien) wurde die Sportart Beachvolleyball erstmals vorgestellt. Seit 1996 ist es eine olympische Disziplin.

4. Wenn du mit der Hand über dem Korbrand bist, drehst du dein Handgelenk über den Ball und „stopfst" ihn von oben in den Korb. Das war ein einhändiger Dunk!

Einer der **größten Basketballspieler der Welt** ist der Chinese Sun Ming Ming. Er misst 2,36 m und trägt Schuhgröße 53!

Sechs Arten, Polo zu spielen

Klassisches Polo spielt man auf Pferden reitend, doch mittlerweile gibt es viele Varianten:

■ **Wasserpolo**
Im Wasser

■ **Kanupolo**
In Kanus auf dem Wasser

■ **Radpolo**
Auf Fahrrädern

■ **Segwaypolo**
Auf Segways (das sind zweirädrige Elektrofahrzeuge)

■ **Yakpolo**
Auf Yaks reitend

■ **Elefantenpolo**
Auf Elefanten eitend

Drei ungewöhnliche Ballsportarten

Sepak Takraw
Die Mannschaften versuchen, den Ball über das Netz in der Mitte des Spielfelds zu schlagen. Sie dürfen dabei alle Körperteile außer ihren Händen verwenden, z. B. Füße, Kopf oder Schultern.

Bossaball
Eine spektakuläre Sportart aus Belgien, bei der sich die Mannschaften auf einem großen Luftkissen mit zwei eingelassenen Trampolinen gegenüberstehen

Hurling
Die 15-köpfigen Teams müssen den Ball mit axtähnlichen Stöcken ins gegnerische Tor schlagen, das wie ein H geformt ist. Dieser Sport ist vor allem in Irland beliebt.

Zahlen

Ein Fußball wird aus **32 Feldern** genäht. Er setzt sich aus 12 Fünfecken und 20 Sechsecken zusammen.

Das Wimbledon-Tennisturnier wird jährlich mit **52 200 Bällen** ausgestattet.

Beim Kugelstoßen wiegt die Kugel der Männer **7,26 kg.**

Ein Kanupolo-Spiel dauert **20 Minuten.**

Die höchste Punktzahl, die man beim Bowling erreichen kann, ist **300**. Man erhält sie bei 12 aufeinanderfolgenden Strikes.

Australien besiegte Samoa bei der Qualifikation für die Fußballweltmeisterschaft 2002 mit **31:0**. Das ist der bislang höchste Sieg im internationalen Fußball.

2010 sahen **106,5 Mio. American-Football-Fans** das Finale der Profiliga zwischen den New Orleans Saints und den Indianapolis Colts.

Sechs Größen des Ballsports

Roger Federer
Der Schweizer Tennisspieler gewann 17 Grand-Slam-Turniere und gilt als bester Tennisspieler (männlich) aller Zeiten.

Claire Taylor
Die Britin Claire Taylor gilt als eine der erfolgreichsten Kricketspielerinnen der Welt.

Karch Kiraly
Er ist der beste Beachvolleyball-Spieler der Welt, hat 138 Siege errungen und drei olympische Goldmedaillen geholt.

Annika Sorenstam
Die schwedische Golferin (bis 2008 aktiv) gewann 90 internationale Turniere und erreichte damit so viele Siege wie keine andere Spielerin.

Stephen Hendry
1990 wurde der Schotte mit 21 Jahren zum jüngsten Weltmeister im Snooker (Billard-Variante). Er führte die Weltrangliste bis 1997 an.

Eri Yoshida
2009 war die damals 16-jährige Studentin die erste Frau, die in einem japanischen Profibaseball-Team eingesetzt wurde.

Welcher Ball wofür?

Diese 22 Bälle benutzt man für die unten aufgelisteten Sportarten. Kannst du jeder dieser Sportarten den richtigen Ball zuordnen? An den Antworten unten auf der Seite siehst du, ob du richtig liegst.

a. Korbball
b. Golf
c. Bowling
d. Rugby
e. American Football
f. Squash
g. Wasserpolo
h. Tischtennis
i. Tennis
j. Fußball
k. Kugelstoßen
l. Kricket
m. Hockey
n. Beachvolleyball
o. Basketball
p. Jonglieren
q. Softball
r. Volleyball
s. Billard
t. Baseball
u. Boules-Spiel
v. Krocket

Sechs Mannschaftssportarten auf dem Eis

Eishockey
Die Teams versuchen, den Puck mit Schlägern ins gegnerische Tor zu schießen.

Curling
Curlingsteine müssen auf einer Eisbahn näher ans Ziel geschoben werden, als dies der Gegner vermag.

Bandy
Die Mannschaften versuchen, einen Ball mit Stöcken ins gegnerische Tor zu schlagen.

Ringette
Ziel der Teams ist es, einen Gummiring ins gegnerische Netz zu bringen.

Eisstockschießen
Ähnlich wie Curling. Schwere „Eisstöcke" mit einem 30 cm langen Stiel müssen möglichst nahe an ein Ziel schlittern.

Sledge-Eishockey
Eishockey für gehbehinderte Menschen. Sie fahren mit kleinen Schlitten übers Eis.

Welchen Wintersport gibt es?

Schnee, Eis und frostige Bergwände bieten ideale Bedingungen für alle Arten von Wintersport wie etwa Eisschnelllauf, Eisklettern, Skifahren und Snowboarden. Mithilfe von Indoor-Anlagen lassen sich einige Wintersportarten das ganze Jahr über betreiben.

Wie man beim Skispringen siegt

1. Schnalle deine Skier oben auf der Sprungschanze an. Warte auf das Startsignal und stoße dich ab.

2. Nimm eine kauernde Stellung ein, während du die eisige Schanze bis zur Absprungkante hinunterfährst.

Schneeballschlacht!

Am 10. Februar 2006 fand in Michigan (USA) die größte Schneeballschlacht der Welt statt. 3745 Studenten und Universitätsangehörige nahmen daran teil. Sie rollten auch den weltgrößten Schneeball mit einem Umfang von 6,47 m.

3. Sobald du abhebst, richtest du dich auf, streckst dich und lehnst dich nach vorn. Breite die Skier v-förmig aus, dann bist du schneller.

4. Versuche über den K-Punkt hinaus zu fliegen, das gibt Extrapunkte. Setze die Füße hintereinander auf (Telemarklandung), das sieht eleganter aus.

K POINT

Winter-wettbewerbe

❄ **Olympische Winterspiele**
Finden seit 1924 alle vier Jahre statt.

❄ **Paralympische Winterspiele**
Finden seit 1976 alle vier Jahre statt.

❄ **Winter-Asienspiele**
Finden seit 1986 alle vier Jahre statt.

❄ **Winter-Universiade**
(Weltsportspiele der Studenten) Finden seit 1960 alle zwei Jahre statt.

❄ **Arktische Winterspiele**
Werden seit 1970 jährlich ausgetragen.

❄ **World Eskimo Indian Olympics**
Seit 1961 zeigen amerikanische Ureinwohner und Inuit jährlich ihre traditionellen Fertigkeiten.

Eisfischen

❋ In den arktischen Regionen Nordamerikas, Europas und Russlands ist Eisfischen ein beliebter Sport.

❋ Geangelt wird meist in einem zugefrorenen See. Die Angler schlagen mit Eispickeln ein Loch in die dicke Eisdecke – oder bohren es hinein.

❋ Das Eis muss mindestens 10 cm dick sein, damit es das Gewicht des Anglers trägt.

❋ Manche Angler bauen sich primitive Hütten, in denen sie während der Eisfisch-Saison wohnen.

Alles über das Eisklettern

Stiefel: Stützen die Knöchel und den ganzen Körper durch zweifach verstärkten Kunststoff.

Helm: Schützt den Kopf vor herabfallenden Eisbrocken.

Eisgerät: Gibt Halt im Eis und dient zum Stufenschlagen und Einschlagen von Eisschrauben.

Handschuhe: Halten die Hände warm und schützen sie vor Erfrierungen.

Steigeisen: Wird am Schuh befestigt und sorgt für einen sicheren Halt im Eis.

Seile: Sichern den Kletterer, falls er abrutscht.

Sechs coole **Champions**

Lindsey Van
2009 wurde die Amerikanerin bei der Nordischen Skiweltmeisterschaft in Tschechien die erste Weltmeisterin in der Geschichte des Damenskispringens. Sie flog 97,5 m weit.

Cindy Klassen
Eisschnellläuferin Cindy Klassen ist Kanadas erfolgreichste Olympionikin. Bei den Winterspielen 2006 in Turin (Italien) holte sie fünf Medaillen. 2010 wurde ihr Konterfei sogar auf eine Münze geprägt.

Jayne Torvill und Christopher Dean
1984 erhielt dieses britische Eiskunstlauf-Duo für seine Kür bei den Olympischen Winterspielen in Sarajewo neunmal die Bestnote.

Wayne Gretzky
Der ehemalige kanadische Eishockeyspieler, genannt „The Great One" (der Großartige), gilt vielen als bester Eishockeyspieler aller Zeiten. Er erzielte insgesamt 894 Tore.

Ingemar Stenmark
Der schwedische Skirennläufer im Slalom und Riesenslalom gewann mehr alpine Skirennen als jeder andere (insgesamt waren es 86) und wurde dreimal Gesamtweltcupsieger.

Georg Hackl
Der Deutsche war einer der erfolgreichsten Rennrodler aller Zeiten und gewann bei den Olympischen Spielen insgesamt drei Gold- und zwei Silbermedaillen.

Hunde als Helfer des Menschen

Rettungshunde
Manche Hunde sind in der Lage, mit ihrem feinen Geruchssinn Vermisste oder Verschüttete aufzuspüren.

Hütehunde
Diese Hunde helfen Schäfern oder Rinderhaltern, die Herde zusammenzutreiben.

Trüffelhunde
Diese Hunde können im Waldboden wachsende Trüffel erschnüffeln. Das sind seltene Pilze, die als Delikatesse gelten.

Blindenhunde
Diese cleveren Hunde unterstützen blinde Menschen in ihrem Alltag.

Wachhunde
Scharf bellende Hunde sollen Eindringlinge von Privatgrundstücken fernhalten.

Wann wird aus einem Tier **ein Haustier?**

Vermutlich ist jedes Tier, das einen Rufnamen hat, ein Haustier. Die ersten zahmen Tiere gab es bereits vor 14000 Jahren, es waren Schlitten- oder Wachhunde. Mit der Zeit sah man in den Tieren, auf die man sich in bestimmten Situationen verlassen konnte, treue Begleiter und Freunde – Haustiere.

Zahlen

In den USA gibt es **61 080 000 Haushunde**.

In China gibt es **53 100 000 Hauskatzen**.

Ein Kaninchen kann jedes Jahr bis zu **40 Junge** werfen.

Pro Jahr werden in Deutschland etwa **2000 Postboten** von Hunden attackiert.

Ein Käfighamster kann in seinem Rad täglich eine Strecke von **8 km** zurücklegen.

Eine Hauskatze kann eine Geschwindigkeit von bis zu **50 km/h** erreichen.

Katzenfakten

Die **alten Ägypter** waren die Ersten, die Katzen hielten. Sie wurden zum Schutz der Ernte zur Mäusejagd eingesetzt.

Im Mittelalter hielt man Katzen oft für **Hexen**. Sie wurden vor Gericht der Hexerei angeklagt und getötet.

Trinkt eine Katze aus einer Schüssel, schaufeln **kleine Widerhaken** auf der Zunge die Milch nach hinten ins Maul.

Hauskatzen können beim Ein- und Ausatmen **schnurren**. Dies ist ein Zeichen für Zufriedenheit, Angst oder Schmerz.

Katzen halten mit ihrem Schwanz das **Gleichgewicht**. Im Schwanz befinden sich etwa 10 % aller Knochen.

Schlaue Vögel

Sind diese sprechenden Vögel in der Nähe, dann pass lieber auf, was du sagst!

Ara
Wir können einige Worte nachsprechen, noch lieber aber kreischen wir! Unsere Artgenossen sind in Mittel- und Südamerika zu Hause.

Graupapagei
Ich lebe in Zentralafrika. Da ich etwa 1000 Wörter sprechen kann, bin ich zweifellos der intelligenteste Papagei. Ich imitiere auch gern die Geräusche von Haushaltsgeräten.

Kakadu
Uns Kakadus mit den gelben Kämmen gibt es in Australien, Indonesien und Neuguinea. Mit etwas Übung können wir menschliche Stimmen und Tierlaute nachmachen.

Krähe
Krähenarten gibt es rund um den Globus. Wir können Stimmen, aber auch die Laute von Katzen und Hunden und das Kikeriki eines Hahns imitieren.

1824 wurde in Großbritannien die „Royal Society for the Prevention of Cruelty to Animals" (RSPCA) gegründet. Sie war die erste **Tierschutzorganisation** der Welt und setzt sich bis heute für Tierrechte ein.

„Virtuelle" Haustiere

■ Im Internet (oder über entsprechende Computersoftware) kannst du dir ein computeranimiertes Haustier zulegen. Du bekommst Punktabzüge, wenn es Hunger hat.

■ Virtuelle Haustiere lassen sich oft an Schlüsselanhängern tragen. Du musst dich gut um sie kümmern oder sie „Gassi führen". Meist machen sie sich durch Pieptöne bemerkbar.

■ 1975 waren „Steinzeit-Haustiere" der letzte Schrei. Kieselsteine mit aufgeklebten Augen wurden in Baumärkten in Luftlöcher-Pappschachteln verkauft, so als ob es echte Tiere wären. Dazu bekam man eine Anleitung, die erklärte, wie man ihnen Kunststücke beibringen könnte. Ganz schön durchgeknallt …

Wie man **einen Goldfisch mit der Hand füttert**

2. Schwimmt der Fisch heran, lass das Futter fallen. Wiederhole das ein paar Tage immer um dieselbe Zeit. Der Goldfisch wird immer näher kommen.

1. Weiche etwas Fischfutter ein und halte es dann über die Wasseroberfläche. Gehe nicht zu dicht heran, sonst verschreckst du den Fisch.

3. Wenn der Fisch schließlich bis an die Wasseroberfläche stößt, lege ihm das Futter direkt ins geöffnete Maul.

REKORD-HALTER

In den Niederlanden wurde 2003 der **längste Goldfisch** der Welt vermessen – er war 47,4 cm lang.

Beliebte Haustiere – bitte nicht knuddeln!

Salamander
Wird diesem glitschigen Schwanzlurch ein Bein abgetrennt, wächst es wieder nach.

Skorpion
Er trägt einen Stachel am Schwanz und verputzt zum Abendessen jede Menge Käfer, Spinnen und andere Krabbeltiere.

Schlange
Dieser Kaltblüter schafft es hin und wieder, aus Terrarien zu entfliehen – besser keine Würge- oder Giftschlange halten!

Hundertfüßer
Dieser Winzling besitzt 15–200 Beinpaare. Wenn du sie zählst, wird immer eine ungerade Zahl herauskommen!

Vogelspinne
Diesem Krabbeltier sollte man besser nicht über das Fell streichen. Die Haare mancher Arten sondern bei Berührung ein Gift ab.

Kröte
Nicht gerade eine Schönheit, die Kröte. Ihre Ohrdrüsen geben ein milchiges Gift ab, das ihr Fressfeinde vom Leib halten soll.

Hundehelden

Ů Bamse
Der Bernhardiner galt im Zweiten Weltkrieg als mutiger Helfer der norwegischen Marine. So rettete er etwa einen Ertrinkenden auf hoher See.

Ů Balto
Der sibirische Husky war Leithund eines Schlittenhundegespanns, das Medikamente zu kranken Kindern brachte.

Ů Hachiko
Dieser japanische Akita wartete allabendlich auf sein Herrchen – auch noch zehn Jahre nach dessen Tod.

Wellensittich
Wir Wellensittiche stammen aus Australien. Wir sind als Haustiere äußerst beliebt und können lernen, menschliche Stimmen und Pfeiftöne nachzuahmen.

Verrückte Feste

Die Tomatina
Jeden August versammeln sich im spanischen Buñol 20000 Menschen zu einer Tomatenschlacht.

Waikiki Spam Jam
Dieses Fest feiern die Hawaiianer zu Ehren ihres geliebten Pökelfleischs in Dosen. Dabei stellen Köche neue Rezepte vor.

Nacht der Rettiche
Seit dem 16. Jh. schnitzen die Mexikaner zu diesem Fest religiöse Figuren oder Szenen aus Rettichen.

Orangenschlacht
In Ivrea (Italien) treten während des Karnevals im Februar Tausende von Menschen in neun Teams zur Orangenschlacht an.

Käserennen
Im englischen Gloucestershire rollen die Teilnehmer Käselaibe einen steilen Hügel hinunter.

Der erste **Mikrowellenherd** wurde 1947 gebaut. Er war 1,80 m hoch und wog 340 kg.

ALLES KLAR?
Das **Sandwich** wurde im 18. Jh. nach dem 4. Earl of Sandwich benannt, der gern Fleisch zwischen zwei Brotscheiben legte, um die andere Hand zum Kartenspielen frei zu haben.

Seit wann gibt es Eiscreme?

Die gefrorene Leckerei hat vornehme Wurzeln. Es heißt, schon der römische Kaiser Nero (37–68 n. Chr.) habe Eis mit Früchten geliebt. Im 6. Jh. gab der chinesische Kaiser Tang dann Milch hinzu, um das Ganze cremiger zu machen. 1672 ließ der englische König Karl II. Eis bei einem Staatsbankett servieren.

Teures Gewürz
Safran ist das teuerste Gewürz der Welt. 1 g Safran enthält 463 von Hand gepflückte Blütenstempel der Safran (einer Krokus-Art). Die Stempel werden getrocknet und zum Würzen oder Einfärben von Speisen verwendet.

Nudelformen

Pasta liebt jeder, aber wenn man kein Italienisch spricht, weiß man oft nicht, was die Sortennamen bedeuten. So kannst du dir mehr darunter vorstellen:

Campanelle – Glöckchen
Canelloni – große Pfeifen
Manicotti – Ärmel
Tortellini – kleine Kuchen
Penne – Schreibfedern
Conchiglie – Muscheln
Farfalle – Schmetterlinge
Radiatori – Strahler
Fusilli – Gewehre
Rotelle – Räder
Linguini – kleine Zungen
Vermicelli – Würmchen
Orecchiette – Öhrchen
Ditalini – Fingerchen
Gomito – Ellbogen
Spaghetti – Fädchen
Capellini – Härchen
Fettucine – Schleifchen

Krabbeltier-Snacks

In Thailand oder auch in Mexiko sind Insekten – getrocknet, geröstet oder eingelegt – ein beliebter Snack.

Knusprige Vogelspinne
Zur gebratenen Spinne wird eine scharfe Soße gereicht.

Geröstete Grashüpfer
Mit Sojasoße und Pfeffer eine wahre Delikatesse

Dicke Maden
Richtig lecker schmecken sie in frischem Salat oder auf Toast.

Bambusraupen
Köstlich schmecken sie gebraten und mit Tom-Yam gewürzt.

Krosse Skorpione
Getrocknet und mit Dip serviert, gibt's hier was zu Knabbern.

Wie man **mit Stäbchen isst**

1. Halte ein Stäbchen so, dass es zwischen Daumen und dem oberen Teil des Ringfingers liegt.

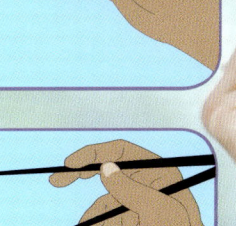

2. Halte das andere Stäbchen wie abgebildet zwischen Daumen und Mittelfinger.

3. Richte beide Stäbchen parallel zueinander aus – und ahme das Zuschnappen eines Krokodilmauls nach.

4. Klemme einen Happen zwischen die Stäbchen, als ob du eine Zange benutzt. Führe den Bissen zum Mund.

REKORD-HALTER

Die **weltgrößte Pizza** wurde 1990 in Südafrika gebacken. Sie hatte einen Durchmesser von 37,3 m. 40 000 Menschen konnten von ihr essen.

Chinesisch – *gan bei*
Japanisch – *kanpai*
Thai – *che loong*
Armenisch – *ge natz*
Serbisch – *ji ve li*
Spanisch – *salud*
Englisch – *cheers*
Italienisch – *salute*
Bengalisch – *joy*
Kenia – *hey is jambo*

Zehnmal „**Prost**"

Delikatesse

In der chinesischen Küche werden die Eier von Hühnern, Gänsen oder Enten in Kalk, Asche und Salz eingelegt und dann 100 Tage vergraben. Diese Eier werden auch **Tausendjährige** oder **fermentierte Eier** genannt.

Spannende Geschichte

1776 In New York (USA) eröffnete die erste Eisdiele der Welt.

1847 Der Engländer Joseph Fry stellte Schokoriegel als „Massenware" her.

1911 Die US-Firma General Electric baute den ersten Kühlschrank für Privathaushalte.

1919 Der Amerikaner Charles Strite erfand den Pop-up-Toaster.

1928 Otto Rohwedder erfand in Iowa (USA) die erste Brotschneidemaschine.

1948 In den USA öffnete das erste Drive-in-Burgerrestaurant mit Mikrofonschalter.

Geschichte

Wer errichtete **Stonehenge?**

Der Steinkreis von Stonehenge wurde vor etwa 5000 Jahren von Ackerbauern in Südengland errichtet – eine erstaunliche Leistung, die sorgfältige Planung, bautechnisches Verständnis und harte körperliche Arbeit vieler Menschen erforderte. Das alles deutet darauf hin, dass diese Stätte von großer Bedeutung für ihre Erbauer gewesen sein muss.

Sturz: quer liegender Stein, der auf Holzplattformen hinaufgehievt wurde

Trilith: Steintor aus zwei aufrecht stehenden und einem quer liegenden Stein

Steinblöcke: behauen, damit sie nahtlos passen

Äußerer Kreis: War ursprünglich vollständig mit Steinen besetzt.

Fünf Steinmonumente aus der ganzen Welt

Cheops-Pyramide
Sie wurde um 2560 v. Chr. für den ägyptischen Pharao Cheops errichtet und besteht aus etwa 2 300 000 gewaltigen Steinblöcken.

Sonnenpyramide
Die riesige Pyramide wurde um 300 in der altmexikanischen Stadt Teotihuacán gebaut, der damals größten Stadt Mittelamerikas.

Maya-Pyramide
Die Maya aus Mittelamerika errichteten ihre prächtig verzierten Tempel auf dem Plateau steilwandiger Stufenpyramiden.

Inka-Mauern
Die Inka aus Peru setzten die Steinblöcke für ihre Mauern so dicht aneinander, dass nicht einmal eine Messerklinge dazwischen passt.

Groß-Simbabwe
Die etwa 700 Jahre alte Stadt war das Zentrum eines durch Goldvorkommen wohlhabenden afrikanischen Königreichs.

In der **Steinzeit** fertigten die Menschen ihre Werkzeuge und Waffen meist aus Stein an (aber auch aus Holz, Muscheln und Knochen). Die Steinzeit wird in drei Abschnitte unterteilt: die Altsteinzeit, die Mittelsteinzeit und die Jungsteinzeit.

Alles über **Stonehenge**

Niemand weiß, weshalb Stonehenge gebaut wurde. Vielleicht war es eine Art Sternwarte oder eine religiöse Stätte, an der Menschen geopfert wurden. Zur Winter- und Sommersonnenwende fallen die Sonnenstrahlen genau ins Zentrum.

Spannende Geschichte

vor etwa 2,6 Mio. Jahren
Beginn der Altsteinzeit. Frühe menschliche Vorfahren in Afrika benutzten die ersten Steinwerkzeuge.

vor 40 000 Jahren
Der moderne Mensch (*Homo sapiens*) verbreitete sich von Afrika aus nach Asien, Europa und Australien.

vor 30 000 Jahren
Jäger nutzten Werkzeuge aus Stein, Knochen und Geweihen. Erste Höhlenmalereien

vor etwa 10 000 Jahren
Beginn der Mittelsteinzeit. Im Nahen Osten wurde erstmals Ackerbau betrieben.

8500 v. Chr.
Im Nahen Osten wurden Weizen und Gerste angebaut und Rinder, Schafe und Schweine gehalten.

6500 v. Chr.
Erster Reisanbau in China

um 4500 v. Chr.
Beginn der Jungsteinzeit. Der Ackerbau verbreitete sich in ganz Europa.

Kreis: Bestand ursprünglich aus 60–80 grauen Steinen.

KAUM ZU GLAUBEN!

Entgegen der weitverbreiteten Vermutung hat die Errichtung von Stonehenge nichts mit **Druiden** (keltischen Priestern) zu tun. Die Druiden lebten erst 1000 Jahre später in dieser Gegend.

Blausteine: Stammen aus den 386 km entfernten Preseli-Bergen in Wales.

Sarsenstein: Aufrecht stehend, aus einem 30 km entfernten Steinbruch, vermutlich auf Holzwagen oder -schlitten transportiert

Innerer Kreis: hufeisenförmig, fünf Trilithe

Äußere Steine: Wurden 2550 v. Chr. anstelle eines früheren Kreises aus Holzpfählen aufgestellt.

Steinzeit-Kunst

■ Der älteste je gefundene Schmuck sind Perlen aus Straußeneierschalen, die man in einer Ausgrabungsstätte in Kenia fand. Die Perlen sind etwa 46 000 Jahre alt.

■ In der Chauvet-Höhle in Südfrankreich finden sich einige der ältesten je entdeckten Höhlenmalereien, sie sind etwa 30 000 Jahre alt.

■ Die Höhle von Lascaux im Südwesten Frankreichs darf seit 1963 nicht mehr betreten werden, weil die Malereien durch den Besucheransturm gefährdet waren. In einem Besucherzentrum lässt sich aber eine genaue Rekonstruktion der Bilder von Rindern, Mammuts und Hirschen bestaunen.

Große Fortschritte

✎ In der Jungsteinzeit wurden die Menschen sesshaft und bauten ihre Nahrung an (in Europa um 4500–2000 v. Chr.).

✎ Dies führte zu einer Reihe von Erfindungen wie Töpferwaren (um Getreide aufzubewahren), Karren (für schwere Lasten) und Pflüge.

✎ Zwischen 1550 und 700 v. Chr. begannen die Menschen Werkzeuge aus Kupfer und Bronze zu fertigen. Schließlich verbreitete sich auch die Verwendung von Eisen – die alten Steinwerkzeuge konnten entsorgt werden!

Wie man einen Faustkeil herstellt

1. Suche dir zunächst einen handgroßen Feuerstein aus. Nimm dann einen harten, schweren Stein, um den Feuerstein zu bearbeiten.

2. Klopfe mit dem zweiten Stein seitlich gegen den Feuerstein und schlage große breite Stücke ab.

3. Entferne an beiden Seiten weitere Abschläge, bis der Feuerstein die Form einer Birne hat – an einem Ende abgerundet, am anderen spitz zulaufend.

4. Nimm für die Feinarbeit einen kleinen harten Stein und gehe damit über die Kanten des Feuersteins, um kleine Unebenheiten zu glätten.

5. Dein Faustkeil ist fertig. Dieses Werkzeug ist vielseitig einsetzbar und wird daher auch „Schweizer Taschenmesser der Steinzeit" genannt.

Mächtige Megalithe

■ Prähistorische Steinmonumente werden Megalithe genannt (griechisch für „großer Stein").

■ Megalithe findet man in vielen Teilen des westlichen Europas. Zu ihnen gehören Menhire (einzelne aufrecht stehende Steine), Dolmen (zwei oder mehr Steinblöcke, auf denen andere Steine quer liegen), Ganggräber und Steinkreise.

■ Das Ganggrab Newgrange in Irland wurde so errichtet, dass zur Wintersonnnenwende (kürzester Tag des Jahres) bei Sonnenaufgang ein Lichtstrahl durch eine Öffnung fällt und die Kammer erhellt.

■ In der Bretagne (Westfrankreich) gibt es viele beeindruckende Megalithe. Am geheimnisvollsten sind die bei Carnac, wo mehr als 3000 Steine in kilometerlangen Reihen aufgestellt wurden.

Wusstest du das?

Forscher haben ein in einer Höhle in Oregon (USA) gefundenes, 14 300 Jahre altes Stück Menschenkot untersucht. Der wissenschaftliche Name für versteinerten Kot ist Koprolith.

Frühe Schriften

Kultur	Sumerer (Irak)	Ägypter	Chinesen	Griechen	Olmeken (Mexiko)
Schriftart	Keilschrift	Hieroglyphen	Piktogramme	Alphabet	Glyphen (Symbole)
Zeit	3200 v. Chr.	3000 v. Chr.	1400 v. Chr.	800 v. Chr.	500 v. Chr.
Art der Niederschrift	mit Schilfrohrgriffel auf feuchten Ton	in Stein und mit Schilfrohrgriffel auf Papyrus	in Knochen geritzt	in Stein geritzt	in Steintafeln geritzt

Die Allerersten

Vor mehr als 5000 Jahren begannen sumerische Bauern in Mesopotamien (heute Irak) damit, Bilder in **Tontafeln** zu ritzen. Die Bilder sollten helfen, den Überblick über Getreidevorräte oder die Anzahl der Schafe zu behalten.

Wann wurde **die Schrift** erfunden?

Es gab mehrere „erste Schriften", die sich unabhängig voneinander in unterschiedlichen Regionen und zu verschiedenen Zeiten entwickelten. Die frühesten bestanden aus Bildsymbolen (Piktogrammen), geritzt in feuchten Ton oder in Stein. Mit der Zeit entstanden so immer komplexere Schriftsysteme.

Clevere Sumerer

Im Lauf der Zeit kamen die sumerischen Schreiber darauf, dass es einfacher war, keilförmige Striche in den feuchten Ton zu ritzen als die aufwendigen Bildchen – zudem ging es schneller. Diese frühe Schriftform wird **Keilschrift** genannt.

Frühe Schriften dienten dazu, …

1 den Überblick über Güter und Viehbestände zu behalten.

2 Gesetze niederzuschreiben.

3 Steuerlisten für Güter zu erstellen.

4 Nachrichten über weite Strecken zu übermitteln.

5 anderen Herrschern zu schreiben.

6 literarische Werke zu schaffen.

7 Ereignisse und Herrschernamen festzuhalten.

8 über die Vergangenheit, die Götter und die Schöpfung zu schreiben.

Alles über **die altägyptische Schrift**

▢ **Sie wird Hieroglyphenschrift genannt (altgriech. für „heilige Gravuren")**

▢ Man glaubte, Thot, der Gott der Wissenschaft und der Schreiber, habe die Hieroglyphen erfunden.

▢ **Es gab über 700 Zeichen, die man von links nach rechts, von rechts nach links und von oben nach unten lesen konnte.**

▢ Später entwickelten die Ägypter die hieratische Schrift. Sie war einfacher und wurde von rechts nach links gelesen.

Sprachdetektive

Nach dem Untergang des alten Ägyptens konnte man die Hieroglyphen nicht mehr entziffern – bis der französische Gelehrte Jean-François Champollin 1822 den **Stein von Rosetta** dechiffrierte. Das war ein Granitblock, auf dem derselbe Text in drei Schriften (Hieroglyphen, demotische Schrift und Altgriechisch) eingraviert war. Champollin knackte den Hieroglyphen-code durch das Altgriechische.

Chinesische Schrift

✎ Die ersten „Schriften" waren in Rinderknochen geritzt, die als Orakel, also zur Zwiesprache mit den Göttern, benutzt wurden.

✎ Um 500 v. Chr. schrieben die Chinesen mit Tinte und Pinsel auf Bambusstreifen, die zu einer Schriftrolle gebunden waren.

✎ Es gibt insgesamt über 87 000 chinesische Schriftzeichen.

✎ Es gibt 12 Basisstriche, um die Zeichen zu malen. Ein einzelnes Zeichen kann aus bis zu 64 Strichen bestehen.

Indus-Schrift

Die Menschen, die um 2600 v. Chr. im Indus-Tal (Südasien) lebten, verwendeten als Schrift kleine Steinsiegel mit Tiergravuren. Bislang konnte niemand die Zeichen deuten.

Etruskische Schrift

Die Etrusker lebten vor den Römern in Italien. Sie verwendeten eine Form des altgriechischen Alphabets und hinterließen Tausende Steininschriften. Die Entzifferung ist lückenhaft.

Rongorongo

Diese Schrift verwendeten die Bewohner der Osterinsel im Pazifik. Sie wurde in den 1860er-Jahren entdeckt und ist bis heute nicht ganz entziffert.

Wie man **Papyrus herstellt**

1. Schneide ein Schilfrohr mit der Sichel ab und entferne das obere Ende.

2. Schneide das Rohr auf eine Länge von 50 cm und entferne die äußere Hülle. Schneide das Rohr in Streifen.

3. Breite die Streifen in einer Schicht aus und lege eine zweite Schicht quer darüber.

4. Lege ein Leinentuch darüber und drücke in einer hölzernen Presse den Saft heraus, das verklebt die Streifen miteinander. In der Sonne trocknen lassen.

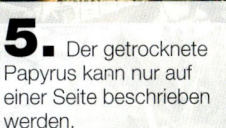

5. Der getrocknete Papyrus kann nur auf einer Seite beschrieben werden.

KAUM ZU GLAUBEN!

Die Inka aus Peru lernten nie zu schreiben, sie verwendeten **Quipu** („sprechende Knoten"), um etwas festzuhalten. Jedes Quipu bestand aus Hunderten, manchmal Tausenden verknoteter farbiger Fäden aus Lama- oder Alpacawolle.

REKORD-HALTER

Das älteste bekannte literarische Werk ist das *Gilgamesch-Epos*, eine lange Erzählung aus Sumer. Es entstand um 2000 v. Chr.

Das Alphabet

1 Das Alphabet stammt vermutlich von den Kanaanitern, die vor 4000 Jahren am Mittelmeer lebten.

2 Sie fanden es praktikabler, eine Schrift zu verwenden, die nicht mehr als 30 Buchstaben oder Lautzeichen hat.

3 Um 400 v. Chr. hatte das Alphabet die Keilschrift im ganzen Nahen Osten abgelöst.

4 Durch die Phönizier, die in der Gegend des heutigen Libanon lebten, gelangte es nach Griechenland und wurde zum Vorläufer aller modernen europäischen Alphabete.

Fakten

Den Verfall aufhalten

1 Die Ägypter entfernten Leber, Lunge, Eingeweide und Magen und legten sie in Kanopen (vasenartige Gefäße).

2 Das Gehirn wurde durch die Nase aus dem Kopf gezogen und weggeworfen, weil man es für wertlos hielt. Das Herz beließ man im Körper, da es als Zentrum des Fühlens und Denkens galt.

3 Den Körper wusch man mit Palmwein und Gewürzen und bedeckte ihn für 40 Tage mit Natron, einem Salz, das austrocknet und Bakterien abtötet.

4 Der getrocknete Körper wurde mit Öl eingerieben, um die Haut zu erhalten.

5 Man füllte ihn mit Stoffen, Sand oder Sägespänen, um die Form zu bewahren, und wickelte ihn in Binden.

Kanopen

Leber · Lunge · Eingeweide · Magen

Was ist eigentlich eine Mumie?

Bei dem Wort „Mumie" denkt man meist an einbalsamierte Körper im alten Ägypten. Viele alte Kulturen verfuhren jedoch so mit ihren Toten, meist, um sie auf das Jenseits vorzubereiten. Manchmal blieben Körper auch auf natürliche Weise erhalten, im Moor oder Eis.

Tiermumien
In Ostasien fand man sogenannte **Meerjungfrau-Mumien.** Sie waren aus unterschiedlichen Tieren zusammengesetzt worden, etwa aus dem Oberkörper eines Affen und dem Schwanz eines Fisches.

Rundum versorgte Mumien

Die Mumien der alten Ägypter wurden mit Gegenständen bestattet, die ihnen im Jenseits nützlich sein konnten.

■ Sklavenstatuetten (unten) sollten dafür sorgen, dass dem Toten im Jenseits ein Diener zur Verfügung stand.

■ Man legte Brot und Feigen mit ins Grab und malte Bilder von Speisen an die Wände, damit die Mumie nicht Hunger leiden musste.

■ Auch Spiele zum Zeitvertreib wurden den Toten mitgegeben.

■ Üblich waren als Grabbeigaben auch Kämme, Spiegel, Perücken und Make-up.

Alles über ägyptische Mumien

Nachdem die Mumie in Binden eingewickelt worden war, legte man ihr eine Maske aufs Gesicht und Amulette an, die den Körper vor dem Bösen schützen und Glück bringen sollten.

Totenhemd: oberste Schicht Stoff, die den Toten umhüllt

Uschebti: Statuette eines Sklaven, der dem Toten im Jenseits dienen soll

Schild des Anubis: schakalköpfiger Gott der Totenriten und Wächter über die Grabstätten

Skarabäus: Symbol für die Wiedergeburt

Nut: Die Himmelsgöttin legt ihre Flügel um die Mumie.

Ringe: Persönlicher Schmuck wurde mit ins Grab gegeben.

Goldmaske: Durch sie erkennt die Seele des Toten ihre Mumie wieder.

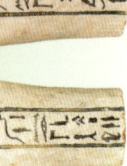

Mumien überall

Viele Kulturen wollten ihre Toten erhalten:

■ **Grönland** Die Inuit versuchten, die toten Körper für das Leben im „Land der Toten" zu konservieren.

■ **China** Im 2. Jh. v. Chr. wurde eine Prinzessin in einem Sarg aus Jade bestattet, weil man fälschlicherweise annahm, dass der Edelstein sie mumifiziere.

■ **Kreta** Jedes Jahr tragen Christen in einer kretischen Stadt die Mumie eines Heiligen in einer Prozession durch die Straßen.

■ **Anden** Auch in den alten Kulturen Kolumbiens, Perus, Ecuadors und Chiles wurden Tote konserviert. Die Inka glaubten, ihr toter König sei ein Gott. Sie beteten seine Mumie an, um ihn am Leben zu halten.

■ **Sizilien** Vor etwa 400 Jahren kam auf der Insel Sizilien die Mumifizierung in Mode. Heute kann man in den Katakomben von Palermo über 6000 Mumien bestaunen.

■ **Zentralasien** Skythische Nomaden, die vom 7.–3. Jh. v. Chr. durch Zentralasien zogen, wurden oft zusammen mit ihren Pferden konserviert.

Wusstest du das ?

Die Leinenbinden einer in New York aufgewickelten Mumie besaßen eine Gesamtfläche von 895 m² – mit ihnen hätte man drei Tennisplätze bedecken können.

Der Fluch der Mumie

1923 starb Lord Canarvon, der das Grab einer der Ersten, die das Grab betreten hatten, plötzlich und unerwartet. Es hieß, er sei durch einen Fluch getötet worden, weil er die Totenruhe des Pharaos gestört hatte. **Tutanchamuns**

Fünf Arten der natürlichen Konservierung

1 Im Sand vergraben
In der Wüste trocknen Tote schnell aus, da die Bakterien, die für Verwesung sorgen, nicht überleben.

2 Moorleichen
In Hochmooren, wo es wenig Sauerstoff gibt, blieben Körper für Tausende von Jahren erhalten.

3 Ewiges Eis
In sehr kalten Regionen wie der Arktis schreitet die Verwesung nicht voran.

4 Gefriergetrocknet
Manchmal reichen schon sehr kalte und trockene Bedingungen für eine Konservierung.

5 Versteinert
Im Jahr 79 wurden die Bewohner von Pompeji (Italien) unter Vulkanasche vergraben und versteinerten.

Aufgebahrt und aufbewahrt

Eva Perón (Evita)
Die Ehefrau des argentinischen Präsidenten war im Volk sehr beliebt. Nach ihrem Tod 1952 wurde sie einbalsamiert, damit die Argentinier sie weiter betrachten konnten.

Wladimir Lenin
Als der russische Revolutionsführer Wladimir Lenin 1924 starb, wurde sein Körper konserviert. Heute noch kann man die Mumie am Roten Platz in Moskau besichtigen.

Abraham Lincoln
Als der US-amerikanische Präsident 1865 ermordet wurde, balsamierte man die Leiche ein, sodass sich noch viele Menschen von ihm verabschieden konnten.

Tutanchamun
1922 fand man das völlig unberührte Grab dieses ägyptischen Pharaos. Er war mit all seinen Schätzen bestattet worden und trug eine Maske aus purem Gold.

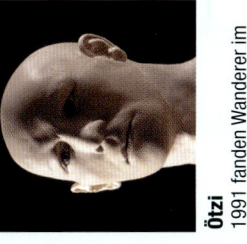

Ötzi
1991 fanden Wanderer im Eis eines schmelzenden Alpengletschers eine Mumie. Der Tote hatte 5300 Jahre im Eis gelegen und wurde später Ötzi genannt.

Die Körper dieser Menschen blieben nach ihrem Tod erhalten.

Tiermumien im alten Ägypten

Ibis
Viele Tiere wurden als Botschafter der Götter angesehen. Der Ibis war dem Gott der Schreiber, zugeordnet. In einer Kultstätte fand man 1,75 Mio. Ibis-Mumien!

Schakale
Der Schakal symbolisierte Anubis, den Gott der Einbalsamierung, und wurde als lebendes und totes Tier verehrt.

Fisch
In einigen Regionen galten sogar Fische als heilig. Sie wurden einbalsamiert und den Göttern geopfert.

Krokodile
Nilkrokodile waren die Tiere des Flussgottes Sobek. Die längste je gefundene Krokodilmumie war 4,6 m lang.

Katzen
Katzen balsamierte man zu Ehren der Katzengöttin Bastet ein, aber auch, weil sie beliebte Haustiere waren – sie sollten ihrem Besitzer im Jenseits Gesellschaft leisten.

Wer baute die ersten **Städte?**

Die Sumerer – ein Volk, das vor mehr als 5000 Jahren im Süden Mesopotamiens (heute Irak) lebte. Die Sumerer erfanden auch Karren mit Rädern und eines der frühesten Schriftsysteme der Welt. Das alles zeigt, dass es sich bei ihnen um die erste wirkliche Hochkultur handelt.

ALLES KLAR?

Mesopotamien bedeutet „Zweistromland". Der Begriff bezieht sich auf die fruchtbaren Überschwemmungsgebiete zwischen Euphrat und Tigris.

Die **Phönizier** waren eine Nation von Seefahrern und Kaufleuten und berühmt für die Farbe Purpur. Den Farbstoff gewannen sie aus Purpurschnecken, die sie in großen Bottichen sammelten und darin verrotten ließen – ein übler Gestank!

Alles über **Teotihuacán**

Im Jahr 300 erstreckte sich die Stadt Teotihuacán über eine Fläche von 31 km² und war damit die größte Stadt Mittelamerikas. Alle Gebäude in der Stadt waren bunt angemalt, viele davon mit mythologischen Szenen.

REKORD-HALTER

Die **Sonnenpyramide** in der Stadt Teotihuacán war mit 63 m die höchste Pyramide in Mittelamerika. Ein Tunnel unter der Pyramide führt zu Kammern, in denen einst religiöse Zeremonien vollzogen wurden.

Lebst du in einer Hochkultur?

Dein Volk hat das Jagen und Sammeln aufgegeben und lebt nun von Viehzucht und Ackerbau. Seid ihr schon eine Hochkultur? Kreuze an, was auf euch zutrifft, und finde es heraus (Ergebnis nächste Seite unten)!

- [ ] Ihr baut Städte und eure Bauern pflanzen genug an, um die Stadtbevölkerung zu versorgen.
- [ ] Ihr habt einen König und eine mächtige Regierung.
- [ ] Eure Herrscher lassen prachtvolle Grabstätten für sich erbauen.
- [ ] Ihr habt Priester, die religiöse Rituale für die Götter pflegen.
- [ ] Ihr verfügt über technische Fähigkeiten und könnt Arbeitsgruppen für den Tempelbau organisieren.
- [ ] Eure Waffen sind aus Bronze und mit Schmuckelementen verziert.
- [ ] Ihr habt eine Armee, die gegen Nachbarstaaten kämpfen kann.
- [ ] Ihr haltet Wichtiges schriftlich fest und kennt Gesetze.

Spannende Geschichte

3400 v. Chr.
In Mesopotamien entstanden erste Städte.

2600–1800 v. Chr.
Im Industal (Südasien) entwickelten sich städtisch geprägte Hochkulturen.

um 2530 v. Chr.
In Ägypten wurde die Cheops-Pyramide gebaut.

2000–1600 v. Chr.
Blütezeit der minoischen Kultur im Mittelmeerraum.

1766–1122 v. Chr.
Shang-Dynastie in China.

1400–800 v. Chr.
Erste Reiche in Mexiko – das der Olmeken und das der Zapoteken.

900–800 v. Chr.
In Griechenland entstanden Stadtstaaten.

559–530 v. Chr.
Die Perser eroberten Mesopotamien.

509 v. Chr.
Gründung der Römischen Republik.

490 v. Chr.
Sieg der Griechen über die Perser in der Schlacht von Marathon.

334–330 v. Chr.
Alexander der Große eroberte Ägypten und Persien.

221 v. Chr.
Qin Shihuangdi (der erste Kaiser) einte China.

30 v. Chr.
Die Römer eroberten Ägypten – das Ende einer 3000 Jahre alten unabhängigen Hochkultur.

Befestigte Städte

Die Herrscher der chinesischen **Shang-Dynastie** (1766–1122 v. Chr.) errichteten große Städte und umgaben sie mit einem starken Erdwall. Innerhalb des Walls standen Paläste, Werkstätten und Wohnhäuser.

Erste Münzen

Die frühen Kulturen kannten noch kein Geld. Man trieb Handel, indem man Waren tauschte. Die ersten Münzen wurden um 650 v. Chr. in Lydien (heute Türkei) geprägt.

Quetzalcoatl
Dieser steinerne Kopf gehört zu Quetzalcoatl, einer Gottheit, deren Name „leuchtende Schwanzfederschlange" bedeutet.

Totenmasken
Die Bewohner von Teotihuacán bedeckten die Gesichter ihrer Toten mit Masken wie dieser, die aus Türkisen und Korallen besteht.

Wandgemälde
Zu den Malereien, die man in Teotihuacán entdeckte, gehören auch Bilder von Menschen, Göttern und Tieren, z. B. Kojoten und Jaguaren.

Minoer und Mykener

1 Die Minoer, die auf der Insel Kreta lebten, waren die erste europäische Hochkultur.

2 Ihre Könige ließen prächtige Paläste mit Wandgemälden bauen.

3 Die Minoer waren geschickte Seefahrer und trieben im Mittelmeerraum Handel.

4 Viele minoische Paläste wurden um 1700 v. Chr. zerstört – vermutlich durch einen Vulkanausbruch auf der Nachbarinsel Thera.

5 Mit der Invasion der Mykener auf Kreta endete um 1450 v. Chr. die minoische Kultur.

6 Die Mykener waren ein Kriegervolk vom griechischen Festland.

7 Sie lebten in befestigten Palästen und liebten Gold, die Jagd und den Krieg.

8 Ihre Hochkultur brach 1200 v. Chr. zusammen, als der östliche Mittelmeerraum von den sogenannten Seevölkern angegriffen wurde.

Mohenjo-Daro
Von 2600 v. Chr. an kam es im Industal in Asien erstmals zum geplanten Bau von Städten. Mohenjo-Daro ist die am besten erhaltene **Indus-Stadt**. Sie wurde nach einem Raster entworfen und hatte wohl 40 000 Einwohner. Es gab Häuser aus Lehmziegeln, Tempel, Werkstätten und ein beheiztes öffentliches Badehaus.

Sieben Weltwunder der Antike

1 Cheops-Pyramide von Giseh (oben) Um 2530 v. Chr. in Ägypten erbaut

2 Hängende Gärten der Semiramis Sie sollen zum Palast von König Nebukadnezar II. gehört haben.

3 Zeusstatue 435 v. Chr. vom griechischen Bildhauer Phidias geschaffen

4 Tempel der Artemis in Ephesos Im Jahr 262 von den Goten zerstört

5 Mausoleum von Halikarnassos Marmorgrab von König Mausolos

6 Koloss von Rhodos Riesige Bronzestatue des Sonnengotts Helios

7 Leuchtturm von Alexandria Das zweithöchste Gebäude nach den Pyramiden, zerstört im Jahr 1365

Kriege und Schlachten

10 Die frühen Stadtstaaten Mesopotamiens führten häufig Kriege um Trinkwasser und die Kontrolle über den Handel.

10 Um 1700 v. Chr. wurden im Kampf leichte, zweirädrige Streitwagen eingesetzt.

10 Der Kompositbogen aus Zentralasien – ein kurzer Bogen, der sich biegen ließ, ohne zu brechen – verbreitete sich im Nahen Osten.

10 Um 1000 v. Chr. wurden die ersten Eisenschwerter verwendet. Sie waren schärfer als Bronzeschwerter und günstiger herzustellen.

10 Um 500 v. Chr. kam in China die erste Armbrust zum Einsatz.

10 Die Griechen kämpften mit langen Speeren. Sie griffen Feinde in einer dichtgeschlossenen Kampfformation an – der Phalanx, einer Wand aus Schilden.

10 Seegefechte trugen die Griechen auf Kriegsschiffen aus, die man als Triremen bezeichnet.

10 Die Römer verfügten über die erste professionelle Armee der Welt.

Goldene Totenmaske der Mykener

Griechen gegen Römer

Wer hat mehr geleistet – Griechen oder Römer? Die Griechen waren große Denker und Philosophen, die Römer geschickte Architekten und Ingenieure. Entscheide selbst, wessen Ideen besser waren.

Griechische Errungenschaften

1 Philosophie
Für die alten Griechen vereinigte die Philosophie („Liebe zur Weisheit") alle Aspekte des Lebens, inklusive Religion und Wissenschaften. Die berühmtesten griechischen Philosophen waren Sokrates, Aristoteles und Platon (rechts).

2 Architektur
Die Griechen bauten große, steinerne Tempel wie den Parthenon (links) in Athen. Die Proportionen der Gebäude wurden ganz genau berechnet, um Ausgewogenheit und Eleganz auszustrahlen.

3 Politik
Das alte Griechenland bestand aus Hunderten einzelner Stadtstaaten. Jeder von ihnen hatte eigene Gesetze und einen eigenen Herrscher. Unser Wort „Politik" kommt von dem griechischen Wort *polis,* was „Stadtstaat" bedeutet.

4 Mathematik
Viele mathematische Grundgesetze wurden von Griechen aufgestellt. Mathematiker wie Euklid oder Pythagoras machten bahnbrechende Entdeckungen in der Geometrie.

5 Theater
Die Griechen bauten Freilufttheater (oben), in denen als Teil religiöser Feierlichkeiten Stücke aufgeführt wurden. Viele griechische Dramen werden auch heute noch gespielt.

6 Medizin
Der griechische Arzt Hippokrates gilt heute noch als „Vater der Medizin". Er glaubte, dass es für jede Krankheit eine rationale Erklärung gebe, und studierte die Symptome seiner Patienten.

7 Archimedische Schraube
Die schraubenförmige Maschine transportiert Wasser in die Höhe. Archimedes soll sie erfunden haben. „Heureka!" (Ich hab's gefunden!) hat er angeblich gerufen, als er ein mathematisches Problem gelöst hatte.

8 Töpferwaren
Die Griechen waren berühmt für ihre reich verzierten Töpferwaren, die oft Alltagsszenen zeigten – schwarze Figuren auf gelb-orangefarbenem Untergrund.

9 Olympische Spiele
Die ersten Olympischen Spiele der Geschichte fanden 776 v. Chr. in Griechenland statt. Die schwierigste Disziplin war der Fünfkampf – Springen, Laufen, Ringen, Diskus- und Speerwerfen.

10 Geschichte
Die Griechen brachten die ersten wirklichen Geschichtsschreiber hervor, die detailliert über die damalige Zeit berichteten. Herodot war der erste Historiker, der Prosatexte statt Verse verfasste.

1 Aquädukte
Römische Ingenieure bauten riesige Aquädukte (Leitsysteme), um Städte mit Wasser zu versorgen. Wie viele römische Gebäude wurden auch Aquädukte von Steinbögen gestützt.

2 Straßen
Das Römische Reich war von gepflasterten Straßen mit einer Gesamtlänge von 88 500 km durchzogen. Das Straßennetz ermöglichte es den Soldaten, zügig voranzukommen.

3 Zement
Die Römer stellten Zement aus einer Mischung aus Kalk, Vulkanasche und gemahlenem Ziegelmehl her. Sie erfanden auch einen Zement, der im Wasser aushärtet, wodurch er sich gut für den Bau von Häfen eignete.

4 Zentralheizung
Öffentliche Badehäuser und die Villen reicher Römer hatten eine Fußbodenheizung, die man Hypokaustum nannte. Ein unterirdischer Heizraum erwärmte den Boden. Die heiße Luft strömte durch Wandkanäle nach oben ab.

5 Kuppeln
Die Römer waren die ersten, die Gebäude mit kuppelförmigen Dächern errichteten. Die riesige Kuppel des Pantheons in Rom enthält 140 Kassetten, die das Gewicht verringern.

6 Wohnblöcke
Da in Rom Platzmangel herrschte, bauten die Römer sechs- oder siebenstöckige Wohnhäuser. Die Wohnungen verfügten über kein fließendes Wasser und viele waren heillos überfüllt.

7 Römisches Recht
Die Römer haben das Rechtssystem zwar nicht erfunden, doch ihr im ganzen Reich verbreitetes System hatte starken Einfluss auf alle späteren westlichen Rechtsordnungen.

8 Bücher
Im 2. Jh. stellten die Römer bereits gebundene Bücher her (Kodizes). Die zusammengehefteten Seiten ließen sich viel leichter lesen und handhaben als Schriftrollen.

9 Kalender
Unser heutiger Kalender basiert auf dem julianischen Kalender, den Gaius Julius Cäsar im Jahr 45 v. Chr. einführte. Zuvor hatte das römische Jahr nur 355 Tage gehabt.

10 Glas
Auch wenn sie nicht die Ersten waren, die Glas benutzten, entwickelten die Römer die Glasbläser-Technik entscheidend weiter und erfanden das Fensterglas. Es heißt, sie hätten sogar die Formel für unzerbrechliches Glas entdeckt!

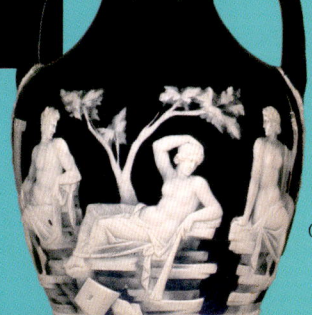

Weshalb baute man im Mittelalter **Burgen?**

Burgen waren große, befestigte Gebäude, in denen Könige und Adlige mit ihren Familien, Wachleuten und Dienern lebten. Sie sollten Schutz vor feindlichen Armeen bieten und den Status ihrer Bewohner verdeutlichen – je mächtiger die Burg, umso bedeutender der Besitzer.

Rund um den Burgenbau

1 Die ersten mittelalterlichen Burgen in Europa waren aus Holz und standen meist auf einem Hügel.

2 Später baute man Burgen aus Stein mit einem großen Wehrturm (Bergfried).

3 Mit der Zeit kamen mehr Türme und Festungsmauern hinzu.

4 Nach der Rückkehr von den Kreuzzügen im Nahen Osten ahmten die europäischen Soldaten den muslimischen Burgenbaustil nach.

5 Der Tower von London (oben), erbaut von Wilhelm dem Eroberer, ist die bedeutendste Burg Englands.

Alles über das Innere einer Burg

Im Europa des Mittelalters hatten Burgen meist großzügige Privatgemächer für den Burgherrn und seine Gäste, eine Kapelle, Lagerräume und einen Festsaal.

Mitbringsel
Von den Kreuzzügen brachte man allerlei neue Dinge aus dem **Nahen Osten** mit nach Hause, darunter Gewürze, Kosmetik (Henna), Duftstoffe und Wandteppiche (für kühle Burgwände).

Rittersaal: Der größte Raum der Burg wurde für Bankette genutzt.

Gemächer des Burgherrn

Wachraum: Hier aßen und schliefen die Wachleute.

Mordloch: Durch diese Öffnung goss man kochendes Wasser oder Öl auf Angreifer.

Keller: Diente als Vorratsraum.

Burgen und Schlösser

Rotes Fort (Indien)
Erbaut für die indischen Mogulkaiser

Carcassonne (Frankreich)
Eine befestigte Stadt aus dem Mittelalter mit Wall und 53 Türmen

Burg Himeji (Japan)
Japanische Burg, die berühmt für ihre weißen Mauern ist

Krak des Chevaliers (Syrien)
Größte und beeindruckendste Burg aus der Zeit der Kreuzzüge

Wusstest du das?

Die Burgtoiletten waren kleine Räume, in denen z. B. Kleidung verwahrt wurde. Auf einer Seite gab es ein Loch im Boden mit einem hölzernen Sitz darüber. Von diesem „WC" aus fielen die Exkremente durch einen Schacht direkt in den Burggraben.

Gemächer für Gäste

Vorzimmer: Kammer, die vor dem Rittersaal lag

...nkleideraum: Hier legten ...dlige ihre Gewänder an, ...vor sie den Saal betraten.

Wie man **ein Burgfräulein rettet**

1 Versuche die Burgmauern mit einer Blide, einer Art riesiger Steinschleuder, zu zerstören.

2 Stelle eine hohe Leiter an den Turm. Gib acht, dass keiner der Wachleute heißes Öl über dich gießt.

3 Bringe die Mauern mit einem Rammbock zum Einsturz.

4 Grabe Tunnel unter den Turm und entzünde Reisigfeuer, um das Fundament niederzubrennen.

5 Schlägt alles fehl, bestich einen Diener, damit er das Tor öffnet.

Das Feudalsystem

1 Im Mittelalter vergaben Könige Land an Adlige, die dafür für sie in die Schlacht zogen.

2 Jeder Adlige besaß eine eigene Ritterarmee.

3 Da es zu teuer wurde, alle Ritter zu verköstigen, gewährte ihnen der Adlige eigenes Land – ein Rittergut.

4 Zu einem Rittergut gehörten meist ein Gutshaus, eine Kirche, ein Dorf, Felder, Wälder und Obstgärten.

5 Bauern hatten ein hartes Leben. Sie mussten neben ihren eigenen auch die Felder des Adligen bestellen und ihm Abgaben zahlen.

Turniere
Ritter erprobten ihre Kampftechniken in Turnieren (Scheinkämpfen). Diese konnten auch außer Kontrolle geraten: 1241 kamen bei einem Turnier in Neuss (Deutschland) mehr als 80 Ritter ums Leben.

Die **Burgherrin** wachte über die Arbeit der Spinnerinnen und Weber sowie die Arbeit im Kräutergarten und bereitete Medizin aus Heilpflanzen zu.

Festbankett

■ Die Speisen wurden an langen Holztischen aufgetragen.

■ Mittags nahm man die Hauptmahlzeit (drei oder vier Gänge) ein.

■ Jeder benutzte sein eigenes Messer (Gabeln kannte man noch nicht).

■ Die Speisen wurden auf Holztellern oder auf Brettchen aus trockenem Brot serviert.

■ Bei besonderen Anlässen traten auch Minnesänger oder Gaukler auf.

Marienburg (Polen)
Größte mittelalterliche Burg in Europa

Neuschwanstein (Deutschland)
Märchenschloss des Bayernkönigs Ludwig II. aus dem 19. Jh.

Rumeli Hisarı (Türkei)
Festung auf der europäischen Seite des Bosporus (Meerenge)

Schloss Windsor (England)
Das weltgrößte noch bewohnte Schloss und eine Hauptresidenz der britischen Königin

Was war der Schwarze Tod?

Der Schwarze Tod war der verheerende Ausbruch der Beulenpest, die sich von Asien aus in Europa ausbreitete und zwischen 1348 und 1351 etwa 25 Mio. Menschen das Leben kostete. Die meisten Infizierten starben innerhalb von drei Tagen, viele überlebten keine zwölf Stunden.

Autsch!

Die Menschen im Mittelalter wussten nicht, dass die Pest durch **Flöhe** übertragen wurde. Sie glaubten, Gott wolle sie mit der Pest für ihre Sünden bestrafen. Um Buße zu tun, zogen viele von Stadt zu Stadt, wobei sie sich immer wieder mit Lederpeitschen selbst auf den Rücken schlugen. Da die Pest dennoch weiter wütete, verbot der Papst diese Umzüge schließlich.

Fakten

Die Beulenpest

1 Die Beulenpest brach vermutlich im Jahr 542 zum ersten Mal aus, damals in Konstantinopel (heute Istanbul, Türkei).

2 In Asien starben 75 Mio. Menschen durch den „Schwarzen Tod", dreimal so viele wie in Europa.

3 Zwischen 1400 und 1700 kam es in Europa immer wieder zu Ausbrüchen der Beulenpest.

4 Im 19. Jh. starben Millionen Menschen in China und Indien an der Beulenpest.

5 Erreger der Seuche ist ein Bakterium namens *Yersinia pestis* (unten).

6 Heutzutage lässt sich die Beulenpest mit Antibiotika behandeln. Jedes Jahr gibt es weltweit noch bis zu 3000 Fälle.

Alles über **die Ausbreitung des Schwarzen Todes**

■ Schlechte Ernten hatten in Europa zu Hunger geführt und die Menschen anfälliger für Krankheiten gemacht.

■ Flöhe übertrugen die Pesterreger von damit infizierten Ratten auf die Menschen.

■ Da es auf Schiffen viele Ratten gab, verbreitete sich der Erreger über Handelsrouten in der Welt.

■ Schon wenn jemand hustete oder nieste, konnte er andere Menschen mit der Beulenpest anstecken.

Drei kuriose Behandlungen

1 Schneide die Beulen mit einem Messer auf und lege eine Schicht Butter, Zwiebeln und Feigen darauf, um das Gift auszusaugen.

2 Nimm einen lebenden Frosch (oder eine getrocknete Kröte) und reibe mit seinem Bauch über die Beule.

3 Trinke zweimal täglich ein Glas Urin.

Bauernaufstand

☹ Nach dem Wüten der Pest waren viele englische Dörfer menschenleer.

☹ Viele Bauern zogen auf der Suche nach Arbeit in die Städte.

☹ Die Löhne fielen, die Steuern stiegen und die Menschen wurden wütend.

☹ 1381 zogen aufgebrachte Bauern, angeführt von Wat Tyler, nach London und randalierten in den Straßen.

☹ König Richard II. griff ein. Wat Tyler wurde getötet und die Bauern kehrten nach Hause zurück.

Die Symptome

☠ Heftige Kopfschmerzen, Erkältung, Übergeben

☠ Starke Schwellungen unter den Achseln

☠ Schwarze Eiterbeulen, Flecken am ganzen Körper

☠ Blutiger Stuhl (Durchfall)

☠ Extreme Gelenkschmerzen

Die zehn biblischen Plagen

In der Bibel heißt es, Gott habe Ägypten zehn Plagen geschickt, weil der Pharao nicht zuließ, dass Mose das Volk Israel aus der Sklaverei befreite.

1 Blut statt Nilwasser

2 Froschplage

3 Stechmückenplage

4 Fliegenplage

5 Tod des Viehs

6 Schwarze Blattern

7 Hagel

8 Heuschreckenplage

9 Finsternis

10 Tod aller erstgeborenen Söhne

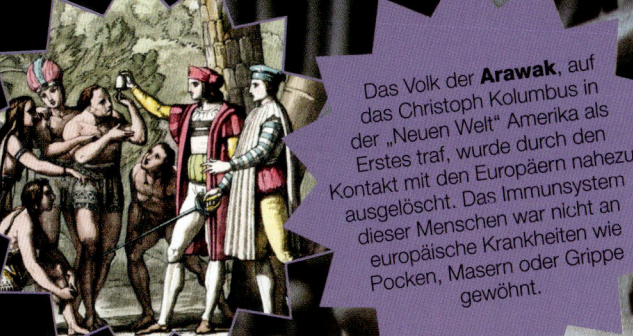

Das Volk der **Arawak**, auf das Christoph Kolumbus in der „Neuen Welt" Amerika als Erstes traf, wurde durch den Kontakt mit den Europäern nahezu ausgelöscht. Das Immunsystem dieser Menschen war nicht an europäische Krankheiten wie Pocken, Masern oder Grippe gewöhnt.

Alles über **Pandemien**

■ Eine Pandemie ist eine Krankheit, die sich über ein ganzes Land oder sogar weltweit ausbreitet.

■ Im 2. Jh. wurde das Römische Reich von einer Pockenpandemie heimgesucht.

■ Die verheerendste Pandemie der Geschichte war die Spanische Grippe (1918–1919), an der weltweit mehr als 50 Mio. Menschen starben.

■ Die Spanische Grippe wurde durch das Influenza-A-Virus (H1N1) ausgelöst, ähnlich dem, das 2009 für die „Schweinegrippe" verantwortlich war.

Arbeiter stießen im Londoner U-Bahn-System auf **Pestgruben** – Massengräber der Großen Pest von 1665. Glücklicherweise haben sie sich dabei nicht angesteckt.

Cholera

Mitte der 1880er-Jahre brach in Europa eine Cholera-Pandemie aus. Die Seuche konnte sich über **verunreinigtes Wasser** ausbreiten, das zum Trinken und Waschen benutzt wurde. Die Opfer starben qualvoll an starkem Erbrechen und Durchfällen.

Fünf Pioniere im Kampf gegen Krankheiten

Edward Jenner (1749–1823) entwickelte die Pockenschutzimpfung.

Louis Pasteur (1822–1895) entwickelte Impfstoffe und wies nach, dass Mikroorganismen die meisten Infektionskrankheiten verursachen.

Joseph Lister (1827–1912) wies nach, wie wichtig die Wunddesinfektion ist.

Robert Koch (1843–1910) gewann wichtige Erkenntnisse über die Übertragbarkeit von Krankheiten.

Alexander Fleming (1881–1955) entdeckte das bakterientötende Penizillin – das erste Antibiotikum.

Woraus besteht das Schießpulver?

Schießpulver ist eine explosive Mischung aus Schwefel, Holzkohle und Kaliumnitrat (Kalisalpeter). In früheren Zeiten wurde das Kaliumnitrat aus Urin oder Tierdung gewonnen. Die Hersteller sammelten Urin in großen Bottichen und gossen ihn durch Stroh, um die Nitratsalze herauszufiltern.

Das **Schießpulver** wurde im 9. Jh. von den **Chinesen** erfunden, die es für Feuerwerk und Waffen nutzten. Es hat die Kriegsführung zu Land und zu Wasser vollkommen verändert.

Fakten

Das Schießpulver veränderte den Krieg

1 In Europa kannte man Feuerwaffen (Schusswaffen) ab dem frühen 14. Jh.

2 Es kam häufiger zu Belagerungen, da Kanonen Mauern zum Einsturz bringen konnten.

3 Gewehrkugeln konnten Rüstungen durchschlagen und Pferde aus großer Distanz zu Fall bringen.

4 Schießpulver und Schusswaffen waren so teuer, dass sich nur noch Könige Kriege leisten konnten.

5 Länder ohne Schusswaffen hatten gegen die neue Technik keine Chance. So konnten die Europäer große Teile der Welt kolonialisieren.

ALLES KLAR?
Eine **Kanone** ist eine Geschützwaffe, die große Geschosse abfeuert. Das Wort kommt vom italienischen *canna* (Rohr, Röhre).

Die Crewmitglieder, die auf See die Kanonen mit Schießpulver versorgten, wurden **Pulveraffen** genannt. Meist handelte es sich dabei um kaum zehnjährige Jungen.

Wie man auf See Kanonen abfeuert

1. Öffne die kleine Luke vor der Kanone an der Seite des Schiffs. Befestige die Lukenklappe mit einem Seil und schiebe die Kanone hindurch.

2. Säubere das Kanonenrohr. Benutze einen Stielschwamm, um die Reste der letzten Ladung zu entfernen.

Stielschwamm

3. Schiebe das frische Schießpulver mit dem Ladestock in das Rohr. Die Kugel wird beim Laden mit zwei Seilknäulen abgedichtet.

Ladestock

Pulverladung

Seil

Vier Arten von Geschossen

Kanonenkugel
Schwere Kugel, meist aus Eisen, die Löcher in feindliche Schiffe riss

Kettenkugel
Zwei oder mehr Kanonenkugeln sind mit einer Kette verbunden. Damit wurden Schiffsmasten zerstört

Stangenkugel
Sie wurde bei Seegefechten zur Zerstörung der Takelage eingesetzt.

Traubenkartätsche
Die traubengroßen Eisen- oder Bleikugeln befinden sich in einer verschnürten Leinensack.

Riesengeschütze

Mons Meg (1449)
Eine der ältesten Kanonen weltweit. Sie wurde von den Schotten in mehreren Schlachten gegen die Engländer eingesetzt.

Das Dardanellengeschütz (1464)
Eine türkische Kanone, die eine 300 kg schwere Steinkugel über 1,6 km weit schießen konnte

Zarenkanone (1586)
Diese größte je gebaute Kanone war für schwere Schrotladungen gedacht und steht heute im Moskauer Kreml.

Die Dicke Bertha (1914)
Sie zählte zu den bekanntesten Waffen der deutschen Armee im Ersten Weltkrieg und wurde vom Rüstungskonzern Krupp gebaut.

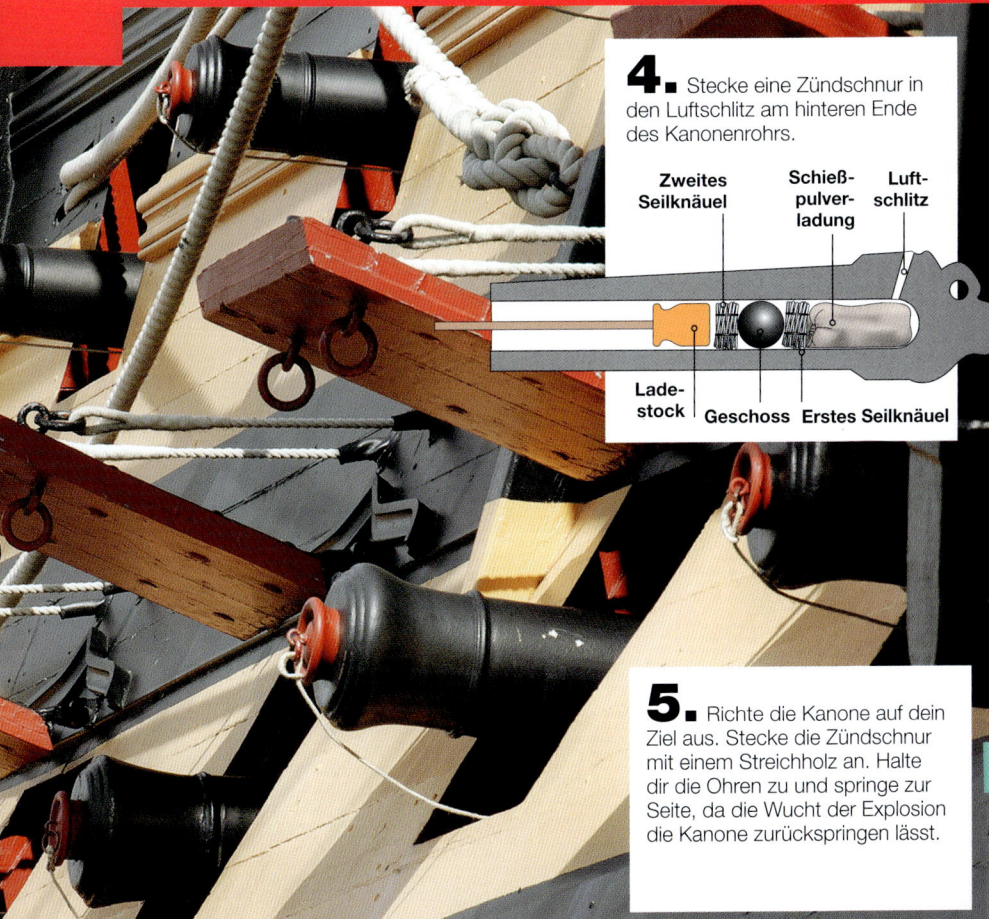

4. Stecke eine Zündschnur in den Luftschlitz am hinteren Ende des Kanonenrohrs.

Zweites Seilknäuel · Schieß-pulver-ladung · Luft-schlitz

Lade-stock · Geschoss · Erstes Seilknäuel

5. Richte die Kanone auf dein Ziel aus. Stecke die Zündschnur mit einem Streichholz an. Halte dir die Ohren zu und springe zur Seite, da die Wucht der Explosion die Kanone zurückspringen lässt.

Ausbau der Burgen

1 Mittelalterliche Burgen hielten Kanonenbeschuss nicht stand, daher baute man neue Befestigungen.

2 Die Mauern wurden unten verstärkt und abgeschrägt, um die Kanonenkugeln umzulenken.

3 Hinter den Mauern wurden Kanonen-Plattformen errichtet.

4 Am Festungswall brachte man vorspringende Bastionen an, von denen aus auf Angreifer am Boden geschossen werden konnte.

5 Könige und Adlige bauten ihre Burgen zu Schlössern und Herrenhäusern um.

Als einmal die Salzvorräte der napoleonischen Armee zur Neige gingen, würzte ein Koch das Pferdefleisch mit **Schießpulver**.

Übrigens:

Es gibt einen chinesischen Grüntee namens *Gunpowder* (engl. für „Schießpulver"), da seine zu Kügelchen gerollten und getrockneten Teeblätter an Schießpulver erinnern.

Spannende Geschichte

1126 Die Chinesen verwendeten zum Feuern mit Schießpulver gefüllte Bambusröhren. Gegen Ende des 10. Jh. waren Brandbomben in Gebrauch.

1250 Schießpulver hatte sich von China über Japan und Zentralasien bis in den Nahen Osten verbreitet.

1267 Der Engländer Roger Bacon beschrieb die Herstellung von Schießpulver.

1326 In Florenz (Italien) stellte man Kanonen und Kanonenkugeln her.

1453 Der osmanische Sultan Mehmed II. brachte die Mauern von Konstantinopel durch Kanonen zum Einsturz.

1500 Überall kamen nun kleine Kanonen, die von nur einer Person bedient werden mussten, zum Einsatz.

Wie veränderte der **Handel** die Welt?

Im 16. Jh. überquerten europäische Seeleute den Atlantik, um Nord- und Südamerika zu kolonialisieren, und entdeckten neue Handelswege nach Asien. Es kam zu Kriegen um die Vormachtstellung im nun weltweiten Handel und die Europäer brachten Menschen, Pflanzen und Vieh zu ihren Kolonien rund um den Globus.

Alles über den Sklavenhandel

■ **Englische Kaufleute segelten mit ihren mit Gewehren, Kleidern und anderen Waren beladenen Schiffen nach Westafrika.**

■ Dort tauschten sie die Ladung gegen Sklaven, die von afrikanischen Sklavenhändlern zusammengetrieben worden waren.

■ **Viele Sklaven überlebten die entbehrungsreiche Fahrt in die Karibik nicht.**

■ Nach ihrer Ankunft wurden die Sklaven an Plantagenbesitzer verkauft.

■ **Dann wurden die Schiffe mit Zucker, Tabak oder Baumwolle beladen und kehrten in die Heimathäfen zurück.**

■ 1807 entschied das englische Parlament, den Sklavenhandel zu beenden.

Vier Dinge, die europäischen Seefahrern auf den Weltmeeren halfen

1 Karavelle: kleines, schnelles Segelschiff, geeignet für lange Fahrten

2 Kompass: Er wurde im 12. Jh. eingeführt und enthielt eine magnetische Nadel, die nach Norden zeigte.

3 Astrolabium: Navigationshilfe, die von den Arabern übernommen wurde

4 Schiffskanone: Durch sie erhielten europäische Seefahrer die Macht über Meere und Küstengebiete und sie ermöglichte es ihnen, überall Kolonien zu gründen.

Muskatnuss-Kriege

✸ Muskatnüsse sind die Früchte des immergrünen Muskatnussbaums, der nur auf einigen indonesischen Inseln wuchs.

✸ Die Portugiesen fanden als erste Europäer den Seeweg zu den Gewürzinseln und kontrollierten für fast 100 Jahre den Muskatnuss-Handel.

✸ Als die Macht der Portugiesen schwand, kämpften Holländer und Briten in mehreren Kriegen um die Gewürzinseln.

✸ Holland erwarb die Insel Run (Zentrum des Muskatnuss-Handels) 1667 von England im Austausch gegen das auf der Insel Manhattan gelegene New Amsterdam (heute New York).

NORD-AMERIKA

ATLANTISCHER OZEAN

PAZIFIK

SÜD-AMERIKA

Zuckerrohr
Im 13. Jh. gelangte der Zucker von Asien nach Europa. Die Europäer brachten Zuckerrohr zum Anbau in ihre Kolonien in die Karibik. Hunderttausende Afrikaner wurden verschleppt und mussten dort als **Sklaven auf den Plantagen** arbeiten.

Spannende Geschichte

1511 Die Portugiesen erreichten die „Gewürzinseln" (Molukken).

1545 Die Spanier entdecken eine große Silbermine bei Potosi (Bolivien).

1557 Die Portugiesen nutzten Macao (China) als Handelshafen.

1575 Portugal verschiffte Sklaven von Angola nach Brasilien.

1606 Die Holländer kontrollierten den Gewürzhandel.

1608 Frankreich gründete Quebec (Kanada), um den Pelzhandel auszubauen.

1640 Auf Plantagen in der Karibik baute man Zuckerrohr an.

1765 Die Britische Ostindien-Kompanie kontrollierte den Handel in Nordindien.

Allerlei Lebensmittel

⚙ 1565 brachte man die ersten Kartoffeln von Südamerika nach Europa. Lange glaubten die Menschen, sie seien giftig, und weigerten sich, sie zu essen.

⚙ Die Spanier lernten die Trinkschokolade durch die mexikanischen Azteken kennen. Sie war so begehrt, dass sie die Spanier ihre Existenz vor den anderen Europäern fast 100 Jahre geheim hielten.

⚙ Die in Südostasien beheimatete Banane führten arabische Händler in Afrika ein. Im 15. Jh. brachten portugiesische Seefahrer sie nach Amerika. Diese Bananen waren noch grün – die gelbe Sorte wurde erst 1870 entdeckt.

Teehandel

- Im 18. Jh. wurde aus China importierter Tee zu einem beliebten Getränk in England.
- Da er sehr teuer war, kamen nur die Reichsten in den Genuss.
- Tee wurde fortan auch in den englischen Kolonien Indien und Sri Lanka angebaut.
- Bis zum heutigen Tag gelten die Engländer als leidenschaftliche Teetrinker-Nation.

Zahlen

1776 forderten **13 englische Kolonien** in Nordamerika ihre Unabhängigkeit.

Der holländische Kaufmann Peter Minuit zahlte 1626 **24 Dollar** für Manhattan (New York, USA).

Die von Südamerika nach Spanien verschifften Schätze wogen insgesamt **11 000 Tonnen**.

Im frühen 18. Jh. importierte England jährlich **362 875 kg** Tee.

Hilfe, Piraten!

 Im 18. Jh. fuhren schwer bewachte Schiffsflotten von Panama (Mittelamerika) nach Spanien. An Bord waren riesige Mengen Silber und Gold.

In der Karibik lauerten Piraten auf die Chance, die Schiffe zu überfallen oder spanische Siedlungen in Kuba, Panama oder Venezuela zu plündern.

Viele Piraten waren Freibeuter – Schiffseigner, die von ihrer Regierung die Erlaubnis erhielten, Flotten anderer Länder anzugreifen.

Auch im Südchinesischen Meer und im Golf von Bengalen machten Piraten Jagd auf europäische Schiffe.

Der englische Pirat Edward Teach (Blackbeard) plünderte im 18. Jh. Schiffe in der Karibik. Er war einer der gefürchtetsten Piraten aller Zeiten.

Auf der Plantage
Die Sklaven wurden gezwungen, ohne Lohn auf den Feldern zu arbeiten. Die Bedingungen waren sehr hart und viele starben an Krankheiten oder Erschöpfung.

EUROPA

AFRIKA

Was Europa nach Amerika „mitbrachte"

Dies sind nur einige der Dinge, die die europäischen Händler in Amerika einführten:

- **Christentum**
- **Gewehre**
- **Pferde**
- **Grippe**
- **Masern**
- **Pocken**

Hutmode
Bis zum 17. Jh. war der **Biber** in Europa fast ausgerottet, weil in London und Paris Hüte aus Biberfell in Mode waren. Daher verlagerte man den Handel mit Biberpelzen nach Nordamerika, wo französische Händler bei den dortigen Pelzjägern Werkzeug und Gewehre gegen Biberpelze eintauschten. Die Nachfrage nach Biberpelzen stieg.

Neue Geschmäcker
Bis um 1600 hatten die Europäer die folgenden Nahrungsmittel nie gekostet, denn sie alle stammen aus Südamerika:

Bohnen
Paprika
Schokolade
Kartoffeln
Mais
Tomaten

Die Japaner zogen es vor, ohne den Handel mit fremden Ländern auszukommen. Ab 1638 **schlossen** sie daher für 200 Jahre **ihre Häfen** für alle ausländischen Schiffe.

Wann entdeckte Europa die Wissenschaften?

Im 16. und 17. Jh. wurden in Europa Entdeckungen in der Astronomie, Physik und Biologie gemacht, die von großer Bedeutung für die moderne Wissenschaft sein sollten. Menschen setzten sich nun kritischer mit ihrer Sicht auf die Welt auseinander.

Schwarz auf weiß

Gutenbergs Druckerpresse (um 1450) trug zur Verbreitung der Ideen der **Renaissance** (um 1400–1550) bei, als Gelehrte Errungenschaften der alten Griechen und Römer wiederentdeckten.

Druckerzeugnisse spielten auch eine Schlüsselrolle bei der **Reformation**, der religiösen Auseinandersetzung, die im 16. Jh. zur Spaltung der Kirche führte.

Die **Bibel** wurde in fast allen europäischen Sprachen gedruckt und war oft das einzige Buch, das es in einem Haushalt gab.

Der holländische Naturforscher **Antoni van Leeuwenhoek** baute ein Mikroskop, das Objekte 270-mal vergrößert zeigte. In einem Wassertropfen, den er unter die Linse schob, sah er winzige Lebewesen. Er nannte sie *animalcules*, wir kennen sie heute als **Bakterien**.

Spannende Geschichte

um 1450
Der Deutsche Johannes Gutenberg entwickelte die Druckerpresse mit beweglichen Lettern.
1517
Beginn der Reformation
1543
Der Flame Andreas Vesalius veröffentlichte die erste moderne Studie zur menschlichen Anatomie.
1582
Einführung des (noch gültigen) gregorianischen Kalenders
1603
Die Accademia dei Lincei in Rom war die erste wissenschaftliche Gesellschaft.
1609
Der deutsche Astronom Johannes Kepler wies nach, dass sich die Planeten auf elliptischen (nicht kreisförmigen) Bahnen um die Sonne drehen.
1637
Der französische Mathematiker und Philosoph René Descartes veröffentlichte Studien, in denen er Geometrie und Algebra verknüpfte.
1642
Der Franzose Blaise Pascal erfand eine Rechenmaschine.
1660
In England wurde die Royal Society for the Study of Science gegründet.

Sterngucker
1608 baute der italienische Astronom und Mathematiker **Galileo Galilei** das erste Teleskop, das für astronomische Zwecke verwendet werden konnte. Er benutzte es, um die Mondkrater zu studieren, und entdeckte später die vier Hauptmonde des Jupiters.

Astronomie

1543 legte der polnische Astronom **Nikolaus Kopernikus** in einer Schrift dar, dass die Sonne im Zentrum des Sonnensystems steht und von der Erde und anderen Planeten umkreist wird.

Seine Behauptung stand im kompletten Widerspruch zur **Lehre der Kirche**, dass die Erde der Mittelpunkt des Universums ist – so wie es in der Bibel steht.

Galilei, der führende Astronom und Mathematiker seiner Zeit, unterstützte in einem Buch Kopernikus' Entdeckungen.

Die Kirchenoberen stellten Galilei vor Gericht und zwangen ihn, seine Ansichten zu widerrufen.

Erst 1992, 350 Jahre nach seinem Tod, gab die katholische Kirche offiziell zu, dass Galilei recht gehabt hatte.

Zehn nützliche Erfindungen

Mikroskop (1590)

Teleskop (um 1600)

Barometer (1643)

Luftpumpe (1650)

Pendeluhr (1656)

Alles über **Isaac Newton (1642–1727)**

🍎 Er entdeckte das Gesetz der Schwerkraft und die Bewegungsgesetze (die erklären, wie Kräfte Dinge in Bewegung setzen).

🍎 **Er bewies, dass sich weißes Licht aus allen Farben zusammensetzt.**

🍎 In seinem bedeutendsten Werk, den 1687 veröffentlichten *Principia Mathematica,* erläutert er die Bewegungsgesetze.

🍎 **Er befasste sich mit Alchemie (dem Versuch, Metall in Gold zu verwandeln).**

🍎 Seine schlechte Laune war berüchtigt, er stritt mit vielen Wissenschaftlerkollegen.

🍎 **Den Ritterschlag erhielt er für seine Dienste als Münzmeister der königlichen Münze, nicht aufgrund seiner wissenschaftlichen Leistung.**

Wusstest du das❓

Im Winter 1626 wollte der englische Philosoph und Naturwissenschaftler Francis Bacon herausfinden, ob ein totes Huhn frisch bleibt, wenn man es mit Schnee ausstopft. Er holte sich dabei eine Lungenentzündung und starb eine Woche später.

Drei Naturwissenschaftler des 18. Jh.

Carl von Linné
(1707–1778) Schwedischer Botaniker. Erfand ein Klassifizierungssystem für Lebewesen.

Antoine Lavoisier
(1743–1794) Französischer Wissenschaftler. Gilt als einer der Väter der modernen Chemie.

Edward Jenner
(1749–1823) Englischer Arzt. Entdeckte einen Impfstoff gegen Pocken.

Blitzkarriere

Der Naturwissenschaftler **Benjamin Franklin** machte wichtige Entdeckungen auf dem Gebiet der Elektrizität, erfand den Blitzableiter, kartierte den Golfstrom, war der erste amerikanische Botschafter in Paris und schrieb an der amerikanischen Verfassung mit!

Herzlos

Der englische Physiker **William Harvey** beschrieb als Erster den Blutkreislauf des Körpers. 1628 fand er heraus, dass das Herz wie eine Pumpe arbeitet, nachdem er lebende Tiere wie Hunde sowie die Leichen von Hingerichteten aufgeschnitten und untersucht hatte.

Im 17. und 18. Jh. wurden im Zuge des neuen Interesses an den Naturwissenschaften viele Erfindungen gemacht.

Dampf-kochtopf (1679)

Dampfmaschine (1712)

Schiffs-chronometer (1730)

Blitzableiter (1752)

Heißluftballon (1783)

ALLES KLAR?

Die **Aufklärung** war eine Bewegung des 18. Jh. Bedeutende Dichter und Denker forderten, dass jeder Einzelne seinen Verstand gebrauchen und sich weder auf Religion noch Tradition verlassen sollte. Die Ideen dieser Zeit prägten die moderne Welt.

Leonardo da Vinci

Etwa 100 Jahre bevor die Naturwissenschaften auf ein breiteres Interesse stießen, lebte und arbeitete in Italien eines der größten Genies aller Zeiten – Leonardo da Vinci. Er war Künstler, Erfinder, Wissenschaftler, Architekt und Mathematiker und hinterließ Hunderte ausgeklügelter Ideen.

Die Mona Lisa

Vier Jahre malte da Vinci an der Mona Lisa, einem der berühmtesten Gemälde der Welt. Er schuf nur knapp 30 Bilder, gilt aber dennoch als einer der größten Künstler der Renaissance.

Flugmaschine

Schon früh war Leonardo da Vinci von der Idee besessen zu fliegen. Dies ist die Nachbildung seines Entwurfs einer Flugmaschine. Der Pilot aktiviert mit den Füßen ein System aus Seilen und Kurbeln, mit dem er die Flügel auf- und abbewegt. Da Vinci entwarf auch Hubschrauber und Fallschirme.

Der Privatmensch

Leonardo da Vinci wurde 1452 in der kleinen italienischen Stadt Vinci geboren. Er war fasziniert davon, wie die Welt funktionierte, und er war Vegetarier – ungewöhnlich für die damalige Zeit. Dies ist ein Selbstporträt von 1519.

Naturstudien

Da Vincis Notiz- bücher quellen über von Zeichnungen. Er studierte Wildblumen, die er auf den italieni- schen Wiesen fand, und hielt ihr Aussehen sowie die Boden- beschaffenheit der Stelle, an der sie wuchsen, detailliert fest.

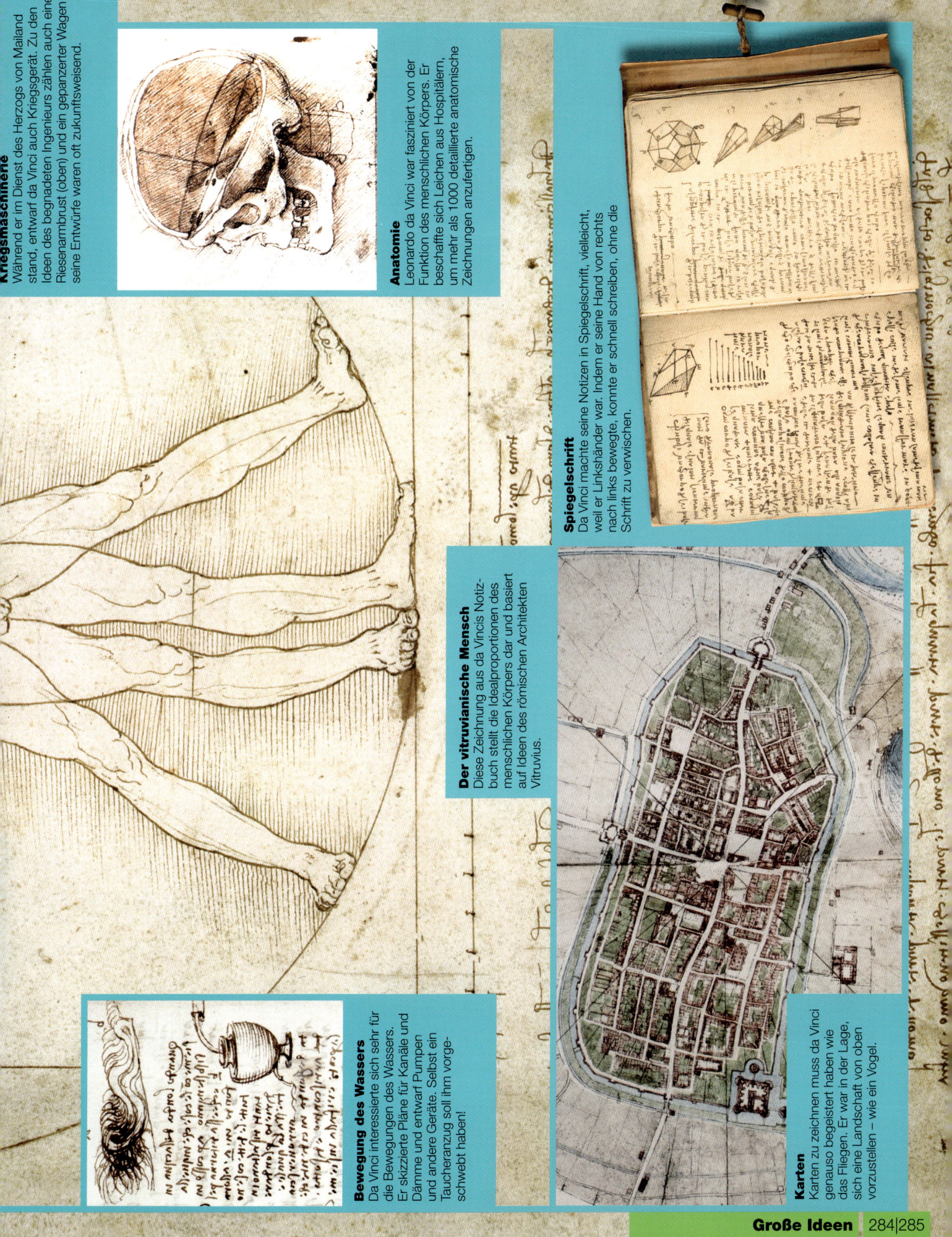

Kriegsmaschinerie
Während er im Dienst des Herzogs von Mailand stand, entwarf da Vinci auch Kriegsgerät. Zu den Ideen des begnadeten Ingenieurs zählen auch eine Riesenarmbrust (oben) und ein gepanzerter Wagen – seine Entwürfe waren oft zukunftsweisend.

Anatomie
Leonardo da Vinci war fasziniert von der Funktion des menschlichen Körpers. Er beschaffte sich Leichen aus Hospitälern, um mehr als 1000 detaillierte anatomische Zeichnungen anzufertigen.

Spiegelschrift
Da Vinci machte seine Notizen in Spiegelschrift, vielleicht, weil er Linkshänder war. Indem er seine Hand von rechts nach links bewegte, konnte er schnell schreiben, ohne die Schrift zu verwischen.

Der vitruvianische Mensch
Diese Zeichnung aus da Vincis Notizbuch stellt die Idealproportionen des menschlichen Körpers dar und basiert auf Ideen des römischen Architekten Vitruvius.

Bewegung des Wassers
Da Vinci interessierte sich sehr für die Bewegungen des Wassers. Er skizzierte Pläne für Kanäle und Dämme und entwarf Pumpen und andere Geräte. Selbst ein Taucheranzug soll ihm vorgeschwebt haben!

Karten
Karten zu zeichnen muss da Vinci genauso begeistert haben wie das Fliegen. Er war in der Lage, sich eine Landschaft von oben vorzustellen – wie ein Vogel.

Immer schneller, immer weiter

Dampf-lokomotive
1804 baute der englische Ingenieur Richard Trevithick die erste Dampf-lokomotive.

Dampfschiff
Der Raddampfer *Great Western* brachte 1838 die ersten Passagiere über den Atlantik.

Telegraf
1866 wurde die erste transatlantische Telegrafen-verbindung in Betrieb genommen.

Eisenbahn
In den USA entstand bis 1869 das erste transkontinentale Eisenbahnnetz.

Telefon
1876 wurde der erste Telefon-anruf getätigt.

Benzinauto
In Deutschland wurde 1885 das erste Benzinauto gebaut.

Radio
1901 wurden erste transatlantische Radiosignale gesendet.

Motorflugzeug
1903 gelang der erste Flug eines Motorflugzeugs.

Wie änderte sich das Leben im 19. Jahrhundert?

Damals zog es immer mehr Menschen in die Städte, die Arbeitsbedingungen waren hart und Armut weitverbreitet. Doch der technische Fortschritt bedeutete für viele auch ein angenehmeres Leben. Reisen wurde einfacher und es blieb mehr Zeit für Sport und Freizeit-vergnügen.

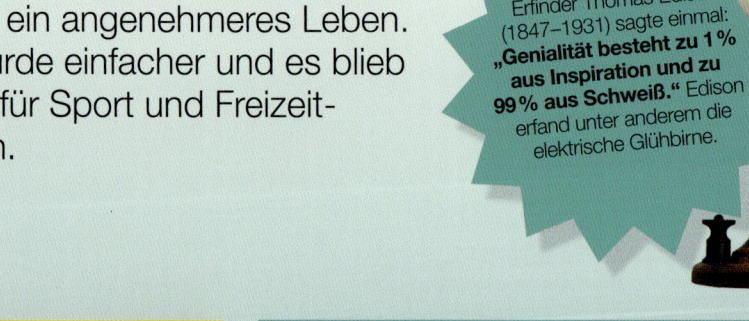

Der amerikanische Erfinder Thomas Edison (1847–1931) sagte einmal: **„Genialität besteht zu 1 % aus Inspiration und zu 99 % aus Schweiß."** Edison erfand unter anderem die elektrische Glühbirne.

Kinderarbeit

👤 Schon 7-jährige Kinder arbeiteten in Minen und Fabriken.

👤 Sie säuberten Maschinen und trugen schwere Lasten.

👤 Die Arbeit war gefähr-lich und es kam oft zu schrecklichen Unfällen.

👤 Selbst Kinder hatten nicht selten bereits einen 14-stündigen Arbeitstag.

👤 Heutzutage wird die Zahl der Kinder, die arbeiten müssen, weltweit auf 158 Mio. geschätzt.

Alles über städtische Armut

■ Die Städte wuchsen, da immer mehr Menschen vom Land Arbeit in den Fabriken suchten.

■ **Fabrikarbeiter wohnten in überfüllten, abbruchreifen Häusern.**

■ Krankheiten wie Typhus, Cholera und Tuberkulose verbreiteten sich daher rasant.

■ **Die Arbeiter wurden schlecht bezahlt und hatten keinerlei Rechte.**

■ Hatte eine Familie kein Geld mehr, musste sie in Arbeitshäusern schuften.

Wichtige **Premieren**

Fotografie (1822)
Der Franzose Joseph Niépce fertigt die erste Fotografie an.

Briefmarke (1840)
In England wird die erste Briefmarke (Penny Black) herausgegeben.

Frau Doktor (1849)
Die Amerikanerin Elisabeth Blackwell ist die erste Ärztin.

1811–1812
Die „Maschinenstürmer" protestierten gegen Arbeitslosigkeit durch die Einführung von Maschinen.

1833
Verbot der Fabrikarbeit für Kinder unter neun Jahren in England.

1836
In Lowell (USA) streikten die Arbeiterinnen der Textilfabriken.

1845–1849
Große Hungersnot in Irland

1882
Einführung des Feiertags „Tag der Arbeit" in New York (USA)

1891
Einführung der weltweit ersten gesetzlichen Rentenversicherung in Deutschland

Stadtleben
1851 lebte die Hälfte der englischen Bevölkerung in Städten – ein so hoher Prozentsatz wie damals nirgendwo sonst auf der Welt.

Hochhaus (1884)
In Chicago (USA) entsteht das erste Hochhaus.

Film (1895)
Die Brüder Lumière führen in Frankreich den ersten Film vor.

Wir streiken!

※ 1888 begannen die Arbeiterinnen einer Londoner Streichholzfabrik zu streiken.

※ Sie arbeiteten täglich 14 Stunden für sehr wenig Lohn.

※ Viele von ihnen litten unter Krankheiten, verursacht durch den Kontakt mit weißem Phosphor, einer giftigen Chemikalie zur Streichholzherstellung.

※ In vielen europäischen Ländern war Phosphor bereits verboten worden.

※ Der „Streik der Streichholzmädchen" traf auf breite Zustimmung und Unterstützung. Er führte zu einer Verbesserung der Arbeitsbedingungen und einem Verbot von Phosphor.

Wie man ein Hochrad fährt

1. Stelle dich hinter das Rad und umfasse den Lenker.

2. Setze nun deinen linken Fuß auf die kleine Querstange über dem Hinterrad. Stoße dich mit dem rechten Fuß ab.

3. Das Rad setzt sich in Bewegung. Setze nun den rechten Fuß auf die rechte Pedale und dann den linken Fuß auf die linke Pedale.

4. Setze dich jetzt in den Sattel und beginne kräftig zu treten. Wenn du das Aufsteigen einige Male geübt hast, wird es bestimmt klappen.

5. Um anzuhalten, trittst du rückwärts in die Pedale und betätigst die Bremse mit einem Hebel. Viel Glück!

Zehn praktische Erfindungen

1 Dosenfleisch (1810)
2 **Wasserdichter Regenmantel (1823)**
3 Nähmaschine (1851)
4 **Toilettenpapier (1857)**
5 Heinz Tomatenketchup (1867)
6 **Staubsauger (1876)**
7 Kühlschrank (1879)
8 **Glühbirne (1879)**
9 Aspirin (1898)
10 **Waschmaschine (1907)**

Brunels Hängebrücke, Bristol (England)

Transportsysteme

Die Fortschritte im Ingenieurswesen führten zu immer effizienteren Transportsystemen. Die Brücken, Eisenbahnstrecken und Dampfschiffe des englischen Architekten Isambard Kingdom Brunel machten das Reisen über lange Strecken schneller und komfortabler.

Was ist das deutsche Grundgesetz?

Das Grundgesetz ist die rechtliche und politische Grundordnung (Verfassung) der Bundesrepublik Deutschland. Es trat 1949 in Kraft und bietet seitdem jedem Menschen, der in Deutschland lebt, eine sichere demokratische Grundlage. Ein besonders wichtiger Bestandteil sind die Grundrechte.

ALLES KLAR?

Als die Römer im Jahr 509 v. Chr. ihren letzten König vertrieben und sich fortan selbst durch gewählte Amtsträger regierten, nannten sie das **Republik**. *Res publica* ist Latein und bedeutet „öffentliche Angelegenheit".

Alles über Demokratie

■ Eine Demokratie ist ein politisches System, in dem die Bürger die freie Wahl zwischen mehreren politischen Parteien haben.

■ **Die Wahlen müssen öffentlich und gleich sein und in regelmäßigen Abständen stattfinden.**

■ In fast allen modernen Demokratien sind alle erwachsenen Staatsangehörigen stimmberechtigt.

■ **Alle Bürger können ihre politische Meinung frei und ohne Angst äußern.**

■ Die Judikative (Recht sprechende Gewalt – die Richter) ist unabhängig.

Die **erste Demokratie** entstand im 5. Jh. v. Chr. im griechischen **Athen**. Es war keine Demokratie, wie wir sie heute kennen – Sklaven, Frauen und im Land lebende Fremde galten nicht als Bürger und waren ohne Rechte.

Fakten

Verschiedene Regierungsformen

1 Monarchie: Ein Land, dessen Staatsoberhaupt ein Monarch (König oder Königin) ist. In einer **konstitutionellen Monarchie** hat der Monarch nur eingeschränkte, in einer **absoluten Monarchie** die volle Macht

2 Republik: Ein Land ohne Monarch, dessen Staatsoberhaupt meist ein gewählter Präsident ist

3 Theokratie: Ein Staat mit einem oder mehreren religiösen Führern

4 Diktatur: Ein Staat, der von nur einer Person regiert wird, die gewaltsam die Macht ergriff oder ohne Gegenkandidat gewählt wurde

5 Einparteiensystem: Ein Staat, der von nur einer politischen Partei regiert wird und in dem keine anderen Parteien zur Wahl zugelassen sind

Fünf Revolutionen und ihre Konsequenzen

Amerikanische Revolution (1775–1783) Dreizehn Kolonien lösen sich von England und bilden die Vereinigten Staaten von Amerika.

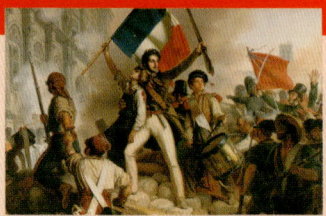

Französische Revolution (1789–1799) In Frankreich wird die Monarchie abgeschafft und eine Republik gegründet.

Chinesische Revolution (1911) Nach dem Sturz des letzten Kaisers (aus der Qing-Dynastie) wird China eine Republik.

Die wichtigsten Grundrechte

Schutz der Menschenwürde:
Die Achtung der Menschenwürde ist gleich zu Beginn festgeschrieben und gilt als wichtigstes Grundrecht.

Gleichheitsgrundsatz:
Alle Menschen sind gleich zu behandeln. Niemand darf z. B. wegen seines Geschlechts, seiner Abstammung oder seines Glaubens benachteiligt oder bevorzugt werden.

Glaubensfreiheit: Jeder hat das Recht, seine Religion ungestört auszuüben.

Meinungsfreiheit: Jeder hat das Recht sich eine eigene Meinung zu bilden, diese frei zu äußern und zu verbreiten.

1792
In Frankreich erhielt jeder erwachsene Mann das Recht zu wählen (später zurückgenommen).

1867
In Deutschland war jeder Mann über 25 Jahre berechtigt, das Parlament zu wählen.

1869
Afroamerikanische Männer erhielten in den USA das Stimmrecht.

1872
Einführung des Wahlgeheimnisses in England (niemand erfährt, wen man wählt).

1884
In England durften die meisten männlichen Haushaltsvorstände wählen.

1893
Neuseeland führte als erstes Land das Frauenwahlrecht ein.

1906
Finnland führte als erstes europäisches Land das Frauenwahlrecht ein.

1920
Frauenwahlrecht in den USA.

1928
Einführung des allgemeinen Wahlrechts in England (für jeden Erwachsenen).

1948
Die Vereinten Nationen erklärten das allgemeine Wahlrecht zum Menschenrecht.

Spannende Geschichte

Frauenwahlrecht!

Seit Mitte des 19. Jh. kämpften Frauen auf beiden Seiten des Atlantiks für das Frauenwahlrecht.

In England war Emmeline Pankhurst (1858–1928) die Gründerin der Bewegung für das Frauenwahlrecht.

Ihre Mitstreiterinnen, Sufragetten genannt, lieferten sich sogar gewalttätige Auseinandersetzungen mit der Polizei.

1929 durften in England erstmals alle Frauen über 21 Jahre wählen.

In Deutschland wurde das Frauenwahlrecht – ebenfalls nach langem Ringen – 1919 zum ersten Mal umgesetzt.

Wenn eine Gruppe von Menschen die amtierende Regierung stürzt und eine eigene Regierung bildet, nennt man das **Revolution**.
Entreißt das Militär einer Regierung die Macht, bezeichnet man das als **Militärputsch**.

Kommunistische Staaten

■ Den Großteil des 20. Jh. über waren Russland und die Länder Osteuropas **Einparteiensysteme**, regiert von der Kommunistischen Partei.

■ Seit dem Zerfall der Sowjetunion 1991 sind China, Kuba, Laos, Nordkorea und Vietnam weltweit die einzigen verbliebenen kommunistischen Staaten.

REKORD-HALTER

Die älteste Republik der Welt ist der europäische Kleinstaat **San Marino**. Er wurde 301 gegründet, seine Verfassung stammt aus dem Jahr 1600.

Fünf absolute Monarchien
- Brunei
- Oman
- Katar
- Saudi-Arabien
- Swasiland

16 der 44 heutigen Monarchien erkennen die englische Königin **Elisabeth II.** als Staatsoberhaupt an.

ssische Revolution
17) Der Zar verliert die Macht,
erste kommunistische Staat
d gegründet.

Iranische Revolution
(1979) Nach dem Sturz des Schahs (Königs) entsteht im Iran eine Islamische Republik.

Der Sultan von Brunei

Wieso wandern so viele Menschen in **die USA** aus?

Seit der Kolonialzeit waren die USA immer wieder das Ziel von Immigranten. Sie flohen aus ihrer Heimat, weil sie Hunger litten, aber auch wegen religiöser oder politischer Verfolgung. Heute leben in den USA mehr Einwanderer als irgendwo sonst auf der Welt.

Fünf Gründe für eine Auswanderung

1 Mit der Familie ein neues Leben beginnen

2 Arbeit finden, um der Familie im Heimatland Geld schicken zu können

3 Naturkatastrophen entkommen wollen

4 Flucht vor religiöser oder politischer Verfolgung

5 Flucht vor „ethnischer Säuberung" (gewaltsames Entfernen eines Volks aus seinem Heimatland)

Auf der Flucht vor dem Bürgerkrieg (Ruanda)

1948 kamen Menschen aus der Karibik an Bord der *Empire Windrush* nach London (England). Sie waren einem Aufruf der Engländer gefolgt, die Arbeitskräfte suchten. Sie waren die ersten von Tausenden von Migranten, die nach dem Zweiten Weltkrieg nach England einwanderten.

ALLES KLAR?

Ein **Emigrant** ist jemand, der aus einem Land auswandert, um in ein anderes zu ziehen. Ein **Immigrant** ist jemand, der in ein neues Land gekommen ist.

Auf der falschen Seite

🚶 1947 entstanden aus der Kolonie Britisch-Indien zwei unabhängige Staaten: Indien und Pakistan.

🚶 Pakistan, im Nordwesten des indischen Subkontinents gelegen, war dabei als Heimatland der Muslime gedacht.

🚶 Das bedeutete, dass Muslime, deren Familien seit Generationen in Indien lebten, sich nun auf der falschen Seite befanden. Ebenso erging es den in Pakistan lebenden Hindus und Sikhs.

🚶 Von Gewalt begleitet verließen 14,5 Mio. Menschen ihr Zuhause und flohen auf die andere Seite der Grenze.

🚶 Dies war eine der größten Migrationsbewegungen aller Zeiten.

Alles über die Einwanderung in die USA

🚶🚶🚶 **Vor 1850 stammten die meisten Einwanderer aus England, Irland und Deutschland.**

🚶🚶🚶 Als in den 1880er-Jahren die Überseefahrten billiger wurden, stieg die Anzahl der Immigranten.

🚶🚶🚶 **Nun kamen die meisten aus Süd- und Osteuropa, darunter viele jüdische Flüchtlinge, die vor Pogromen (organisierten Massakern) aus Russland flohen.**

🚶🚶🚶 Das Erste, was sie von Amerika sahen, war die Freiheitsstatue im Hafen von New York.

🚶🚶🚶 Heute stammt die größte Einwanderergruppe aus

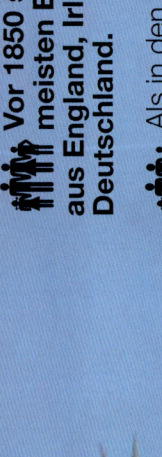

Mehr als **12 Mio.** Immigranten durchliefen die US-Einwanderungsbehörde von 1892–1924 die auf **Ellis Island** vor New York. Eine 15-jährige Irin namens Annie Moore war die Allererste gewesen.

Einwanderer in die USA 1880–1930

aus Italien	4,6 Mio.
aus Mitteleuropa	4,0 Mio.
aus Russland	3,3 Mio.
aus Deutschland	2,8 Mio.
aus England	2,3 Mio.

Zu Hause

Einwanderer sind mit der Sprache, dem Essen und den Gewohnheiten des neuen Landes oft noch nicht vertraut. Viele fühlen sich wohler, wenn sie in einem Viertel leben, in dem auch Landsleute von ihnen wohnen.

Die historische Chinatown in San Francisco (USA) stammt noch aus der Zeit des Goldrauschs (1848–1855), als chinesische Arbeiter nach Kalifornien kamen, um Gold zu suchen.

In den 1880er-Jahren führten englische Eisenbahnarbeiter das Fußballspiel in Argentinien ein. Daher kommt es, dass viele argentinische Fußballklubs heute noch englische Namen tragen.

Die Anzahl der Menschen weltweit, die nicht in ihrem Geburtsland leben, wird auf **200 Mio.** geschätzt.

Die Zahl der Menschen, die während des **Zweiten Weltkriegs** (1939–1945) gezwungen waren, aus ihrer Heimat zu flüchten, wird auf **30 Mio.** geschätzt.

Mehr als 4,6 Mio. Palästinenser, arabisch sprechende Bewohner aus der Region Palästina, die im heutigen Israel liegt, leben in Flüchtlingslagern im Nahen Osten, weil man sich seit Jahrzehnten nicht über einen eigenständigen Palästinenserstaat einigen kann.

Metropolen mit mehr als 1 Mio. im Ausland geborener Einwohner

London (Großbritannien) 1,9 Mio. (27,1 %)

Paris (Frankreich) 1 Mio. (17,6 %)

Miami (USA) 1,9 Mio. (35,5 %)

Houston (USA) 1,1 Mio. (21,4 %)

Toronto (Kanada) 2 Mio. (44,9 %)

San Francisco (USA) 1,2 Mio. (29,5 %)

Los Angeles (USA) 4,4 Mio. (34,7 %)

Sydney (Australien) 1,2 Mio. (31,2 %)

New York (USA) 5,1 Mio. (27,9 %)

Chicago (USA) 1,6 Mio. (17,5 %)

Alles über Ost- und Westdeutschland

■ Nach dem Zweiten Weltkrieg wurde Deutschland geteilt. Die UdSSR kontrollierte den Osten, die USA, England und Frankreich den Westen des Landes.

■ Die Stadt Berlin wurde in drei Westsektoren (Westberlin) und einen sowjetischen Sektor (Ostberlin) aufgeteilt.

■ 1948 schloss die UdSSR die Grenzübergänge nach Westberlin. Die Bewohner Westberlins wurden per Flugzeug mit Lebensmitteln versorgt.

■ 1961 ließ die ostdeutsche Regierung eine Mauer durch die Stadt bauen, um ihre Bürger davon abzuhalten, in den Westen zu fliehen.

■ Die Berliner Mauer stand fast 30 Jahre – bis zum Zusammenbruch der sozialistischen Länder in Osteuropa 1989. Nach dem Mauerfall kam es zur deutschen Wiedervereinigung.

Der Fall der Berliner Mauer wird gefeiert.

Ehemalige sozialistische Länder Osteuropas

★ **Albanien**
★ **Bulgarien**
★ **Tschechoslowakei**
★ **DDR**
★ **Ungarn**
★ **Polen**
★ **Rumänien**
★ **Jugoslawien**

Supermächte

■ Eine Supermacht ist ein sehr einflussreicher Staat, der durch seine Militär- und Wirtschaftsmacht über andere Länder bestimmt und die Weltpolitik beeinflusst.

■ Seit dem Zusammenbruch der Sowjetunion 1991 sind die USA die einzige Supermacht.

■ Es gibt Anzeichen dafür, dass China durch sein rasantes Wirtschaftswachstum zur Supermacht aufsteigen wird.

Fakten

Die UdSSR ...

1 unterstützte die kommunistischen Parteien weltweit.

2 stationierte nach dem Zweiten Weltkrieg Truppen in Osteuropa und kontrollierte den „Ostblock".

3 gründete 1955 den Warschauer Pakt – eine militärisch-politische Allianz osteuropäischer kommunistischer Staaten.

4 erreichte 1986 die Höchstzahl von 45 000 nuklearen Sprengköpfen.

Wettlauf ins All

UdSSR

Oktober 1957
Sputnik I, der erste künstliche Satellit, wird ins All geschossen.

Oktober 1959
Luna 3 sendet die ersten Bilder von der Rückseite des Monds.

April 1961
Juri Gagarin gelingt an Bord der *Wostok 1* die erste Erdumkreisung im All.

Juni 1963
Walentina Tereschkowa ist die erste Kosmonautin.

März 1965
Alexej Leonow schwebt als erster Mensch frei im All.

Februar 1966
Der Sonde *Luna 9* gelingt die erste weiche Landung auf dem Mond.

Was war der Kalte Krieg?

Der Kalte Krieg war eine Zeit der politischen Spannungen zwischen der UdSSR (heute Russland) und den USA. Der Konflikt dauerte 40 Jahre. In dieser Zeit bauten die gegnerischen Supermächte so viele Nuklearwaffen, dass sie die Welt damit hätten zerstören können.

Spannende Geschichte

1949
Die UdSSR testete ihre erste Atombombe.

1950–1953
Die USA halfen Südkorea im Kampf gegen das kommunistische Nordkorea.

1956
Das sowjetische Militär beendete den antikommunistischen Aufstand in Ungarn.

1965
Die USA traten in den Krieg gegen das kommunistische Nordvietnam ein.

1968
Das sowjetische Militär marschiert in der Tschechoslowakei ein und beendet den Prager Frühling.

1969
Die USA und die UdSSR begannen über Abrüstung zu

USA

Januar 1958
Der erste US-Satellit, *Explorer 1*, startet ins All.

Mai 1961
Präsident Kennedy kündigt eine Mondlandung bis zum Ende des Jahrzehnts an.

Februar 1962
John Glenn umkreist als erster Amerikaner die Erde.

März 1966
Gemini 8 gelingt die erste Kopplung zweier Raumfahrzeuge im All.

Dezember 1968
Apollo 8 gelingt der erste bemannte Flug zum Mond.

Juli 1969
Die *Apollo-11*-Astronauten Neil Armstrong und Edwin Aldrin sind die ersten Menschen, die den Mond betreten.

Fakten

Die USA …

1 unterstützen die Demokratie und den freien Markt (Kapitalismus).

2 gründeten 1949 mit Kanada, England, Frankreich und anderen westeuropäischen Ländern die Organisation des Nordatlantikvertrags (NATO).

3 entwickelten 1952 die Wasserstoffbombe.

4 erreichten 1965 die Höchstzahl von 32 000 nuklearen Sprengköpfen.

Wusstest du das?

Auf dem Höhepunkt des Kalten Kriegs wurde der sowjetische Regierungschef Nikita Chruschtschow während eines Treffens der Vereinten Nationen in New York so wütend, dass er einen Schuh auszog und damit auf den Tisch schlug.

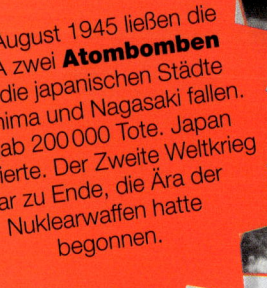

Im August 1945 ließen die USA zwei **Atombomben** auf die japanischen Städte Hiroshima und Nagasaki fallen. Es gab 200 000 Tote. Japan kapitulierte. Der Zweite Weltkrieg war zu Ende, die Ära der Nuklearwaffen hatte begonnen.

Die Kubakrise
1962 stationierten die Sowjets Mittelstreckenraketen im sozialistischen Kuba. Die **USA** (nur 145 km entfernt) reagierten mit einer Seeblockade. Nach einer ernsthaften Krise der Supermächte zog die **UdSSR** ihre Raketen ab. Die Welt war nur knapp einem Atomkrieg entkommen.

Vier historische Supermächte

1 Römisches Reich
700 Jahre lang erstreckte sich die Militärmacht der Römer über ganz Europa, um das Mittelmeer und bis in den Nahen Osten.

2 Chinesisches Reich
Eine asiatische Supermacht, die von 221 v. Chr. – 1912 ihre Nachbarn in Zentralasien, Korea und Vietnam dominierte.

3 Osmanisches Reich
In ihrer Blütezeit im 16. Jh. beherrschte diese islamische Supermacht das östliche Mittelmeer, Irak, Nordafrika und Südosteuropa.

4 Britisches Weltreich
Das größte Reich in der Geschichte. Im späten 19. Jh. gehörte fast ein Viertel der Landmasse der Erde dazu.

Tiere im All

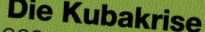 Die ersten Tiere im All waren 1947 Fruchtfliegen an Bord einer amerikanischen *V2*-Rakete.

Die Mischlingshündin Laika war 1957 das erste Säugetier im All, überlebte an Bord des russischen Satelliten *Sputnik 2* jedoch nur wenige Stunden.

1961 flog Ham (links) als erster Schimpanse ins All und zurück. Er war darauf trainiert worden, während des Flugs bestimmte Testaufgaben zu erledigen.

Eine Schildkröte umkreiste 1968 als erstes Tier den Mond – an Bord der sowjetischen Raumsonde *Sond 5*.

Gleichgewicht des Schreckens
nannte man die Vorstellung, dass ein Atomkrieg verhindert würde, wenn beide Seiten so viele Nuklearwaffen anhäuften, dass sie aus Angst vor einem Gegenschlag nie angreifen würden.

Was war der Marsch auf Washington?

Im August 1963 marschierten mehr als 200 000 Menschen durch die Stadt Washington (USA) und forderten gleiche Bürgerrechte für alle. Zu dieser Zeit hatten schwarze Menschen im Süden der USA noch nicht die gleichen Rechte wie die Weißen. Sie mussten andere Schulen besuchen, durften nicht wählen und nicht in den gleichen Lokalen speisen.

Bus-Boykott

Afroamerikaner, die die Stadtbusse von Montgomery (Alabama) benutzten, mussten weißen Fahrgästen ihren Sitzplatz überlassen, wenn der Bus voll war.

1955 weigerte sich die Afroamerikanerin Rosa Parks, ihren Sitz einem Weißen zu überlassen, und wurde festgenommen.

Aus Protest benutzten Afroamerikaner fortan keine Busse mehr. 1956 hob der Oberste Gerichtshof die Rassentrennung in Bussen auf.

Sportlerprotest

Nachdem sie 1968 bei den Olympischen Spielen in Mexiko die Gold- und Bronzemedaille gewonnen hatten, erhoben die afroamerikanischen Athleten Tommie Smith und John Carlos in stillem Protest ihre schwarz behandschuhte Hand bei der Siegerehrung. Sie wurden dafür aus dem Nationalteam ausgeschlossen.

Im Jahr 2008, 40 Jahre nach dem Tod des Bürgerrechtlers Martin Luther King jr., wurde mit **Barack Obama** erstmals ein Afroamerikaner zum Präsidenten der Vereinigten Staaten gewählt.

Fakten

Martin Luther King jr.

1 1929 in Atlanta, Georgia (USA) geboren

2 Baptistenprediger in einer Kirche in Montgomery (Alabama)

3 Er führte den Montgomery-Bus-Boykott an.

4 Beeinflusst von Mohandas Gandhi, glaubte er an den gewaltlosen Protest.

5 Er führte den Marsch auf Washington im August 1963 an.

6 1964 bekam er den Friedensnobelpreis.

7 1968 wurde er in Memphis (Tennessee) erschossen.

8 Sein Geburtstag ist ein US-amerikanischer nationaler Feiertag und wird am dritten Montag im Januar begangen.

1954 Der Oberste Gerichtshof der USA verbot die Rassentrennung in Schulen.

1957 Als neun afroamerikanische Schüler eine ehemals „weiße" Schule in Little Rock (Alabama) besuchen sollten, brachen Unruhen aus.

1960 Vier schwarze Studenten, die in einem „Nur-für-Weiße-Lokal" nicht bedient wurden, protestierten mit Sitzstreiks. Überall im Süden der USA fanden sich Nachahmer.

1962 Bürgerrechtler wurden angegriffen, als sie einen Gerichtsentscheid nachkommen wollten, der die Rassentrennung in öffentlichen Verkehrsmitteln aufhob.

1963 Marsch auf Washington

1964 Das Bürgerrechtsgesetz verbot die Diskriminierung aufgrund von Hautfarbe, Religion oder Herkunft.

Spannende Geschichte

Zehn Fakten über Mohandas Gandhi

1 1869 in Gujarat (Indien) geboren

2 Heiratete mit 13 Jahren Kasturba Makthaji.

3 Studierte in London Jura und zog später zum Arbeiten nach Südafrika.

4 Wollte die englische Herrschaft über Indien durch gewaltlosen Protest beenden.

5 War oft wegen zivilen Ungehorsams (der Weigerung, englische Gesetze zu befolgen) inhaftiert.

6 Sammelte mit Anhängern Meersalz, um gegen die Salzsteuer zu protestieren.

7 Webte seine eigenen Kleider auf einem traditionellen indischen Webrahmen.

8 Trat für Indiens „Unberührbare" ein, eine Gesellschaftsschicht ohne Rechte.

9 Fastete, um die Gewalt zwischen Hindus und Muslimen zu beenden.

10 Wurde 1948 von einem hinduistischen Extremisten ermordet.

„Ich habe einen Traum, dass meine vier kleinen Kinder eines Tages in einer Nation leben werden, in der sie nicht wegen der Farbe ihrer Haut, sondern nach dem Wesen ihres Charakters beurteilt werden."
Martin Luther King jr. (Ansprache beim Marsch auf Washington am 28. August 1963)

ALLES KLAR?

Gandhi hatte den Beinamen **Mahatma**, was auf Hindi „große Seele" bedeutet. Der Name zeugt von seiner besonderen Ausstrahlung und Weisheit.

Langer Weg zur Freiheit

■ Nelson Mandela wurde 1918 geboren und verbrachte 27 Jahre seines Lebens im Gefängnis – davon 18 in Einzelhaft – wegen Widerstands gegen das südafrikanische Apartheidsystem.

■ Schwarze Südafrikaner hatten keine Bürgerrechte, obwohl sie gegenüber den Weißen deutlich in der Mehrzahl waren.

■ Mandela führte den militärischen Flügel des ANC (Afrikanischer Nationalkongress), der Partei, die gleiche Rechte für alle Afrikaner forderte. Er wurde beauftragt, die Regierung zu stürzen.

■ 1990, vier Jahre nach seiner Freilassung, gewann er mit dem ANC die erste allgemeine Wahl in Südafrika.

Unabhängigkeit

Nach dem Zweiten Weltkrieg forderten Kolonien in Asien, Afrika, dem Pazifik und der Karibik ihre Unabhängigkeit. Die europäischen Länder jedoch gaben die Macht meist nicht freiwillig ab. In den Jahren der Dekolonisation (1945–1980) von etwa 90 Ländern kam es zu zahlreichen Konflikten in vielen Teilen der Welt.

Jahr des Konflikts	Um Unabhängigkeit kämpfendes Land	Besiegte Macht
1945–1949	Indonesien	Niederlande
1946–1954	Indochina (Vietnam)	Frankreich
1952–1956	Tunesien	Frankreich
1952–1960	Kenia	Großbritannien
1954–1962	Algerien	Frankreich
1961–1975	Angola	Portugal
1962–1974	Guinea-Bissau	Portugal
1964–1974	Mosambik	Portugal

Vor 1950 gab es in Afrika **4 unabhängige Länder.**

Zwischen 1950 und 1960 wurden **23 afrikanische Länder** unabhängig.

Zwischen 1961 und 1990 wurden **25 afrikanische Länder** unabhängig.

Heute gibt es **54 unabhängige Länder** in Afrika (die Provinz Eritrea löste sich 1993 von Äthiopien, um unabhängig zu werden).

Zahlen

Vereinte Nationen (UN)

1 Die Vereinten Nationen wurden 1945 gegründet.

2 Ursprünglich waren es 51 Mitgliedsstaaten, heute sind es 193.

3 Ihre Ziele sind der Weltfrieden und die Zusammenarbeit der Länder.

4 Die UN-General-versammlung aller Mitgliedsstaaten trifft sich einmal jährlich.

5 Der Sicherheitsrat ist für internationale Sicherheit und Frieden zuständig und kann jederzeit zusammenkommen.

6 Der Sicherheitsrat besteht aus 15 Mitgliedern: fünf ständigen (China, Frankreich, Russland, England und die USA) und zehn, die alle zwei Jahre neu gewählt werden.

7 Vorsitzender der UN ist der Generalsekretär, der alle fünf Jahre gewählt wird.

8 Das UN-Hauptquartier (unten) befindet sich in New York (USA).

Wusstest du das?

Die Regierung der Malediven im Indischen Ozean hielt 2009 eine Kabinettssitzung auf dem Meeresboden ab, um auf die Bedrohung der Inseln durch den steigenden Meeresspiegel aufmerksam zu machen.

Nur heiße Luft

Im Dezember 2009 nahmen 15 000 Abgeordnete aus 192 Ländern und über 100 Regierungschefs an der **UN-Klimakonferenz** teil. Auch nach zweiwöchigen Gesprächen hatten sie sich nicht auf eine bindende Vereinbarung zum Klimaschutz einigen können.

Weltfinanzmärkte

Die Globalisierung der Weltfinanzmärkte führt dazu, dass die Krise eines Landes meist auch eine Art Dominoeffekt auf den Rest der Welt ausübt. Durch die Krise auf dem US-Immobilienmarkt 2007–2009 kam es zu Bankenpleiten in vielen Teilen der Welt und zu einer weltweiten Rezession (wirtschaftlicher Abschwung).

Was ist die Globalisierung?

Globalisierung bedeutet, dass sich Unternehmen, Ideen und Lebensstile immer häufiger rund um die Erde ausbreiten. Durch günstige Flüge, 24-Stunden-Nachrichtensender und das Internet holen wir die Welt dicht zu uns heran. Die Kehrseite sind Umweltverschmutzung und eine größer werdende Kluft zwischen reichen Nationen und Entwicklungsländern.

Zur UN gehören einige Organisationen, die überall auf der Welt für Menschenrechte eintreten und gegen Krankheiten und Armut kämpfen. Daneben gibt es Tausende anderer Hilfsorganisationen, sogenannte NROs (Nichtregierungsorganisationen). Dazu gehören:

Internationales Rotes Kreuz und **Roter Halbmond** Helfen Kriegsopfern und Opfern anderer Katastrophen.

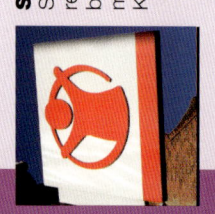

Save the Children Setzt sich für Kinderrechte ein und hilft benachteiligten oder misshandelten Kindern.

Ärzte ohne Grenzen Organisiert medizinische Hilfe in Kriegs- und Katastrophengebieten.

Amnesty International Kämpft für die Menschenrechte und organisiert Kampagnen für politische Gefangene.

Globales Handeln

Globale Unternehmen

Ein multinationaler Konzern ist ein Unternehmen, das in mehreren Ländern herstellt oder Dienstleistungen anbietet. Ein multinationaler Konzern produziert wird meist in Regionen, in denen Arbeitskräfte und Material **billig** sind. Dann werden die Waren **weltweit** verkauft. Konzerne wie McDonalds, Coca-Cola oder Disney kennt man rund um den Globus.

Fakten

Plastikmüll

1 2,7 Mio. Tonnen Plastik werden jährlich für Wasserflaschen verwendet.

2 80 % aller Plastikflaschen werden einfach weggeworfen.

3 Plastikmüll verrottet erst nach 500 Jahren.

4 Das bedeutet, dass fast alles Plastik, was je produziert wurde, noch irgendwo existiert.

5 Das meiste davon landet im Meer und gefährdet die Meeresbewohner.

6 Wissenschaftlern zufolge schwimmt eine „Plastikmüll-Suppe" im Pazifik, deren Ausdehnung dem Zweifachen der Fläche der USA entspricht.

ALLES KLAR?

Die berühmte Internetsuchmaschine **Google** hat mittlerweile auf der ganzen Welt eine solche Bekanntheit erlangt, dass der Firmenname gleichbedeutend mit „im Internet suchen" verwendet wird: Wir **googeln**.

Zugang zum Internet

In Nordamerika haben drei von vier Menschen

In einigen Ländern Afrikas hat weniger als 1 % der Bevölkerung Internetzugang.

☐ 2,5 Mrd. Fernsehzuschauer weltweit sahen sich 1997 die Live-Übertragung vom Begräbnis der englischen Prinzessin Diana an.

☐ 4,8 Mrd. Menschen (70 % der Weltbevölkerung) sahen sich im August 2008 die Olympischen Spiele in Peking im Fernsehen an.

☐ Etwa 1 Mrd. TV-Zuschauer sahen im Juni 2009 die Trauerfeier zum Tod des Sängers Michael Jackson.

Top 10 Flughäfen

Nach Passagieraufkommen

Flughafen	Passagiere
Hartsfield-Jackson, Atlanta (USA)	92 365 860
Peking (China)	77 403 668
London Heathrow (Großbritannien)	69 433 565
O'Hare International, Chicago (USA)	66 561 023
Tokio-Haneda (Japan)	62 263 025
Los Angeles International (USA)	61 848 449
Paris Charles de Gaulle (Frankreich)	60 970 551
Dallas-Fort Worth International (USA)	57 806 152
Frankfurt (Deutschland)	56 436 255
Hongkong Chek Lap Kok (China)	53 314 213

Zahlen

Weltweit gibt es etwa **1,7 Mrd. Internetnutzer**.

2,5 Mrd. Menschen haben keinen Zugang zu sanitären Anlagen.

Es gibt weltweit etwa **4,6 Mrd. Handynummern**.

Im Jahr 2010 gab es **2,5 Mrd. Flugpassagiere**.

Auf der Erde lebten Anfang des Jahres 2012 insgesamt **7,01 Mrd. Menschen**

884 Mio. Menschen weltweit haben keinen Zugang zu sauberem Trinkwasser.

Fairtrade
Setzt sich für bessere Arbeitsbedingungen der Bauern und Produzenten in Entwicklungsländern ein.

WWF
Setzt sich für den Naturschutz und vom Aussterben bedrohte Tierarten ein.

Register

A

Aborigines 218, 219, 232, 240, 248
Adler 120, 121, 201
Afrika 197, 198–199, 295
Afroamerikaner 294–295
Ägypten, altes 63, 105, 125, 147, 151, 164, 231, 232, 248, 258, 264, 271, 277
Alaska 224
Aleuten 44, 45
Algen 102–103
Alligatoren 109, 118, 119
Allosauroiden 74–75
Alphabet 267
Aluminium 42, 43, 176, 177
Ameisen 104, 105
Amerikanische Revolution 288
Aminosäuren 135
Ammoniten 94
Amnesty International 296
Ampere 164, 165
Amsterdam 202, 203
Anarchismus 235
Anatomie 282, 285
Anden 194–195, 269
Animation 245
Ankylosaurier 76, 77
Antarktis 35, 196
Apartheid 199, 295
Aquädukt 273
Araber 185, 208–209
Arabische Wüste 196, 209
Archaeopteryx 79
Archimedes 162, 272
Architektur 211, 250–251, 272, 273
Argentinien 194, 195, 269, 291
Aristoteles 234
Arktis 196, 224–225
Armstrong, Neil 21, 22
Ärzte 156–157, 219, 286, 296
Assuan-Staudamm 63
Asteroiden 24, 25, 27, 34
Astrologie 230
Astronauten 17, 19, 20–21, 22, 23
Astronomie 14, 24, 282–283
Atacamawüste 57, 196
Atlantis 233
Atmung 17, 49, 137, 138–139, 140
Atolle 45, 65
atomare Unfälle 189
Atombomben 293
Atome 185, 189
Atomkraft 188, 189
Aufklärung 283
Australien 96, 197, 218–219, 250, 260, 291
Australopithecinen 86, 87
Auswanderung 290, 291
Autos 162, 166, 167, 168–169, 286

B

Babylon 157, 164, 271
Babys 145, 148, 150
Bakterien 156, 158–159, 187, 276, 282
Ballsportarten 252–255
Bandwurm 111
Bangkok 203, 214, 250
Bären 94
Baryonyx 74, 75
Basalt 40, 44
Basketball 193, 252–253
Bauernaufstand 276
Beachvolleyball 252, 253
Beduinen 208
Befruchtung 134, 141
Bell, Alexander Graham 193
Berliner Mauer 292
Bestäubung 98, 125
Beuteltiere 123
Bewusstsein 145
Bibel 105, 277, 282
Bienen 104, 105, 162
Bikini 243
Biodiesel 102–103
Blei 43
Blinddarm 136
Blitze 59
Blogs 237
Blut 156–157, 183, 283
Blüten 98–99
Blutkörperchen 134, 135, 156, 186
Boote 195, 219, 220
Braille-Schrift 230
Breakdance 240
Britisches Weltreich 293
Bronze 43, 176
Buchdruck 282
Bücher 273, 282
Buddhismus 151, 228, 230, 246
Burgen 274–275, 279
Bürgerrechte 294–295
Burj Khalifa 251

C

Camelot 233
Cäsar, Gaius Julius 62, 154, 236, 273
Chile 194, 195, 196
China 18, 19, 21, 23, 250, 261, 288, 292, 293
    altes 113, 151, 183, 234, 235, 240, 260, 266, 267, 269, 270, 278, 279
Cholera 277
Christentum 228, 229, 230
Chromosomen 134–135, 142, 143, 187
Concorde 171
Cookinseln 223
Crick, Francis 95, 142
Curie, Marie 165, 189

D

Dampfkraft 283, 286
Daoismus 228, 230, 235
Darm 137, 140, 141
Darwin, Charles 47, 94, 95, 97
Deiche 63, 202
Delfine 126, 127
Demokratie 288, 289
Descartes, René 163, 234, 282
Deutschland 287, 288, 289, 292
Diamanten 53
Didgeridoo 218–219
Diktatur 288
Dinosaurier 40, 66–91
Diplodocus 72, 73
DNA (Desoxyribonukleinsäure) 95, 134, 135, 142–143, 182, 265
Dogon (Volk) 149, 240
Drachen 233
Dromaeosauriden 78, 79
Drüsen 141, 154
Dubai 208, 209, 250, 251
Dünen 53

E

Echoortung 123
Ecuador 194, 195
Edelsteine 195, 230
Edison, Thomas 286
Edmontonia 76, 77
Edmontosaurus 88
Eiffelturm 248
Einstein, Albert 181
Einzeller 159
Eis 56, 57, 102
Eiscreme 260, 261
Eisen und Eisenoxid 42, 43, 177
Eisenbahnstrecken 204, 210, 286
Eisfischen 257
Eishockey 193, 256, 257
Eisklettern 257
Eislaufen 193, 203, 257
Eiszeiten 48, 57, 84–85
Eizelle 134, 135, 141
Eldorado 233
Elefanten 89, 199, 215
elektrische Einheiten 164, 165
Elektromagnetismus 179, 180
Elektronenmikroskop 185
Elemente 42, 205
Elisabeth II. 289
Ellis Island (New York) 290
Emus 218
endokrines System 138, 139, 141
Entdecker 62, 192, 198, 221, 225

Eoraptor 68
Epidexipteryx 79
Erbsen 99
Erdbeben 41, 48, 61, 65, 216, 220
Erde 26, 36, 40–41, 56–57, 179
Erdplatten 41, 45, 48
Erfindungen 185, 193, 282–283, 286–287
Erkältung 158
Erze 42–43, 176
Essen 99, 103, 219, 224, 260–261, 280–281
Etrusker 150, 267
Eukalyptus 219
Eulen 122, 123
Europa (Jupitermond) 36
Everest, Mount 43, 49
Evolution 47, 86–87, 94–97, 99, 199, 264

F

Fabriken 286, 287, 297
Fadenwürmer 186
Fahrräder 166, 177, 287
Fairtrade 297
Falken 120, 121, 209
Faraday, Michael 164, 179
Fernsehen 37, 297
Feste 211, 212–213, 215, 233, 260
Festungen 211, 274, 279
Fettzellen 135
Feuchtgebiete 57
Feudalsystem 275
Feuer 87
Fibonacci-Reihe 163
Fidschi 222
Filme 89, 105, 244–247, 287
Fingerabdruck 143, 182, 183
Finken 96
Fischadler 120, 121
Fische 64, 68, 95, 97, 104, 123, 217, 259
Flaschenzug 166
Flechten 53, 102
Fledertiere 55, 122, 123, 124–125
Fleming, Alexander 277
Flöhe 111, 276
Flughäfen 297
Flugzeuge 121, 167, 170–173, 219, 286
Flüsse 57, 210
Fortpflanzungssystem 138, 140, 141
Fossilien 40, 41, 48, 51, 73, 85, 87, 88–91, 94, 199, 265
Fotografie 286
Frank, Anne 203
Franklin, Benjamin 283
Franklin, Rosalind 142
Französische Revolution 288, 289
Frauenrechte 235, 287, 289

Friedenssymbole 231
Frösche 68, 116–117
Fruchtfliegen 188, 293
Füchse 122, 123, 201
Fuji 216, 229
Fußball 216, 253, 254

G

Gagarin, Juri 19, 292
Galapagosinseln 46–47, 95, 96
Galaxien 8–9, 10, 12–13, 24–25
Galilei, Galileo 30, 282
Gammastrahlen 10, 188, 189
Gandhi, Mohandas 295
Ganges 212–213
Gaudí, Antoni 250
Gauß, Carl Friedrich 37
Gebete 228
Gebirge 26, 48–49, 194–195
Gedächtnis 144, 145, 148–149
Gefühle 144, 153
Gehirn 136, 141, 144–145, 148, 152–153
Gehry, Frank 250
Geier 120, 121
Geld 270
Gene 142, 143, 149
Geologie 40–41, 50
Gepard 85, 128, 129
Gerichtsmedizin 113, 143, 151, 182–183
Geschwindigkeitsrekord 168, 169, 170–171
Gesichtsausdrücke 145
Gesichtsbemalung 249
Gestein 40–41, 48, 50, 179
Gesundheit 17, 156–159, 276–277, 286
    siehe auch Medizin
Gewehre 182, 183, 278–279
Gewitter 59
Gewürze 64, 260, 274, 280
Geysire 200
Gezeiten 193
Giganotosaurus 74
Glas 176, 273
Gletscher 48, 55, 57, 200
Globalisierung 296–297
Glyptodon 85, 94
Gold 42–43, 195
Goldfische 259
Golf 252, 253
Goliathkäfer 113, 115
Google 297
Googol 162
Gorillas 239
Gräber 63, 211, 270
Grand Canyon 50–51
Granit 40
Gräser 98
Greifvögel 120–121, 123, 201
Griechenland, altes 14, 234, 235, 252, 266, 270, 271, 272, 288

Grillen 105, 122
Grippe 159, 277
Grundgesetz, deutsches 288
Gutenberg, Johannes 236, 282
Gyroskop 167

H

Haare 140, 182, 242–243
Habichte 120, 121
Hagelkörner 58
Haie 65, 108–109, 123
Halbwertszeit 188
Hamster 131, 258
Hände 153, 154–155
Handel 280–281
Harnsystem 137, 138, 141
Haustiere 258–259
Haut 136, 139, 140, 156
Hawaii 45, 260
heiße Quellen 45, 102, 200, 201, 217
Herschel, Wilhelm 9, 11
Herz 136–137, 140, 283
Heuschrecken 104, 105
Hieroglyphen 266–267
Himalaja 48–49, 102, 210, 212
Hinduismus 211, 212–213, 228, 230
Hippokrates 157, 252, 272
Hirsche 85, 95, 225
Hirschkäfer 112–113
Hockey 252
Höhlen 54–55, 123, 199
Höhlenmalerei 54, 85, 89, 196, 219, 265
Hologramm 181
Homo sapiens 86–87, 94, 95, 199, 264
Hormone 139, 141, 193
Hotspots 45, 46
Hubble, Edwin 9, 11
Hunde 142, 149, 201, 218, 258, 259, 293
Hundertfüßer 259
Hurrikane 60–61
Hyänen 53, 109, 122

I

Ichthyosaurier 82–83
Igel 122
Immunsystem 138, 141, 156–157
Impfungen 157, 277
Indien 18, 23, 48, 49, 64, 210–213, 231, 240, 244, 274, 290, 295
Indischer Ozean 64–65, 215
Indonesien 44, 45, 64, 65, 87
Infrarotstrahlen 10, 11
Inka 194, 195, 232, 264, 267, 269
Insekten 52, 68, 104, 105, 110, 111, 112–115, 162, 182, 261
Inseln 44–47, 64, 65, 95, 96, 195, 201, 209, 216–217, 220–223

Internationale Raumstation (ISS) 17, 20, 21
Internet 297
Inuit 224, 225, 256, 269
Irak 209
    siehe auch Sumerer
Iran 289
Islam 208, 228, 229, 230, 290
Island 45, 200–201
Isotope 189

J

Jackson, Michael 239, 241, 297
Jaguar 128, 129
Jainismus 228, 230
Japan 18, 22, 44, 216–217, 274, 281
Java 45
Jeans 243
Jenner, Edward 157, 277, 283
Judaismus 228, 229, 230
Jupiter 17, 25, 30, 33, 36
Jura 68, 69

K

Käfer 52, 112–115
Kakerlaken 113, 188
Kakteen 100–101
Kalender 273, 282
Kalium 42
Kalkstein 40, 50, 54
Kalter Krieg 292–293
Kamele 197, 209, 219
Kampfsport 217
Kanada 192–193, 224, 225, 291
Kanäle 202, 203
Kängurus 123, 218
Kanonen 278–279, 280
Kant, Immanuel 234
Karibische Inseln 44, 280–281, 290
Kartoffeln 280, 290
katholische Kirche 206, 207, 229, 229, 282
Katzen 85, 122, 128–129, 258, 269
Kaulquappen 117
Kehlkopf 137, 140, 153
Kepler, Johannes 25, 162, 282
Kernfusion 181
Kevlar 177
Kieselalgen 102, 103
Kimono 217
Kinderarbeit 286, 287
King, Martin Luther 294–295
Klonen 142
Knochen 135, 138, 141, 154
Koalas 123, 219
Koch, Robert 277
Kohlendioxid 48, 130, 138–139, 140
Kojoten 123
Kokosnüsse 221
Kolibri 98

Kolumbien 194, 195
Kometen 11, 25, 32–33
Kommunismus 204, 289, 292
Konfuzius 234, 235
Kontinente 41, 48, 64, 69
Kopernikus, Nikolaus 282
Korallen 64, 68, 102
Körper, menschlicher 132–159, 285
Körperkunst 221, 248, 249, 265
Krähen 258
Krakatau 44, 45, 65
Kraken 106–107
Krankheiten 103, 156–159, 276–277, 286
Krankheitserreger 156, 158–159
Krebse 64, 68, 95, 105, 220
Kreide 68, 69
Kreislaufsystem 138, 139, 140
Kreml 204, 279
Kreta 269, 271
Kreuzzüge 274
Kriegswesen 271, 278–279, 285
Krokodile 65, 118–119, 269
Kröten 96, 117, 259
Kubakrise 293
Kunst 203, 249, 284–285
Kunststoff 177, 297
Kupfer 42, 43, 176

L

Landwirtschaft 214–215, 264
Las Vegas (USA) 250, 251
Laser 180–181
Läuse 111
Leben im Meer 47, 52, 64–65, 82–83, 95, 106–109
Lebenserwartung 156, 216
Leber 135, 136, 137
Leeuwenhoek, Antoni van 185, 187, 282
Legierungen 43, 176
Leibniz, Gottfried 163
Lemminge 105, 131
Lenin, Wladimir Iljitsch 204, 205, 269
Leonardo da Vinci 147, 284–285
Leopard 123, 128, 129
Leuchtkäfer 104, 113
Licht 180, 283
Lichtjahre 165
Lincoln, Abraham 269
Linkshändigkeit 145
Linné, Carl von 283
Loch Ness, Monster von 232
London 235, 250, 277, 290, 291
Löwe 85, 109, 128, 129, 230
Lunge 136, 137, 138–139, 140
lymphatisches System 137, 138, 141

M

Madagaskar 65, 95
Magen 137, 140, 156

Magnete und Magnetismus 178–179
Malaria 111, 159
Malediven 65, 296
Malerei 203, 248–249, 284
   siehe auch Höhlenmalerei, Kunst
Mammuts 84–85
Mandela, Nelson 199, 295
Mangroven 64, 104, 213
Mantarochen 65, 199
Marienkäfer 105, 112
Mars 17, 24, 25, 26–29, 34, 35, 36, 37, 164, 167
Marsch auf Washington 294
Marx, Karl 235
Maschinenstürmer 287
Masern 158
Masse 9
Maßeinheiten 164–165
Materialien 176–177
Mathematik 162–163, 272
Mäuse 130–131, 143
Medizin 156–159, 181, 188, 189, 272
Megalithe 265
Megalosauroiden 74–75
Mekka 208, 228
Melatonin 139
Mendel, Gregor 95, 142
Mendelejew, Dmitri 205
Menschenaffen 86, 87
menschliches Genom 142, 143, 149
Merkur 17, 25, 26
Mesopotamien 147, 166, 270, 271
Mesozoikum 68–69
Metalle 42–43, 176–177
Meteore 33
Meteoriten 34–35
metrisches System 164
Mexiko 54, 55, 196, 249, 264, 266
Migration 290–291
Mikroskop 184–187, 282
Mikrowelle 260
Milben 111, 187
Milchstraße 8, 9, 12, 13, 25, 37
Milz 137, 141
Minerale 40, 54
Minoer 271
Mitose 135
Mittelalter 274–277
Mode 242–243
Monaco 207
Monarchien 288, 289
Mond 23, 34, 181, 282
   Missionen 17, 20, 21, 22–23, 167, 181, 292, 293
   Menschen auf dem Mond 21, 22, 162
Monde (anderer Planeten) 12, 25, 27, 31, 282
Mondrian, Piet 203
Monsun 49

Moore 57
Mosambik 198, 199
Mücken 110, 111, 159
Mumien 268–269
Musik 181, 218–219, 238–239
Muskeln 135, 138, 139, 140, 154
Mykener 271
Mythen 232–233, 240

N
Nachrichten 236–237
nachtaktive Tiere 122–125
Nagetiere 130–131
Naher Osten 208–209
Namibia 198, 199
Namibwüste 52–53, 131, 198
Navigation 165, 280
Neandertaler 86, 87
Nebel 13, 24, 25
Nenzen (Volk) 224, 225
Neptun 17, 25, 30
Nervensystem 138, 139, 141
Neuronen 135, 144
Neutronen 189
Newton, Isaac 33, 145, 163, 165, 283
Nickel 43
Niederlande 202–203, 250
Nieren 136, 137, 141
Nietzsche, Friedrich 235
Nil 62–63, 119
Nobelpreis 149, 193, 199, 294
Nomaden 197, 204, 208, 224–225
Nordpol 225
Nudeln 260
Null 162

O
Obama, Barack 145, 294
Oberflächenspannung 56
Ohr 153
Ölkäfer 112, 113, 115
Olympische Spiele 193, 205, 216, 257, 272, 294, 297
Opossums 122, 123, 219
optische Täuschung 145
Organe 135, 136–137
Osmanisches Reich 293
Osterinsel 222, 267
Osteuropa 292
Ötzi 269
Outback 218–219
Ozeane 41, 44, 45, 57, 64–65, 102, 103
   siehe auch Leben im Meer

P
Pakistan 290
Paläste 211, 250
Palmen 98, 221
Pandemien 277
Papageien 241, 258–259
Papst 206, 207

Papua-Neuguinea 162
Papyrus 267
Parasiten 110–111, 156, 159
Parkinson-Krankheit 103
Pasteur, Louis 277
Pazifische Inseln 220–223
Pazifischer Feuerring 44
Perón, Eva 269
Peru 194, 195, 264, 267
Peter der Große 205
Pfauen 89, 95
Pflanzen 17, 52, 53, 69, 98–99, 100–101, 187
Philosophie 234–235, 272
Phönizier 267, 270
Pi 163
Pillendreher 113, 115, 268
Piranhas 104
Piraten 231, 281
Pizzas 261
Plagen 111, 276–277
Planeten 17, 25, 26–31, 37, 282
Planetoiden 24, 25, 27, 34
Plankton 47, 52, 65, 102
Plastik 177, 297
Platon 234, 272
Pleistozän 84–85
Plesiosaurier 69
Pluto 12, 17
Polarlichter 179, 224
Politik 272, 288–289, 292, 293
Pollock, Jackson 249
Polymere 177
Postwesen 210, 219, 286
Proteine 135
Protonen 189
Pterosaurier 69, 80–81
Pyramiden 63, 125, 264, 270–271
Pythagoras 162, 234, 272

Q
Quallen 104, 105
Quastenflosser 97
Quecksilber 42
Quetzalcoatl 271
Quetzalcoatlus 80, 81

R
Raben 105
Radar 175, 232
Räder 166–167
Radioaktivität 188–189
Radiokarbonmethode 54, 188
Radioteleskope 36, 37
Radiowellen 10
Raketen siehe Raumfähren
Rasputin, Grigori 205
Raubvögel 120–121, 123, 201
Raumfähren/Raumsonden 18–19, 22–23, 36, 177, 188, 189, 292, 293
   Columbia 18, 19
   Cassini 17, 25, 31
   Galileo 17

   Luna 17, 22, 23, 292
   Lunochod 17, 22, 181
   Mariner 17, 26
   Pioneer 31, 36
   Rosetta 32
   SpaceShipOne 19
   Voyager 17, 30, 31, 36
Reformation 282
Regen 57, 58, 60
Regierung 288–289
Reis 214–215
Religionen 229, 230, 232
Rembrandt 203
Renaissance 282
Rennmäuse 131
Rentier 224, 225
Republiken 288, 289
Réunion 65
Revolutionen 288–289
Rezession, wirtschaftliche 296
Ritter 275
Robben 52, 95
Römer, alte 62, 113, 154, 251, 252, 260, 270, 271, 273, 288, 293
Röntgenstrahlen 10, 11, 31
Rost 42, 177
Rotes Kreuz 296
Rover 22, 23, 26, 28–29, 166–167
Russland 204–205, 250, 289
   Raumfahrt 19, 20, 21, 23, 27, 292, 293
   siehe auch UdSSR

S
Saddam Hussein 209
Saguaro-Kaktus 101
Sahara 56, 196–197
Salamander 123, 259
Salmonellen 158
Salomonen 223
Samen (Volk) 224, 225
Samoa 222
San (Volk) 199
Sandlaufkäfer 112, 113, 114
Sandstein 40, 50
Santorin (Griechenland) 45, 271
Sartre, Jean-Paul 235
Satelliten 11, 13, 16, 19, 61
Saturn 13, 17, 25, 30–31
Saudi-Arabien 208
Sauerstoff 37, 49, 103, 138, 140, 145
Säugetiere 68, 84–85
Sauropoden 72–73
Schach 231
Schädel 87, 141
Schafe 97, 219
Schallwellen 152
Schamanen 229
Schiefer 40, 50
Schießpulver 278, 279
Schiffe 53, 280, 281, 286
Schildkröten 47, 65, 69
Schimpanse 86, 95, 143, 293

Schlaf 111, 139, 145, 146–147, 159
Schlangen 53, 69, 104, 123, 259
Schmetterlinge 95, 104
Schnabeltier 123
Schnarchen 147
Schnecken 184, 270
Schneealgen 102, 103
Schneeflocke 184
Schnurrhaare 122, 128
Schokolade 280
Schrift 266–267, 285
Schwämme 102
Schwärme 104–105
Schwarzer Tod 111, 276
Schweinswale 126
Schweiß 139, 154
Schwerkraft 17, 23, 283
Sedimentgesteine 40, 41, 48
Seen 57, 63, 194, 195, 204
Segway 166
Sekretär 121
Sepien 106
SETI (Suche nach extraterrestrischer Intelligenz) 36
Seuchen 111, 276–277
Seychellen 65
Seychellenpalme 65
Shinto-Religion 229, 230
Shonisaurus 83
Sibirien 204, 224, 225
Sikhismus 228, 230
Simbabwe 198, 199, 264
Sinne 122–123, 128, 148, 149
Sirius 14
Skarabäus 113, 115, 268
Skelettküste 53
Skelettsystem 138, 141, 154
Skifahren 256–257
Skinke 96
Sklavenhandel 280–281
Skorpione 52, 259, 261
Sokrates 234, 235
Sonne 9, 11, 14, 15, 58, 232
Sonnensystem 26, 30, 32, 37
Sowjetunion
    siehe Russland, UdSSR
Spaceshuttle *siehe* Raumfähren
Spanien 54, 55, 194, 240, 250, 260
Spannung 164, 165
Spinnen 122, 259, 261
Spinosauriden 74, 75
Sport 157, 209, 211, 221, 252–255
Sprachen 152–153, 193, 194, 201, 207, 210, 267
St. Petersburg 203, 205, 250
Stäbchen 261
Stadien 165, 199
Städte 203, 210, 216, 248, 270, 286, 287, 291
Stahl 43, 176–177
Stalagmiten/Stalaktiten 54, 55
Stalin, Josef 204

Staudämme 63, 202
Stegosaurier 76, 77
Stein von Rosetta 267
Steinzeit 150, 264–265
Sternbilder 15, 25, 230
Sterne 9, 12, 14–15, 24–25, 37
Sternhaufen 12–13, 15, 25
    siehe auch Galaxien
Stethoskop 156, 157
Stimmbruch 153
Stinkfrucht 148
Stonehenge 264–265
Strahlung 17, 189
Straßen 195, 273
Streik 286, 287
Stromatolithen 94
Stürme 31, 58–61
Sturmfluten 60–61
Südafrika 198, 199, 295
Südamerika 194–195, 196
Suffragetten 289
Sumbawa (Indonesien) 44, 45
Sumerer 147, 266, 267, 270
Sümpfe 57, 63
Superhaufen 8, 9
Supermächte 292, 293
Supernova 25
Surfen 221
Symbole 230–231

T

Tadsch Mahal 211
Tahiti 221, 223
Taifune 60
Tanz 240–241
Tattoos 221
Tauchboote 175
Tee 205, 211, 231, 279, 281, 289
Teleskope 10–13, 36, 282
    siehe auch Weltraumteleskope
Tempel 63, 151, 211, 215
Temperatur 165
Tennis 252, 253
Teotihuacán 270–271
Testosteron 139
Tetrapoden 70–71
Thailand 214–215, 250
Thera (Griechenland) 45, 271
Theropoden 74, 75
Tibetisches Hochland 48, 49
Tiere 46–47, 52–53, 116–119, 126–131, 201, 218
    Evolution 47, 95–97
    nachtaktive 122–123
    Schwärme 104–105
    vorzeitliche 68–69, 84–85
Tierkreis (Sternzeichen) 230
Tiger 122, 123, 128, 129
Titan 43, 177
Titicacasee 117, 194, 195, 232
Tokio 216
Tolstoi, Lew 205
Tonga 223

Tornados 58, 59
Totempfähle 232–233
Träume 147
Trias 68, 69
Trommeln 238
Tschaikowsky, Pjotr Iljitsch 205
Tsetsefliege 111, 159
Tsunamis 64, 65, 215, 216, 220
Tuareg 197
Tuberkulose 158
Türme 192, 208, 209, 214, 248, 251
Tutanchamun 269
Tutu, Desmond 199
Tuvalu 223
Twain, Mark 33
Tyrannosaurus rex 74, 76, 109

U

Überriesen 12, 15
Überschwemmungsgebiete 62, 63
Überwinterung 130–131
U-Boote 174–175, 189
UdSSR 204–205, 292–293
UFOs 37
ultraviolette Strahlen 10, 11
Uluru 219
Umlaufbahnen 16, 23, 26, 33, 282
Unabhängigkeitsbewegung 295
Unendlichkeit 163
Universum 8–9
UNO (Vereinte Nationen) 296
Unternehmen 297
Uran 43, 188–189
Uranus 9, 17, 25, 30
Ureinwohner Amerikas 232–233, 277
Urknall 8, 13
Uru (Volk) 195
USA (Vereinigte Staaten von Amerika) 281, 288, 289, 290–291, 292–293
    Raumfahrt 18, 19, 21, 22–23, 293

V

Vampire 232
Vampirfledermäuse 125
van Gogh, Vincent 203, 249
Vanuatu 222
Vatikanstadt 206–207
Venedig 203, 248
Venus 17, 25, 26
Verdauungssystem 137, 138, 140
Verwitterung 48
Victoriafälle 198, 199
Victoriasee 63
Viren 156, 158–159, 184
Vögel 46, 53, 69, 78, 79, 80, 96, 98, 104, 105, 201, 258
Vulkane 41, 44–47, 65, 200, 220
    auf dem Mars 26, 27, 29
Vulkaninseln 44–47, 64, 65, 201

W

Wachstum 147
Waffen 182, 183, 278–279
Wahlrecht 289
Wale 96–97, 126–127, 199
Wasser 56–57, 58, 297
Watson, James 95, 142
Wegener, Alfred 41
Weichtiere 106
Weihrauch 209, 229, 266
Wellenlängen 10
Welt 193, 195, 205, 215, 217
Weltraum 8–36
Weltraumteleskope
    Chandra 10, 12, 13, 31
    Herschel 11
    Hubble 9, 11, 12
    SOHO 11
    Spitzer 10, 12, 13
Weltwunder 271
Welwitschie 52, 53, 101
Werwölfe 233
Wetter 52, 53, 58–61, 196
Wikinger 200, 233
Wild 85, 95, 225
Wind 60, 165, 196
Winter 192, 193, 201, 225, 256–257
Wirbelstürme 58, 60, 65, 220
Wissenschaft und Technik 282–287
Wölfe 122
Wolken 58–59
Wolkenkratzer 251, 287
Wright, Frank Lloyd 250
Wundheilung 156–157
Wüsten 52–53, 56, 57, 63, 100–101, 193, 196–197, 198, 209, 210
WWF 297

Z

Zahlen 162–163, 231, 271
Zähne 131, 147, 150–151, 184, 243
Zahnrad 166
Zecken 111
Zeichensprache 152, 153
Zellen 134–135, 142, 144, 187
    siehe auch Blutkörperchen
Zensur 236
Zink 43
Zinn 42, 43
Zivilisation 270–273
Zoroastrismus 228
Zucker 280
Zunge 137, 150–151, 152, 184
Zweiter Weltkrieg 221, 243, 291, 293
Zwillinge 143
Zyklone 58, 60, 65, 220
Zytoplasma 134, 135

Bildnachweis

Der Verlag dankt den folgenden Personen und Institutionen für die freundliche Genehmigung zum Abdruck von Fotos:
(Abkürzungen: o = oben, go = ganz oben, u = unten, m = Mitte, l = links, gl = ganz links, r = rechts, gr = ganz rechts, Hg = Hg, Hb = Hb)

38 Corbis: Craig Lovel (ur). **38–39** Corbis: Yann Arthus-Bertrand (m/Hb). **39** Corbis: Tom Bean (mu); Fred Hirschmann/Science Faction (ul); Frans Lanting (mr); Macduff Everton (mo); George Steinmetz (mlu); Visuals Unlimited (ml); Michele Westmorland/Science Faction (ur). **40** Corbis: Image Source (mlo). **40–41** Corbis: Brand X (m/Hg). **41** Getty Images: Teh Eng Koon/AFP (gom). Science Photo Library: W. K. Fletcher (ur); David Parker (mr); Simon Terrey (gor). **42** Corbis: Peter Ginter/Science Faction (mo); Mark Schneider/Visuals Unlimited, Inc. (mr); Visuals Unlimited (um). Dorling Kindersley: Harry Taylor/mit frdl. Genehmigung des Natural History Museum, London (gor). Getty Images: Ramzi Haidar/AFP (mru/Munition). Science Photo Library: Joel Arem (ur); E.R. Degginger (ul); Arnold Fisher (ugr). **42–43** Getty Images: Dimitri Vervitsiotis (m). **43** Corbis: Tommy Flynn (mr/Münzen); Karen Hunt (mru); Helen King (mr/Fahrräder); Christian Liepe (mro/Kupfer); David Sailors (mro/Kupfer); Phil Schermeister (mo); Gregor Schuster (ur). Getty Images: Ken Lucas (ugl); National Geographic (ml); PhotoLink (mro/Titan). Science Photo Library: TH Foto-Werbung (ul). **44** Corbis: NASA (ml); Paul Seux/Hemis (m/Hg); Steve Terrill (ul). **45** Corbis: (ur). NASA: GSFC/MITI/ERSDAC/JAROS (ugl); Johnson Space Centre (ul). Science Photo Library: Geoeye (ugr). **46** FLPA: Hiroya Minakuchi/Minden Pictures (m). Getty Images: Photolibrary/David B Fleetham (ul); Chris Jackson (ugr). **46–47** Ardea: D. Parer & E. Parer-Cook (m/Hb). **47** FLPA: Imagebroker/FB-Fischer (ul); Peter Oxford/Minden Pictures (m). Getty Images: The Bridgeman Art Library (ul); Andy Rouse (ur). **48** Corbis: Image Plan (um/K2); Imageshop (ul); Jane Sweeney/Jon Arnold Images (ur); WildCountry (ugr). **48–49** Corbis: Desmond Boylan/Reuters (m/Hb). **49** Corbis: Association Chantal Mauduit Nama (um/Manaslu) (ul); Ed Darack/Science Faction (ul); Didrik Johnck (mru); John Noble (ul/Dhaulagiri); Galen Rowell (ur). **50** Corbis: (ul); Shubroto Chattopadhyay (ml). **50–51** Corbis: Momatiuk-Eastcott (m/Hb). **51** Alamy Images: JFox travel images (mr/Helikopter). Corbis: Tom Bean (mro/Gehen); David Kadlubowski (gor); Craig Lovell (mru/Rafting); Buddy Mays (ur); David Samuel Robbins (mr/Maultier). **52** Alamy Images: Martin Harvey (gor). Corbis: Marcello Calandrini (mo). **52–53** Corbis: Gallo Images (m). **53** Corbis: Michael & Patricia Fogden (gogl); Blaine Harrington III (ml); Hoberman Collection (mu). FLPA: Imagebroker/Michael Krabs (gom/Spießbock); Michael & Patricia Fogden/Minden Pictures (gom/Goldmull). NHPA / Photoshot: Anthony Bannister (gol); Martin Harvey (gor/Braune Hyäne); Ann & Steve Toon (gogr). **54** Alamy Images: Chris Howes/Wild Places Photography (ugl). Corbis: Atlantide Phototravel (um); William James Warren (ul). Getty Images: National Geographic (ur); David Silverman (ur). **54–55** Corbis: Ashley Cooper (um). **55** Alamy Images: Anthony Baker (m). Corbis: Rainer Hackenberg (um); Kevin Schafer (ur). Getty Images: Rich Reid Photography (ul). **56** FLPA: Derek Middleton (um). **56–57** Corbis: Michael Stuckey (m/Hg). **57** Corbis: Andrew Brown/Ecoscene (gogr); Creasource (gogl); Arvind Garg (um); Roger Ressmeyer (ul); Mick Roessler (gol); Wolfgang Kaehler (gor). **58** Corbis: Bruno Burklin/Photex (mo). Science Photo Library: University of Dundee (ul). **58–59** Corbis: Jim Reed/Jim Reed Photography (m/Hb). **59** Science Photo Library: John A Ey III (mro). **60** Corbis: Alejandro Ernesto/epa (gol). Science Photo Library: Wesley Bocxe (ul); Mike Theiss (ml). **60–61** Corbis: NOAA (m/Hb). **61** Corbis: Bettmann (ur); STR/Reuters (mr); Rhona Wise/epa (gor). **62** Corbis: NASA (gol); Kazuyoshi Nomachi (ugr). Getty Images: J P De Manne (ur). **62–63** Corbis: Jose Fuste Raga (m). **63** Corbis: Bettmann (mru); Tibor Bognar (ugl); Lloyd Cluff (ur); Michael Freeman (ml); The Gallery Collection (ul); Blaine Harrington III (mro); Jon Arnold/AWL Images Ltd (mr); Reza/Webistan (ul). **64–65** Alamy Images: Neil McAllister (m). **65** Corbis: Walter Bibikow/Jon Arnold Images (ugr); Jose Fuste Raga (um); Reuters (ur); Supri/Reuters (ml); Nik Wheeler (m); Liu Yongqiu/Xinhua Press (ul). naturepl.com: Reinhard Dirscherl (gom/Riesenmanta). NHPA / Photoshot: Martin Harvey (gol); Burt Jones & Maurine Shimlock (gor); Oceans Image/Photoshot (gogl) (gogr); Woodfall Wild Images/Photoshot (gom/Komodowaran). **66** Dorling Kindersley: Jonathan Hateley – modelmaker (mgl). **66–67** Corbis: Inspirestock (m/Hg). **68** Dorling Kindersley: Kit Kittle (um); Frans Lanting (um); Kevin Schafer (ur); Michele Westmorland (ugl). **69** Corbis: Michael & Patricia Fogden (um); Image Source (um/Papagei); Mark A. Johnson (mgr/Quallen); Naturfoto Honal (mru/Libelle). Dorling Kindersley: Robert L. Braun (um/Lesothosaurus); Jon Hughes (ur); Jon Hughes / Bedrock Studios (ur); Natural History Museum, London (mr); David Peart (mgru/Hai). **72–73** Getty Images: Siri Stafford (m/Hg). **75** Corbis: Frank Robichon/epa (mr). **76–77** Getty Images: Holger Spiering (m). **77** Dorling Kindersley: Jon Hughes (mr). **78** Dorling Kindersley: Jonathan Hateley – modelmaker (m). Getty Images: Wes Walker (m/Hg). **79** Dorling Kindersley: Natural History Museum, London (ugr); Luis Rey – modelmaker (ul). **81** Corbis: Mark A. Johnson (gor). Dorling Kindersley: Robert L. Braun (mo). **83** Dorling Kindersley: Jon Hughes (gor); Natural History Museum, London (mlu). **84** Corbis: Sergei Cherkashin/Reuters (ul). **85** Ancient Art & Architecture Collection: (gol/Wollnashorn). Corbis: Gianni Dagli Orti (gom/Auerochse). Getty Images: Robert Frerck (gogl); Time & Life Pictures (gom/Rothirsch). **86** Corbis: DLILLC (mlo). Getty Images: Kenneth Garrett/National Geographic (ul). Science Photo Library: Javier Trueba/MSF (mlu). **87** Dorling Kindersley: Pitt Rivers Museum, University of Oxford (ml). Science Photo Library: Sinclair Stammers (mo); Javier Trueba/MSF (mlu/Homo heidelbergensis). **88** Dorling Kindersley: Jerry Young (mlu). **89** Corbis: Steve Kaufman (mro/Arabische Oryx); Hans Reinhard (mr); Paul Souders (ur); Winifred Wisniewski (gor). Dorling Kindersley: The American Museum of Natural History (gol/Museum); John Holmes – modelmaker (mlo). FLPA: R & M Van Nostrand (mru); Jurgen & Christine Sohns (mr/Okapi). **90–91** Corbis: Louie Psihoyos (m). **92–93** Corbis: Gary W. Carter (m/Hb). **93** Corbis: Hal Beral (mo); Bettmann (gor); DLILLC (mr); John Giustina (ur); Image Source (m); Frans Lanting (mu). **94** FLPA: Maurice Nimmo (m); Rob Reijnen/Minden Pictures (ugr); Jurgen & Christine Sohns (ur). **94–95** FLPA: Terry Whittaker (m). **95** FLPA: Michael Krabs/Imagebroker (ul); Frans Lanting (gor) (mro); Peter Oxford/Minden Pictures (ugl); Winifried Wisniewski (mr). naturepl.com: A.N.T Photolibrary (mu). Science Photo Library: P Rona/OAR/National Undersea Research Program/NOAA (ur). **96** FLPA: David Hosking (mlu/ Mittlerer Baumfink) (mo) (mlo) (ml/Spechtfink); Tui De Roy (ul) (mlu). NHPA / Photoshot: Bill Coster (gol); Ken Griffiths (gom). **96–97** FLPA: Hiroya Minakuchi/Minden Pictures (um). **97** FLPA: Mitsuhiko Imamori/Minden Pictures (m); Donald M. Jones/Minden Pictures (gor/Dickhornschaf); Gerard Lacz (ur); Phil McLean (ml); Chris Newbert/Minden Pictures (mlo). **98** Corbis: Frans Lanting (m) (um/Orchidee). NHPA / Photoshot: Rod Planck (ugl). **99** Corbis: Mark Bolton (um); Jim Craigmyle (ur); Daniel Hurst/AgStock (gom); Michael A. Keller (gom/Apfel); Radius Images (gogr); Isabelle Rozenbaum/PhotoAlto (ul); Johan Sorensson/JohnÉr Images (gogl). naturepl.com: De Cuveland/ARCO (mro/Maiglöckchen); Hanne & Jens Eriksen (mro/Oleander); Juan Manuel Borrero (mro/Seidelbast); Rolf Nussbaumer (mro/Adonisröschen); Reinhard/ARCO (mr/ Tollkirsche); Wild Wonders of Europe/Möllers (ugr). Photolibrary: Michael Habicht/Animal Animal (mru/ Schierling); Jose Oto/BSIP Medical (gor); ParollGalperti/Cuboimages (mru/ Engelstrompete). **100** Getty Images: Jeri Gleiter (um/Igelkaktus). **100–101** Corbis: Blaine Harrington III (m). **102** Corbis: Andrew Brown/Ecoscene (m); Brandon D. Cole (ml/Rotalge); Jason Hosking (mlu/Braunalge); Micha Pawlitzki (mo); Dr. Peter Siver/Visuals Unlimited, Inc. (mlu/Goldalge); Visuals Unlimited (mlu/Kieselalge) (ul); Stuart Westmorland/Science Faction (m); Lawson Wood (mlo/Grünalge) (mu). Science Photo Library: Hamk Morgan (m). **102–103** Corbis: Michael Macor/The Chronicle (m/Laborkolben); George McCarthy (m/Hg). **103** Corbis: Alan Schein Photography (gor); Bernard Annebicque/Sygma (um/Rotalge); Tom Bean (gor); Ashley Cooper (mlu/Zapfschlauch); Michael Macor/The Chronicle (mo/Petrischale); Jeffrey L. Rotman (ur); Visuals Unlimited (um/Diatomee). **104** Corbis: Gallo Images (ml); Studios Sato/amanaimages (gol). Getty Images: Martin Dohrn/naturepl.com (mlo); Flickr (mlu); Visuals Unlimited (ul). **104–105** Getty Images: AFP (m). **105** Ardea: Jean Paul Ferrero (gol). Corbis: Mark A.Johnson (m); Marin Harvey (mgr); Steven Kaziowski/Science Faction (mru); Kevin Schafer (m). FLPA: Mike Lane (m). **106** Corbis: Visuals Unlimited (um). FLPA: ImageBroker (ugl). Getty Images: Gary Bell (ur); Philippe Bourseiller (ugr); Jeff Rotman (ul). **107** Corbis: Ralph A. Clevenger (um). FLPA: Panda Photo (gor). **108** Dorling Kindersley: Harry Taylor/mit frdl. Genehmigung des Natural History Museum, London (ur). SeaPics.com: C & M Fallows (mo) (mr); Mark Conlin (ul); Tom Haight (ugl); Gwen Lowe (um); Marty Snyderman (um/Sägehai). **108–109** SeaPics.com: C & M Fallows (m). **109** Dorling Kindersley: Colin Keates/mit frdl. Genehmigung des Natural History Museum, London (ur). FLPA: Colin Munro (gom). SeaPics.com: C & M Fallows (m); Jason Isley (gogl); Masa Ushioda (gol); James D. Watt (gor) (gogr). **110** Alamy Images: Nigel Cattlin (mlo). Corbis: Richard T. Nowitz (m). **110–111** Corbis: David Scharf/Science Faction (mo). **111** Alamy Images: David Kunkel Microscopy, Inc./Phototake (um/ Peitschenwurm); Wildlife GmbH (ur/Gemeiner Holzbock). Corbis: Ron Boardman/FLPA (mro/Menschenfloh); Dennis Kunkel Microscopy, Inc./Visuals Unlimited (mro/Laus); Dennis Kunkel Microscopy,Inc/Visuals Unlimited (mr/Zecke); Micro Discovery (gor); David Scharf/Science Faction (um/Schamlaus); Visuals Unlimited (mru/Krätzmilbe). Getty Images: David Burder (ugl). Science Photo Library: David Scharf (ul/Hakenwurm). **112** FLPA: Nigel Cattlin (um/Tabakkäfer); Michael Krabs/Imagebroker (m); Mark Moffett/Minden Pictures (gur). NHPA / Photoshot: Anthony Bannister (ul/Ölkäfer) (ur); Stephen Dalton (ul); Daniel Heuclin (um/Laufkäfer); Rod Planck (ul). **113** Corbis: Andreas Lander/dpa (ur); Elizabeth Sauer (mr/Schwimmkäfer); Karl Switak/Gallo Images (mr/Dungkäfer). FLPA: Ingo Arndt/Minden Pictures (gom); Richard Becker (mru); Nigel Cattlin (ul); Bert Pijs/Minden Pictures (gom); Cyril Ruoso/Minden Pictures (gogr). NHPA / Photoshot: David Slater (mro/Sandlaufkäfer). **114** Corbis: Wolfgang Kaehler (mu). FLPA: Nigel Cattlin (um) (mlo); Mark Moffett/Minden Pictures (mlu) (gol). NHPA / Photoshot: Stephen Dalton (gor). **115** FLPA: Nigel Cattlin (gol); Gerry Ellis/Minden Pictures (ur); G E Hyde (mr). NHPA / Photoshot: A.N.T. Photolibrary (gor); Stephen Dalton (mru); Daniel Heuclin (m). **116** FLPA: Scott Linstead/Minden Pictures (m); Chris Mattisosn (ur). NHPA / Photoshot: A.N.T.

Photo Library (gor); Anthony Bannister (mlo). **117** FLPA: Michael & Patricia Fogden (mro/Glasfrosch); Thomas Marent/Minden Pictures (gor); Mark Moffat/ Minden Pictures (mru/Moosfrosch); Larry West (um). naturepl.com: John Downer Productions (mro/ Eupemphix nattereri); Pete Oxford (ur/Titicaca-Riesenfrosch). NHPA / Photoshot: James Carmichael Jr (mru/Schmuck-Hornfrosch). **118** Alamy Images: Rob Walls (mlo). Corbis: Martin Harvey/Gallo Images (ur). FLPA: Theo Allofs/Minden Pictures (mlu/Kaiman). naturepl.com: Anup Shah (ul). Photolibrary: Philippe Henry (ml). **118–119** Getty Images: Ariadne Van Zandbergen (m/Hg). **119** Corbis: Jonathan Blair (mlu). Getty Images: Shaen Adey/Gallo Images (ugr); Bob Elsdale/The Image Bank (um). naturepl.com: Anup Shah (mru). **120** Corbis: Eric & David Hosking (um/Falke). FLPA: Harri Taavetti (m/Adler). Getty Images: Thierry Grun (ugr); Dieter Schaefer (ur). NHPA / Photoshot: Bill Coster (ul) (ml); Andy Rouse (m); R Sorensen & J Olsen (mr). **121** Corbis: John Hawkins/FLPA (ul); Chris Hellier (um/ Geier); Andrew Parkinson (um/Milan). Getty Images: Klaus Baier (ugr); John Giustina (ur); Mark Hamblin/Photolibrary (gol). NHPA / Photoshot: Roger Tidman (ugl); David Tipling (mu/Andenkondor). **122** FLPA: R. Dirscherl (gogl) (gom/Fingertier); Frans Lanting (gom/Spitzhörnchen). naturepl.com: Lynn M. Stone (gogr). NHPA / Photoshot: Daniel Heuclin (gor) (gol). **122–123** Corbis: Sanford Agliolo (m/Hg). **123** Alamy Images: Steve Bloom Images (gor). Ardea: Pat Morris (ur). Corbis: Joe Mcdonald (gol). FLPA: Jurgen & Christine Sohns (ul). NHPA / Photoshot: Manfred Danegger (gom); Daniel Heuclin (gogl). **124** Corbis: Eric and David Hosking (mo). FLPA: Geoff Moon (um). Getty Images: Bruce Dale/National Geographic (gor). naturepl.com: Dietmar Nill (ul). NHPA / Photoshot: Michael Leach & Meriel Lland (mlo). **124–125** naturepl.com: Barry Mansell (m). **125** Corbis: Michael & Patricia Fogden (gor). Getty Images: Jupiterimages (ur). naturepl.com: Tim Laman (um). Photolibrary: Eyal Bartov/OSF (mr). **126** FLPA: Mammal Fund Earthviews (gul); Flip Nicklin/ Minden Pictures (ul). NHPA / Photoshot: A.N.T. Photo Library (ur); Franco Banfi (mu); Douglas David Seifert (um/Glattwal) (ml). **126–127** SeaPics.com: Duncan Murrel (mu). **126–127** NHPA / Photoshot: Saul Goner (m/Hb). **127** FLPA: Foto Natura Stock (gogr); Flip Nicklin/Minden Pictures (gol); Terry Whit-taker (gom/Indopazifischer Buckeldelfin). NHPA / Photoshot: Mike Hill (mr); Kevin Schafer (gogl). SeaPics.com: john K.B. Ford/Ursus (gom/Narwal); Michael S. Nolan (gor). **128** Corbis: Frans Lanting (gor). NHPA / Photoshot: Nigel J Dennis (ur); Martin Harvey (ul) (gur) (um/Jaguar) (um/Leopard); Andy Rouse (ml); James Warwick (ugl). **128–129** Getty Images: Daryl Balfour. **129** Corbis: Tom Brakefield (gogl) (gor). Getty Images: Araquem Alcantara (gom/ Jaguar); Joseph Van Os (ul) (gom/Leopard). NHPA / Photoshot: Jonathan & Angela Scott (gogr). **130** Getty Images: Rodger Jackman/Photolibrary (mlu). iStockphoto.com: diless (gor). naturepl.com: David Kjaer (mro). **131** Ardea: Masahiro Iijima (mu). Corbis: Steve Austin/Papilio (ul); Steven Kazlowski (um); George McCarthy (ugl) (mlu); Hans Reinhard (ur). FLPA: Chris & Tilde Stuart (ugr). **190** Corbis: John Garrett (gor). **190–191** Corbis: Thomas Roepke (m/ Hb). **191** Corbis: Dallas & John Heaton (mlo); HervÉ Hughes/Hemis (mr); Steven Vidler/Eurasia Press (gom); Wolfgang Kaehler (mo). Getty Images: Raveendran/AFP (gor). **192** Corbis: Aaron Black (ul/Snowboarden) (ugr); W.Perry Conway (ur/Eisbär); Randy Lincks (ugl); Richard T. Nowitz (ur/Hunde-schlitten); James Smedley/First Light (um); Brad Wrobleski/Radius Images (um/Wandern). **192–193** Corbis: Lester Lefkowitz (Hg). **193** Corbis: Gunter Marx Photography (um/Rafting); Todd Korol/Reuters (ul/Rodeo); Dale C. Spartas (ugl); Rhona Wise/epa (gor). Getty Images: David Boily/AFP (gom); Darwin Wigget/All Canada Photos (um/Bay of Fundy). **194** Corbis: Paolo Aguilar/epa (mro). **194–195** Corbis: Eberhard Hummel (m/Hg). **195** Corbis: Gianni Dagli Orti (ur); Gavin Hellier/Robert Harding World Imagery (mu); Marco Simoni/Robert Harding World Imagery (mo); Hugh Sitton (m); Hubert Stadler (mlu). Getty Images: Eitan Abramovich/AFP (gor). **196** Corbis: Michael Freeman (mu); Shuji Kotoh (ugl); Kazuyoshi Nomachi (mru). Getty Images: Bruno Morandi/Robert Harding World Imagery (um); Beth Wald/Aurora Photos (ul). **196–197** Corbis: Peter Adams (m/Hg). **197** Corbis: Atlantide Photo-travel (mo); David L. Brown/Design Pics (ugl); Kurt-Michael Westermann (ugr); Adriane Van Zandenbergen (ur). Getty Images: Ted Mead/The Image Bank (um) (ul). **198–199** Alamy Images: Eric Nathan (m/Hg). **199** Alamy Images: Visions of America, LLC (ml). Corbis: Bettmann (mlu); Mike Hutchings/Reuters (gor); Peter Johnson (gom); Frans Lanting (gol); Amos Nachoum (gor); Herbert Spichtinger (gol). Getty Images: Martin Harvey (ur); Left Shivambu/Gallo Images (mo). **200** Corbis: Arctic Images (ml); Macduff Everton (m). **200–201** Getty Images: Siegfried Layda (m/Hg). **201** Alamy Images: Juniors Bildarchiv (um). Corbis: Layne Kennedy (mlo); Radius Images (mugr) (ul) (ur). Getty Images: Wayne R Bilenduke (mugl); Jonathan Smith (mr). **202–203** Getty Images: Jochem Wijnands (Hg). **203** The Bridgeman Art Library: Musee d'Orsay/Giraudon (mr/van Gogh); Privatsammlung/Peter Willi (mr/Mondrian). Corbis: Atlantide Phototravel (ugl); The Gallery Collection (gor); Larry Mulvehill (ur/Fort Lauderdale); Ellen Rooney/Robert Harding World Imagery (um). Getty Images: Anne Frank House, Amsterdam (mu); Inge Van Mill/AFO (mru). **204** Corbis: Hulton-Deutsch Collection (mru/Rasputin). **204–205** Corbis: Pawel Wysocki/Hemis (m/Hg) (mr/Tolstoi) (mro/Tschaikowski). **205** Corbis: Bettmann (mro/Mendelejew); Hulton-Deutsch Collection (mru/Lenin); Hulton-Deutsch Collection (gor); Yuri Kochetkov/epa (ur). **206** Corbis: Atlantide Phototravel (ul/Treppe); Bob Krist (ul); Paul Seheult/Eye Ubiquitous (um); Wolf-gang Thieme/epa (m). **206–207** Corbis: Giann Giansanti/Immaginazione (m/Hg). **207** Corbis: Maurizio Brambatti/epa (mlo); Osservatore Romano/Catholic Press Photo/Immaginazione (ml). Getty Images: Thomas Coex/AFP (mr); Artuto Mari/AFP (ul); Franco Origlia (mu). **208** Getty Images: J. Abercrombie/ National Geographic (m). **208–209** Getty Images: Charles Crowell/Bloomberg (m/Hg). **209** Alamy Images: Liz Boyd (ugr). Corbis: (m); Tim Graham (ul); Ali Haider/epa (um); Jeremy Horner (ur); NASA/Science Faction (mr); George Steinmetz (gol). **210** Corbis: Dean Bennett/Eye Ubiquitous (ul); Michele Falzone/jon arnold images (ur); John Hicks (gur); Image Plan (ugl); Bob Krist (um). **210–211** Getty Images: Manan Vatsyayana/AFP (m/Hg). **211** Corbis: Atlantide Phototravel (mru/Palast); Blaine Harrington III (mru/Festung); Manjunath Kiran/epa (gom/Lichter); Earl & Nazima Kowall (um); Macduff Everton (ml); Bruno Morandi/Hemis (gol); Douglas Pearson (mr/Taj Mahal); Jaipal Singh/epa (gor); Jane Sweeney/jon arnold images (mlo) (mlu); Gian Berto Vanni (ur). Getty Images: Ken Lucas/VIsuals Unlimited (mo); Jewel Samad/AFP (gom/Krishna-Kinder). **212** Alamy Images: david pearson (um). Corbis: William Campbell (ul); Gideon Mendel (ur). **212–213** Photolibrary: Gavin Hellier/Robert Harding Travel (gom). **213** Corbis: (ur); Yann Arthus-Bertrand (mr); Pallava Bagla (ul); Frédéric Soltan/Sygma (um). **214** Alamy Images: Simon Bowen (mu). **214–215** Getty Images: Gavin Hellier (m/Hg); Udo Weitz/Bloomberg (gom/Reisplanzung). **215** Corbis: Paul Almasy (gor); Free Agents Limited (mru); Gavin Hellier/Robert Harding World Imagery (mr/Großer Buddha); Jose Fuste Raga (ur); STR/epa (m); Studio Eye (mlu); Chris Upton/Design Pics (mro/Khao Yai). Getty Images: Ian Cumming/Axiom (mr/Großer Palast); Dario Pignatelli/Bloomberg (gol) (ml); Luca Tettoni/Robert Harding (mlo). **216** Corbis: R.Creation/amanaimages (ugr); Robert Essel (mr); Redlink (ur); Haruyoshi Yamaguchi/Sygma (mo). **216–217** Corbis: Tibor Bogn-r (m/Hg). **217** Alamy Images: Iain Masterton (gul). Corbis: (mro) (mr) (mru); China Photos/ Reuters (gol/Aikido); Toru Hanai/Reuters (mlu/Sumo); Robert Holmes (ul); Kim Kyung-Hoon/Reuters (mlo/Jiu Jitsu); Gilbert Iundt/TempSport (ml/Kendo); Lech Muszynski/PAP (mlo/Karate). **218** Corbis: Martin Harvey (ur); Frans Lanting (ugr); Paul A. Souders (ul) (mr); Penny Tweedie (ml) (um). **218–219** Ardea: Jean-Marc La Roque (m/Hg). **219** Alamy Images: David Wall (gor); Wildlight Photo Agency (ul). Corbis: L. Clarke (gom); Dave Jacobs (mro); Charles & Josette Lenars (mr); Christine Osborne (mo); Penny Tweedie (mru); Patrick Ward (ur) (mu). **220** Ardea: M. Watson (ur). Getty Images: Wolfgang Kaehler (mu). **220–221** Corbis: Blaine Harrington III (m/Hg). **221** Corbis: Bob Krist (mo); Stephanie Reix/For Picture (gor); Pierre Tostee/Reuters (mro); Nik Wheeler (mru). **222** Corbis: Ric Ergenbright (gor); Larry Dale Gordon (ul); Frans Lanting (ur). Getty Images: Panoramic Images (m). **223** Corbis: Ashley Cooper (mr); Neil Rabinowitz (gol); Anders Ryman (gor). Getty Images: John William Banagan (mlo); James Forte/National Geographic (m). Photolibrary: Marc Vérin/Photononstop (um). **224** Bryan and Cherry Alexander Photography: (um) (ur). Corbis: Arne Hodalic (ul). Dorling Kindersley: Chad Ehlers/ Alamy (m/Aurora borealis). **224–225** Corbis: Arne Hodalic (m/Hg) (mr/Nganasanen). **225** Bryan and Cherry Alexander Photography: (ul) (gul). Corbis: Gleb Garanich/Reuters (mru/Nenzen); Barry Lewis (mr/Samen); Gerd Ludwig (m); Galen Rowell (ur/Inuit); Nik Wheeler (m). **226** Corbis: Orjan F. Ellingvag (mru); Franc-Marc Frei (mu); Elke Stolzenberg (mo); Tokyo Space Club (ul). Getty Images: Behrouz Mehri/AFP (um). **226–227** Corbis: Doug Byrnes. **228** Getty Images: Mahmud Hams/AFP (ur); Alberto Pizzoli/AFP (ul). **228–229** Getty Images: Khin Maung Win/AFP (m/Hb). **229** Alamy Images: Asian Images Group Pte Ptd (ul); john lander (gor). Corbis: Claudia Kunin (gur); Charles & Josette Lenars (gol). Getty Images: Peter Dazeley (um/Nonne); Gavin Hellier (um/Hidschab); Ellen Rooney/Robert Harding World Imagery (ur). **230** Corbis: Scientifica/Visuals Unlimited, Inc. (um). iStockphoto.com: Aaltazar (mlo/ Handsymbol). **231** Corbis: Robert Harding World Imagery (mru). Dorling Kindersley: Judith Miller/Cooper Owen (gol). iStockphoto.com: DrawnToBeWild (ur/Skelett); grimgram (ur/Schädel). **232** Getty Images: John Banagan (mr). The Kobal Collection: Universal (gol). TopFoto.co.uk: Charles Walker (gor). **232–233** Corbis: Ron Watts (m/Hb). Mary Evans Picture Library: (gom/Kraken). **233** Corbis: Alfredo Dagli Orti (mro); Buddy Mays (gom). Getty Images: SSPL (um); Travel Ink (gor). The Ronald Grant Archive: Universal Pictures (mlo). TopFoto.co.uk: Fortean (gol). **234** Corbis: The Art Archive (ur); Bettmann (mlu/Aristoteles); Gianni Dagli Orti (mlo) (ml); Araldo de Luca (gol); Michael Nicholson (ugr); PoodlesRock (m). **235** Corbis: Bettmann (ul) (ur) (ugr). Getty Images: (gul). **236** Dreamstime.com: (mlu) (m). Getty Images: Kim White/Bloomberg (um). **236–237** Corbis: Catherine Karnow (m/Hg). **237** Alamy Images: John Mehre (gol). Corbis: Andy Rain/epa (ul); Julian Abram Wainwright/epa (gom). Getty Images: Grab TV/AFP (gol); Patrick Kovarik/AFP (gor); Erid S. Lesser (m); Michel Porro (gor). **238** Getty Images: Timothy A.Clary/AFP (gom); Valerie Goodloe/WireImage (gor); Jonathan Kitchen (mr); Michael Ochs Archives (gor); Sean Murphy (ul). **238–239** Alamy Images: PhotoStock-Israel (background). **239** Alamy Images: Blend Images (mro). Getty Images: Katrine Damkjer/AFP (gor); Dave Hogan (m); John Medina/WireImage (gor/Stevie Wonder); Michael Ochs Archives (gol) (gom/Otis Redding); Redferns (gom/Marvin Gaye) (gom) (gol). **240** Corbis: Adam Woolfitt (ml/Morris-Tanz); Paul Chinn/The Chronicle (mlu/Haka); Free Agents Limited (gol); Lindsay Hebberd (ul); Paul Thompson (mlo/polnischer Tanz). Getty Images: Image Source (gur/Freezes); Roger Kisby (ul/Toprock); Aaron Lindberg (um/Downrock); Martin McNeil.WireImage (ur/Powermove); Chris Nash (ml); David Sutherland (mlo/Mali-Tanz). **240–241** Corbis: Robbie Jack (m/Hb). **241** Corbis: Anthony Redpath (gol). Getty Images: Brand New Images (um); Phil Dent/Redferns (ur). **242** Corbis: Carlos Barria/Reuters (mru); Franck Seguin/Deadline Photo